EXPLORATION AND SUMMARY OF HIGHWAY ENGINEERING CONSTRUCTION

公路工程施工探索与总结

——中交三公局工程总承包分公司交流论文集

皋 北 主编

内 容 提 要

本书共收录论文42篇，汇总了中交三公局工程总承包分公司广大工程技术人员、管理人员近几年从事公路工程施工的心得体会，涵盖了公路、桥梁、隧道施工及管理等方面的内容。

本书可供从事公路工程施工的技术人员、管理人员等参考使用。

图书在版编目(CIP)数据

公路工程施工探索与总结：中交三公局工程总承包分公司交流论文集 / 皋北主编. — 北京：人民交通出版社股份有限公司，2016.5

ISBN 978-7-114-12963-6

Ⅰ. ①公… Ⅱ. ①皋… Ⅲ. ①道路施工—施工管理—文集 Ⅳ. ①U415.1—53

中国版本图书馆CIP数据核字(2016)第088467号

书　　名：公路工程施工探索与总结——中交三公局工程总承包分公司交流论文集
著 作 者：皋　北
责任编辑：韩　帅　王景景　张　洁
出版发行：人民交通出版社股份有限公司
地　　址：(100011)北京市朝阳区安定门外外馆斜街3号
网　　址：http://www.ccpress.com.cn
销售电话：(010)59757973
总 经 销：人民交通出版社股份有限公司发行部
经　　销：各地新华书店
印　　刷：北京市密东印刷有限公司
开　　本：787×1092　1/16
印　　张：17.25
字　　数：395千
版　　次：2016年5月　第1版
印　　次：2016年5月　第1次印刷
书　　号：ISBN 978-7-114-12963-6
定　　价：55.00元

#《公路工程施工探索与总结》
编委会

主　编：皋　北

编　委：（编委按姓氏笔画排序）

王增全　孙贵新　李冰杰　李淑莲

张树贵　沈　静　杨新明　杨　茂

曹　峰　崔利民

前　言

技术是企业的立身之本，重视技术工作，发展领先技术，是企业在激烈的市场竞争中得以生存壮大的保障。技术论文是我们日常工作中科技创新的体现，也是技术人员对科技工作及日常管理工作的总结，是我们企业的宝贵财富。通过科技论文的形式推广新技术、新工艺、新材料、新设备在公路工程施工中的应用，能够帮助广大技术人员掌握行业内的先进技术，提升自己的专业水平，并在工程实践中促进技术的进一步发展，提高企业的核心竞争力。

本次技术交流工作，经编委会审阅，共收集42篇论文，涵盖了公路、桥梁、隧道施工及管理等方面，立足于实际工程，对如何提高施工的技术及管理水平进行了探索，技术含量高，内容翔实，表述准确，能够为同类工程提供指导与帮助。

科学技术是第一生产力，衷心希望广大员工扎实做好基础性技术工作，不断开拓创新，为企业的进一步发展做出更大的贡献。

总经理：

二〇一六年四月

目　录

福州地区地下连续墙施工关键技术研究……………………… 皋　北　孙贵新　牛　浩(1)
机制砂在混凝土中的应用……………………………………………………………… 李　斌(7)
隧道施工塌方问题的处理 …………………………………………………………… 刘举军(11)
浅析隧道施工安全风险与隧道施工现场管理 …………………………………… 史成所(15)
关于西北地区梁场生产的特殊问题及解决方案 ………………………………… 郑乃铨(20)
玻纤格栅网在旧混凝土路面加铺沥青混凝土罩面工程中的应用 ……………… 贺陆卿(26)
长大隧道压入式通风技术探讨 ……………………… 张国亮　胡东荣　胡　波　吴东东(31)
船舶参与公路建设的应用研究 ……………………………… 胡东荣　胡　波　张国亮(36)
高压旋喷桩技术应用 ………………………………………………………………… 曲　海(40)
光面爆破在隧道施工中的应用 ……………………………………………………… 谭德荣(49)
后张法预应力空心板施工与质量控制 ……………………………………………… 曹忠良(56)
浅析沉井施工技术 …………………………………………………………………… 李洪兵(64)
80t 混凝土罐车提升架在高架梁桥面系施工中的应用 …………………………… 谢仕良(72)
水平定向钻施工技术的应用 ………………………………………………………… 李洪兵(78)
浅谈路基标准化、规范化施工……………………………………………………… 蔡建武(82)
OVM 预应力智能张拉系统在唐廊高速二标预制梁场的应用 …………………… 王志刚(94)
高压旋喷桩在高速公路改扩建工程中的应用…………………………………… 许树旺(101)
泡沫沥青冷再生在唐津高速扩建工程中的应用………………………………… 牛　浩(106)
T 梁负弯矩预应力施工工艺探讨………………………………………………… 彭章良(114)
浅谈城市沉井施工中周边土体塌裂的原因与控制措施………………………… 徐瑞坤(119)
浅谈大力神新型碗扣脚手架与传统碗扣脚手架的不同………………………… 刘坤鹏(123)
浅谈地铁工程二等水准测量控制………………………………………………… 姜作伟(139)
浅谈风积沙路基填筑……………………………………………………………… 谭德荣(144)
浅谈福州地铁二号线第五标段盾构机选型……………………………………… 曹树辉(148)
浅谈龙门吊滑触线供电在预制梁场的应用……………………………………… 尹　威(155)
浅谈水泥稳定碎石基层施工质量的控制…………………………… 胡青松　王永胜(160)
浅析高速铁路路基填筑施工工艺………………………………………………… 钟家海(167)
桥面系二次浇筑带施工技术……………………………………………………… 郭永利(173)
浅谈水泥稳定碎石基层双层连铺施工质量控制………………………………… 高云龙(178)
石灰改良过湿土技术与应用研究…………………………………… 谢仕良　牛　浩(182)
水泥搅拌桩在唐津高速扩建工程中的应用……………………………………… 牛　浩(186)
水泥稳定碎石基层施工中集料离析的控制措施………………………………… 曹忠良(191)
水泥混凝土桥面超薄沥青混凝土铺装技术………………………… 孙贵新　谢仕良(195)

浅谈 T 梁施工见解 …… 郭永利(199)
浅谈苏龙珠黄河特大桥拱肋预埋件定位 …… 吴东东(207)
桥梁预应力及索力张拉精细化施工与质量控制技术 …… 彭章良(212)
小半径、大跨度预应力混凝土 T 梁架设施工工艺 …… 沈敏东(228)
大跨径下行式贝雷栈桥设计与施工 …… 谢仕良(236)
浅谈路基上边坡防护变更为客土喷播 …… 赵艳兵(242)
湿陷性黄土基础换填验算 …… 张宾宾(245)
植筋技术在唐津高速扩建工程中的应用 …… 牛　浩(255)
桩基后压浆技术施工工艺 …… 金柏屹(260)

福州地区地下连续墙施工关键技术研究

皋　北　孙贵新　牛　浩

（中交三公局工程总承包分公司　北京　100124）

摘　要:本文以福州地铁2号线桔园洲站为工程背景,对地下连续墙施工关键技术进行了详细的探讨,对该地区地下连续墙施工中存在的共性问题进行分析并提出应对措施。针对福州地区特殊地质条件,通过采取多种综合处理方法,保证施工工期,确保施工质量,提高施工精度。

关键词:地下连续墙　施工　关键技术　泥浆制备　垂直度控制

地下连续墙具有施工时振动小、噪声低,适合在城市的中心区昼夜施工,墙体刚度大,防渗性能好,适用于多种地质条件等优点,现已越来越广泛地应用于城市深基础工程中,尤其是地铁的建设中。在福州地铁2号线的建设过程中,广泛地应用了地下连续墙,对于地下连续墙在该地区的施工工艺及关键技术需要做出详细的研究。

1　工程概况

福州地铁2号线桔园洲站全长285m,为地下2层岛式车站,南侧距居民区地下室约4m,北侧紧邻横江渡河。车站标准段宽为19.7m,局部20.35m,基坑深度16.150～16.656m。桔园洲站主体围护结构采用地下连续墙,连续墙厚度为800mm。地下连续墙基本槽段幅宽6.0m,幅间竖向接头采用雌雄工字钢接口方式,墙顶设钢筋混凝土冠梁。地下连续墙采用C35抗渗混凝土,抗渗等级为P8。主体围护地下连续墙嵌固深度为25m,标准段深度41.5～44.5m,地下连续墙共计106幅。

2　水文地质条件

地铁站所属区域主要为闽江下游冲淤积平原地貌,整体地势平坦,地形起伏较小,场地地面高程为7.74～8.45m,地下连续墙底部高程为－29.02～－23.15m。所处土层包含:①1.2～4.8m素填土;②0.5～4.8m杂填土;③1.8～14m粉细砂层;④2.1～17.7m粗中砂(稍密)层;⑤1.00～28.30m粗中砂(中密)层;⑥2.60～6.90m粉细砂层;⑦0.90～10.10m中粗砂层。

福州市地区水系发达,地下岩层渗透性较好,富水性较好。由于场地浅部砂层中的地下水多具有一定的承压性,施工过程中极易发生突涌现象;同时,砂层在动水压力的作用下极易产生流砂现象,将会直接影响到地下连续墙成槽等施工工艺。

3　地下连续墙施工工艺及关键技术

3.1　地下连续墙施工工艺

地下连续墙施工主要包含导墙施工、地下连续墙成槽施工、钢筋笼制作及地下连续墙混凝土灌注四个施工阶段。由于福州地区水文地质条件特殊，地下连续墙施工对施工技术要求较高，施工精度控制也更加严格。本例地下连续墙施工工艺如图1所示。

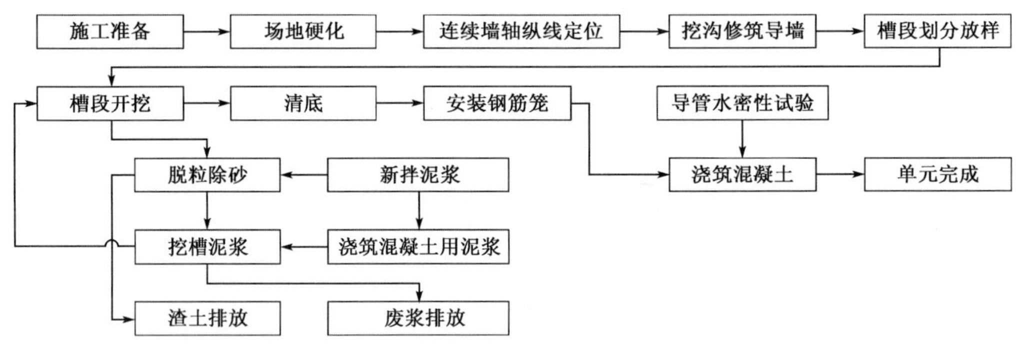

图1　福州地区地下连续墙施工工艺

3.2　导墙施工关键技术

导墙是地下连续墙挖槽的临时构造物，其不仅能够作为地表土的挡土墙，还能形成地下连续墙施工基准，储备泥浆，防止泥浆流失，形成钢筋笼入槽的支撑物，对地下连续墙施工精度和施工质量有着重要的作用。

（1）导墙施工采用分段施工进行，分段长度控制在30～50m。为保证施工过程中结构的稳定，平面位置上导墙施工接头与地下连续墙接头应进行交错设置。

（2）导墙沟槽开挖后，立即将导墙中心线引至沟槽中，将预先用方木制作好的底模放入槽内并调整至设计位置，再用自拌低强度等级混凝土固定。底模施工结束后绑扎导墙钢筋，导墙钢筋纵向用ϕ10@200双层螺纹钢，横向外箍筋用ϕ14@150螺纹钢，水平钢筋置于内侧。

（3）侧墙模板采用组合木模板，模板加固标准段采用2道80×80@2 000木枋支撑加固，如导墙深度超过2 000mm，木枋支撑将视情况增加至3～4道。模板加固牢固，严防跑模，并保证轴线和净空的准确。

（4）混凝土浇筑采用人工与反铲配合，混凝土浇筑时两边对称交替进行，严防走模。混凝土达到一定强度拆除模板，立即架设木支撑，支撑上下各一道，呈梅花形布置，间距2.0m。

3.3　地下连续墙成槽施工关键技术

成槽是地下连续墙施工中的关键工序，挖槽对施工工期影响巨大，同时槽壁形状基本上决定了墙体外形，所以成槽的精度和质量是保证地下连续墙质量的关键之一。

3.3.1　泥浆制备

在地下连续墙挖槽过程中，泥浆起到护壁、携渣、冷却机具、切土润滑的作用。性能良好的泥浆能确保成槽时槽壁的稳定，防止塌方，同时在混凝土灌注时对保证混凝土的质量起着极其重要的作用。

该工程地下连续墙施工泥浆配制采用膨润土、纯碱、CMC按一定比例配制成，拌浆采用泵拌和气拌相结合。根据计算，该工程配合比为：膨润土 10%、纯碱 0.1%、CMC 0.25%。

由于泥浆制作工艺要求，新配制的泥浆应该在池中放置一天充分发酵后才可投入使用。旧泥浆也应该在成槽之前进行回收处理和利用。由于工程进度紧张，泥浆制作与工程整体衔接是影响施工工期及施工质量的着重点。该工程中，由于城市区域自来水压力小，拌制一搅拌池的泥浆（$5m^3$）需花费 30min。为了保证旧制泥浆使用和新制泥浆拌制中间良好的衔接，施工中采取连夜施工措施，在泥浆回笼完成的时候马上开始拌制新浆或进行泥浆处理。同时，准备一清水箱，在不拌制新浆的时候用于灌满清水，拌浆时使用箱内清水，同时水管连续向箱内供水，可最大限度地利用水流量，加快供水速度，节约拌浆的时间。

确保在成槽过程中砂质粉土的稳定是泥浆的重要作用。控制泥浆指标、确保泥浆质量是根本措施。从控制泥浆的物理力学指标来保证槽段土体的稳定成槽时，选用黏度大、失水量小、形成护壁泥皮薄而韧性强的优质泥浆，确保槽段在成槽机械反复上下运动过程中土壁稳定。

3.3.2 成槽施工

该工程地处江边，在工作区有大量回填土，地基软弱，这将直接影响地下连续墙施工时重型机械行走作业。该站地下连续墙范围内基本为粗中砂层，且水平渗透系数和垂直渗透系数均较大，在地下连续墙成槽施工时易发生塌方；施工范围内在地下连续墙基底 2m 左右厚度地质为圆砾石和卵石层，其标贯击数大于 50 击，根据以往类似土层的工程实践经验，普通液压抓斗在该层土是闭斗抓土时存在严重的斗体上浮现象，成槽工效低下，无法满足进度要求。同时，由于常常要靠抓斗自重冲击成槽，成槽垂直度难以保证；且卵砾石层土孔隙大，泥浆在该层土中很容易发生渗漏现象，影响整幅槽段稳定。

为了解决以上存在的问题，该工程成槽关键技术问题包括：

（1）成槽机垂直度控制

成槽前，利用车载水平仪调整成槽机的平整度。成槽过程中，利用成槽机上的垂直度仪表及自动纠偏装置来保证成槽垂直度，成槽垂直精度不得低于设计要求。

（2）成槽挖土顺序的确定

单元槽段均采用先用三抓法，先挖两边，抓斗两边持力均衡，第三抓抓斗两边都已挖空，这就能使抓斗在抓中间土体时吃力均衡，可以有效地纠偏，保证成槽垂直度。

（3）成槽

挖槽过程中，抓斗入槽、出槽应慢速、稳当，根据成槽机仪表显示的垂直度及时纠偏。挖槽时，应防止由于次序不当造成槽段失稳或局部坍落，在泥浆可能漏失的土层中成槽时，应有堵漏措施，储备足够的泥浆。

（4）槽深测量及控制

槽深采用标定好的测绳测量，每幅根据其宽度测 2～3 点，同时根据导墙标高控制挖槽的深度，以保证设计深度。

（5）槽段检验

槽段检验的内容包括：槽段的平面位置，槽段的深度，槽段的壁面垂直度，槽段的端面垂直度。

3.3.3 地下水位影响控制措施

遇到降雨等情况使地下水位急速上升，地下水又绕过导墙流入槽段使泥浆对地下水的超压力减小，极易产生塌方事故。

地下水位越高，平衡它所需用的泥浆密度也越大，槽壁失稳的可能性越大，为了解决槽壁塌方，必要时可部分或全部降低地下水，泥浆面与地下水位液面高差大，对保证槽壁的稳定起很大作用。除此之外，提高泥浆液面使其液面至少高出地下水位 0.5～1.0m。在施工中发现漏浆跑浆要及时堵漏补浆，以保持泥浆规定的液面。

3.3.4　针对上部土质差和砂性大的措施

在初期成槽过程中，经常会发生小范围土体塌方现象。从超声波测壁情况来看，发生塌方处主要集中在地面以下 14～26m，且以靠近导墙底部最为严重。经过详细的调查和多方面的研究分析，发现造成塌方的原因主要为槽段上部土质差、砂性大。

鉴于此，根据现场实际情况后期施工主要采取了以下措施：

①避免槽段暴露时间太长，组织好成槽后各道施工工序的衔接。

②在成槽施工区内铺设大块钢板，以避免施工机械造成的局部压应力集中，尽量减小大型机械对槽壁的影响。

③严格控制泥浆性能，确保泥浆质量，同时控制泥浆存储量，满足施工需求，并根据土质情况及时调整泥浆比重和黏度等性能指标。

④对超声波成槽进行检查，了解工字钢偏差及出现坍塌位置，在下幅墙施工时通过缩小钢筋笼的宽度来减少偏移量。

⑤做好清底工作，避免钢筋笼下放后出现难以下放到位的现象。同时在钢筋笼下放前，用测绳对其进行复测，确保深度符合要求。

采取了以上措施后，施工质量得到了明显改善，在后期施工的连续墙中，平均充盈系数为 1.05 左右，基本达到了预期效果。

3.4　钢筋笼制作安装及混凝土灌注关键技术

3.4.1　钢筋笼制作安装

钢筋笼根据地下连续墙墙体设计配筋和单元槽段的划分来制作。钢筋笼在平台上先安放下层水平分布筋再放下层的主筋，下层筋安放好后，再按设计位置安放桁架和上层钢筋。考虑到钢筋笼起吊时对刚度和强度的要求，每幅钢筋笼一般采用 4 榀桁架，幅宽小于 4m 的钢筋笼采用 3 榀桁架筋，桁架间距不大于 1 500mm。根据设计位置在钢筋笼上安装注浆管。先行幅钢筋笼端部设置工字钢接头，工字钢内侧通过分布锚筋与钢筋笼焊接，后行幅钢筋笼插入工字钢接头内，后行幅钢筋笼插入前通过刷壁保证工字钢内无渣土。

图 2　钢筋笼吊装现场

地下连续墙钢筋笼采用整幅吊装。采用 180t 履带吊作为主吊、100t 履带吊作为副吊，行车路线离槽边距离不小于 3.5m，直立后由 180t 履带吊吊装钢筋笼入槽。地下连续墙钢筋笼起吊采用钢扁担 10 点起吊法，如图 2 所示。起吊时两台吊机同时平行起吊，然后缓慢起主吊、放副吊，直至钢筋笼吊竖直。吊点设于桁架筋上，施工时根据每种墙型及其质量以及吊装等情况确定吊点位置，以保证钢筋笼在起吊过程中的变形被控制在允许的范围内。

3.4.2　混凝土灌注

为保证水下灌注混凝土的质量，选定配合比时除了满足结构强度要求外，还考虑坍落度指标，以保证混凝土具有良好的和易性和流动性。

钢筋笼安放就位后，立即开始灌注混凝土，间隔不超过 4h。混凝土开始灌注时，两个导管同时灌注，每个导管储料斗的容量 2.0m^3，以保证混凝土初灌量满足导管下端埋入混凝土内深度不小于 1.5m 的要求。混凝土面均匀上升，两导管混凝土面的高差不大于 0.5m。导管随混凝土灌注逐步提升，保持其埋入深度不小于 3.0m，混凝土灌注速度不低于 2m/h。保持连续灌注，因故中断时，及时采取措施，保证间歇时间不超过 30min。中断期间，经常提动导管，防止导管被凝结、被堵塞。

在灌注过程中，随时测量导管埋深和管外混凝土面高度，每 30min 测一次导管内混凝土面高度，决定提升及拆除导管的长度；混凝土灌到顶部时，由于落差小，混凝土流动困难，导管埋深减至 1m 左右。

3.5　冠梁施工关键技术

冠梁施工的主要目的是将地下连续墙连接成一个整体，以便于形成封闭的框架。其施工工艺主要包括：

(1)混凝土的凿除。在地下墙灌注施工作业之后，应该及时地清除顶部的泥浆，在混凝土终凝并达到设计强度以后，应及时地将地下连续墙超灌部分混凝土凿除，并及时除去锚固钢筋上的砂浆。

(2)土方开挖。在冠梁施工作业土方开挖时，应该保留基坑外侧的导墙，基坑内侧的导墙采用破碎锤或者风镐进行破除，然后采用挖掘机对内侧土方进行开挖。

(3)钢筋的绑扎以及支模。对于冠梁钢筋的绑扎，应该采取集中加工的方式，通过现场绑扎，以确保钢筋施工满足设计以及规范要求。在完成钢筋绑扎后，应及时支模，并确保模板支撑体系的牢固。

(4)混凝土浇筑施工。对于冠梁混凝土的浇筑，重点要确保振捣密实，按照施工技术规范要求控制振捣器的插点间距以及振捣时间，确保混凝土振捣密实。需要注意的是，混凝土冠梁的施工缝应该与地下连续墙的接头错开，同时及时地洒水养护。

4　结语

本文以福州地铁 2 号线桔园洲站为工程背景，对地下连续墙施工关键技术进行了探讨，要点如下：

(1)因为水文地质条件对地下连续墙施工影响较大，本文针对福州地区地质条件，采取适当措施，在保证导墙施工定位准确的前提下，保证导墙强度与刚度，为后续施工创造了基准平台。

(2)成槽施工过程中，根据现场实际条件，完成了合理泥浆配备，采用连续施工方法，确保泥浆制备与工程部序紧密衔接，保证了槽壁垂直度符合施工要求。采取多种综合处理措施，成功消除了地下水对槽壁稳定性的不利作用及土质较差对工程的影响。

(3)根据实际施工情况,确定钢筋笼的吊点及起吊方法,保证了钢筋笼在起吊过程中的变形被控制在允许的范围内。

(4)确定了合理的混凝土指标,提出了完整的混凝土灌注方法及冠梁施工工艺。

通过工程实践,地下连续墙施工中应根据实际地质情况及工程工期要求合理调整材料参数及施工方法,严格把控施工精度,保证施工质量。本例也可为同类型地质条件下地下连续墙施工提供借鉴及参考。

参考文献

[1] 陈怀伟.杭州地区地下连续墙施工工艺研究[D].同济大学,2008.

[2] 张少锦,高吉龙,时春霞.广州珠江黄埔大桥嵌岩地下连续墙施工工艺研究[J].岩土工程学报,2008,S1:549-553.

[3] 段朝静,徐伟,何超然.南京长江四桥超深地下连续墙施工技术[J].施工技术,2010,02:39-42.

机制砂在混凝土中的应用

李　斌

（中交三公局工程总承包分公司　北京　100124）

摘　要：本文主要阐述了机制砂在混凝土中的应用，通过相关的试验分析，总结出了机制砂的特点和机制砂对混凝土拌和物性能的影响，以及硬化后混凝土的力学性能、耐久性等，根据相关的机制砂的技术要求，验证了机制砂的可行性。

关键词：机制砂　混凝土　应用

1　引言

随着建筑业的迅猛发展，建筑工程对天然砂的需求量日益增加，但天然砂作为一种自然资源，短时间内不可能再生。现有的天然砂已经不能满足工程建设的需要，使用机制砂配制混凝土已成为今后的发展趋势。机制砂的推广使用可给建筑单位带来一定的经济效益，使采石场减少环境污染，有利于提高建筑工程质量。发展机制砂还可以避免滥采滥挖，保护耕地。循隆高速公路二分部施工区域大部分在黄河岸边，而且库区里只能靠船只运输货物，交通不便，运距远、价格高，无法保证本项目的需要，按标准化生产的机制砂级配合理，拌制的混凝土和易性好且强度高，机制砂代替天然河砂，既可以节约河砂资源，又可以解决洞渣弃方影响环境问题，还降低了混凝土成本。

2　机制砂的利用趋势

机制砂又称人工砂，是岩石经除土开采、机械破碎、筛分而成，公称粒径小于 4.75mm 的岩石颗粒，但不包括软质岩、风化岩石的颗粒。砂是混凝土组成的主要材料，随着建筑业发展和对建筑工程质量的重视，建筑市场用砂数量越来越大，质量要求越来越高，而合格的天然砂资源却越来越少，由此引发的工程质量，破坏农田、水利资源问题日趋严重，砂生产也因资源的变化而有所改变，机制砂在规范范围内的利用是既环保又经济的。

3　机制砂的特点

机制砂的主要特点有：机制砂中石粉含量相对较高；机制砂由于经过破碎处理，其颗粒呈不规则的形态，而且机制砂的比表面积相比河砂更大；机制砂的黏结性能较好，石质坚硬；化学成分与母材、碎石一致，对混凝土无负面作用，适合做高强混凝土；机制砂的颗粒级配、细度模数可以调整，可以根据工程的需要，结合母材的特点和混凝土的要求，调整机制砂的细度模数和颗粒级配。

而河砂一般为天然形成，人工调整级配比较困难；机制砂表观密度一般比天然河砂大；机制砂颗粒尖锐，多棱角，表面粗糙，细度模数多为3.0以上，宜控制在2.8～3.3之间，与天然河砂相比，天然砂颗粒浑圆，表面光滑，天然中砂细度模数多为2.5～3.0，级配较好，对混凝土的工作性十分有利，机制砂的颗粒级配稍差，大于2.5mm和小于0.08mm的颗粒偏多，导致混凝土的和易性较差，容易引起混凝土的外观质量缺陷。机制砂母材不应具有碱集料反应活性，不宜低于80MPa。

但是，机制砂的缺点可以通过选择合适的碎砂设备、合理利用砂中含石粉量、调整砂率，以及选用合适的外加剂等措施来克服。机制砂中含有的石粉和泥的粒径虽然都小于0.075mm，但是他们的成分不同，细度相差也较大。泥颗粒大多小于0.016mm，而石粉颗粒大都在0.016～0.075mm之间。泥吸附在砂的表面，妨碍砂与水泥的黏结；而适量的石粉可填充在水泥、细砂的空隙之间，增强机制砂混凝土的工作性。加强机制砂的级配、石粉含量和压碎指标的抽检频率，可进一步保证机制砂的质量。

4　机制砂在混凝土中的应用

普通泵送混凝土可采用机制砂配制，在严格控制原材料质量和严格按照配合比施工的前提下，配制的机制砂混凝土可以保证混凝土的和易性、流动性、可泵性、强度、抗渗等性能，同时还可保证混凝土不开裂。

机制砂混凝土的性能如下：

(1)机制砂混凝土配合比设计

机制砂混凝土配合比设计应符合《普通混凝土配合比设计规程》(JGJ 55—2011)，在普通混凝土组分的基础上，按机制砂的特点进行混凝土配合比设计，通过合理利用机制砂中的石粉，调整机制砂的砂率，再掺入缓凝高性能减水剂、粉煤灰等外掺料，在低水灰比条件下，配得坍落度损失小、泵送性好、和易性好、强度和耐久性高的混凝土。机制砂普通混凝土的砂率较天然河砂混凝土高2%～4%，一般在38%～46%之间；机制砂普通混凝土砂率应根据机制砂自身细度模数、颗粒级配、石粉含量，并按所选水灰比及碎石最大粒径通过试验确定，如机制砂的石粉含量或细度模数、级配发生变化，应及时进行砂率调整，用于泵送混凝土的砂率应相应增加。配制混凝土时宜优先选用Ⅱ类砂，当采用Ⅰ类砂时，应提高砂率，并保持足够的水泥用量，以满足混凝土的和易性；当采用Ⅲ类砂时宜适当降低砂率。对于泵送混凝土，宜选用中砂，机制砂配制混凝土的和易性对用水量的改变和砂率的变化很敏感：在配合比设计和调整时，应充分考虑机制砂级配不良、砂率选择不当、用水量偏高、减水剂掺量过高，易造成机制砂混凝土在出机、卸料过程中离析、振后易泌水等问题。在水灰比和砂率等相同的条件下，机制砂混凝土坍落度要小于河砂混凝土，机制砂比天然河砂需水量增加5～10kg/m^3，机制砂混凝土的重度比相应的天然河砂混凝土高约20～40kg/m^3，用机制砂配制的混凝土比天然河砂配制出的混凝土强度略高；机制砂中的石粉是一种有效的填料，虽然不具有活性，但提高了混凝土的密实性，增强了水泥石与骨料界面黏结，并能改善水泥石的孔隙结构，抗渗性能得到提高。

(2)机制砂混凝土的拌制

拌制混凝土前，试验人员必须实测砂及碎石的含水率，按照实测的数据发出混凝土施工配合比通知单，混凝土搅拌站控制室严格按照试验室发出的配料单及配料工艺顺序进行配料。

混凝土搅拌站控制系统即自动计量系统要定期进行标定，每班在使用前要检查一次，确保计量准确，计量最大偏差不得超过：水泥、粉煤灰、水为±1%，粗、细集料为±2%，减水剂为±0.5%；在混凝土拌制过程中，试验人员随时注意检测砂石的含水率，以便及时调整混凝土配合比。机制砂混凝土只能采用大型搅拌站或强制式搅拌机搅拌，不得使用自落式搅拌机拌制，搅拌时间应比天然河砂混凝土延长20～60s，可控制在90～150s，机制砂高性能混凝土宜取上限范围，搅拌设备和搅拌时间是影响机制砂混凝土质量的一个重要因素。机制砂混凝土原材料的投料顺序宜为：粗集料、细集料、水泥、矿物掺合料（搅拌约30s）、拌和水（搅拌约30～45s）、减水剂（搅拌约30s），要保证混凝土搅拌均匀。

（3）机制砂混凝土的运输

混凝土采用搅拌运输车运输，根据运距长短配置适量的混凝土运输车，在装料前要检查搅拌筒是否清洗干净；混凝土在出站前，必须检查混凝土的和易性和坍落度，检查合格后才能签发出站。要保证混凝土在运输过程中保持均匀性，运到浇筑地点时，不分层、不离析、不漏浆，并具有要求的坍落度和含气量等工作性能，由于机制砂的饱水性比较差，受外界影响，机制砂的含水率就会不均匀，这对混凝土的和易性、坍落度和质量等影响都比较大，最好采用混凝土罐车运输。混凝土搅拌运输车在运输途中，拌筒以1～3r/min速度不停地进行搅动，运到现场卸料前应使拌筒搅拌1～2min后再卸料。

（4）机制砂混凝土的泵送和浇筑

混凝土输送管铺设要直、短、平，输送泵入口水平管至少15m，输送管每隔3m应固定。夏季施工时，输送管必须采用麻袋覆盖并浇水降温。输送泵每次在泵送混凝土前，泵机先试运行。保证正常后泵送清水湿润管壁，并检查是否有渗漏，有渗漏时应及时处理。无渗漏再泵送与混凝土同强度等级的水泥砂浆润滑管壁，水泥砂浆不得泵入浇筑混凝土仓面，最后泵送拌制的混凝土。混凝土泵送初始时，应慢速泵送，待泵送顺利后，再用正常速度泵送。混凝土泵送速度要均匀连续，必要时可降低混凝土的泵送速度。若停泵时间过长，应每隔3～5min开泵一次，防止料斗内的混凝土沉淀离析。混凝土运输到施工现场放入混凝土输送泵前，必须检测混凝土的和易性和坍落度是否满足要求，若不能满足要求，应将该车混凝土退回，严禁在施工现场或混凝土的运输过程中加水。在运至现场的混凝土发生离析时，应在浇筑前对混凝土进行二次搅拌。当确有必要调整坍落度时，严禁向运输车内添加计量外用水，而必须在专职试验人员卸料前加入适量的减水剂（应对加减水剂的情况做好记录），且加入减水剂后高速旋转搅拌罐90s。机制砂混凝土应采用分层连续推移的方式进行浇筑，浇筑时的自由倾落高度不得大于2m，当大于2m时，应采用串筒、溜槽、导管等设施辅助下落，串筒出料口距混凝土浇筑面的高度不宜超过1m，以保证混凝土不出现分层离析现象。

（5）机制砂混凝土的振捣和养护

按规定的工业和方式及时将混凝土均匀插捣密实，每一振点的振捣时间宜为20～30s，以混凝土不再沉落、不冒气泡、表面平坦泛浆为度，防止过振、漏振。掺矿物掺合料混凝土振捣时，振捣后的混凝土表面不应出现明显的掺合料浮浆层。机制砂混凝土比混凝土坍落度的河砂混凝土易于液化离析，尤要避免过振。混凝土振捣完成初步刮平后，应及时对混凝土暴露面进行覆盖，防止表面水分蒸发；待暴露面混凝土初凝前，应用抹子搓压表面至少两遍，使之平整后再次覆盖。此时应注意覆盖物不能直接接触混凝土表面，终凝后立即进入水养护或潮湿养护阶段。混凝土终凝后的持续养护时间要满足规范要求。机制砂特别是高石粉含量的机制砂混凝土比河砂混凝土在施工早期更容易发生塑性收缩和干燥收缩变形,尤要注意加强早期的及时养护并适当延长养护时间。

5 结语

随着国家基本建设的不断深入和环境资源保护的日益加强,自然资源已不能满足工程的需求,机制砂的利用和推广势在必行。本文只是对机制砂的特点和机制砂对混凝土拌和物性能的影响,以及硬化后混凝土的力学性能、耐久性等作了简单的分析和试验,机制砂混凝土的配合比对混凝土的各种性能,如和易性、力学性能、弹性模量、耐久性能和混凝土表面质量都有非常重要的影响,对于机制砂混凝土的收缩徐变性能、抗冻性能以及抗渗性能等耐久性指标在今后的工作中应不断加强研究,以完善机制砂混凝土的各项指标,使其在工程中得以广泛的应用。

参考文献

[1] 中华人民共和国行业标准. TB 10424—2010 铁路混凝土工程施工质量验收标准[S]. 北京:中国铁道出版社,2010.

[2] 何盛东,刘立新,王俊,等. 不同替代率下机制砂混凝土弹性模量试验研究[J]. 广西大学学报(自然科学版),2010,35(4):698-701.

[3] 陈正发,刘桂凤,秦彦龙,等. 恶劣环境区机制砂混凝土的强度和耐久性能[J]. 建筑材料学报,2012,15(3):391-394.

隧道施工塌方问题的处理

刘举军

（中交三公局工程总承包分公司　北京　100124）

摘　要：通过对隧道的施工与学习，从中总结出隧道塌方的各方面原因、塌方时的征兆、预防措施及处理措施四个方面，只有注重这四方面的问题，才能有效地遏制塌方问题的出现或有效地降低塌方所造成的风险及损失。

关键词：隧道施工　塌方　原因　征兆　预防　处理

1　引言

我国公路隧道建设起步较晚，20 世纪 80 年代，随着高速公路的建设向山区发展，我国的公路隧道才开始兴建，但随着国家对交通事业的大规模投资，到 20 世纪 90 年代后，公路建设迎来了前所未有的发展机遇。在建设里程方面，据不完全统计，截至 2013 年年底，我国已有公路隧道 11 359 座，总长 9 606 万 m。随着公路建设逐渐向西南、西北大山的延伸，我国公路隧道的建设规模正愈来愈大。在隧道施工中，一是受到地质状态、受力状态、地下水变化等因素影响，二是人为因素，即不适当的设计，或不适当的施工作业方法等造成了施工中的隧道塌方事件的频繁发生。由于塌方往往会给施工带来很大安全隐患和很大经济损失，因此，探讨导致塌方的各种因素，尽可能避免塌方的发生，是很有必要的。

2　发生塌方的主要原因

2.1　不良地质及水文地质条件

大多数山体岩质变化多端，隧道穿过断层及其破碎带，或在薄层岩体的小曲褶、错动发育地段，一经开挖，潜在应力释放快、围岩失稳，小则引起围岩掉块、坍塌，大则引起塌方。当通过各种堆积体时，由于结构松散，颗粒间无胶结或胶结差，开挖后引起坍塌；或当软弱结构面发育或泥质充填物过多，均易产生较大的坍塌。

隧道穿越地层覆盖过薄地段，如在黄河库区沿河傍山、偏压地段、沟谷凹地浅埋和丘陵浅埋地段，极易发生塌方。

水是造成塌方的主要原因之一。地下水的软化、浸泡、冲蚀、溶解等作用加剧了岩体的失稳和坍塌。岩层软硬相同或有软弱夹层的岩体，在地下水作用下，软弱面的强度大为降低，因而发生滑塌。

2.2　隧道设计考虑不周

隧道选定位置时，地质调查不细，未能作详细的分析，或未能查明可能塌方的因素，没有绕开可以绕避的不良地质地段。

缺乏较详细的隧道所处位置的地质及水文地质资料，引起施工指导或施工方案的失误。

2.3 施工方法和措施不当

施工方法与地质条件不相适应；地质条件发生变化，没有及时改变施工方法，工序间距安排不当；施工支护不及时，支撑架立不符合要求，或抽换不当“先拆后支”；地层暴露过久，引起围岩松动、风化，导致塌方。

喷锚支护不及时，喷射混凝土的质量、厚度不符合要求。

按新奥法施工的隧道，没有按规定进行量测，或信息反馈不及时，决策失误、措施不力。围岩爆破用药量过多，因震动引起坍塌。

对危石检查不重视、不及时，处理危石措施不当，引起岩层坍塌。

3 塌方前的征兆

量测信息所反映的围岩变形速度或数值超过允许值；喷射混凝土产生纵横向的裂纹或龟裂；在坑顶或坑壁发现不断掉下土块、小石块或构件支撑间隙不断漏出砂、石屑；岩层的层理、节理或裂隙变大、张开；支撑变形；对于有水隧道，坑道内渗水、滴水突然加剧或变浑。

4 预防塌方的施工措施

对于预防隧道施工中的塌方问题，选择安全合理的施工方法和措施至关重要。当掘进到地质不良围岩破碎地段，应采取“先排水、短开挖、弱爆破、强支护、早衬砌、勤量测”的施工方法。必须制订切实可行的施工方案及安全措施。

加强塌方的预测：为了保证施工作业安全，及时发现塌方的可能性及征兆，并根据不同情况采用不同的施工方法及控制塌方的措施，需要在施工阶段进行塌方预测。预测塌方常用的几种方法如下：

4.1 观察法

在掘进工作面时，应采用探孔对地质情况或水文情况进行探查，同时应对掘进工作面进行地质素描，分析判断掘进前方有无可能发生塌方。

定期和不定期地观察洞内围岩的受力及变形状态；检查支护结构是否发生了较大的变形；观察岩层的层理、节理裂隙是否变大，坑顶或坑壁是否松动掉块；喷射混凝土是否发生脱落以及地表是否下沉等。

4.2 一般量测法

按时量测观测点的位移、应力，对测得的数据进行分析研究，及时发现不正常的受力、位移状态以及有可能导致塌方的情况。

4.3 微地震学测量法和声学测量法

前者采用地震测量原理制成的灵敏的专用仪器；后者通过测量岩石的声波，分析确定岩石的受力状态，并预测塌方。通过上述预测塌方的方法，发现征兆，应高度重视及时分析，采取有力措施处理隐患，防患于未然。

加强初期支护，控制塌方；当开挖出工作面后，应及时有效地完成喷锚支护或喷锚网联合支护，并应考虑采用早强喷射混凝土、早强锚杆和钢支撑支护等措施。这对防止局部坍塌，提高隧道整体稳定性具有重要的作用。

5 隧道塌方的处理措施

5.1 隧道发生塌方，应及时迅速处理

处理时，必须详细观测塌方范围、形状、塌穴的地质构造，查明塌方发生的原因和地下水活动情况，经认真分析，制订处理方案。

5.2 先加固未坍塌地段

处理塌方应先加固未坍塌地段，防止继续发展。

5.2.1 小塌方

纵向延伸不长、坍穴不高，首先加固坍体两端洞身，并抓紧喷射混凝土或采用锚喷联合支护封闭塌穴顶部和侧部，再进行清渣。在确保安全的前提下，也可在塌渣上架设临时支架，稳定顶部，然后清渣。临时支架须待浇筑衬砌混凝土达到要求强度后方可拆除。

5.2.2 大塌方

塌穴高、塌渣数量大，塌渣体完全堵住洞身时，宜采取先护后挖的方法。在查清塌穴规模大小和穴顶位置后，可采用管棚法和注浆固结法稳固围岩体和渣体，待其基本稳定后，按先上部后下部的顺序清除渣体，采取短进尺、弱爆破、早封闭的原则挖坍体，并尽快完成衬砌(图1)。

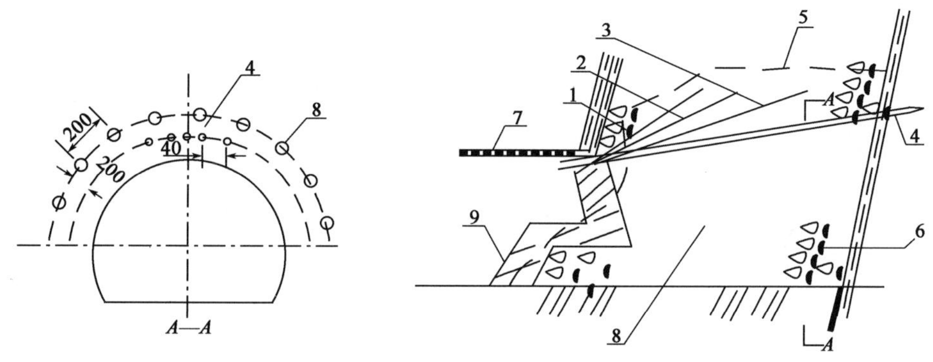

图1 大规模塌方处理实例示意图(尺寸单位:cm)

1-第一次注浆;2-第二次注浆;3-第三次注浆;4-管棚;5-塌线;6-班体;7-初期支护;8-注浆孔;9-混凝土封堵墙

5.2.3 塌方冒顶

在清渣前，应支护陷穴口，地层极差时，在陷穴口附近地面打设地表锚杆，洞内可采用管棚支护和钢架支撑。

5.2.4 洞口塌方

洞口塌方一般易塌至地表，可采取暗洞明作的办法。

5.3 加强防排水

处理塌方的同时，应加强防排水工作；塌方往往与地下水活动有关，治塌应先治水。防止地表水渗入坍体或地下，引截地下水，防止其渗入塌方地段，以免塌方扩大。具体措施：

(1)地表沉陷和裂缝，用不透水土夯填紧密，开挖截水沟，防止地表水渗入塌体。

(2)塌方通顶时，应在陷穴口地表四周挖沟排水，并设雨棚遮盖穴顶。陷穴口回填应高出地面并用黏土或圬工封口，做好排水工作。

(3)塌体内有地下水活动时，应用管槽引至排水沟排出，防止塌方扩大。

塌方地段的衬砌，应视塌穴大小和地质情况予以加强；衬砌背后与塌穴洞孔周壁间必须紧密支撑。当塌穴较小时，可用浆砌片石、干砌片石、喷射混凝土或模筑混凝土将塌穴填满；当塌穴较大时，可先用浆砌片石回填一定厚度，其以上空间应采用钢支撑等顶住，以稳定围岩；特大塌穴应作特殊处理。

塌方段衬砌施工措施如下：

(1)随着塌渣的逐渐清除，衬砌逐段推进，快速成环。最好由塌体的两端对向施工，随即回填密实。

(2)如塌方范围的围岩不够稳定，在处理塌方中有继续坍塌的可能时，可在塌方范围内选择适当位置做塌体护拱，以掩护施工操作。护拱上应以碎渣铺填 2m 厚左右，作为缓冲层。

(3)如塌体未进行注浆加固而采用“穿过”的施工方法时，拱脚处的衬砌圬工应加宽，以便保证拱脚稳固。

塌体回填应做到：

(1)塌方清除坍渣后，拱背应先以浆砌片石回填 2～3m 厚，其上再用干砌片石等回填，回填高度应尽量填满塌方范围，塌体内支撑应尽量拆除。

(2)在塌体的护拱与拱圈间应全部回填密实，塌体护拱以上回填厚度可根据具体情况而定，但不应小于 2m。

(3)如塌方范围高大，在塌穴内进行回填操作不便时，可选择适当位置另行开凿专供回填用的坑道。

(4)如塌方直达地表，除按规定做好拱部回填外，另用一般土石回填夯实至距地表 1～2m，再用黏土回填至略高于地表并向四周倾斜，周围做好排水沟。

(5)采用新奥法施工的隧道或有条件的隧道，塌方后要加设量测点，增加量测频率，根据量测信息及时研究对策。浅埋隧道，要进行地表下沉测量。

6 结语

上述隧道塌方发生的原因，塌方时的征兆、预防措施及处理措施四个方面的阐述，只有我们在日常的实际施工中，能够注意到上述各点，才能有效地预防塌方的发生或将塌方的损失及风险降到最低限度。

参考文献

[1] 杨林德. 公路施工手册——隧道[M]. 北京：人民交通出版社，2011.

[2] 中华人民共和国行业标准. JTG F60—2009 公路隧道施工技术规范[S]. 北京：人民交通出版社，2009.

浅析隧道施工安全风险与隧道施工现场管理

史成所

（中交三公局工程总承包分公司　北京　100124）

摘　要：隧道工程项目是一项十分繁杂的系统工程，有着技术难度大、工程周期长及项目涵盖范围广等特点。我国隧道工程收获了一定的成效，但隧道工程施工安全风险管理研究仍处于发展起步阶段，近些年隧道工程施工过程中频繁出现安全事故，严重威胁到人身、财产安全。隧道工程施工安全风险管理正面临着十分严峻的形势，在隧道工程施工过程中开展行之有效的安全风险管理，迫在眉睫。

关键词：隧道施工　安全　风险控制　现场管理

1　引言

公路隧道工程的施工管理工作是一项复杂的系统工程，如果能够做好其施工安全的风险管理工作，对于组织其施工是有着重要意义的，所以应全面地掌握公路隧道施工风险管理的内容，针对各类地质出现的问题采取有效的技术应对措施，从而保证公路隧道的安全施工。

2　隧道工程安全风险管理概述

2.1　风险与风险管理

风险是指未来结果的未知性，或者是指对未来期望结果与未来真实结果所出现的不一性。受不同行业领域就风险侧重点不一致影响，使得社会对风险含义存在各式各样的理解，当前相对而言较为普遍的风险理解包括以下内容：

（1）风险是指造成损失形成的未知性。

（2）风险是指潜在的损失隐患。

（3）风险是指形成损失的可能性。

（4）风险是指人身、财产损失。

（5）风险是指未来期望结果与未来真实结果所出现的不一性等。

不同行业领域对于风险的理解存在一定的差异，但这些理解均有着两个基本特点，分别为损失性和未知性。风险管理属于风险的衍生物，风险管理是社会发展阶段，人类根据过往的历史经验以及先进的科学技术，探寻风险控制技术及风险引发规律的一门管理学科。

2.2　隧道工程安全风险管理

在隧道工程中，风险是指安全事故引发的可能性与安全事故引发所造成的损失的组合。安全事故是指在隧道工程中出现人员伤害、伤亡或者财产损失、经济损失等不利情况；安全事故引发所造成的损失是指在隧道工程施工过程中所有存在的、潜在的不利后果或者负面情况，好比人身财产受损、社会不良影响等。基于上述含义，隧道工程安全风险管理是指隧道工程施工方经过对施工安全风险展开计划、识别、评估、预测及处置等，对各类风险管理技术进行优化调配，就隧道工程开展针对的风险控制、风险处理，有效地缩减由风险所造成的影响，实现通过低成本取得高安全保障的管理活动。

3 隧道施工安全风险与现场管理的目的与意义

3.1 实现科学化管理

进行安全风险研究的目的是为施工现场服务，使施工现场的安全管理有一定的依据。因而施工管理人员一定要学会风险的识别，学会评价风险，才能管理风险，将风险的损失减到最低，对风险做出有效的控制。可见，对安全风险与现场进行科学化的管理，对工程项目来说，具有十分重要的意义。

3.2 利于减少工程事故发生

在山岭隧道中进行工程项目的施工，实现特殊施工工艺，很多因素都会影响隧道施工的安全，主要包括以下几种：

(1)在山岭隧道中，由于隧道边壁限制，隧道内的空气质量较差，照明条件不好，实际的空气能见度不高，在施工时产生的噪声很大，导致隧道中开展作业一旦发生了事故，就很难迅速地完成疏散工作。

(2)山岭隧道的地质条件十分复杂，在施工中很容易遭遇险情，很多隧道施工在施工前都没有准备齐全地质资料，使隧道的勘测和施工危险大大增加。资料不准确使隧道施工中突然发生塌方和变形，甚至发生岩爆和涌水等情况，严重时会造成人员的伤亡。

(3)山岭隧道开挖时，会破坏原有岩体整体结构，使围岩原平衡状态被打破，从而影响原有建筑物；会破坏植被，使生态环境在短时期内很难恢复原状。

(4)山岭隧道施工的环境都是特定的，施工周期比普通工程长，施工周期最少一年，周期长的达到几年，有的工程会建设十几年，所以，建设环境存在很大的不确定性，使原材料的供应和施工机械、设备都会受到物价的影响而产生变化，使工程造价受到影响，产生经济风险。

(5)山岭隧道工程的建设涉及多个单位与部门，由于造成的社会影响会较大，相对的，社会风险也会很大。随着我国隧道工程施工项目的增加，工程事故频繁发生，事故造成的社会危害逐年增大。

4 公路隧道施工风险管理的内容

4.1 风险识别

所谓的风险识别，就是指在明确了控制目标后，准确地找到可能会对目标产生影响的各类因素，而这也是风险管理工作实施的基础，是后续进行风险评估和风险应对的前提。风险识别主要分为明显风险控制目标、收集整理相关资料、明确最重要的参与者、估计风险形势、识别潜在的风险因素以及编制相应的风险识别报告等阶段。在准确地识别了风险源后，便能够得到由各类风险因素组成的集合，而各个事件又是有一定的支配关系的，便可以划分出各类因素的层次，从而得到递阶的风险因素层次结构。

4.2 风险评估

在公路隧道的施工过程中，风险评估主要由两部分组成，分别为隧道施工风险估计和隧道施工风险评价。前者是指对隧道施工每一个阶段出现风险事件的可能性、可能发生的时间以及可能产生的影响后果等进行科学的估计，从而为后续整个工程项目的风险工作提供基础，并且制订风险管理计划、实施风险监控措施以及制订风险应对措施等内容也都是以此为依据的；后者则是指对影响公路隧道施工安全的各类风险因素进行综合的分析，同时估算出风险发生的概率及其可能带来的损失，确定隧道工程项目的核心风险，为后续有效的处理这些风险提供重要依据。

4.3 风险应对

所谓风险应对，是指在隧道工程施工中发生风险时所采取的风险管控措施。通常情况下，风险应对措施主要包括两大类：一是在还未发生安全风险的时候，针对已经确定的风险因素制订有针对性的控制对策，从而最大限度地降低风险，常见的有分散、缓解以及风险规避等措施；二是风险发生之前，借助于相应的财务管控措施来降低风险因素对项目目标实现程度的影响，常见的有保险、转移以及风险自留等措施。

4.4 风险监控

从过程的角度来看，风险监控工作是处于公路隧道施工安全风险管理流程中的末端，当然其只属于项目风险控制领域的一部分内容，并且风险监控贯穿于风险管理的全过程。另外，作为一个连续不间断的过程，风险监控工作应是在考虑到项目整个风险管理过程后确定衡量标准，并且及时地跟踪和评价风险管理活动的完成情况。

5 隧道施工风险及应对措施分析

5.1 塌方及崩塌风险

主要有两个原因可能会造成公路隧道施工时发生塌方及崩塌。其一是自然力量，主要是自然环境的影响，例如，当施工路段的地质条件有所变化，地下水水量和流动方向产生波动，都可能是塌方和崩塌产生的主要原因。其二则为人为力量，人为力量主要是指公路隧道的设计有缺陷、施工技术不科学等。

预防坍塌和塌方危险，可以从以下几个方面入手：

(1)提前对施工围岩进行加固操作，可采取超前管棚，然后对围岩注浆，这样能够使得围岩的稳定性能大大提升。根据有关实践可知，通过预切槽以及旋喷拱能够在很大程度上降低围岩变形的发生概率。

(2)公路隧道施工的前期或者是施工的过程中，实行防排水措施，将地表水引排，防止长期积水渗入隧道的情况发生。

(3)在进行开挖时，可以采取眼镜法、中壁法、短台阶法或者台阶法，并通过加密钢架、增设钢筋网、增加混凝土的厚度等措施加强初期的支护。

5.2 岩爆风险

岩爆风险是指在地下工程开挖的过程中，受到高地应力作用，使得硬脆围岩的岩洞应力出现重新分布，岩体的弹性应变能被充分释放出，最终导致岩石松动、岩石坠落以及岩石抛掷和弹射的危险事故。预防岩爆风险时，要特别关注岩层状况，如果发现埋深较大的岩层出现干燥且坚硬的情况，应采取措施预防岩爆。另外，岩爆的发生部位可能有多处，一些特殊部位，如新挖工作面，隧道拱处以及隧道顶部等，都应引起施工人员的重视。预防岩爆风险，可以在隧道拱部与边墙之间的地方布置超前释放孔。同时，要想尽量降低岩爆风险，还应进行超前钻孔预爆。首先，有些施工人员会采取高压水喷射的方法使岩面充分润湿，这样也能释放部分能量。其次，还可以加设钢筋网与锚杆，减少岩爆发生的次数与岩爆的时间。在发生岩爆后，要对岩爆部分进行检查，对于位置不稳定的石块，一定要进行处理。为充分保证岩爆安全，必要时可布置防护钢棚等装置，而施工人员自身也需做好防护措施。

5.3 涌水风险

和塌方风险类似，涌水风险的发生率也较高，其发生的根源在于，公路隧道施工中的断层处、暗河处、溶洞处以及采空区，经常会出现积水的现象。所以要想预防涌水风险，首先要查明公路施工周边的暗河以及溶洞内水流的具体方向，对于查明的小型暗河和溶洞，宜注浆堵水，也可充分利用涵洞、开凿引水槽、布置暗管以及泄水洞的堵水方式。

5.4 瓦斯风险

为了有效预防瓦斯风险，保证工作人员的安全，需要做到以下几点：

(1)在隧道内部使用的所有装置和设备均使用防爆型号。

(2)严禁在隧道内进行明火作业，禁止工作人员吸烟，并要求施工人员穿着棉制服。

(3)对瓦斯进行自然排放、抽放或者是引排等。

(4)对开挖面喷射混凝土，及时将其封闭，同时还可以利用气密性混凝土进行封闭衬砌，以防止瓦斯的渗透。

(5)当煤层的厚度超过 0.3m 时，必须进行掘煤作业，并进行事先的超前钻孔，对煤层的具体状况充分掌握，当工作面与煤层之间的距离达到一定指标后，一定要注意通过预测孔分析瓦斯情况，预测孔的数量一般在两个以上。

(6)瓦斯风险的应对一定要注重通风，隧道通风状况良好，瓦斯风险也会相应减低。

5.5 岩溶风险

在处理隧道底部的岩溶洞时，最好采用回填压实的作业方法，而在对边墙的比较小的溶洞进行处理时，仅仅在封堵后进行衬砌即可。另外，有的溶洞位置在隧道拱部之上，这时则要依照岩石的破碎程度，采取喷锚支护加固的方法或是加设防护防拱。

6 强化隧道施工现场管理措施

6.1 利用安全定置管理

定置管理是对生产现场中的人、物、场所三者之间的关系进行科学的分析研究，使之达到最佳结合状态的一种科学管理方法。在掌握施工现场第一手资料的基础上，对施工现场系统各要素进行优化配置设计，并设计出施工安全定置图。根据所设计的建筑施工安全定置管理方案和定置图，对施工现场系统实施定置调整与整改，同时加强实施过程与效果的检查和考核。建筑施工安全定置管理包括分析、设计、组织、实施、检查等内容。分析研究是使定置管理更加科学、合理的关键性工作，深入施工现场，应用工业工程学方法，对生产工艺、设备、工具以及人、物与场所的结合状态、信息流动状态等进行研究。

6.2 抓好施工的进度和质量

作为隧道工程而言，现场情况千变万化，如材料供应、设计变更等，如果遇到特殊情况，必须根据实际情况进行调整、安排，绝对不能模式化，一味按原施工组织计划执行，而耽误了施工进度。施工质量能否得到保证，最主要的是必须贯彻执行"三检"制，即自检、专检、联检，通过层层的检查验收后，方允许进入下一道工序；严格按照相关的国家规范和有关标准的要求来完成每一工序，严禁偷工减料，从而确保整个工程的质量。

6.3 完善隧道工程管理体系

隧道工程施工管理要结合工程对象规模、特点及要求，确定施工项目的管理目标，建立适应项目管理需要的组织机构。为落实制定的目标，项目施工管理的首要条件是有一个精干、高效的项目班子。在项目经理的统一指挥下，分工明确，管理到位，责任到岗位，加上企业的管理体系提供的监督和保证，最终实现项目的各项目标。

7 结语

随着我国社会经济的高速发展，隧道施工建设作为众多建设项目中的一个重要组成内容，对其有效的建设管理不仅满足我国市场经济的需要，也是保障我国人民健康幸福生活的需要。基于此，本文针对隧道施工安全风险，对隧道施工安全风险的有效规避技术方式及其相应的现场管理措施进行分析探讨，以期能为以后的实际工作起到一定的借鉴作用。

参考文献

[1] 林盛，蔺炜莹. 利用模糊影响图方法进行管道风险评价[J]. 天津理工大学学报，2014(06).

[2] 徐上进，雷升祥，张守同. 隧道施工中的风险预测与安全技术[J]. 铁道建筑技术，2012(04).

[3] 邵志才，章豪. 浅谈公路隧道施工的安全风险管理[J]. 科技创新与应用，2014，32(11)：220.

[4] 田卫明. 隧道施工安全风险与现场管理研究[D]. 重庆：重庆交通大学，2012.

[5] 张岭. 隧道工程施工安全风险管理研究[D]. 石家庄：石家庄铁道大学，2013.

关于西北地区梁场生产的特殊问题及解决方案

郑乃铨

（中交三公局工程总承包分公司　北京　100124）

摘　要：我国的西北部分多属温带大陆性气候和高原大陆性气候，其气候的特点就是冬天寒冷干燥，风沙大，昼夜温差大。和我国东部、南部的气候截然不同。因此对于工程施工，具有一些地域性的特殊问题，在梁场建设、浇筑和养生出现的问题与其他地区有差异，需要特殊处理。

关键词：梁场　西北地区　气温低　干燥　昼夜温差大

1　引言

桥梁使道路和铁路跨越河流、湖泊、河谷、峡谷或其他道路，因此在公路与铁路的建设中，桥梁的使用率也是最高的。无论是梁桥、钢拱桥还是悬索桥，都需要一个连接的结构物，那就是梁板。梁板一般在预制场预制，一个预制梁场的施工工艺好坏直接影响一个梁体的好坏，而一个梁体的好坏则直接影响一座桥的整体质量，因此预制梁场就成了其重中之重。

1.1　工程概况

本公司承建青海省 G310 线循化至隆务峡段公路的工程，桥隧工程占整个工程的绝大部分，因此施工的难度大大提高。此次桥梁工程，预先对哇加滩 1 号大桥、哇加滩 2 号大桥和苏龙珠黄河大桥进行施工，对于预制梁场需要生产 T 形梁、箱梁以及 π 形梁三种梁体，以适用不同的大桥。

1.2　青海省气候简介

青海省位于我国西部，属于高原地带。青海属于高原大陆性气候，具有气温低、昼夜温差大、降雨少而集中的特点。青海省冬季严寒而漫长。

2　梁场选址问题

(1)隆务峡段多为山形峡谷，对于预制梁场建设面积的大小有极其严峻的限制，也为今后生产的进度产生了不利的影响。

(2)由于西北地区山体多为沉积岩，预制梁场的地基相对于其他地区比较松软，很容易发生沉降现象，导致硬化地开裂。制梁台座受力不均匀而发生形变，易导致预拱度改变。

3　预制梁场选址问题解决方案

(1)对于隆务峡预制梁场的选址，经多方讨论后选择在哇加滩 1 号大桥与哇加滩 2 号大桥连接处的路基上进行预制梁场的建设。梁场总长 291m，占地 9 800m²，制梁台座为 15 个。由于路基有纵坡，因此 3m×5m 的台座每纵排台座都呈阶梯式延伸排布。这样设计出的梁场可以尽可能地高效利用窄小的面积，以增加可以作业的面积。制梁台座不采用混凝土浇筑的台座，而是采用工字钢做主要承重基础上垫双层钢板的制梁台座，采取这样的措施有两处优点：

①减少台座的质量。由于地基松软，可减少不必要的重量，并且工字钢台座相比混凝土的台座更有韧性，即使发生沉降，也不会像混凝土一样开裂，导致整个台座的报废。工字钢台座发生沉降程度较轻时，只需调整钢板，增加或降低工字钢下的垫料；如果沉降程度大，则可以将台座的钢板撤掉，使用水准仪重新对台座进行放线，增加或减少工字钢下的垫料，最后重新固定工字钢，焊接钢板。整个修整的作业工时预计不到 4d，相对于混凝土台座的修整周期要缩短很多。

②由于场地有限，施工作业面积小，但生产任务重并且有不同梁型。与混凝土台座不同的是工字钢台座可以变换调整不同梁型的台座，大大增加了台座的利用率。

(2)对于地基松软的问题，首先用大的碎石作为底基层压实，第二层使用小的碎石进行铺垫压实，硬化之前首先对台座基础预埋钢筋网，之后浇筑 C30 混凝土。使用 C25 的混凝土进行硬化地面以保证强度，保证地基不轻易发生形变和断裂。在门吊轨道基础上每 100m 预埋一个钢筋，作为沉降观测点，在轨道基础外侧未硬化处设对比的观测点。

4 T 梁浇筑的问题

(1)混凝土的坍落度无法保持稳定，导致拆模后梁板出现不同程度的水纹，对外观质量有一定的影响。

(2)T 梁马蹄部分的气泡分布过多，大小不均。

(3)模板错台比较严重，部分模板变形无法调节修复。

(4)T 梁拆模存在粘模问题。

5 T 梁浇筑的问题解决方案

(1)混凝土的坍落度无法保持稳定，导致拆模后梁板出现不同程度的水纹，经过一段时间现场技术员、试验室试验人员的着重观察后，得出了导致坍落度大的两个直接原因：

①混凝土的外加剂问题。

②由于青海省及西北地区的特殊气候(昼夜温差大)，导致白天气温高，浇筑时混凝土坍落度较小；晚上气温低，浇筑时坍落度较大。

对以上这两个原因我们做了以下措施：

①更换外加剂厂家，重新调配外加剂，并且厂家调配人员跟罐车同行观察到达梁场后混凝土的坍落度，适当地调试合适的配比。

②夏季，尽量在晚上或傍晚时进行浇筑，这样气温比较稳定，对混凝土坍落度减小有一定的帮助；冬季，尽量安排在上午 10:00 之后开始浇筑 19:00 之前结束，因为 10:00 前温度回升不稳定，19:00 后温度开始剧烈下降，对混凝土都有一定的影响。

(2)T 梁马蹄部分的气泡分布过多，大小不均。最初是认为模板上的附着式振捣器的振动时间不长，因此从之前的 15s×3 次增加到 20s×3 次，但是效果不理想，从 20s×3 次增加到 20s×4 次，插入式振捣棒增加插入时间。虽然气泡问题有一定的改善，但还是没有达到理想的程度。因此我们开始从混凝土的减水剂入手，认为其引气剂有问题，因此叫厂家人员重新调配，重新筛分集料，对砂率做了细微调整。之后浇筑出的 T 梁终于得到明显的改善。

(3)模板错台比较严重，部分模板变形无法调节修复。对于此问题有三个原因：

①初次安装拼合模板时未完全贴合，导致日后浇筑时长期的受力不均发生变形。

②模板安装时调节块有个别不配套。

③施工人员拆模时用大锤敲击加固模板的钢架，使钢架变形，导致模板内膜发生凹陷。

对于不可调节的较大错台，可以使用白色腻子将错台抹平，对于较小的错台可以用砂轮直接打磨。

(4)T 梁拆模存在粘模问题。从 T 梁首件开始，就一直有不同程度的粘模问题。

开始认为是脱模剂的问题，于是领导组织去一分部学习，因为一分部并未有粘模的现象。回来后开始调配使用柴油兑机油的脱模剂，并且针对脱模剂打出一个试件，在模板上涂色拉油，专用脱模剂和柴油机油混合物三种脱模剂做对比试验。拆模后并未粘模。于是开始使用柴油兑机油的混合物的脱模剂。但是打出第三片梁时粘模现象又出现了。

第二次开始针对振捣方式和振捣时间做出修改，认为有可能是因为振捣时间过长导致脱模剂在浇筑过程中剥落，振捣时间过长导致水泥和减水剂的黏合性变差，从而导致粘模。因此又打了一个针对振捣时间和部位的试件，这次浇筑附着振捣器采用“一”字形排布，振捣时间缩短至 10s。拆模后粘模的现象依然存在。

第三次怀疑是减水剂的问题(减水剂和水泥黏合性不好)，因此重换了一家牌子的减水剂，打了一个试验的试件，试件拆模后并无粘模迹象，认为已经找到了原因。于是开始在梁板上使用这家减水剂调和的混凝土。在使用这家减水剂打出的第一片梁上，没有粘模的现象。但是使用这家减水剂打出第四片梁时，又开始出现粘模的现象。由于技术人员和施工队都没有在西北部地区施工的经验，因此都一筹莫展。

最后一次，我们将问题的原因放在了温度上，认为可能是由于这里的温差太大，加之进入了冬天，温度降低，气候干燥，混凝土不容易凝固。因此对刚刚浇筑完成的梁板，每个横隔板旁边都放一个火炉并且两端加蒸汽保湿，最后盖上防水布左右各挂 5 个温度计进行温度观测。我们每两小时观测一次温度并且记录，晚上即使外界温度在零下 3℃，防水布都能维持在 35℃左右。拆模的时间控制在 15～17h 之间。经过 16h 的凝固加温和加湿处理，拆模后未发现粘模的现象。至此之后浇筑出的梁板几乎未出现粘模现象。

对于粘模这个问题的原因就是由于特殊的西北地区高海拔气候，温差大、气温低、湿度低，导致了混凝土凝固的时间增长。对于 12h 拆模在西北部地区冬天并不能采用，须延长 3～5h，并且要保证有一个高温、高湿的凝固环境才能避免粘模现象。对于混凝土，也要保证其和易性好，避免浇筑时间安排在昼夜交替的时间段进行浇筑，例如：17:00～23:00。

6 养生及压浆的问题

(1)对于梁板的养生，冬季，混凝土达到既定强度的时间延长，影响生产进度。

(2)张拉作业完成进行压浆,由于气温低,压的水泥浆无法凝固。

7 养生及压浆的问题解决方案

(1)对于梁板的养生,影响混凝土强度增长的因素有两个,一个是温度,一个就是湿度。混凝土凝固是一种化学反应,需要温度和湿度均合适,才能起作用,否则达到强度的时间肯定会延长,更有可能达不到标准强度值。

根据《公路桥涵施工技术规范》(JTG/T F50—2011)所要求的"对于在施工现场集中养护的混凝土,应根据施工对象、环境、水泥品种、外加剂以及对混凝土性能的要求,提出具体的养护方案,并应严格执行规定的养护制度。

①一般混凝土浇筑完成后,应在收浆后尽快、及早予以覆盖和洒水养护。对于干硬性混凝土、炎热天气浇筑的混凝土以及桥面等大面积裸露的混凝土,有条件的可在浇筑完成后立即加设棚罩,待收浆后再予以覆盖和洒水养生。覆盖时不得损伤或污染混凝土的表面。混凝土面有模板覆盖时,应在养护期间始终使模板保持湿润。

②当气温低于5℃时,应覆盖保温,不得向混凝土面上洒水。

③混凝土养护用水的要求与拌和用水相同。

④混凝土的洒水养护时间一般为7d,可根据空气的湿度、温度和水泥品种及掺用的外加剂等情况,酌情延长或缩短。用加压成型、真空吸水等方法施工的混凝土,其养护时间可酌情缩短。大掺量矿物掺合料或气温较低时,养护时间应根据现场的具体情况确定,一般不宜低于28d强度的70%。每天洒水次数以能保持混凝土表面经常处于湿润状态为度。采用塑料薄膜养护层时,其敞露的全部表面应覆盖严密,并应保持塑料薄膜内有凝结水。采用喷化学浆液养护层时,应经试验证明并采取措施确保不漏喷后,可不洒水养护。

⑤当结构物混凝土与流动性的地表水或地下水接触时,应采取防水措施,保证混凝土在强度达到50%以前、养生不少于7d时,不受水的冲刷侵袭。当环境水具有侵蚀作用时,应保证混凝土在10d以内,且强度达到设计强度的70%以前,不受水的侵袭。当混凝土与氯盐、海水等具有严重侵蚀作用的环境水接触,其养护龄期一般不宜少于4周。在有冻融循环作用的环境时,宜在结冰期到来4周前完工。

⑥为预防非受力裂缝的出现,混凝土养护期间应注意采取保温措施,防止表面温度因环境因素影响(如曝晒、气温骤降等)而发生剧烈变化。特别是对大体积混凝土的养护,应根据气候条件采取控温措施,并按需要测定浇筑后的混凝土表面和内部温度,将温差控制在设计要求的范围内;当设计无要求时,温差不宜超过25℃。

⑦混凝土强度达到1.2MPa前,不得在其上踩踏;强度达到2.5MPa前,不得使其承受行人、运输工具、模板、支架及脚手架等荷载。"

浇筑T梁使用的C50混凝土,在浇筑完成后的3~7d强度,增长的速度会达到峰值,在此期间养护的温度和湿度都达标,梁板的强度到了冬天也只是延缓了一点。在西北地区对拆完模的梁板也要及时放入火炉进行加温,并且通入蒸汽辅助升温和加湿。在西北地区气温低、干燥、风大的气候下,如果养护不当,梁板的强度预计12~15d才可以达到标准强度的70%~80%。

对此,在西北地区,秋冬季节常常会伴有大风和降温,因此对梁板的保湿和加温就尤为重要，建议湿度要不小于65%～70%，帆布内温度应达到25～30℃。尤其到了冬天，夜晚温度会降到零下并且会有大风，建议留人检查帆布是否严实无漏气，每4～6h记录一次温度保证炭火的旺盛，停止养生的时间也可以延长到10d左右，这样对梁板的强度也有一个较好的保证。

(2)西北地区由于气温低，导致了压浆的水泥浆在短时间不能凝固的现象。其解决方法是当孔道都注浆饱满后重新将防水布盖住，使用蒸汽蒸养2～3d，就可以进行架梁工作了。

8　预制梁板在西北地区的特殊问题的采取方法总结

(1)西北地区包括陕西、甘肃、青海、宁夏、新疆等省区和内蒙古最西部，大部分地区的地质都不稳固，气候不稳定，因此建议预制梁场选址方面应考虑避风，非山体斜坡处，如果无法避免避风因素应考虑顺逆风而建，不建议建在受侧风的场地。因为场地地质松软，建议先将原地面刨松，用粗渣或较大的碎石铺面，用压路机压实，然后填铺较小的石渣(如果为改扩建项目可使用路面沥青废渣)，最后用黄料(黄土或细废料)填筑面层。为防止或减轻沉降程度，建议使用工字钢类型台座以减少自重也可便于修整，台座的基础使用高强度等级混凝土及预埋钢筋网制作，场地硬化也建议使用大于C20混凝土浇筑。

(2)由于西北气候复杂，温度变化较大，建议预制梁场与拌和站距离不宜过长，否则可能会造成混凝土的坍落度损失；对混凝土中的减水剂进行调配时，应着重注意一下其对混凝土的保坍性能与和易性。

(3)对于模板的粘模问题不能轻视，混凝土粘模是有多重原因的，具体如下：

①脱模剂问题：不少梁场惯用色拉油当脱模剂，其脱模效果较好但容易受脏落灰，因此拆模后梁体外观质量受一定的影响。其次是专用脱模剂，优点是脱模效果好，梁体拆模后有光泽，但建议浇筑T梁时附着式振动器频率不要过大和过频繁，一定程度上会导致脱模剂震落从而粘模。最后是柴油兑机油1∶4比例的脱模剂，优点是脱模效果好，光泽度好，无粘模现象，根据现场情况可以更换比例，以达到最佳效果。

②混凝土的减水剂配比、砂率及集料问题也是粘模问题的其中一种，建议优先考虑。

③温度问题，由于西北地区昼夜温差大尤其是夜晚可以降至零下，导致混凝土凝固时间延长，但是如果依然按照夏天脱模时间12h左右粘模是必然的，因此建议当混凝土浇筑完成后将整个模板覆盖防水布或土工布。两端或者由中间向两端延伸通蒸汽保湿，每隔10m两面安置一个火炉保证温度，其防水布内温度保持在25～35℃之间，湿度50%以上。

④夏季浇筑混凝土时建议在傍晚或夜晚作业，因为温度比较低并且稳定；春秋冬季节浇筑时建议在10:00～19:00的时间段进行，这段时间相比其他时间段的温度要高，比较稳定。

(5)由于西北地区的风大，对于T梁的结构(上大下小)不稳定，因此遇到大风天气应对已经拆模的梁板进行斜撑(可以使用木头或者钢管)，对梁板张拉前必须做好斜撑后才允许进行张拉作业。

(6)对钢筋加工厂的围挡，建议做三面围挡，并且对这三面的围挡做通风口，防止被大风吹毁。

(7)由于西北地区地形复杂，地质灾害较频繁，架梁后伸缩缝端属于连接性薄弱区域，如果图纸上未涉及“抗震拉杆”的结构，有条件下，可在伸缩缝端的横隔梁处设抗震拉杆预留口，架设后穿拉杆以加强其连接性。

参 考 文 献

[1] 中华人民共和国行业标准. JTG/T F50—2011 公路桥涵施工技术规范[S]. 北京:人民交通出版社,2011.

玻纤格栅网在旧混凝土路面加铺沥青混凝土罩面工程中的应用

贺陆卿

（中交三公局工程总承包分公司　北京　100124）

摘　要：结合深圳107国道宝城段改造二期工程的实例，在原混凝土路面加铺沥青混凝土罩面中，对玻纤格栅网加筋沥青混凝土路面的受力特性、防治反射裂缝和车辙的作用机理做简要分析，阐述玻纤格栅网的材料特性和施工方法。

关键词：混凝土路面改造　沥青罩面　玻纤格栅网　裂缝　治理

1　工程概况

107国道宝城段是深圳公路网的大动脉，它为深圳市的经济建设加速发展发挥了重要的作用，是内陆连接香港及国际重大港口的纽带。随着交通量的增长和汽车轴载的加重，特别是香港深圳的重型货柜车的日益增加，107国道路面结构的破坏日益加重，旧水泥混凝土路面面临着频繁的修复工作，单纯依靠局部维修已不能满足交通发展的需要，经过多年的营运，水泥混凝土路面出现不同程度的损坏，包括断板、碎板、坑槽、裂缝、错台和唧泥等病害，严重影响了行车的舒适性和安全性；再者原路设计为双向四车道，现已不能满足现状交通，交通拥堵严重。因而要对原有路面进行改造。改造设计方案为在原先基础上拓宽主线，在旧水泥混凝土路面加铺沥青混凝土面层，以改善107国道的使用性能和提高承载力。

2　旧混凝土路面上加铺沥青混凝土面层设计的关键问题

旧水泥混凝土路面上加铺沥青混凝土面层，由于旧混凝土板接缝和裂缝的存在，会出现反射裂缝问题。反射裂缝是由于旧面层在接缝或裂缝附近的位移引起接缝或裂缝上方沥青混凝土加铺层内出现应力集中所造成的。旧面层在接缝或裂缝附近的位移，包括由于环境温度的变化引起的面板的水平伸缩和由于荷载作用引起的面板边缘的竖向弯沉。前者导致接缝（或裂缝）上方的沥青混凝土加铺层内出现较集中的拉应力；后者则使接缝上方的沥青混凝土加铺层承受较大的弯拉应力和剪切应力。

由于水泥混凝土面板强度较高，作为基层上加铺沥青混凝土这种路面结构，强度方面一般能满足要求。但由于反射裂缝的产生使沥青混凝土面层发展成为更严重的病害破坏。因此，旧水泥混凝土路面加铺沥青混凝土面层设计的关键是预防和延缓反射裂缝的产生。沥青混凝土路面另一种常见病害是车辙，车辙主要发生在沥青混凝土面层，通常经历两个发展阶段：沥青混凝土路面竣工初期在结构内部形成了一定的空隙，在高温和车轮荷载反复作用下，沥青混合料逐渐被压实，空隙率逐渐减少，直到沥青混凝土体积不再减少，这是车辙形成的初始阶段；随后在车轮荷载的反复作用下，沥青混凝土发生累积变形，车轮作用多的部位不断下陷并向两侧挤压，使车轮作用少的部位逐步隆起，亦即车辙形成的第二阶段，也是其主要阶段。

对于107国道宝城段改造项目而言，反射裂缝主要由荷载作用引起，尤其是现状交通的日益加重，应采用降低接缝处板边弯沉量和弯沉差、增加铺层弯拉强度和剪切强度的措施。采用玻纤格栅加筋沥青混凝土是有效防止路面反射裂缝和抵抗车辙的措施之一。

3 玻纤格栅加筋的作用机理

沥青混凝土加筋能提高路面结构层对裂缝的抑制能力及对横向剪切破坏的抵抗能力等，达到延长路面结构的疲劳寿命、节省材料和降低费用的目的。

这种格栅具有两种功能：

(1)能提高沥青结构层的强度，具有长期抵抗拉应力的能力。

(2)能使应力均匀分布在较大的面积范围内，大大减轻沥青结构层的徐变作用，最终达到防止沥青混凝土路面开裂的目的。

根据复合材料力学理论，格栅的加入能改变沥青混凝土层在车辆荷载和温度作用下的受力状态，大幅度减小接缝处的应力集中，从而阻止反射裂缝的产生和发展；同时能增加路面的整体结构刚度，使沥青混凝土层的表面弯沉减小，提高沥青混凝土加铺层的高温抗车辙能力；玻纤网不是依靠本身的较大变形来扩散应力，其防裂作用实质是一种隔离功能，它分隔了有裂缝或接缝的混凝土板和沥青混凝土加铺层，避免了沥青混凝土层直接处于裂缝或接缝尖端的应力集中区域，而由强度较高的材料承受较大的拉应力，阻碍了裂缝的迅速扩展。

通过沥青混凝土弯曲试验研究，未加格栅的试件在达到破坏荷载前，全断面参与承载；当达到破坏荷载时，试件底部出现裂缝；继续加载则裂缝由底部向顶部逐渐扩展，截面有效高度逐渐减小，导致裂缝不断发展，试件底部张开变形逐渐增大，直至断裂。对于加筋的沥青混凝土试件，由于格栅是一种网孔结构，对网孔内的沥青混合料能起到“箍锁”作用。因此，当试件底部在破坏荷载作用下出现裂缝并延伸到格栅处时，格栅的作用改变了沥青混合料裂缝尖端的受力状况和弯曲破坏过程，使裂缝处的张开变形受到了约束，从而抑制了裂缝的向上发展。此时格栅的横向筋受到混合料向外的推挤力，纵向筋受拉。当混合料受到向外推挤力，使格栅形状变形较大时，即格栅网孔结构的稳定性遭到破坏时，纵向筋的强度即成为抑制张开变形发展的关键。格栅的网孔结构一般是比较稳定的，并因与沥青混合料相互填充而得到增强，因此格栅本身的抗拉强度大小是抑制裂缝发展的主要因素；采用抗拉强度高的格栅更有利于抑制裂缝的发展。

车辙是沥青混凝土路面结构在行车反复作用下产生竖向永久变形的结果，主要发生在高温季节，是高温稳定性不足的反映。通过车辙试验分析知车辙形成的原因是高温下沥青混合料的流动。所以减小车辙可以通过两种途径实现：

(1)提高沥青的高温稳定性，采用优质改性沥青。

(2)设法限制集料移动，保持路面的整体高温稳定性。格栅加入沥青混凝土后，除了承受和扩散应力、应变外，由于其连续的网孔使混合料相互嵌锁，限制了集料移动，保持了沥青混凝土结构整体稳定性，增强了其高温抗变形能力，减小了路面车辙，即控制了车辙形成的第二阶段。

4 玻纤格栅的性能指标

玻纤格栅是以玻璃纤维制成的平面网格状材料，简称玻纤网。由于它是由线材结合而成，属柔性格栅范畴。玻纤的主要成分为硅酸盐，是一种物理化学性能很稳定的材料。它具有耐热性和耐寒性高（一般工作温度为－100～280℃）、强度大、模量高、化学稳定性好、耐腐蚀、膨胀系数低和尺寸稳定性好等特点。经表面改性后，改变了玻纤的表面特性，提高了与沥青的复合性能和基材的耐磨性与抗剪切能力。

根据《公路土工合成材料应用技术规范》（JTG/T D32—2012）的要求，107 国道宝城段路面改造玻纤格栅采用江苏某厂生产的 12.7mm×12.7mm 规格自粘型格栅。

玻纤格栅要求采用无碱玻纤，抗拉强度（kN/m）纵向大于 50、横向大于 50，在 280℃高温下处理 3h，未发生有软化、熔化现象。

玻纤格栅性能规格指标见表 1。

玻纤格栅性能规格指标 表 1

项　　目		单　　位	实　测　值
断裂强度	经向	kN/m	98.9
	纬向	kN/m	98.69
断裂伸长率	经向	—	2.6%
	纬向	—	2.8%
网眼尺寸	经向	mm	12.7
	纬向	mm	12.7
单位面积质量		g/m^2	469.9
耐温性能		℃	－100～280
幅度		m	3.0～6.0
表面处理			沥青基改性剂

5 工程施工方案

107 国道宝城段改造工程根据原有路面各段落质量状况和调平层方案设计等情况，采用玻纤格栅结构路段为：K3＋960～K7＋740 段中面层满铺玻纤格栅，钟屋村路口、黄田路口、兴围村路口在铺面层时，在路口前后路段 200m 再加铺一层格栅。

107 国道加铺路面结构和玻纤格珊技术要求见表 2、表 3。

K3＋960～K7＋740 段处加铺路面结构 表 2

结 构 层 次	厚度(cm)	材 料 类 型
表面层	4	SMA-13 改性沥青混凝土
中面层	5	重交沥青 AH-70 沥青混凝土 AC-20I
加筋防裂层	—	玻纤格栅
调平层	≥2.5	重交沥青 AH-70 沥青混凝土 AC-20I
旧路面	30	旧水泥混凝土板

107 国道玻纤格栅技术要求 表 3

项目		技术指标
抗裂强度(kN/m)	经向	>50
	纬向	>50
断裂伸长率		<4%
弹性模量(kPa)		67 000 000
耐温性(℃)		−100～280
耐腐蚀性		耐酸碱
规格	网格尺寸(mm)	12.7×12.7
	幅宽(m)	3
	单位面积质量	450
含胶量		>20
表面处置		沥青基改性剂

6 施工技术

6.1 玻纤格栅施工

(1)在铺设玻纤格栅前必须将路面上可能影响格栅与底层结合强度的物质如油脂、砂土、水渍、污物等清除干净，使铺设表面清洁干燥。如路面有水迹，应待路面干燥后再进行铺设。

(2)格栅铺设应用汽车改装的专用设备进行铺设。在开始铺设前，应使格栅胶面向下；格栅铺设时，应保持其平整、拉紧、不得起皱，使格栅具备有效的张力；铺完之后再用干净的胶轮压路机碾压一遍。

(3)格栅搭接：纵向搭接宽度不小于 20cm，横向搭接宽度不小于 15cm，纵向搭接应根据沥青混合料摊铺方向将前一幅置于后一幅之下。

施工时，洒布黏层油后直接摊铺玻纤格栅，压路机紧随其后碾压，这样施工的效果较好，玻纤格栅也不易起波浪。

(4)实际操作过程中，施工质量的好坏对今后玻纤格栅的使用效果有很大影响。因此，应加强质量监督和提高施工人员技术水平。

6.2 施工注意事项

(1)严格控制运送混合料的车辆出入，在格栅层上禁止车辆急转向、急刹车和倾泻混合料弃料，防止对玻纤格栅的损坏。

(2)玻纤格栅背胶易溶于水，雨天或路面潮湿时不得施工。

(3)玻纤格栅为玻纤制造，对人体皮肤易产生刺激作用，施工人员须戴防护手套。

(4)当使用的胶轮压路机需注水增加质量时，其注水量不能太满，以防溢流到玻纤格栅上，造成其背腹失去黏性。

(5)玻纤格栅铺设过程中，若发现原路面有较小的坑凹，应预先用沥青混凝土填平，并碾压密实，然后铺设玻纤格栅网。

7 结语

107 国道大部分路面为水泥混凝土路面，经过多年的运行，因种种原因都相继不同程度地出现了病害，旧混凝土路面加铺沥青混凝土面层是一种发展趋势。采用玻纤格栅加筋方案，无论是从理论上还是在实践中都已经取得了成熟的经验。从目前 107 国道宝城段通车运行两年的情况看，效果较为理想，对于延缓反射裂缝的产生有显著的作用。

参考文献

[1] 107 国道宝城段改造工程施工招标文件(第二卷)[Z].

[2] 中华人民共和国行业标准. JTG/T D32—2012 公路土工合成材料应用技术规范[S]. 北京：人民交通出版社，2012.

长大隧道压入式通风技术探讨

张国亮　胡东荣　胡　波　吴东东

（中交三公局工程总承包分公司　北京　100124）

摘　要：以中吾隧道通风为例，介绍了压入式射流风机通风方案。通风系统中设备的选择应按照风量计算、风管选型、风压计算及通风机型选择的程序进行。

关键词：长大隧道　通风方案　轴流风机　通风量　风压

1　工程概况

中吾隧道位于青海省循化县中吾电站大坝库区之黄河右岸临河山脊地段。隧道进、出口均位于黄河之中吾水库库区右岸谷坡内，地形陡峻，无路通行，机械设备均只能通过船运，交通条件极差。

隧道采用左右线分离式，左线起讫桩号为 ZK84＋895～ZK88＋517.4，隧道全长 3 622.4m；右线起讫桩号为 K84＋928～K88＋485.4，隧道全长 3 557.4m；属特长隧道。左线纵面线形为1%（坡长 1 860m）/－1.66%（坡长 2 150m）的人字坡，右线纵面线形为 1%（坡长 1 870m）/－1.65%（坡长 2 230m）的人字坡。

设计标准及主要技术指标：公路等级为双向四车道高速公路；隧道设计速度为 80km/h。隧道建筑限界：隧道主洞净宽为 0.75＋0.5＋2×3.75＋0.75＋0.75＝10.25(m)，净高为 5m。

2　隧道通风方案分析

压入式管道通风是钻爆法施工的铁路、公路等隧道中最常用的机械通风方式之一。与其他机械通风方式相比，压入式管道通风具有工作面空气质量最好，污染度最小；通风机不需经常移动，系统布置简单，管理方便，便于维护，成本较低；工作面回风不通过风机和通向管，对设备污染小等显著优点，是采用钻爆法施工的隧道中首选的通风方式。而且，近年来随着大风量、高风压风机和大直径、低摩阻通风管的采用，压入式通风的单头送风距离不断增长，其应用范围与前景都非常广阔。然而，施工实践中，由于对该通风方式的系统设计缺少了解，或对施工技术要点未能掌握，仅凭经验布置，往往不是造成浪费就是不能满足施工要求。国内对于隧道施工通风的研究较有限，而且定论不一。笔者在参考铁路、公路、市政等不同行业的隧道施工技术规范基础上，以青海循隆项目中吾隧道通风方案为例，对压入式管道通风技术方法的关键要点进行阐述，以供同行参考。

2.1　通风量计算

隧道内施工所需的通风量应根据下列条件计算确定：①隧道内同时工作的最多人数所需

要的空气量；②满足隧道内允许最小风速要求；③同一时间爆破的最多炸药用量产生的有害气体降低到允许浓度所需要的空气量；④同时在隧道内作业的柴油机产生的有害气体稀释到允许浓度所需要的空气量等，并以其中最大者作为选择通风设备的基础。目前世界各国对于隧道通风量的计算，尚无公认的统一公式。笔者整理了我国隧道施工目前最常用且较合理的一些计算通风量的经验公式。

2.1.1 按隧道内同时工作的最多人数计算

$$Q_1 = q \cdot m \cdot k$$

式中：Q_1——计算风量（m^3/min）；

q——洞内每人每分钟呼吸所需新鲜空气量，通常按 $3m^3/min$ 计算；

m——洞内同时工作的最多人数（钻孔、喷锚、衬砌和其他辅助作业同时工作），按 72 人计；

k——风量备用系数，取值可据通风管长度而定，长度＜1km，取 1.1；1～2km，取 1.15；＞2km，取 1.2（该隧道全长 3.6km，两端掘进，单端长度 1.8km，此处取 1.15）。

$$Q_1 = 3 \times 72 \times 1.15 = 248.3(m^3/min)$$

2.1.2 按最小风速检验风量计算

$$Q_2 = 60 \cdot V_{最小} \cdot S_{最大}$$

式中：$V_{最小}$——最小风速（m/s）；保证隧道内稳定风流要求，全断面开挖时风速不小于 0.15m/s，其余不小于 0.25m/s，但均不大于 6m/s；

$S_{最大}$——隧道最大断面积（m^2）。

隧道中间桩号处为Ⅲ级围岩，按全段面施工。

$$Q_2 = 60 \times 0.15 \times 85.1 = 766(m^3/min)$$

2.1.3 按爆破使用炸药所产生的有害气体稀释到允许浓度所需风量计算

$$Q_3 = \frac{2.25}{t}\sqrt[3]{\frac{G(SL)^2\psi b}{p^2}}$$

式中：t——爆破后要求有害气体达到允许浓度的通风时间（min）；

G——同时爆破的炸药消耗量（kg），全断面开挖，进尺 3.5m，炸药用量约 200kg；

S——隧道净横断面面积（m^2），Ⅲ级全断面 $S=85.1m^2$；

L——隧道长度或极限长度（m）；

ψ——淋水系数，取值见表 1；

b——炸药爆炸时的有害气体生成量，岩层爆破取 40；

p——风管漏风系数。

淋 水 系 数 表 1

隧道潮湿情况	ψ
沿干燥岩层中掘进的隧道，工作面涌水 $1m^3/h$	0.8
潮湿的隧道，工作面涌水＜$6m^3/h$	0.6
岩层中含水或使用水幕，工作面涌水＜$15m^3/h$	0.3
工作面涌水	0.15

如果隧道长度 L 大于极限长度 $L_{极限}$（表示开挖掌子面至稀释炮烟到安全浓度的距离），式中的 L 应该采用 $L_{极限}$ 代替。

$$L_{极限} = 12.5\frac{GbK}{Sp^2}$$

式中：K——紊流扩散系数，由表 2 查得，其他符号意义同前。

紊 流 扩 散 系 数　　表 2

$l/2D$	K	$l/2D$	K	$l/2D$	K
6.35	0.4	9.6	0.53	15.8	0.67
7.72	0.46	12.1	0.6	21.85	0.74

注：l-风筒口距工作面长度（m）；D-风筒直径（m）。

本隧道 l 为 20m，风筒选用直径 1.8m 的维纶布拉链式风管。

漏风系数与风管的材料与通风距离相关。柔性风管的漏风率与长度大致呈直线关系变化。因此，漏风系数一般由送风距离及每百米漏风率 P_{100} 计算得出。

$$p = \frac{1}{1-\frac{lP_{100}}{100}}$$

式中：l——通风距离（m）；

P_{100}——百米漏风率。

百米漏风率 P_{100} 可通过实测或根据风管生产厂家提供的技术指标获得。PVC 增强纤维布（维纶布）风管百米漏风率一般在 2%以下。

经计算 $p=1.47$；$L_{极限}=217.5\text{m}$；$Q_3=753.6\text{m}^3/\text{min}$。

2.1.4　按洞内使用内燃机所需的风量计算

$$Q_4 = Q_0\sum_{i=1}^{N}T_iN_i$$

式中：Q_0——柴油机单位功率所需风量指标，《公路隧道施工技术规范》（JTG F60—2009）规定 1kW 的风量不宜小于 $4.5\text{m}^3/\text{min}$；

N——柴油设备总数；

N_i——各台柴油设备的额定功率（kW）；

T_i——各台柴油设备工作时柴油机利用率系数，装载机、运渣汽车、内燃机车一般均取 0.65，可根据实际利用情况调整。

出渣时，整个隧道内的内燃施工机械总功率计算如表 3 所示。

隧道内内燃施工机械总功率计算　　表 3

机械名称	装载机	挖机	自卸车	输送泵	小计
功率（kW）	165	200	165	60	
数量（台）	2	1	5	1	
利用率	0.65	0.1	0.65	0.65	
功率（kW）	214.5	20	536.25	39	862.2

计算得 $Q_4=3\,879.9\text{m}^3/\text{min}$。

2.1.5　按最大值法计算供风量

取上述风量 Q_1、Q_2、Q_3、Q_4 的最大值 Q_{max} 作为设计供风量计算的基础，并考虑一定的漏风系数 P，隧道需要的通风量按以下公式进行计算：

$$Q_{供} = Q_{max}(Q_1、Q_2、Q_3、Q_4) \times P = 3\,879.9 \times 1.47 = 5\,703$$

2.2　风压计算

通风机的静压在数值上等于风管沿程摩擦阻力损失和局部阻力损失。在一般情况下摩擦阻力是主要的，管道通风时，局部阻力一般可考虑增加 5%～10%，该隧道采用管道压入式通风，管道摩擦阻力按下式计算。

$$h = 6.5 \cdot \left(\frac{\alpha L Q_2}{d_5}\right) \cdot g$$

式中：h——管道摩擦阻力(Pa)；

L——管道长度(m)，取 L=1 800m；

α——管道摩擦阻力系数，取 0.000 23；

Q_2——风量(m^3/s)，Q_2=5 703/60=95.057(m^3/s)；

d_5——风管直径(m)，取 d_5=1.8m；

g——重力加速度，g=9.81m/s^2。

$$h = 6.5 \times [(0.000\,23 \times 1\,800 \times 95.057) \div 1.8] \times 9.81 = 1\,394(Pa)$$

总摩擦阻力：

$$h_{总} = 1.1h = 1.1 \times 1\,394 = 1\,533.4(Pa)$$

2.3　风机选择

(1)风机有轴流式与离心式两种。轴流式风机风量大、效率高、体积小、移动方便。而离心式风机进出风方向成 90°，在洞内使用不宜布置，而且一旦发生风流短路，容易造成超载使电机发热，因此，压入式管道通风技术主要采用轴流式风机。

(2)根据风机工作风量 $Q_{机}$ 和风机工作风压 $h_{机}$ 选择通风机。选择时，按 $Q_{机} \geq 1.1Q_{供}$(1.1 为风量储备系数，$Q_{供}$ 为前述计算供风量)及 $h_{机} \geq Ph_{供}$(P 为漏风系数，h 供为前述计算供风风压)，再按通风机性能表中的特点或风机特征曲线选择风机型号。$Q_{机}$ 与 $h_{机}$ 的组合有很多型号可以选用，最经济的是所需电动机功率最小。

(3)长距离压入式隧道通风的线路阻力较大，一台风机不能满足需要时，可数台风机串联运行。串联风机宜选用型号与功率相同的风机。风机串联时的合成特性曲线按风量相等、风压相加原则求得。本隧道采用两台供风量 3 000m^3/min 的风机串联。

(4)目前国内常用的用于压入式通风的几种轴流式风机型号见表 4。

隧道施工常用的几种轴流风机　　表 4

规　　格	风量(m^3/min)	风压(Pa)
185kW×2	4 000	4 200
132kW×2	3 000	4 100
115kW×2	2 100	4 500
55kW×2	1 000	5 000

3 结语

(1)通风设备的选择是压入式通风系统设计的根本。应按照通风量计算、风管选型、风压计算及风机选型的程序,根据每个工程的施工特点,通过认真计算通风参数,并借鉴隧道通风的成功经验,合理确定通风机及风管型号。

(2)现场布置是压入式通风系统设计的基础。通风机、通风管的现场布置应做到科学、合理、经济。

(3)通风系统设计布置完成后,需要对通风参数的测定与工作面环境的检测进行定期检测,以不断校验、改进。

参 考 文 献

[1] 中华人民共和国行业标准. JTG F60—2009 公路隧道施工技术规范[S]. 北京:人民交通出版社,2009.

[2] 中华人民共和国行业标准. TB 10204—2002 铁路隧道施工规范[S]. 北京:中国铁道出版社,2002.

[3] 中华人民共和国国家标准. GB 50299—1999 地下铁道工程施工及验收规范[S]. 北京:中国计划出版社,1999.

[4] 周传坡. 地下建筑工程施工技术[M]. 北京:人民交通出版社,2008.

船舶参与公路建设的应用研究

胡东荣　胡　波　张国亮

（中交三公局工程总承包分公司　北京　100124）

摘　要：随着国民经济和社会的快速发展，以及人民群众出行的需要，我国公路建设得到了迅猛发展。公路建设的外部环境和内在要素均在发生重大变化，特别是三江源源头区域或长江、黄河等流域沿岸，公路建设的环境保护理念也在不断提升。尤其是公路建设在进入施工现场的道路对环境破坏特别巨大。本公司承建的黄河库区公路项目，结合现场地形、地貌、地质等情况，创新项目管理模式，施工进场道路由常规的开挖土石方，改为建造船舶运送施工机械设备、物资和人员的办法，在节约资金投入的同时，也很好地保护了黄河库区的生态环境，探索出了一条项目管理专业化的多路径，对长江、黄河等流域沿岸公路建设的环境保护具有借鉴意义。

关键词：船舶交通　库区地质　公路建设　码头建设

1　工程项目概况

G310 循化至隆务峡（公伯峡至隆务峡段）项目，为资本金融资、施工图设计＋施工总承包模式，由中交三公局工程总承包分公司承担建设任务。工程项目起讫桩号为 K79＋000～K92＋411.455，路线全长 13.411km。施工主要内容包括：8 座桥梁、7 座隧道及交通安全设施、机电工程、房建工程等，按高速公路双向四车道建设，设计车速每小时 80km，桥隧比 97.4%。

该项目地处黄河库区，是一条旅游、农业和水电资源开发的重要干线公路，对于加快和促进青海省公路网建成、提高公路通达性、拓展城乡发展空间、加快城镇建设进程、带动和促进地区经济发展、构成和谐社会具有十分重要的意义。沿岸地形呈“V”形峡谷地带，周边山谷地形陡峻，沟谷纵横，相对高差较大且地质、水文情况复杂，沿线存在较多不良地质及地层断裂地带（多达 34 处），特别是斜坡、不稳定滑坡、库岸崩塌、泥石流等不良地质地段较多。图 1 所示为库岸地形地貌。图 2 所示为库岸地质。图 3 所示为库区坍塌典型地段。

a)

b)

图 1　库岸地形地貌

图2 库岸地质

图3 库区坍塌典型地段

2 进场道路与船舶运输比较

由于该项目地处库区，没有交通道路进入，经过实地勘察和对施工便道的比较、测量，确定了两个进入库区作业点的方案。第一方案为修建长 38km 的进场道路，土石方开挖约 210 万 m^2、涵洞 123 道、排水边沟 26.8km，边坡防护约 134 万 m^2，30cm 泥结碎石路面 36.5km。该项工程需投入资金 1.9 亿元，工期需要 18 个月。该进场道路通行后，由于边坡稳定性差，不利于通行安全且对主体工程的施工进度影响较大。

第二方案为采用船舶进行施工物资、机械设备等运输，通过对进度、运输距离与运输时间的计算，需要采购 300t 以上的拖船 2 艘、150t 的船舶 1 艘、50t 的船舶 1 艘、20 座客船 2 艘、30 座客船 1 艘、8 座应急快艇 1 艘。但是，该项目属于水、电、旅游综合开发库区，缺点是不通航，采购的船舶无法进入施工地点。在考虑采购又不通航的情况下，是否可以建造呢？在咨询了有关部门后，得到的答复是可以的，但还需要修建 5 个码头。经过费用与建造时间的计算见表 1（油料消耗、管理费用按 30 个月计算）。

经过费用与建造时间的计算 表 1

序号	项目	数量	建造费用/时间/人员			油料消耗	管理费用	油料/管理小计
			（万元）	（月）	（人）	（万元/月）		（万元）
1	300t 拖船（艘）	2	760	4	50	21.5	45	（21.5+45）×30=1 995
2	150t 船舶（艘）	1	280	2				
3	50t 船舶（艘）	1	140	1.5				
4	20 座客船（艘）	2	90	2				
5	30 座客船（艘）	1	78	采购				
6	8 座应急快艇	1	18	采购				
7	修建码头（个）	5	260	3				
8	船舶设计与检测		60					
9	船舶运输安全监管（监控大厅）		385					

续上表

序　号	项　　目	数量	建造费用/时间/人员			油料消耗	管理费用	油料/管理小计
			（万元）	（月）	（人）	（万元/月）		（万元）
10	码头至施工点进场便道（个/km）	9/6.2	320					
小计			2 391					1 995

从表 1 中可以看出，建造费用及管理费用按 30 个月计算，共投入资金船舶的建造时间最长为 4 个月，修建 5 个码头需要 3 个月，投入资金 260 万元，建造船舶的场地考虑先修建一个码头投入使用（建造），在节约用地的同时也节约了建造费用。建造/采购时间安排见表 2。

建造/采购时间安排　　表 2

项目	2014.6	2014.7	2014.8	2014.9	2014.10	2014.11
施工准备						
第一个码头建设						
第一艘20座客船						
50t船舶						
第二艘20座客船						
300t拖船						
150t船舶						
采购8座应急快艇						
采购30座客船						

综合以上因素，对第一方案与第二方案的投资、进度、安全、环境保护等方面进行比选后，决定采用第二方案，靠船舶把施工机械设备、物资、人员运送到库区码头，再用汽车等交通工具运至各工点。其缺点为：运输安全风险较大。施工中，应加强监管力度，遵守船舶运输安全规程。图 4 所示为修建的码头之一。图 5 所示为 800t 拖船运送物资、材料。

图 4　修建的码头之一

图 5　800t 拖船运送物资、材料

3 船舶建造

3.1 船舶建造的条件

建造一艘船舶质量的好坏，确保原材料的质量是关键。因为建造船舶需要船舶专用钢板，在考虑钢板质量的同时，也还要考虑市场价格。经过调查研究，本公司决定从武汉市定点采购，由于该项目不能通航，所以采用汽车运回工地，现场制造。

3.2 船舶设计

为了船舶的使用安全，本公司特邀有资质的船舶设计院进行船舶、码头等设计，根据设计图进行施工。

3.3 制造技术工人

造船质量的好坏，取决于焊接质量，所以对焊接工人的技术水平，要求特别过硬。本公司从专业造船厂请来造船工人，在现场没有船坞的情况下，造船工人按设计图纸要求，进行手工打造。同时本公司还请有资质的监理工程师对建造船舶的质量进行监督，经相关部门对质量检验合格后，才允许下水试运输。

3.4 下水方式、方法

对小于 50t 的客船、快艇等，采用 100t 的吊车直接下水。对大于 50t 的船舶待气囊升高后，用挖掘机缓慢推入水中。具体如图 6 所示。

图 6　300t 拖船待气囊升高后，在卷扬机的带动下缓慢进入水中

4 结语

通过对方案的比选可知：第一方案，施工周期长，资金投入较大，不利于安全通行的同时，更不利于环境保护。第二方案，通过建造码头、船舶等把施工机械设备、物资、人员运送到库区码头，再通过 0.3～0.8km 的进场道路到达作业点；该方案节约工期 14 个月，节约投资费用约 1.4 亿，在节约时间及费用的同时，也有利于环境保护。经过该方案的实施，得到了很好的社会效益及经济效益，同时监理、业主也给予了较高的评价。

参考文献

[1] G310 循化至隆务峡（公伯峡至隆务峡段）项目设计文件[Z].

高压旋喷桩技术应用

曲　海

（中交三公局工程总承包分公司　北京　100124）

摘　要：简要介绍高压旋喷桩处理软土地基的加固机理，设计采用的方法、施工工艺及注意事项，以及质量控制、安全措施。

关键词：高压旋喷桩　加固机理　施工工艺　质量控制　安全

1　高压旋喷桩加固机理

高压旋喷是高压喷射注浆法的一种，是将带有特殊喷嘴的注浆管插入设计的土层深度，然后将水泥浆以高压流的形式从喷嘴内射出，冲击切削土体。土体在高压喷射流的强大动力作用下，发生强度破坏，土颗粒从土层中剥落下来，与水泥浆搅拌形成混合浆液。一部分细颗粒随混合浆液冒出地面，其余土粒在射流的冲击力、离心力和重力等作用下，按一定的浆土比例和质量，有规律地重新排列。这样从下向上不断地喷射注浆，混合浆液凝固后，在土层中形成具有一定强度的固结体，并且固结体呈圆柱状。

高压旋喷桩的基本工艺类型有：单管法、二重管法、三重管法和多重管法 4 种方法。使用较多的是单管法和二重管法。

单管法是利用钻机把安装在注浆管（单管）底部侧面的特殊喷嘴，置入土层预定深度后，用高压泥浆泵等装置，以 20kPa 左右的压力，把浆液从喷嘴中喷射出来冲击破坏土体，使浆液与从土体上崩落下来的土搅拌混合，经过一定时间凝固，便在土中形成一定的固结体。

二重管法：又称浆液气体喷射法，是使用双通道的二重注浆管。当二重注浆管钻进到土层的预定深度后，通过在管底部侧面的一个同轴双重喷嘴，同时喷射出高压浆液和空气两种介质的喷射流冲击破坏土体。即以高压泥浆泵等高压发生装置喷射出 20kPa 左右的浆液，从内喷嘴中高速喷出，并用 0.7kPa 左右压力把压缩空气从外喷嘴中喷出。在高压浆液和它外环气流的共同作用下，破坏土体的能量显著增大，最后在土中形成较大的固结体。

三重管法：是一种浆液、水、气喷射法，使用分别输送水、气、浆液三种介质的三重注浆管，在以高压泵等高压发生装置产生高压水流的周围环绕一股圆筒状气流，进行高压水流喷射流和气流同轴喷射冲切土体，形成较大的空隙，再由泥浆泵将水泥浆以较低压力注入被切割、破碎的地基中，喷嘴作旋转和提升运动，使水泥浆与土混合，在土中凝固形成较大的固结体，其加固体直径可达 2m。

单管、二重管、三重管旋喷桩机注浆施工示意如图 1～图 3 所示。

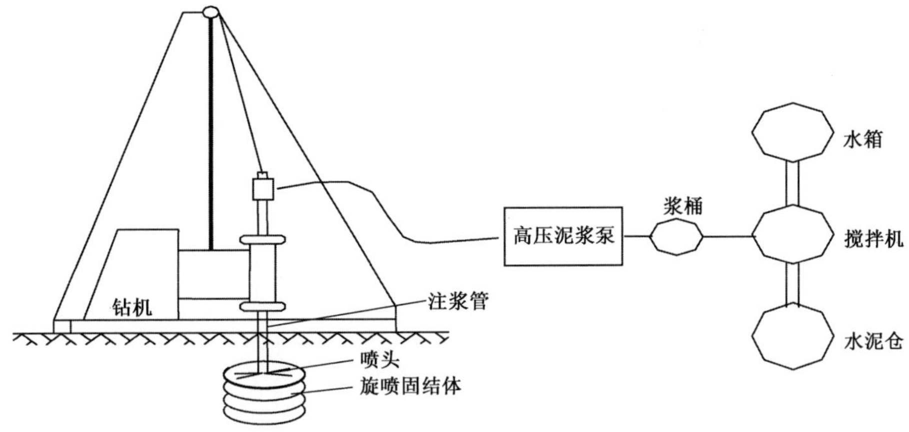

图1　单管旋喷注浆示意图

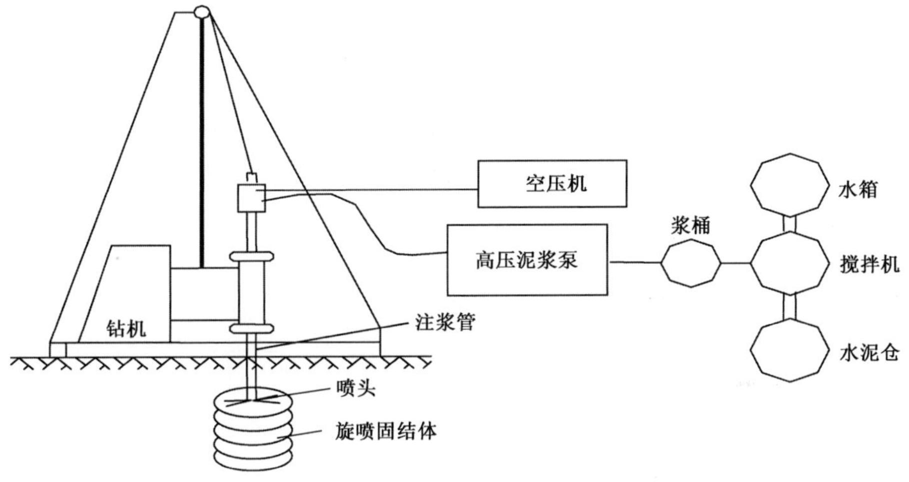

图2　二重管旋喷注浆示意图

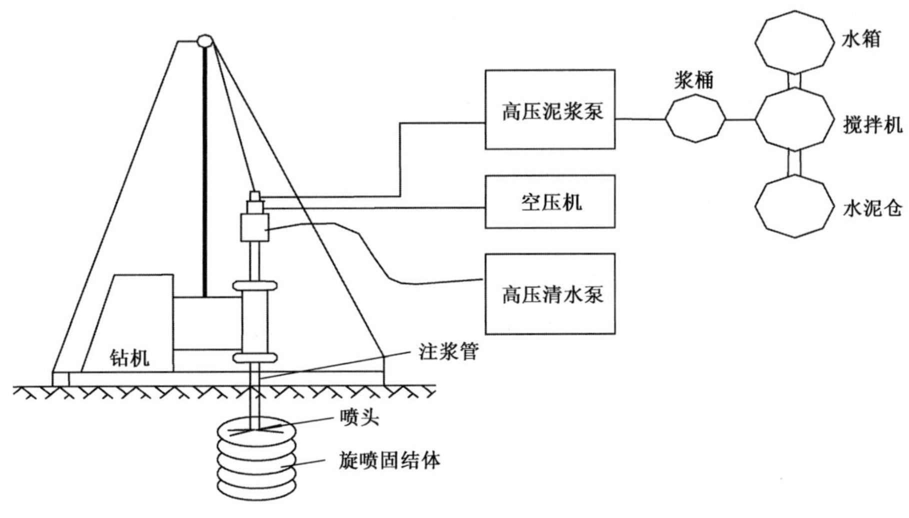

图3　三重管旋喷注浆示意图

2 高压旋喷桩施工方案(单管法)

2.1 主要施工机具设备

单管法高压旋喷桩主要的施工机具设备包括高压泵、钻机、浆液搅拌器等。高压旋喷桩主要的施工机具设备规格、技术性能要求见表1。

旋喷施工常用主要机具设备 表1

序 号	设备名称	型 号	功率(kW)	数 量
1	旋喷钻机	XY-4	18.5	1台
2	高压柱塞泵	3D2-S2-85/45	90	1台
3	浆液搅拌机	立式	4	1台
4	空心钻杆	ϕ50		1根
5	排污泵	立式	7.5	1台

2.2 旋喷材料

旋喷用的水泥采用42.5级普通硅酸盐水泥。水泥浆水灰比为1∶1,稠度过大,流动缓慢,喷嘴常易堵塞,增加排除故障时间,影响施工进度。稠度过小对强度有影响。为消除离析,一般加入水泥用量3%的陶土、0.9%的碱。浆液宜在旋喷前1h内配置,使用时滤去硬块、砂石等,以免堵塞管路和喷嘴。

2.3 劳动力安排

一套设备施工需要配备的劳动力见表2。

劳动力配备 表2

序 号	工 种	人 数	工作内容
1	班长	1	负责协调指挥各工序的操作,控制加固质量,排除施工中的各种故障
2	操作员	3	按设计施工工艺,正确操纵钻机和提升检查维修机械
3	制浆员	3	负责水泥浆的制作,保证施工的连续性
4	统计员	1	统计材料用量,记录泵送时间,清洗输料管
5	电工后勤	2	负责设备的安装和安全使用
6	记录员	1	负责施工记录,操纵电器控制仪表,并进行质量检查

2.4 施工准备

(1)根据现场情况,进行场地平整。

(2)选择合适的位置,进行试桩,以期确定以下技术参数:①实际地质情况;②喷嘴型号及规格;③进尺及提升速度;④注浆压力;⑤注浆流量;⑥水灰比值及水泥掺入量;⑦成桩直径;⑧成桩强度。

(3)熟悉图纸,做好图纸会审前期工作。

(4)做好通水、通电及硬化道路工作。

(5)设立临时生活设施。

(6)检查机器运转情况并做好各易损件的筹备工作。

(7)按现场平面布置图选好地点挖泥浆池及铺水泥堆放台。

2.5 施工工艺流程图(单管法)

单管法施工工艺流程图如图4所示。

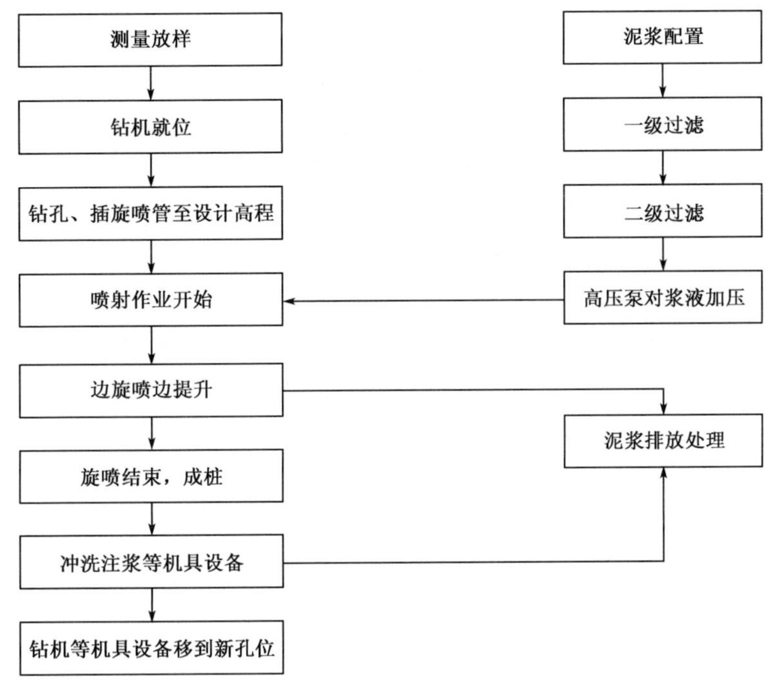

图4 单管法施工工艺流程图

2.6 施工工艺及方法

2.6.1 测量放样

首先清理、整平场地,然后依据布桩图,使用全站仪或GPS对施工桩位进行标记。

2.6.2 试桩及确定工艺参数

为保证施工质量需进行试桩,以校验和确定施工工艺参数是否合理。通过试桩确定成桩直径为600mm的高压旋喷桩施工工艺参数,具体如下:

(1)注浆管:提升速度为20cm/min;旋转速度为17r/min。

(2)浆液压力:20MPa;流量大于60L/min。

(3)水灰比:1∶1。

2.6.3 钻机就位

将钻机安放在设计孔位上,使钻头对准孔位中心,纵横向偏差不得大于20mm。为保证钻孔达到规范要求的垂直度偏差1%以内,钻机就位后,必须作水平校正,使钻杆轴线垂直对准孔位,并固定好桩机。

2.6.4 水泥浆配置

桩机移位时,即开始按设计确定的配合比拌制水泥浆。首先将水加入桶中,再将水泥和外掺剂倒入,开动搅拌机搅拌10～20min,而后拧开搅拌桶底部阀门,放入第一道筛网(孔径为0.8mm),过滤后流入浆液池,然后通过泥浆泵抽进第二道过滤网(孔径为0.8mm),第二次过滤后流入浆液桶中,待压浆时备用。

2.6.5 钻孔插管

钻孔插管是将喷管插入地层预定的深度。在钻孔插管过程中，为防止泥沙堵塞喷嘴，可边射水、边插管，水压力一般不超过1MPa，若压力过高，则易将孔壁射塌。

2.6.6 喷射作业

旋喷管下沉到设计深度后，停止钻进，旋转不停，高压泥浆泵压力增到施工设计值(20～40MPa)，座底喷浆30s后，边喷浆，边旋转，同时严格按照设计和试桩确定的提升速度提升钻杆。成桩过程中严格按试桩工艺参数控制。施工过程中值班技术人员注意时刻检查浆液初凝时间(正常时水灰比1:1，初凝时间为2h左右)、注浆流量、压力、旋转提升速度等参数是否符合设计要求，并随时做好记录。当浆液初凝时间超过2h，应及时停止使用该水泥浆液。

2.6.7 冲洗器具

喷射作业完成后，应把注浆管等机具设备冲洗干净，管内、机内不得残存水泥浆。冲洗方法是将浆液换成水，在地面上喷射，以便把泥浆泵、注浆管和软管内的浆液全部排除。

2.6.8 移动机具

把钻机等机具设备移到新孔位就位。

2.6.9 补浆

喷射注浆作业完成后，由于浆液的析水作用，一般均有不同程度的收缩，使固结体顶部出现凹穴，要及时用水灰比为0.6:1的水泥浆补灌。

2.7 施工工艺要点

(1)旋喷前须检查高压设备和管路系统，其压力和流量表必须满足设计要求。下管前必须检查注浆管路是否畅通，接头密封是否良好。

(2)在插管过程中，为防止泥沙堵塞喷嘴，可边射水边插管，水压一般不超过1MPa。

(3)当喷管插入预定深度后，由下而上进行喷射作业，喷射注浆时要注意，待估算水泥浆的前峰已流入喷头后(一般2～4s)方可开始提升注浆管。值班人员必须时刻注意检查浆液初凝时间、注浆流量等技术参数，控制转速、提速。拆卸钻杆继续喷射时，保持钻杆有0.3m的搭接长度，不得使喷射固结体脱节。深层旋喷时，先喷浆后旋转和提升，以防注浆管扭断。

(4)重复喷射：在不改变喷射技术参数的条件下，对同一孔位作重复喷射，既能增加土体破坏的有效长度，从而加大固结体的直径或长度和提高固结体强度，复喷时全部喷浆，复喷的次数愈多，固结体直径加长的效果愈好。

(5)施工时，加强前台与后场供浆配合密切，后场停止供应时，应及时通知前台，防止断桩和缺浆。再次供浆时，喷头需插入到停浆点0.5m以下，待恢复供浆时再提升。如停止时间超过3h，需将输浆管卸下进行清洗。

(6)所用水泥浆、水灰比不得随意更改，要保证水泥质量，水泥要过筛，其细度在标准筛上的筛余量应不大于15%，禁止使用受潮、过期的水泥。

(7)喷射注浆孔与高压泵距离不能过长，防止高压软管过长、沿程压力损失增大，造成实际喷射压力降低。

(8)当桩顶接近高程时，为保证桩头的施工质量，旋转提杆至设计高程以下1m喷浆提升时，采用慢速，控制在10cm/s以内。

(9)喷射结束后,若发现浆面下降,应立即在喷射孔内进行静压充填,直至浆液面不再下流为止。

3 质量控制措施及质量检验

3.1 质量控制措施

(1)施工前先打一组试桩(3 根),从而确定施工的各项参数,如钻进速度、提升速度和旋转速度等,确定机械需配备的人员。开工前组织施工人员进行技术交底,施工中根据质量工程要求召开质量专题会,不得使用不合格的施工机具及不合格或失效的水泥。

(2)钻机开孔前必须复核孔位、孔距,检查钻机的水平度、轴垂直度。钻进时应避免钻机的剧烈振动、跳动及钻杆摆动,确保钻机垂直度。

(3)控制旋喷的压力和提升及旋转速度,确保加固范围内每一深度的喷浆饱满。

(4)用比重秤或比重计来检查拌制的水泥浆是否符合设计要求。技术人员应经常检查每延米用浆量和水泥用量是否满足要求。

(5)钻到终孔深度后,技术人员应及时检查验收孔深及孔斜率,以确保以上技术指标达到设计要求。

(6)随时检查施工记录,对照施工工艺对每根桩进行质量评定。对不合格的桩,视具体情况采取补救措施。

(7)旋喷过程中,应按表 3 的要求做好施工记录。

旋喷桩施工记录表 表 3

<table>
<tr><td colspan="2">工程名称</td><td colspan="3"></td><td colspan="2">高压泵型号</td><td colspan="2"></td><td colspan="2">钻孔机具</td><td colspan="3"></td></tr>
<tr><td colspan="2">注浆管直径</td><td colspan="3"></td><td colspan="2">喷嘴孔径</td><td colspan="2"></td><td colspan="2">喷嘴个数</td><td colspan="3"></td></tr>
<tr><td colspan="2">设计提升速度</td><td colspan="3"></td><td colspan="2">设计旋转速度</td><td colspan="2"></td><td colspan="2">设计注浆量</td><td colspan="3"></td></tr>
<tr><td colspan="2">浆液配比</td><td colspan="7"></td><td colspan="2">水泥强度等级</td><td colspan="3"></td></tr>
<tr><td rowspan="2">注浆孔编号</td><td rowspan="2">旋喷深度(m)</td><td rowspan="2">实际有效长度(m)</td><td colspan="2">旋喷时间(时分)</td><td rowspan="2">旋转速度(r/s)</td><td rowspan="2">提升速度(m/s)</td><td rowspan="2">旋喷压力(MPa)</td><td rowspan="2">注浆量(m^3)</td><td rowspan="2">冒浆量及残液状态</td><td rowspan="2">供水压力(MPa)</td><td rowspan="2">供风压力(MPa)</td><td rowspan="2" colspan="2">旋喷日期</td></tr>
<tr><td>开始</td><td>结束</td></tr>
<tr><td></td><td></td><td></td><td></td><td></td><td></td><td></td><td></td><td></td><td></td><td></td><td></td><td colspan="2"></td></tr>
<tr><td></td><td></td><td></td><td></td><td></td><td></td><td></td><td></td><td></td><td></td><td></td><td></td><td colspan="2"></td></tr>
<tr><td></td><td></td><td></td><td></td><td></td><td></td><td></td><td></td><td></td><td></td><td></td><td></td><td colspan="2"></td></tr>
</table>

3.2 质量检验

3.2.1 静载试验

单位工程桩数小于 1 000 根时,每个工点至少做 3 根单桩承载力试验。大于 1 000 根时,取单位工程桩数的 0.3%确定静载试验桩数。承载力检验还应做复合地基承载力试验,测试结果应及时反馈给设计单位。

3.2.2 触探及抽芯检验

成桩 7d 内采用轻型动力触探进行 N10 检测,检测频率为总工程桩数的 2%。

抽芯检验的总桩数不得少于工程桩数的 0.3%,单位工程桩数小于 1 000 根时,至少做 3 根。

桩芯 28d 无侧限抗压强度应满足如下要求：

(1)桩身上部[桩顶～(2/3)L]≥4.0MPa。

(2)桩身下部[(2/3)L～桩尖]≥3.0MPa。L 为桩身长度。

3.2.3　单桩承载力检验

高压旋喷桩单桩承载力检验要求见表 4。

单桩承载力特征值　　表 4

桩长 L(m)	单桩承载力特征值(kN)	桩长 L(m)	单桩承载力特征值(kN)
10	≥350	≥14	≥500
12	≥420		

3.3　质量通病的处理

3.3.1　不冒浆或冒浆量少

通常原因是加固土层粒径过大，孔隙较多，可采取以下措施：

(1)加大浆液浓度，可以从 1.1 加大到 1.3 左右继续喷射。

(2)灌注黏土浆或加细砂、中砂，待孔隙填满后再继续正常喷射。

(3)在浆液中掺加集料。

(4)加泥球封闭后继续正常喷射。

(5)灌注水泥砂浆后，再将孔内水泥浆置换成黏土浆，待孔隙填满后继续正常喷射。

3.3.2　冒浆量过大

通常是有效喷射范围与喷浆量不适应有关，可采取以下措施：

(1)提高喷射压力。

(2)适当缩小喷嘴直径。

(3)适当加快提升速度。由于冒浆量中含有地层颗粒和浆液的混合体，目前对冒浆中的水泥的分离回收尚无适宜方法，在施工中多采用过滤、沉淀、回收调整浓度后再利用。

3.3.3　凹穴处理

(1)在喷射灌浆完毕时，即连续或间断地向喷射孔内静压灌注浆液，直至孔内混合液凝固不再下沉。

(2)在喷射灌浆完成后，向凝固体与其上部结构之间的空隙进行第二次静压灌浆，浆液的配比应为不收缩且具有膨胀性的材料，如采用水泥∶水∶铝粉的配比为 9.8∶6.9∶0.3 的浆液。

3.3.4　高压泵排量达不到要求或压力上不去

处理措施如下：

(1)检查阀、活塞等易损部件，及时更换磨损大的部件，有杂物影响阀关闭时，要及时清理。

(2)检查吸水管道是否畅通、漏气，避免吸水空气，尽量减少吸水管道的流动阻力。

(3)检查活塞的循环次数是否达到要求，消除传动系统中的打滑现象。

(4)检查安全阀、高压管路，消除泄漏。

(5)检查喷嘴直径是否符合要求，更换过度磨损的喷嘴。

3.3.5　串孔处理措施

(1)在施工过程中，各机组采取跳打的施工方法。

(2)在高压缩土层适当减小喷浆压力。

(3)加快提升速度和旋转速度。

4 施工注意问题及成品、半成品保护

(1)钻机就位应平稳,立轴、转盘与孔位对正,高压设备与管路系统应符合设计及安全要求,防止管路堵塞,密封要良好。

(2)对深层长桩应根据地质条件,分层选择适宜的喷射参数,保证成桩均匀一致。

(3)注浆完毕应迅速拔出注浆管,桩顶凹坑应及时以水灰比为 0.6∶1 的水泥浆补灌。

(4)钻机成孔和喷浆过程中,应将废弃的加固料及冒浆回收处理,防止污染环境。

(5)施工期间应设置安全警示,并规划警界区。高压管路附近非施工人员不得逗留,以免产生安全事故。

(6)由于高压旋喷桩桩体强度较低,开挖桩头时必须采用人工开挖,切不可利用机械野蛮施工,以免造成桩身质量问题。

(7)破除桩头不得采用重锤等横向侧击桩体,以防造成桩顶高程以下桩身质量问题。

5 安全文明措施

(1)施工时,对高压泥浆要全面检查和清洗干净,防止泵体的残渣和铁屑存在;各密封圈应完整无泄漏,安全阀中的安全销要进行试压检验,确保能在额定量高压力时断销卸压;压力表应定期检查,保证正常使用,一旦发生故障,要停泵停机排除故障。

(2)高压胶管不能超过压力范围使用,使用时屈弯应不小于规定的弯曲半径,防止高压管爆裂伤人。

(3)高压喷射旋喷注浆是在高压下进行,高压射流的破坏较强,浆液应过滤,使颗粒不大于喷嘴直径;高压泵必须有安全装置,当超过允许泵压后,应能自动停止工作;因故需较长时间中断旋喷时,应及时地用清水冲洗输送浆液系统,以防硬化剂沉淀在管路内。

(4)操纵钻机人员要有熟练的操作技能,了解注浆全过程及钻机旋喷注浆性能,严禁违章操作。

(5)施工过程中注意现场的浆液存放,避免浆液四溢,做到工完场清。

6 蓟汕高速公路(津滨高速～津晋高速)工程六标实例

6.1 工程概况

蓟汕高速公路(津滨高速～津晋高速)工程六标所属桥梁桥台台背 50m 范围内采用高压旋喷桩软基处理方式,高压旋喷桩共计 76 632 延米,设计桩径 0.6m,加固区桩长 16m,间距 1.8m;过渡区桩长 14m,间距 2m;梅花形布置,桩芯 28d 无侧限抗压强度:桩身上部[桩顶～(2/3)L]≥4.0MPa,桩身下部[(2/3)L～桩尖]≥3.0MPa。

6.2 施工机械选择

旋喷桩设计桩径为 0.6m,根据同类工程的施工经验,用单管法施工能满足设计要求,故选定如下配套机械:PH-5B 型旋喷桩钻机 1 台,电机额定功率 37kW;SNS-H300 型高压泵一台,额定功率 90kW,额定压力 35MPa;BW-150 型泥浆泵,电机额定功率 3kW;高压管路内径

ϕ19mm，外径 ϕ34mm；主机钻杆内径 ϕ53mm，外径 ϕ76mm；钻头上设一 ϕ2.8mm 的喷嘴；主塔高度 20m；主机是靠液压撑腿调平，支撑导轨式行走，根据设备性能及地面至桩底深度，可一次性成孔。

6.3 施工参数

水灰比采用 1∶1。工作压力：20～25MPa。提升速度：25cm/min。桩顶部 1.0m 范围提升速度小于 20cm/min，转速小于 20r/min；水泥采用普通硅酸盐 425 号水泥，水泥掺入量 200kg/m。

6.4 施工效果

旋喷桩工点 5 个，一次检测合格率 100%。静载荷试验检测工点 5 个，根据复合地基平板载荷试验检测结果，旋喷桩复合地基承载力均大于设计要求的标准值 150kPa。取芯 30 根，均为合格桩；桩身均完整、桩径均超过设计桩身直径；根据钻探取芯检测结果，28d 无侧限抗压强度为 3.69～7.18MPa，均满足设计要求。

参 考 文 献

[1] 李相然，贺可强. 高压喷射注浆技术与应用[M]，北京：中国建材工业出版社，2007.

[2] 龚晓南. 地基处理手册[M]. 3 版. 北京：中国建筑工业出版社，2008.

光面爆破在隧道施工中的应用

谭德荣

（中交三公局工程总承包分公司　北京　100124）

摘　要：国内隧道的掘进，绝大部分是以井巷掘进爆破施工，在隧道掘进爆破施工中运用了炸药爆炸后产生的能量来破坏原有岩体的结构。据初步统计，全国隧道爆破施工时80%以上未注重周边眼的间距、装药量、装药方式的控制，造成开挖超方严重，喷混凝土远超设计量，严重增大施工的安全隐患。大部分企业只注重工程进度，未周密考虑爆破作业是一把双刃剑，应科学合理地利用好爆破产生的有效功来加速生产进度，提高安全效率。本文结合多条隧道的施工，查阅了很多关于光面爆破方面的资料，使隧道掘进爆破时能快速生产，降低安全隐患，节约成本。只有严格控制隧道施工时周边眼间距、装药方式、装药量，才能做到光面爆破，达到降低成本和安全隐患目标。

关键词：光面　爆破　隧道　施工　应用

1　引言

在隧道爆破施工中，首要要求是开挖轮廓与尺寸准确，对围岩扰动小。过去采用的普通爆破方法不仅对围岩的扰动大，而且造成大量超挖、欠挖。采用光面爆破和预裂爆破能使开挖轮廓与尺寸准确，对围岩扰动小，大大地减少了超欠挖，既安全又经济实惠。设计图纸、施工规范等对隧道施工开挖总体上要求拱部采用光面爆破，边墙部采用预裂爆破，以最大限度地保护周边岩体的完整性，同时减少超挖量，提高初期支护的承载能力。

2　炸药的性能

2号岩石乳化炸药的主要性能指标见表1。

2号岩石乳化炸药的主要性能指标　　表1

药卷密度 (g/cm^3)	殉爆距离 (cm)	爆速 (m/s)	猛度 (mm)	做功能力 (mL)	有毒气体含量 (L/kg)	摩擦感度	使用保质期 (d)
0.95～1.30	≥3	≥3.2×103	≥12	≥210	≤80	爆炸概率≤8%	180

2.1　炸药威力（做功能力）

炸药威力是指炸药爆炸时对周围介质产生的压缩、破坏或抛移的能力，其单位是毫升（mL）。炸药的爆热愈高，生成气体量愈多，爆力也愈大。

一般用来衡量炸药做功的能力，与爆热、比容、绝热指数有关，后者越大，威力越大，但炸药真正用于做有效功的能量极小，一般只有总能量的5%～7%。

炸药的威力一般用爆力来表示，爆温、爆热、气体越多，爆力越大。

2.2 猛度

猛度是指炸药爆炸瞬间对与其直接接触的或邻近的介质的局部压缩、破碎或击穿的能力，其单位是毫米(mm)。炸药的爆速愈高，密度愈大，其猛度愈大。

2.3 殉爆距离

殉爆距离是指一个药包(卷)爆炸时，引起与其不相接触的邻近药包(卷)爆炸的最大距离。这是衡量炸药对爆炸冲击波感应的能力。一定条件下的某种炸药爆炸，对在一定距离上的另一种炸药能否使其产生爆炸，这种能力称为殉爆。而能使其爆炸的最小距离就作为其殉爆能力的度量。显然，炸药殉爆的能力与炸药的品种、数量、密度、装药直径、放置方法等因素有关。

主发炸药包爆炸时能引爆沿轴线布置的另一药包爆炸的最大距离称为殉爆距离，一般以厘米计，它表示炸药殉爆的能力。殉爆距离愈大，该炸药的爆炸冲击能愈高。

在工程爆破中，殉爆距离对于确定分段装药、盲炮处理和设计合理的孔网参数等都具有指导意义，在炸药生产工厂的厂房和危险品库房设置中，它是确定安全距离的重要依据。

2.4 间隙效应

间隙效应也称管道效应、沟槽效应，是药卷与管壁之间存在月牙形空间时，炸药爆炸中出现能量降低直至熄爆的现象。实践表明，当小药卷配合小炮孔做功时，经常出现这种问题。这样严重影响爆破质量。

目前，工业界已将炸药的间隙效应视为炸药的重要指标。乳化炸药的间隙效应比较小，也即是说，在小直径的炮孔中，乳化炸药的传爆长度是相当长的。

3 雷管的性能

雷管均设有聚能穴，聚能穴是改变了爆轰产物扩散的方向，使爆轰产物都向轴线上集中，所以其破坏作用增强，这种效应称为聚能效应。雷管后端之所以做成聚能穴，就是为了增强它的起爆能力。

常用的药卷后段亦做成聚能穴。

4 空气在爆破中的作用

光面爆破中炮孔的总装药量是根据孔壁压力小于岩石三向动态抗压强度来确定的，它没有考虑到装药具体形式。因此正确地计算炮孔装药量仅仅是取得光爆效果的必要条件。要取得良好的光爆效果，还必须合理地选择装药结构及其有关参数。不能盲目地考虑孔壁压力的均匀性而选择过小的空气柱高度，以致影响施工速度和经济效益。

在我国目前的隧道施工光面爆破工程中，常用的装药结构有预留空气柱不耦合装药和空气间隔不耦合装药两种。在这两种基本形式上演变出的另外两种常用形式：常用装药结构 *a*——上或下留空气柱不耦合装药；*b*——孔底留有空气柱的间隔不耦合装药。

4.1 装药结构

光面爆破工程中，周边眼装药时采取空气间隔装药，同属于不耦合装药，作用有以下几个方面：提高药柱高度；减少装药量；延长爆炸气体在炮孔内的作用时间；增大爆炸气体作用面积；减轻爆炸冲击波对炮孔壁的破坏(也就是降低介质的粉碎率)；装药单元在空气间隔装药中，由于各装药单元之间预留空气柱，装药分段单元增加，装药工艺复杂化，间隔大于炸药的殉爆距离，因此各装药单元需要雷管分别起爆或采用导爆索起爆。

无论是留空气柱不耦合装药，还是空气间隔不耦合装药，都涉及空气柱最佳高度问题，空气柱过大，将失去其均衡孔壁压力的作用，甚至在孔口部位出现“挂门帘”等不良的光爆效果。

4.2 管道效应

在爆破工程中，若采用钻孔爆破，由于药卷与炮眼孔壁间存有间隙，当其装药长度大于一定值时，常常会发生爆轰的中断或爆轰转变燃烧的现象，这种现象称为“管道效应”；另外，当采用不耦合装药结构时，不耦合系数在一定范围内时炸药传爆几卷药卷后会发生拒爆，这一现象也称为“管道效应”。管道效应真正的原因是伯努力空气流速与压强定义，即

比动能 + 比势能 + 比压能 = 常量

流体力学中的伯努利方程为(适用于气体)：

$$z+p/\rho g+v^2/2g=c$$

式中：z——零势能面起算的坐标值；

p——气体压强；

ρ——气体密度；

v——风速；

g——重力加速度；

c——常数。

5 光面爆破施工

光面爆破是通过正确确定爆破参数和施工方法，尤其是正确选择周边眼的钻爆参数与装药结构。周边孔爆破是在设计断面主爆体爆破之后最后同时起爆，使爆破后的围岩断面轮廓整齐，最大限度地减轻爆破对围岩的扰动和破坏，尽可能地保持围岩的完整性和稳定性的爆破技术(或称“方法”)。其主要标准为：开挖轮廓成形规则，岩面平整；围岩岩壁上保持50%以上的半边炮眼痕迹(亦称“炮眼痕迹保存率”)，无明显的爆破裂缝；超欠挖符合规定要求，围岩无危石、无坍塌等现象。

隧道光面爆破主要参数包括：周边眼的间距(E)，周边眼的抵抗线(W)(即周边眼至内圈眼的距离)、周边眼密集系数($K=E/W$)和装药集中度(线装药密度)等。同时，应根据爆破器材，选择周边装药结构和安排起爆雷管。影响光面爆破参数的因素很多，主要有岩石的可爆性、炸药品种、一次爆破的断面大小、断面形状、凿岩设备、钻孔直径和深度等，其中影响最大的是地质条件。光面爆破参数的选择，通常采用简单的计算并结合工程类比法加以确定，在初步确定后，一般可在现场爆破实践中加以修正改善。隧道光面爆破效果图如图1所示。

图1 隧道光面爆破效果图

5.1 周边炮眼间距 E

在不耦合装药的前提下，光面爆破应满足炮孔内静压力小于爆破体的极限抗压强度，而大于岩体的极限抗压强度的条件。"此据理论"，按以下公式确定 E 值。

$$E \leqslant [\sigma c]/[\sigma p] \leqslant K_i d$$

实际施工中取得经验数据作为设计参数，一般 $K_i=10\sim18$，即 $E=(10\sim18)d$；当炮眼直径为 $\phi32\sim\phi40$mm 时，$E=35\sim70$cm。

也可以在两个炮眼间增加导向空眼，导向眼到装药眼间的距离一般控制在 40cm 以内，周边眼的间距 E 与周边眼的最小抵抗线 W 有着密切关系，通常以周边眼的密集系数 K 表示，$K=E/W$，其大小对光面爆破效果有较大影响。必须使应力波在两期相邻炮眼间的传播距离小于应力波到临空面的传播距离，即 $E<W$（"理论"）。实践表明，$K=0.8$ 较为合适，也可考虑 $K=0.9$。周边眼抵抗线 W 一般取 55～80cm。

5.2 周边眼装药量

周边眼装药量通常以线装药密度表示。恰当的装药量应是既具有破岩所需的能量（不留残眼），又不造成围岩的过度破坏。设计时应根据孔距、抵抗线、石质和炸药种类、装药结构综合考虑确定装药量（装药集中度 q，kg/m）。下面提供光面爆破参数表（表 2、表 3），可供设计选用之。

光面爆破参数 表 2

岩石种类	周边眼间距 E（cm）	周边眼最小抵抗线 W（cm）	相对距 E/W	周边眼装药参数 q（kg/m）
硬岩	55～70	60～80	0.7～1.0	0.30～0.35
中硬岩	45～65	50～70	0.7～1.0	0.2～0.30
软岩	35～50	45～60	0.5～0.8	0.07～0.12

光面爆破参数 表 3

围岩级别	炮眼间距 E(cm)	抵抗线 W(cm)	密集系数 K	装药集中度 q(kg/m)
Ⅰ～Ⅱ	55～70	60～80	0.7～0.9	0.30～0.35
Ⅱ～Ⅲ	45～65	60～80	0.7～0.9	0.20～0.30
Ⅲ～Ⅳ	35～50	40～60	0.6～0.8	0.07～0.12

装药种类、装药集中度与装药结构关系：

（1）用低爆速、低猛度、低密度、高威力、传爆性能好的炸药。

（2）采用不耦合装药结构。不耦合装药系数最好大于 2。但应注意药卷直径不小于该炸药的临界直径，以保证传爆。小于时，会拒爆。往往采用间隔装药。此时，相邻炮眼所用的药卷位置应错开，以充分利用炸药效能。

（3）严格掌握与周边眼相邻的内圈眼的爆破效果，为周边眼爆破创造良好的临空面。周边眼应尽量做到同时起爆。

（4）严格控制装药集中度，间隔装药与小直径药卷都是为此目的而采用的。为克服眼底岩石的夹制作用，通常在眼底需加强装药，尤其是深孔爆破。但总的装药量不变。

5.3 起爆方式与装药结构

周边眼用小直径药卷连续装药,岩石很软时采用导爆索。根据起爆药包在炮孔中装置的位置不同,有三种不同的起爆方式:一种是起爆药包装于孔底,雷管的聚能穴朝向孔口,叫作反向起爆;第二种是起爆药包装于靠近孔口的附近,雷管的聚能穴朝向孔底,称为正向起爆;第三种是将起爆药包放在整个药装的中间,聚能穴朝向孔底,称为中间(或双向)起爆。具体如图2～图4所示。

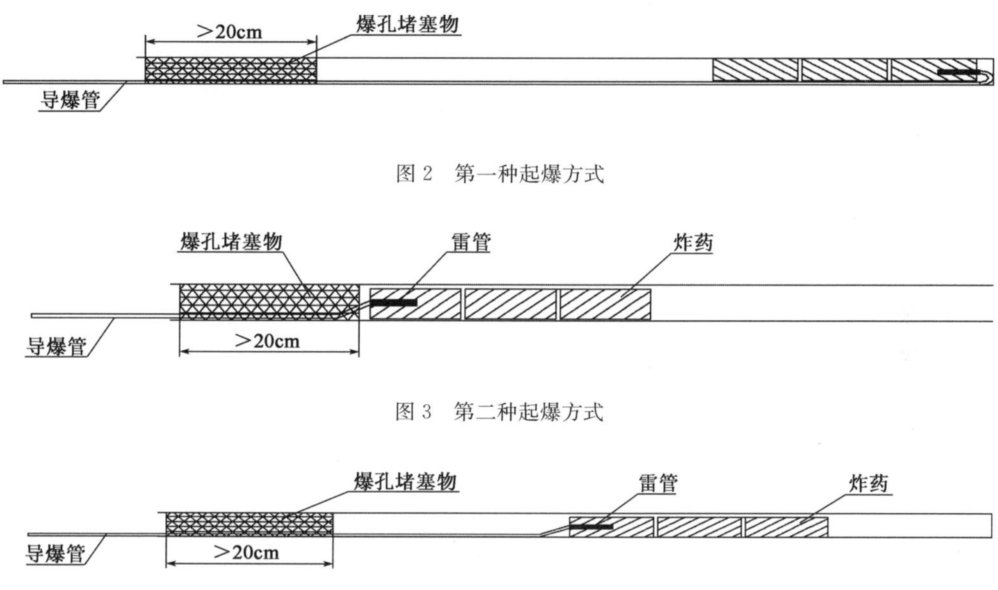

图2　第一种起爆方式

图3　第二种起爆方式

图4　第三种起爆方式

多条隧道施工实践证明,第一种起爆方式能提高炮孔利用率,减小岩石的块度,降低炸药消耗量和改善爆破作业的安全条件。反向起爆取得较好效果的原因可以解释如下:

(1)提高了爆炸应力波的作用。

(2)增长了应力波的动压和爆轰气体静压的作用时间。

(3)增大了孔底的爆破作用。

当孔太深而又采用威力较小的乳化炸药时,单采用一种起爆药包起爆,那么不论是采用正向起爆法还是反向起爆法,都有可能因沟槽效应而引起某些药包的拒爆,易挂门帘或留根。此时,若将起爆药包装置在整个药柱的中间,有可能保证全药柱的传爆,但留根现象易发生。第一种与第二种起爆方式综合运用,可解决孔太深时的爆破,但在装药时,第一种与第二种在周边眼中应间隔性运用(奇、偶分开)。

5.4 堵塞

炸药在岩体中爆炸时所释出的能量,是通过爆炸应力波和爆轰气体膨胀压力的方式传递给岩石,使岩石产生破碎。

真正用于破碎岩石的能量只占炸药释出能量的极小部分。大部分能量都消耗在做无用功上。一般来说,爆压越高,说明爆轰气体产物中含有的能量越大,对岩石的胀裂、推移和抛掷的作用愈强烈,时间越长,对岩石的胀裂、推移和抛掷效果越好。

爆炸压力的大小取决于炸药的爆热、爆温和爆轰气体的体积。而爆炸压力作用的时间除与炸药本身的性能有关以外，还与爆破时炮泥的堵塞质量有关。

堵塞的作用是为了在岩石爆破破碎之前，阻止高压的爆轰气体过早地泄漏到大气中，这样能延长高压爆轰气体对岩石的加压作用，提高爆炸能量的利用率。

将装炸药的药室（如炮眼、深孔）与大气的通道用固体或液体材料堵死，即将炸药密封在岩体中，堵塞长度大于 20cm 或孔深的 1/5。

根据爆破工程的要求，采取有效措施来提高炸药爆炸能量的利用率。例如，根据岩石性质来合理选择炸药的品种，合理确定爆破参数，选择合理的装药结构和药包的起爆顺序，以及保证堵塞质量等，都可以提高炸药在岩体中爆炸时的能量利用率。

5.5 爆破效果监测

爆破效果检查：超欠挖检查；开挖轮廓圆顺，开挖面平整检查；爆破进尺是否达到爆破设计要求；爆出石渣块是否适合装渣要求；炮眼痕迹保存率，硬岩≥80%，中硬岩≥60%，并在开挖轮廓面上均匀分布；两次爆破衔接台阶不大于 10cm。

5.6 爆破设计优化

每次爆破后检查爆破效果，分析原因及时修正爆破参数，提高爆破效果，改善技术经济指标；根据岩层节理裂隙发育、岩性软硬情况，修正眼距、用药量，特别是周边眼；根据爆破后石渣的块度修正参数。石渣块度小，说明辅助眼布置偏密；块度大说明炮眼偏疏；根据开挖面凹凸情况修正钻眼深度，爆破眼眼底基本上落在同一断面上。

5.7 光面爆破总结

（1）钻爆法开挖是否经济、高效，关键是控制好超欠挖，钻爆施工中将采取如下措施：

①根据不同地质情况，选择合理的钻爆参数，选配多种爆破器材，完善爆破工艺，提高爆破效果。对于不同的围岩应分类考虑开挖线内的预留量，实践证明此法对于光面爆破十分有效，可起到事半功倍的效果。

②提高画线、钻眼精度，尤其是周边眼的精度，是直接影响超欠挖的主要因素，因此要认真测画中线高程，准确画出开挖轮廓线。

③提高装药质量，杜绝随意性，防止雷管混装。

④断面轮廓检查及信息反馈：了解开挖后断面各点的超欠挖情况，分析超欠挖原因，及时更改爆破设计，减少误差，配专职测量员检查开挖断面。

⑤建立严格的施工管理：在解决好超欠挖技术问题的同时，必须有一套严格的施工管理制度来保证技术的实施，为此，进洞前，制定严格的奖罚制度，用经济杠杆来调动施工人员的积极性，造成人人管超欠挖，人人为控制超挖去努力。

（2）为达到光面爆破的效果，常采取的措施如下：

①缩小周边眼间距 E，减小周边眼的最小抵抗线 W。

②减少装药量或减少装药密度，以便减小围岩的扰动。

③周边眼在最后同时起爆。实践证明对于石质较差的岩层，最好使用毫秒迟发电雷管起爆周边眼，可使爆破既有同时起爆的爆破威力，又可减少对设计轮廓线以外围岩的扰动。

④严格掌握炮眼方向，周边眼的眼底应落在同一垂直平面上，钻眼过程中经常检查炮眼的方向，及时校正，对于个别不符合要求的炮眼，则应废除，重新钻眼。

参 考 文 献

［1］ 汪旭光．工程爆破理论与技术［M］．北京：冶金工业出版社，2011．
［2］ 中华人民共和国行业标准．JTG F60—2009 公路隧道施工技术规范［S］．北京：人民交通出版社，2009．

后张法预应力空心板施工与质量控制

曹忠良

（中交三公局工程总承包分公司　北京　100124）

摘　要：预应力空心板梁是桥梁上部结构的重要组成部分。它具有生产效率高、使用机械少、生产工艺比较容易掌握、建筑成本低、耗材少、运输安装方便等优点。本文按照空心板梁的生产流程，对空心板梁的施工工艺及质量控制要点进行了分析总结。

关键词：空心板　施工　质量控制

1　引言

重庆丰都至忠县高速公路项目 K21＋647 庙塘大桥上部结构形式为 4×16m＋5×16m＋4×16m跨预应力先简支后连续混凝土空心板梁。空心板的预制任务是 252 片，空心板具有截面空心率大、结构自重轻、承受荷载力强等特点，但由于其腹板设计厚度相对较小而配筋率大，所以在混凝土浇筑施工时具有一定难度。通过一段时间的施工，对空心板预制工艺做出一些总结，可为今后施工提供一些参考。

2　施工准备

2.1　配合比的确定

根据设计要求，空心板混凝土设计强度为 C50，采用 5～25mm 的连续级配碎石作为粗集料。细集料为细集度模数为 2.8 的中砂，采用 P. O42.5 普通硅酸盐水泥。经过多个配合比的试配比选，最终确定采用的配合比为水泥∶砂∶碎石∶水∶外加剂＝1∶1.107∶2.58∶0.3∶0.01。此配合比水泥用量为 497kg/m^3，坍落度为 60～100mm，混凝土标准养护 28d 试件强度普遍能够满足设计及规范要求。

2.2　机械设备的选用

混凝土由搅拌站集中拌制，混凝土配料机采用电子自动计量设备，张拉设备采用智能预应力张拉系统及智能轻型千斤顶，设备在使用前均送有检测资格的单位进行标定，并在使用 3 个月或 200 次后重新进行标定。

2.3　模板的准备

底模采用 20cm 厚混凝土，底座上铺 6mm 钢板。侧模采用定型组合钢模板，芯模选用高密度聚苯乙烯泡沫板，一次性，不用拆除。

2.4　其他准备

（1）电：从旁边搅拌站 K21＋260 处 500kV · A 接入电源，作为施工及生活用电。采用高空架设和地埋的方式接电缆至预制场，同时准备一台 120kW 的发电机，作为备用电源。

(2)施工用水：从附近引入自来水，供生产生活使用。

(3)施工临时道路：便道宽度 4.5m，部分利用进场 8 号便道，同时新修一段便道连接预制场大门，路面全部采用混凝土硬化。

(4)在预制场周围设置施工围挡，围挡高度约 2m，以便确定预制场的范围和保证预制场的施工安全。

(5)混凝土：预制场施工所用混凝土均由 K21+260 处 2 号搅拌站提供，运距 200m。

3 施工工艺流程

预应力空心板采用两次浇筑成形的施工工艺。施工工艺流程如下：

清理底模涂刷脱模剂→钢筋制作绑扎成形→安装侧模、浇筑底板混凝土(第一次浇筑)→安装芯模、绑扎顶板剩余部分钢筋→浇筑腹板、顶板混凝土→养护、拆模→清理孔道、穿预应力钢束→智能张拉→封锚→压浆→二次封锚、养生→检验空心板构件尺寸、预埋件位置尺寸→移梁存放。

4 施工质量控制

4.1 模板及钢筋质量控制

4.1.1 模板质量控制

(1)预制板梁台座采用 20cm 厚 C25 混凝土，上铺 6mm 的钢板作为底模。支座中心线处预埋 3cm 厚镀锌钢板，预设 4%横坡。在梁板施工前钢板上除锈并涂刷脱模剂，保证板梁底板的光洁度。台座宽度比梁板底宽略小，以便在台座边粘贴橡胶海绵条，防止浇筑混凝土时漏浆。

(2)侧模采用 6mm 厚整体式组合钢模，钢模要求尺寸准确，刚度、强度满足要求，接缝平整、严密，保证混凝土在强烈振动下不漏浆，钢模表面进行抛光处理，以保证混凝土的光洁度。侧模安装好后，进行两端头封模，认真核对板梁有效长度是否准确，尤其是梁长、梁宽、梁高、锚具型号及各种预埋件的位置等。此外，模板在使用过程中将加强维修与保养，拆模后指派专人进行除污与防锈工作，如遇下雨应及时覆盖，做到防雨、防尘、防锈。

(3)芯模采用轻质高强聚苯乙烯泡沫芯模(图 1)，根据设计图纸，板梁两端与中间为两种不同规格，厂家提供芯模规格为每段长 2m，施工前按顺序提前预拼完毕，保证施工过程中拼装准确，施工过程中，底板混凝土浇筑完成后，按预拼的顺序逐次放入芯模。

图 1 轻质高强聚苯乙烯泡沫

(4)模板的加固(图 2)：模板顶部设有 $\phi 20$ 对拉螺杆，按梁长方向等间距 0.9m 布置加固。模板底部沿梁长方向等间距 1m 布设丝杠可靠顶紧，丝杠一端与模板连接，另一端支撑在相邻台座根部，丝杠与台座间垫契形木块，保证浇筑混凝土时模板无位移。同时在模板上方设压杠，侧模上焊接的拉钩，用 8 号铁丝与法兰螺栓将压杠连接拉紧，保证芯模有足够的稳定性，防止上浮。图 3 所示为现场模板加固图。

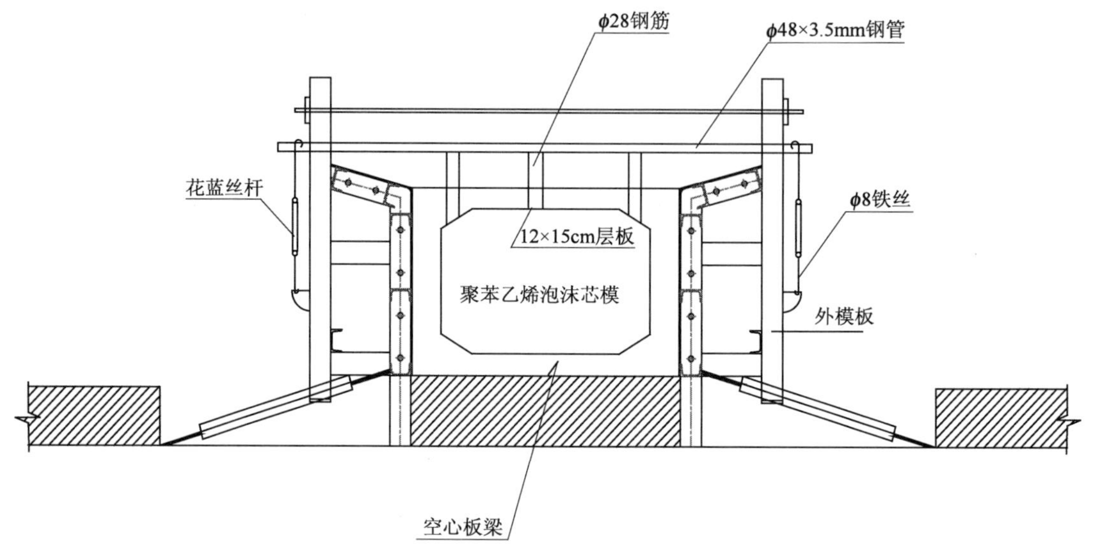

图 2　模板加固示意图

a)

b)

图 3　现场模板加固图

（5）梁板钢筋保护层采用高强砂浆垫块保证，按每平方米 4 块绑扎。

（6）模板安装及拆卸：模板装卸采用 10t 小龙门吊配合作业，简易、快捷。模板验收标准见表 1。

模板验收标准　表 1

序　号	检查项目		规定值或允许偏差	检查方法和频率
1	内模尺寸(mm)	长	+5、-10	尺量 2 处
		宽	+10、-0	尺量 3 处
		高	-5、	尺量 2 处
2	相邻板高差(mm)		3	尺量
3	平整度(mm)		3	尺量

4.1.2 钢筋制作与加工

对所进场钢筋,要求具有合格证书,并按规范要求取样试验,合格后方可使用。

(1)钢筋绑扎

①钢筋加工应严格按图纸和规范要求下料加工,加工前进行除锈,弯曲好的钢筋挂牌分类堆放。

②钢筋焊接应先做拉伸试验,合格后方准施焊。

③按照设计钢筋间距制作钢筋绑扎胎架,钢筋绑扎在胎架上进行,保证钢筋间距符合图纸要求。在钢筋外侧绑扎高强砂浆垫块以保证保护层厚度。

④钢筋绑扎完成后应认真检查钢筋种类间距、定位架位置、绞缝预留筋,发现问题应立即调整至符合设计要求。

(2)钢筋焊接

①钢筋的焊接应在专门的钢筋加工场进行,焊接时两钢筋搭接端部应预先折向一侧,以确保两根主筋在同一轴线上。

②钢筋焊接前,必须根据施工条件进行试焊,合格后方可进行正式施焊;焊工必须持有考试合格证及上岗证。

③钢筋采用电弧焊的搭接长度,接头双面焊缝的搭接长度不应小于 $5d$,单面焊缝的搭接长度不应小于 $10d$,焊条型号采用“5”字头焊条。

④钢筋电弧焊所采用焊条,其性能应符合低碳钢和低合金钢电焊条标准的有关规定,不得使用422焊条。

⑤钢筋接头应避免设置在钢筋承受应力最大之处,应分散布置,在同一面内的受力钢筋,接头数量不得超过受力钢筋数量的50%,焊接完毕后,接头上的焊渣应清除干净。

加工钢筋的检查项目见表2。钢筋安装检查项目见表3。图4所示为采用定位架绑扎钢筋。

加工钢筋的检查项目 表2

项　次	检 查 项 目	规定值或允许偏差	检 查 方 法
1	受力钢筋顺长度方向加工后的全长(mm)	±10	按受力钢筋总数30%抽查
2	弯起钢筋各部分尺寸(mm)	±20	抽查30%
3	箍筋、螺旋筋各部分尺寸(mm)	±5	每构件检查5~10个间距

钢筋安装检查项目 表3

<table>
<tr><th>项　次</th><th colspan="3">检 查 项 目</th><th>规定值或允许偏差</th><th>检 查 方 法</th></tr>
<tr><td rowspan="2">1</td><td rowspan="2">受力钢筋间距(mm)</td><td colspan="2">两排以上排距</td><td rowspan="2">±5</td><td rowspan="2">每构件检查2个断面,用尺量</td></tr>
<tr><td>同排</td><td>梁板、拱肋</td></tr>
<tr><td>2</td><td colspan="3">箍筋,横向水平钢筋、螺旋筋间距(mm)</td><td>±10</td><td>每构件检查5~10个间距</td></tr>
<tr><td rowspan="2">3</td><td rowspan="2">钢筋骨架尺寸(mm)</td><td>长</td><td>±10</td><td colspan="2" rowspan="2">按骨架总数30%抽查</td></tr>
<tr><td>高、宽或直径</td><td>±5</td></tr>
<tr><td>4</td><td colspan="3">弯起钢筋位置(mm)</td><td>±20</td><td>每骨架抽查30%</td></tr>
</table>

a)

b)

图 4　采用定位架绑扎钢筋

4.2　浇筑混凝土

预制板梁混凝土采用旁边搅拌站集中进行搅拌。严格把好材料关，保证砂石等原料各项指标满足设计和规范要求，保证板梁混凝土满足设计要求。

4.2.1　浇筑前要检查的关键工作

(1)首先要明确预制的是什么位置的板梁，是边跨、中跨还是边梁、中梁，尤其注意梁板编号，位置不同梁长不同，谨防混淆。

(2)具体部位的预埋件埋设准确，如护栏的、吊装的、伸缩缝的等。特别是锚垫板应与端头模板紧密贴合并用连接螺栓固定，不得平移或转动。

(3)检查预应力管道定位是否准确，端模板应与侧模和底模紧密贴合。

(4)模板安装准备到位，检查好断面尺寸，并注意截面变化位置。

4.2.2　浇筑方式

混凝土采用水平分层浇注的方法，先浇底板，拼装芯模，再浇腹板与顶板。浇注时，从板的一端向另一端浇注，腹板每层下料厚度不得超过 30cm，第一层浇注完再进行第二层浇注，锚垫板处要有专人负责，精心操作，确保密实。下层混凝土不密实、不出浆，不准下料，避免出现空洞。振捣既要充分，使气泡充分溢出，混凝土达到密实，又不能振捣太过，使混凝土离析。振捣器移动间距不应超过其半径的 1.5 倍，并与侧模保持 5～10cm 距离，插入下层混凝土 5～10cm，每一处振捣完毕后，边振动边徐徐提出振动棒，避免振动棒碰触模板、钢筋或其他预埋件。完成后收浆平整、拉毛，整个过程接近 3h。混凝土浇筑完毕后，注意养护，经常在土工布上洒水，保持湿润。

4.3　拆模与养生

约 15h 后开始拆除侧模，拆出的钢模板及时清理、刨光、拼装、涂油后周转使用；当模板拆除后，侧面及时进行人工凿除浮浆层。

在混凝土初凝后从浇筑的一端开始用土工布将顶板面进行跟进覆盖并洒水保养，直至侧面凿毛完成后覆盖整个板梁，保湿养生 14d。

表 4 为拆模后实测数据与设计对比表(首件)。

拆模后实测数据与设计对比表(首件)　　表4

检 查 项 目	允 许 偏 差	设 计 数 据	实 测 数 据	备 注
板梁长度(mm)	+5,−10	15 442	15 446/15 447	
宽度(mm)	±20	1 240	1 238/1 235/1 236	
高度(mm)	±5	800	802/800/807/805	
顶板厚(mm)	+5,−0	120	120/115	
底板厚(mm)	+5,−0	120	122/123	

4.4 张拉、压浆施工

4.4.1 设备准备

张拉压浆设备见表5。

张 拉 压 浆 设 备　　表5

序 号	名 称	型 号	数 量	状 况	备 注
1	搅拌机	200型	1套	良好	
2	千斤顶	YCW250B-200型	2套	良好	智能
3	高速制浆机	CM-400	1台	良好	
4	灰浆泵	ZJB-3	1台	良好	

4.4.2 制索穿索

钢绞线下料、编束及穿孔注意事项:

(1)钢绞线下料:钢绞线下料长度应准确,每端要加60cm的工作长度,强调采用切断机或砂轮机切割,切割前用黑色胶布将切割部位缠紧,防止切割时“炸头”。严禁用电弧切割,以防对钢绞线造成热损伤。

(2)钢绞线编束与穿孔:在浇筑混凝土之后,安装钢纹线钢束,可将一根钢束中的所有钢绞线梳整分根、编束,并在每根钢绞线两端进行编号,每隔1.5~2.0m用绑丝绑扎,使编扎成束顺直不扭转,编束后的钢绞线应顺直按编号分类存放,使用时整体穿入孔道中。

(3)钢绞线应随用随下料,防止因存放时间过长锈蚀,不得出现死弯。预应力束要求无损坏、无污物、无锈蚀,穿束用人工进行。

4.4.3 梁板张拉

(1)对预应力筋施加预应力之前,应对构件进行检验,外观和尺寸应符合质量标准要求。混凝土强度、龄期进行双控,现场应制作6组混凝土试块,分别是4d、5d、6d、7d和28d对试块进行试压,混凝土强度达到85%(设计张拉强度要求)且混凝土龄期不小于7d时,方可进行张拉。图5所示为数控张拉。

图5　数控张拉

(2)预应力钢束张拉时采用两端同时张拉,锚下混凝土控制应力为 $0.75f_{pk}=1\ 395$MPa。施加预应力采用张拉力与引伸量双控。当预应力钢束张拉达到设计张拉力时,实际引伸量与理论引伸量值的误差应控制在6%以内。预应力钢束张拉顺序为:左N1→右N2→右N1→左N2。

(3)空心板预应力筋的张拉顺序符合规范要求,一般为:0→10%δ_{con}→50%δ_{con}→100%δ_{con}持荷5min锚固。钢绞线束穿束前对每根钢绞线进行编号,并在两端进行标记。要注意必须两端张拉的是同一编号的钢绞线。

(4)尽量减少预应力筋和孔道的摩擦,以免造成过大的应力损失或使梁板出现裂缝和翘曲。

(5)张拉前,首先将原始参数输入智能机,反复核对并确认,然后开动机器,此时不再需要人工测量,智能张拉机自动实现两端同时张拉,自动读取数据并存储。

(6)预应力筋在张拉控制应力达到稳定后方可锚固。锚固后外露长度不小于30mm,锚固完毕经检验合格后切割端头多余的预应力筋,采用砂轮机切割,严禁用电弧焊切割,锚具用封端混凝土保护。

(7)张拉的质量严格按要求从张拉控制力和伸长量进行双控,张拉完成后要对梁板起拱度进行观测(上拱度一般为7~8mm),并做好记录,起拱度有异常时及时查找原因。

(8)张拉实测数据对比表(首件)见表6。

张拉数据对比表(首件)　　表6

梁　号	索　号	单端设计伸长量(mm)	单端实际伸长量(mm)	伸长率(%)	备　注
右3-2	左N1	48.1	49.0	2.0	
	右N2	48.0	49.5	3.0	
	右N1	48.1	50.0	4.0	
	左N2	48.0	50.5	5.0	

4.4.4　孔道压浆及封锚

预应力筋张拉完毕后,为保证预应力钢材不锈蚀并与构件砼连成整体,压浆工作宜在张拉完毕后尽快进行,一般在张拉完毕后停10h左右,观察预应力筋和锚具稳定后即可进行,最晚必须在张拉完成后48h内完成压浆。

(1)通过试验确定压浆的配合比,配合比的各项性能指标满足规范要求。

(2)压浆前应用压力水冲洗孔道,压力水从一端压入,从另一端排出。压浆时,应从竖向孔道中低的孔道开始压入,先下层后上层,即按右N1→左N1→右N2→左N2的顺序压浆。压力达到0.5~0.7MPa后关闭压浆侧阀门,保持压力不小于3min。压浆应缓慢、均匀进行,不得中断,并应将板梁另一侧排气孔依次一一放开和关闭,使孔道内排气通畅。

图6　压浆

(3)压浆中途发生故障,不能连续一次压满时,应立即用压力水冲洗干净处理后再压浆(图6)。

(4)压浆过程中和压浆后48h内,结构混凝土的温度不得低于5℃,否则应采取保温措施。

(5)压浆后应先将锚具周围冲洗干净、预制板端部混凝土结合面浮浆必须清凿干净,按设计要求设置钢筋绑网,浇筑封锚混凝土。必须严格控制封锚后的空心板长度。

4.5 移梁及存梁

为了方便移梁以及后面的架梁工作,提前在梁体内预埋吊环,利用两台龙门吊移梁。起吊之前必须检查钢丝绳的连接是否牢靠,排除安全隐患,起吊时两台龙门吊要配合紧密、保持一致。空心板存放时按规定要求在支座枕梁处放置枕木支垫,且保证板梁放置平稳、无倾斜。图7所示为移梁与存梁。

a)

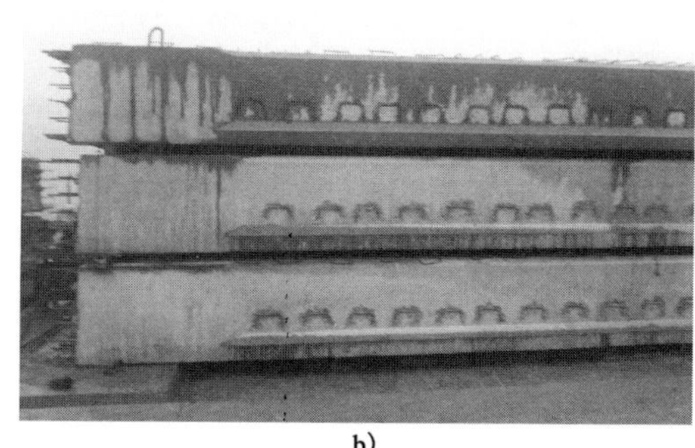

b)

图7 移梁与存梁

5 结语

通过一段时间对16m先简支后连续空心板梁的施工,在以下方面需要重点控制:

(1)加强模板节缝联结和密合,防止接缝处漏浆。

(2)侧模定位需采取拉杆和支撑杆双控制,严禁胀模。

(3)严格控制顶面混凝土厚度及平整度,并且控制拉毛深度达2~3mm。

(4)加强对预埋件定位情况检查,定位必须牢固准确。

(5)加强钢筋骨架的安装定位检查。

(6)混凝土浇注前检查底板干净无杂质后,方可进行浇注。

(7)钢筋绑扎前检查底板预埋钢板安装情况,重点检查钢板坐标和横坡度。

(8)模板在吊装与拆卸过程中,注意采取有效的措施防止模板的变形与受损。

(9)严格控制混凝土坍落度,并严格按照规范要求加强振捣,减少气泡孔发生。

参考文献

[1] 刘山洪,李放.简明预应力混凝土桥梁施工手册[M].北京:人民交通出版社,2006.

[2] 叶见曙.结构设计原理[M].北京:人民交通出版社,1997.

[3] 吴培民.混凝土结构(上册)[M].武汉:武汉工业大学出版社,2001.

[4] 李国平.预应力混凝土结构设计原理[M].北京:人民交通出版社,2000.

[5] 中华人民共和国行业标准.JTJ 041—2000 公路桥涵施工技术规范[S].北京:人民交通出版社,2000.

浅析沉井施工技术

李洪兵

（中交三公局工程总承包分公司　北京　100124）

摘　要:本文以湖织大道建设项目中应用的沉井施工技术为依据,通过对沉井下沉过程中的控制、经常遇到问题及采取的措施进行分析,提出沉井施工的关键环节及注意事项。

关键词:沉井制作　下沉　纠偏　封底

1　工程概况

该工程污水沉井共15座,均为钢筋混凝土结构,其中工作井8座,接收井7座。工作井规格为方形650cm×350cm、接收井规格为方形350cm×350cm,工作井、接收井采用C30水工混凝土,抗渗等级为S6。沉井下沉采用排水法下沉施工,下沉挖土采用人工配合长臂挖机取土。

具体工程数量见表1和表2。

工作井一览表　　表1

井　号	井内净尺寸(m×m)	管道直径(cm)	沉井总高 H(m)
W9	6 500×3 500	800	9.280
W15	6 500×3 500	800	8.879
W33	6 500×3 500	800	7.700
W35	6 500×3 500	800	4.980
W37	6 500×3 500	800	5.397
W38	6 500×3 500	800	5.380
W40	6 500×3 500	800	5.788
W42	6 500×3 500	800	6.188

接收井一览表　　表2

井　号	井内净尺寸(m)	管道直径(cm)	沉井总高 H(m)
W10	3 500×3 500	800	9.813
W16	3 500×3 500	800	8.370
W34	3 500×3 500	800	7.320
W36	3 500×3 500	800	4.383
W39	3 500×3 500	800	4.998
W41	3 500×3 500	800	5.596
W43	3 500×3 500	800	6.720

2　沉井施工技术原理

沉井是修建深基础和地下构筑物的主要施工方法之一。它是在地面上或地坑中，先制作钢筋混凝土井身，达到一定强度后，在井筒内分层挖土，随着井内土面逐渐降低，使筒身借自重克服其土壁之间的摩擦阻力，不断下沉就位的一种地下构筑物或地下工程施工工艺。沉井的施工程序包括平整场地、开挖基坑、沉井制作、沉井下沉、沉井封底等主要施工工序。

3　沉井制作

3.1　施工准备

平整场地，平整范围要大于沉井外侧面1～3m，场地整平后进行放线定位，定位要准确，并经验收合格后才能正式施工。

3.2　沉井结构制作

沉井施工的一般方法为：一次制作，一次下沉；分节制作，一次下沉；分节制作，分节下沉。沉井过高，施工技术难度较大，并且在下沉过程中容易发生倾斜，因此对于过高的沉井应分节制作，分节下沉。一般沉井每节制作高度不宜超过5m。沉井井身高度在5m及5m以内的按照一次制作一次下沉工艺施工，沉井井身高度在5m及5m以上的按照二次浇筑二次下沉工艺施工，第一次浇筑至60%井身高度，第二次浇筑至顶。

沉井的施工程序为：平整场地→测量放线→夯实基底、抄平放线验线→铺混凝土垫层→第一节沉井制作→第一次井点降水→第一节沉井下沉→第二节沉井制作→第二次井点降水→第二节沉井下沉封底→浇筑底板混凝土。

3.2.1　基底处理

由于沉井自重较大，为防止沉井在施工过程中因地基承载力不足而发生不均匀沉降，需对地基进行夯实，必要时用灰土进行换填，四周挖排水沟，做好排水设施。

3.2.2　混凝土垫层

垫层采用20cm厚C20混凝土。

地基承载力验算：

沉井自重

$$
\begin{aligned}
G &= Mg = V\times\rho\times g = S\times H\times\rho\times g \\
&= 18.56\text{m}^2\times 5\text{m}\times 2.6\times 10^3\text{kg/m}^3\times 9.8\text{N/kg} \\
&= 2364.5\text{kN（每节制作高度按 5m 计）}
\end{aligned}
$$

混凝土垫层压应力

$$Q = G/S_{刃} = 2\,364.5\div 9.92 = 238.36(\text{kPa})$$

地基承载力

$$P = Q\times b_{刃}\div b = 238.36\times 0.3\div 0.7 = 102.37(\text{kPa})$$

$$b = b_{刃} + 2h\text{（按 }45^\circ\text{ 冲切计算）}$$

式中：h——垫层厚度。

当地基承载力不能满足要求时可用灰土进行换填或增加垫层厚度。

3.2.3　钢筋制作安装

（1）认真熟悉施工图，必须严格按照施工图要求进行安装绑扎。钢筋绑扎尺寸、间距、位置准确，所有钢筋搭接和锚固长度必须满足设计和施工规范的要求，钢筋绑扎时铁丝必须扎紧，其两头应向内。不得有滑动、折断、移位等情况。钢筋绑扎完后，必须垫好与井壁同强度等级的混凝土保护层垫块，每平方米布置不少于4个，确保钢筋的保护层厚度及钢筋位置准确。钢筋净保护层除特别注明外，底板为35mm，井壁为30mm。

(2)钢筋采用现场加工成型，采用水泥垫块，结构预埋钢筋，洞孔加筋不得遗漏。

(3)钢筋需要接长时，主筋采用搭接焊，搭接焊时，双面焊长度不小于$5d$，单面焊长度$10d$（d为主筋直径），$\phi10$以下时可以做成绑扎接头，有接头的受力钢筋截面面积占总截面面积受拉区不得超过25%，受压区不得超过50%。钢筋接头位置每处接头数量不大于50%，并错开安装，要符合施工及验收规范。

(4)套管和预留洞，按设计要求进行加强，专人负责，直径小于竖筋间距的洞口竖筋，绑扎时应避开洞口，避免割断钢筋。

(5)安装刃脚钢筋时，要预埋好底板及预留洞口的插筋，确保混凝土浇筑的整体性。预留洞孔套管的直径(边长)小于300cm时，钢筋应绕过孔洞不得切断，洞口尺寸大于300cm时，若需截断钢筋，则应将被截断钢筋弯成直角后与洞口加固筋焊接。表3所示为井壁预留洞口尺寸。

井壁预留洞口尺寸一览表 表3

管道内径(cm)	管道外径(cm)	预留洞口尺寸(cm)	备　注
D800	960	1 100	顶出洞口
D500	550	700	支管埋管洞口

3.2.4　模板工程技术措施

(1)首先要搭设脚手架，内外脚手架均采用$\phi48$钢管，扣件式结构，钢管交叉处用金属连接体，铁管立柱底部设垫木，脚手架上设斜撑和剪刀撑，每层脚手架层高1.5m，均铺设竹篱笆，并设置护栏。内外脚手架均要与沉井分离，确保浇混凝土时井体的下沉不影响脚手架的稳定性。

(2)在立模前应测定井中心和井壁的中心线，指导立模工作。工作井方向一定要放样准确。

(3)安装模板应平整严密，保证在浇捣混凝土时不发生走模和漏浆现象，并保持构筑物几何尺寸正确，不得任意放宽和缩小设计尺寸。

(4)所有模板安装不得与各种脚手架、人行通道等相连接。

(5)预留孔的模板应事先制作，按设计位置、轴线、高程安装，并安好预埋管，不得遗漏。

(6)拆除顺序为后支先拆，先支后拆，先拆非承重模板后拆承重模板。

①新浇混凝土对模板的侧压力计算。

$$F = F_1 + 0.22\gamma t\beta_1\beta_2 v^{0.5}$$

式中：F——新浇混凝土对模板的最大侧压力；

F_1——倾倒混凝土产生的水平动压力，取6kN/m²；

γ——混凝土的重度(24kN/m³)；

t——混凝土浇筑时的温度(取20℃)；

β_1——外加剂影响(添加外加剂时，取1.2)；

β_2——坍落度影响修正(取1.15)；

v——混凝土浇筑的速度(取 2m/h)。

$$F = 6 + 0.22 \times 24 \times 5.71 \times 1.2 \times 1.15 \times 2^{0.5} = 64.84(\text{kN/m}^2)$$

②模板的选用。

模板采用竹胶板模板。模板次楞(横向)采用 60cm×90cm 方木,间距 30cm。主楞(纵向)2ϕ48×3.5 钢管,间距 60cm。

③横带验算。

次楞截面惯性矩 I、截面抵抗矩 W 及弹性模量 E 分别为:

$$I = 3.645 \times 10^6(\text{mm}^4)$$

$$W = 8.1 \times 104(\text{mm}^3)$$

$$E = 10\,000(\text{N/mm}^2)$$

$$L = 0.6(\text{m})$$

④按五跨连续梁计算。

横带承受 30cm 宽均布荷载作用,如图 1 所示。

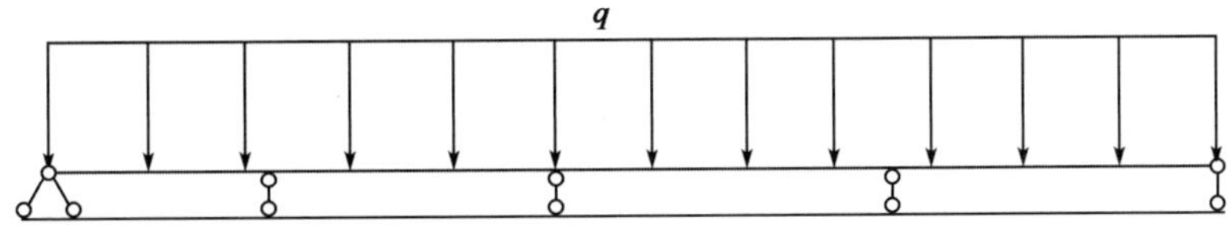

图 1　五跨连续梁计算示意图

$$q = 64.84 \times 0.3 = 19.45(\text{kN/m})$$

⑤次楞抗弯强度计算。

按最不利活载计算,查表得:

$$\begin{aligned} M_{\max} &= K_{\text{m}} q L^2 \\ &= 0.119 \times 19.45 \times 0.6^2 \\ &= 0.833(\text{kN} \cdot \text{m}) \\ &= 833(\text{kN} \cdot \text{mm}) \end{aligned}$$

$$\begin{aligned} \delta &= \frac{M_{\max}}{W} \\ &= 10.28\text{N/mm}^2 < [\delta] = 15\text{N/mm}^2 \end{aligned}$$

所以抗弯强度满足要求。

⑥主楞抗剪强度验算。

剪应力 $\tau = VS/IB = 95\text{N/mm}^2 < 120\text{N/mm}^2$。

满足抗剪要求。

⑦拉杆计算。

拉杆横向及纵向间距均为 60cm。

拉杆承受的最大拉力 $N_{\max} = 5.8\text{kN}$。

选用 ϕ16 钢筋加工成 M16 拉杆,M16 拉杆允许承受的拉力为 24.84kN,大于 $N_{\max}$,故拉杆满足要求。

3.2.5 混凝土浇筑

(1)混凝土浇筑施工准备

①根据工程对象、结构特点，结合具体条件，研究制订泵送混凝土浇筑的施工方案，混凝土浇筑采用混凝土泵车直接入模的方法，每节沉井浇混凝土必须连续进行，一次完成，不得留置施工缝。

②该工程采用商品混凝土，要求商品混凝土供方单位采用并提供水泥厂质量保证书及原材料复检报告。

③机具准备及检查：商品车停车场、泵车、振动器等机具设备按需要准备充足，并考虑发生事故时的修理时间，所用的机具均应在浇筑前进行检查和试运转，同时配有专职技工，随时检修，浇筑前，必须查实一次浇筑完毕或浇筑至某施工缝前的工程材料，以免停工待料。

④保证水电及原材料的供应：在混凝土浇筑期间，要保证水、电、照明不中断，为了防备临时停电停水，事先准备发电机一台，以防出现意外的施工停歇缝。

⑤掌握天气季节变化情况：加强气象预测预报的联系工作，混凝土施工阶段用掌握天气的变化情况，保证混凝土连续浇筑的顺利进行，确保混凝土质量。根据工程需要和季节施工特点，应准备好在浇筑过程中所必需的抽水设备和防雨、防暑等物资。

⑥浇筑混凝土前必须完成的工作主要有：钢筋已经隐检，符合质量验收规范与设计要求；模板已安装并经过检查验收合格，模板内的垃圾及杂物已清理干净，检查模板支撑的稳定性以及模板接缝的密合情况；沉井的位置、尺寸、高程和井壁的预埋件、预留洞等已经过复核无误；模板和隐蔽工程项目应分别进行预检和隐蔽验收；由专业试验室或混凝土制品厂提供的混凝土配合比设计报告已经审核批准实施。

(2)混凝土浇筑时应注意的要点

①为了防止模板变形或地基不均匀下沉，沉井的混凝土浇筑应对称、均衡下料。不得在某一处井壁内集中下料，不允许造成高差过大的现象，不允许在模板外侧振捣。

②混凝土必须分层振捣密实，厚度控制在300mm左右。在振捣上一层混凝土时，振动器应插入下层混凝土中5cm左右，以消除两层之间的接缝。上层混凝土的振捣应在下层混凝土初凝之前进行。

③混凝土捣固应采用插入式振动器，应控制好振动器的插入深度，不能少振、漏振，也不能在同一深度过度振捣，以免模板走动、移位。振动器插点要均匀排列，防止漏振。插点移动位置的距离应不大于振动棒作用半径的1.5倍(一般为30～40cm)，振动器距离模板不应大于振动器作用半径的0.5倍，但不宜紧靠模板振动，且应尽量避免碰撞钢筋、预埋管件等。一般每点振捣时间为15～30s。操作要做到"快插慢拔"。振动棒对每一振动部位必须振动到该部位混凝土密实为止，密实的状态是混凝土停止下沉，不再冒出气泡，表面呈现平坦，泛浆。

④浇筑间歇时间：浇筑混凝土应连续进行，如必须间歇时，其间歇时间宜缩短，并应在前层混凝土凝结之前，将此层混凝土浇筑完毕，混凝土输送、浇筑及间歇的全部时间不得超过规定时间，否则必须设施工缝。

⑤在浇筑工序中，应控制混凝土的均匀性和密实性，在浇筑过程中，如发现混凝土拌和物的均匀性和稠度发生较大的变化，应及时处理。

⑥浇筑混凝土时，应注意防止混凝土的分层离析。混凝土浇筑时，其自由倾落高度一般不宜超过2m，否则因采用串筒、溜管等下料。

⑦浇筑竖向结构混凝土前，底部应先填以 50～100mm 厚与混凝土成分相同的水泥砂浆，混凝土的水灰比和坍落度应随浇筑高度的上升酌情递减。

⑧浇筑混凝土时，应经常观察模板、支架、钢筋、预埋件和预留孔洞的情况，当发现有变形、移位时，应立即停止浇筑，并应在已浇筑的混凝土凝结前修整完好。

⑨上、下节水平施工缝应留成凸形。支设第二节沉井的模板前，应安排人员凿除或清理施工缝处的水泥薄膜和松动的石子，并冲洗干净，但不得积水。继续浇筑下节沉井的混凝土前，应在施工缝处铺设一层与混凝土内成分相同的水泥砂浆。

⑩沉井预留出水洞口设置防水钢套环。预留洞口在下沉前用 MU10 砖，M7.5 水泥砂浆砌筑封堵，封口内、外侧用 1∶3 水泥砂浆抹平。

3.2.6 混凝土的养护

(1)为保证已浇筑好的混凝土在规定的龄期内达到设计要求的强度，并防止产生收缩裂缝，必须认真做好养护工作。

(2)覆盖浇水养护：用塑料薄膜对混凝土表面加以覆盖并浇水，使混凝土在一定的时间内保持水泥水化作用所需要的适当温度和湿度条件，覆盖浇水养护应符合下列规定：

①覆盖浇水养护应在混凝土浇筑完毕后的 12h 内进行。

②混凝土的浇水养护时间，一般不得少于 7d，对掺用缓凝型外加剂或有抗渗要求的混凝土，不得少于 14d。

③浇水次数应能保持混凝土处于湿润状态。

4 沉井下沉

沉井下沉前应满足以下施工条件：检验井壁混凝土强度，按同条件养护混凝土试块，以强度等级值为准，刃脚部分混凝土强度达 100%，井壁混凝土强度达 75%以上。对原来的定位桩高程点进行复查，并在四面井壁上部做出与控制桩对应点的标志，以检验沉井的位移。

4.1 下沉系数计算

$$K_1 = \frac{G - B}{T_f}$$

4.2 稳定系数计算

$$K_2 = \frac{G}{R + T_f}$$

式中：K_1——沉井下沉系数；

K_2——沉井稳定系数；

G——沉井自重(kN)；

R——刃脚反力(kN)；

T_f——沉井外壁摩阻力(kN)；

B——被井壁排出的水重(kN)；由于采用排水下沉，故 B 取 0。

经计算后可知，沉井的下沉系数及稳定系数均满足施工要求。

4.3 井点降水

沉井下沉以及其他工序施工过程中降排水效果的好坏，直接影响工程的进度和施工质量。本次沉井施工区域地下水位较高，沉井施工有一部分须在地下水位以下施工，因此在沉井下沉施工过程中，为防止产生流砂现象，提高沉井制作时的地基强度，在基坑四周布置多层轻型井点降水。确保地下水位在基坑底以下 0.5m。

4.4 下沉挖土方法

沉井下沉采用排水法下沉施工，下沉挖土采用人工配合长臂挖机取土。初沉是沉井下沉最关键的工序。此时四壁无约束无摩擦力，沉井重心高，开挖若不均匀，就可能发生倾斜位移。沉井入土后，挖土应分层、均匀、对称地进行，分层厚以 30cm 左右一层为宜。井内土面高差一般应控制在 0.5m 以内，从沉井中间开始逐渐挖向四周，沿刃脚周围保留 0.5m 土堤，然后再沿沉井壁向刃脚方向逐层全面、对称、均匀地削薄土层，当土层经不住刃脚的挤压而破裂，沉井便在自重作用下均匀垂直挤土下沉，不产生过大倾斜。为防止突沉，靠近刃脚处尽可能不掏土，发现沉井倾斜，应及时纠偏，如出现突沉，应分析原因，及时采取措施。

沉井下沉过程中，如井壁外侧土体发生塌陷，应及时采取回填措施，以减少下沉时四周土体开裂、塌陷对周围环境的影响。

沉井下沉过程中，每 8h 至少测量 2 次。当下沉速度较快时，应加强观测，如发现偏斜、位移时，应及时纠正。

沉井内土方吊运出井时，对于井下操作工人必须有安全措施，防止吊斗及土石落下伤人。

4.5 下沉观测

沉井位置的控制是在井外地面设置纵横十字控制桩、水准基点。下沉时，在井壁上设十字控制线，并在四侧设水平点。于壁外侧用红铅油画出标尺，以测沉降，井内中心线与垂直度的观测系在井内壁四边标出垂直轴线，各吊锤球一个，对准下部标志板来控制。挖土时随时观测垂直度，当锤球离墨线边达 50mm 或四面高程不一致时，立即纠正。沉井下沉过程中，每班至少观测两次，并在每次下沉后进行检查，做好记录，当发现倾斜、位移、扭转时，及时通知值班队长，指挥操作工人纠正，使允许偏差范围控制在允许范围以内。沉井下沉过程中，最大沉降差均控制在 250mm 以内。当沉至离设计高程 2m 时，对下沉与挖土情况应加强观测，以防超沉。沉井下沉测量控制剖面如图 2 所示。

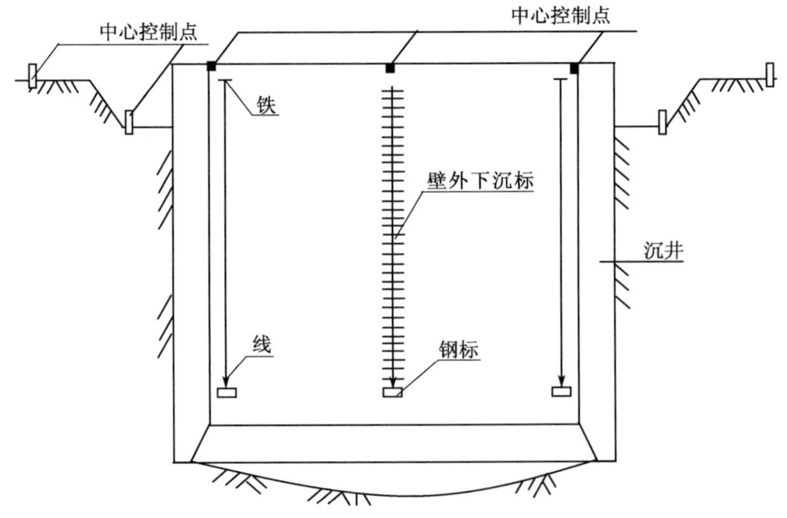

图 2 沉井下沉测量控制剖面示意图

5 下沉纠偏

沉井下沉过程中，有时会出现倾斜、位移及扭转等情况，应加强观测，及时发现并采取措施纠正。

产生倾斜的可能原因有：①刃脚下土质软硬不均；②挖土不均，使井内土面高低悬殊；③刃脚下掏空过多，使沉井不均匀，突然下沉；④刃脚局部被大石块或埋设物搁住；⑤井外弃土或施工荷载对沉井一侧产生偏压。

操作中可针对原因予以预防，如沉井已经倾斜，可采取在刃脚较高一侧加强挖土并可在较低的一侧适当回填砂石；必要时配以井外射水，或局部偏心压载，使偏斜得到纠正。待其正位后，再均匀分层取土下沉。

位移产生的原因多由于倾斜导致，如沉井在倾斜情况下下沉，则沉井向倾斜相反方向位移；或在倾斜纠正时，如倾斜一侧土质较松软时，由于重力作用，有时也沿倾斜方向产生一定位移，因此预防位移应避免在倾斜情况下下沉，加强观测，及时纠正倾斜。位移纠正措施一般是有意使沉井向位移相反方向倾斜，再沿倾斜方向下沉，至刃脚中心与设计中心位置吻合时，再纠正倾斜，因纠正倾斜重力作用产生的位移，可有意向位移的一方倾斜后，使其向位移相反方向产生位移纠正。

沉井下沉产生扭转是由多次不同方向倾斜和位移的复合作用引起的，可按上述纠正位移、倾斜方法纠正位移，然后纠正倾斜，使偏差在允许范围以内。

6 下沉到位、封底

当沉井沉到设计高程，经 2～3d，下沉已稳定，在 8h 内累计 10mm 时，即可进行沉井封底。沉井封底要确保干封底，浇筑底板过程中应保证地下水位在底板以下 50cm。

7 结语

本文通过对沉井施工工艺的整体论述，介绍了沉井的制作和沉井下沉的控制要点及施工注意事项，为本项目沉井施工提供了可靠的技术支持。

参考文献

[1] 中华人民共和国国家标准. GB 50010—2010 混凝土结构设计规范[S]. 北京：中国建筑工业出版社，2011.

[2] 中国工程建设标准化协会. CECS 137—2015 给水排水工程钢筋混凝土沉井结构设计规程[S]. 北京：中国计划出版社，2015.

[3] 中华人民共和国国家标准. GB 50204—2015 混凝土结构工程施工质量验收规范[S]. 北京：中国建筑工业出版社，2015.

80t 混凝土罐车提升架在高架梁桥面系施工中的应用

谢仕良

（中交三公局工程总承包分公司　北京　100124）

摘　要：结合天津市国道 112 线天津东段工程永定河特大桥的 80t 混凝土罐车提升架的设计与施工，从结构设计、安装及使用维护等方面予以阐述。80t 混凝土罐车提升架可解决桥梁高度 5～25m、桥梁长度超过 2km 的旱地高架桥桥面系混凝土运输问题，相对于常规工艺能提高施工速度 2～3 倍，可为同类工程提供参考。

关键词：提升架　设计　施工

1　工程背景

在高速公路、高速铁路、市政道路发展日新月异的今天，为了减少公共建筑占地面积，有效地利用公共用地，高速公路、铁路、市政工程等趋向于建设高架桥，通过桥梁满足公共交通的需求，同时桥下还能绿化或二次开发。高架桥的主体结构施工完后，桥面系的施工，比如湿接缝、湿接头、护栏、桥面铺装等施工组织的关键是地面混凝土如何运输到桥面上，给桥面系的施工创造快速便利的条件。大部分工程都采取利用桥头路基让混凝土罐车直接运输到施工点位，这对于桥梁全长在 2km 以内的桥梁比较实用，但是现在大量的桥梁全长都超过 2km，部分甚至超过 10km，这种情况下，如果还采用借重桥头路基运输混凝土的方案就显得不经济。或者采用混凝土泵车输送混凝土，但是混凝土泵车不仅对混凝土的坍落度要求大，不利于桥面系混凝土质量的控制，施工措施费也相对较高，不利于成本控制。针对这种情况，为了充分解决罐车直接上桥面的不利问题，国道 112 线永定河特大桥设计一套 80t 混凝土罐车提升架装置，能实现罐车通过提升架直接开至桥面，为加快施工进度创造有利条件，比全线同条件的兄弟标段快 2～3 倍，且保证了混凝土施工质量。

2　工程概况

国道 112 线高速公路天津东段工程全长 93.7km，是天津市规划的 2020 年高速网“3310”公路主骨架中“10 条中心城市放射线”之一。对改善天津市滨海新区交通状况，加强京津两地重点区域交通联系，加快融入环渤海、京津冀都市圈，推进天津滨海新区开发开放，实现东西向快速联动，将起到重要作用，是提高天津市综合竞争力的重要建设项目。

永定河特大桥起止里程为 K76＋677～K83＋891，主线高架桥全长 7 214m，桥梁高度 5～25m，桥梁面积 318 290m^2，主要跨越京津高速公路、京津城际铁路、京沪和京山铁路以及永定河等。由主线高架桥、双街互通区组成，其中双街互通区包含 10 条匝道立交。

3 提升架设计

3.1 设计概述

考虑到永定河特大桥施工的难点和特点，桥梁全长超过 2km，跨越高速、铁路、河流、村庄，混凝土罐车绕道困难，桥梁高度大部分超过 15m，高度较大，桥面双向八车道，双幅桥面宽度为 34m，单侧用汽车泵只能浇筑单幅桥面系混凝土，且另一侧的便道等施工用地征地困难，所以用汽车泵浇筑桥面系的方案不经济。为此考虑桥面系施工时混凝土罐车通过互通区桥头路基、主线桥头路基运输混凝土，同时在 K80＋177 附近便道开阔的地方设置一台 80t 混凝土罐车提升架。

3.2 技术标准

设计荷载：12 方 6×4 欧 III 搅拌车，整备质量 154kN，满载总质量 454kN。

基本可变荷载：考虑现场施工的实际超载情况，将验算荷载提高到 80t，最大轴载达到 385kN。

设计行车速度：5km/h。

3.3 结构组成设计

如图 1、图 2 所示，提升架主要由承重托盘、钢管支柱、承重钢架、连接钢构及电动葫芦等组成。现场施工如图 3 所示。

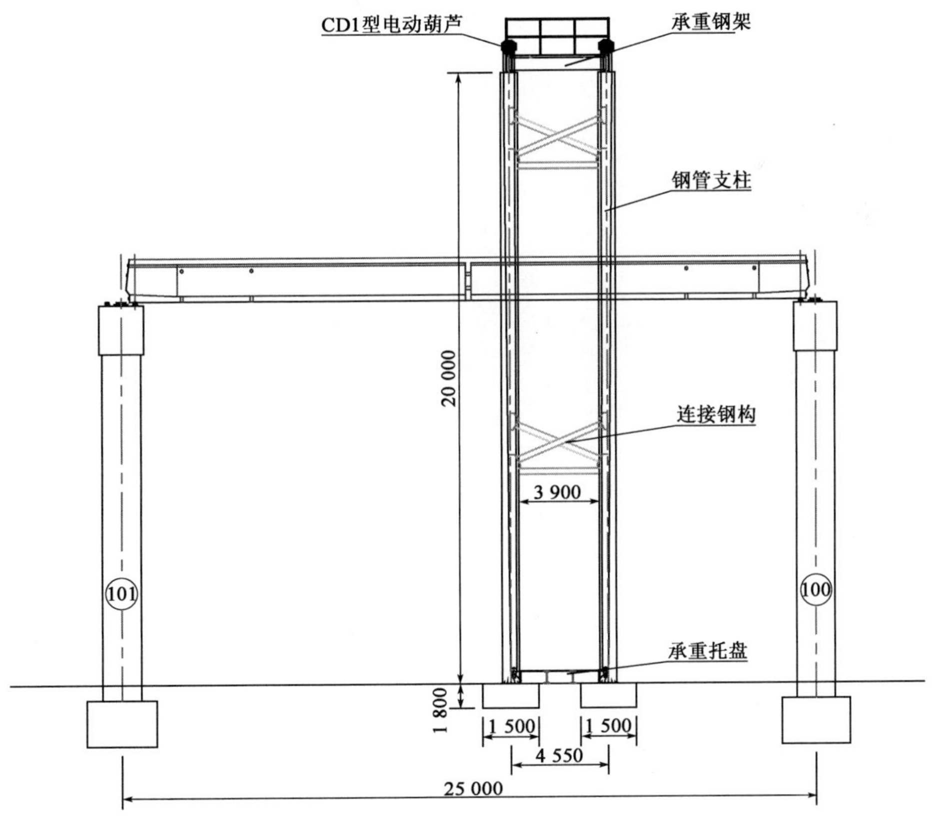

图 1 提升架正面图(尺寸单位:mm)

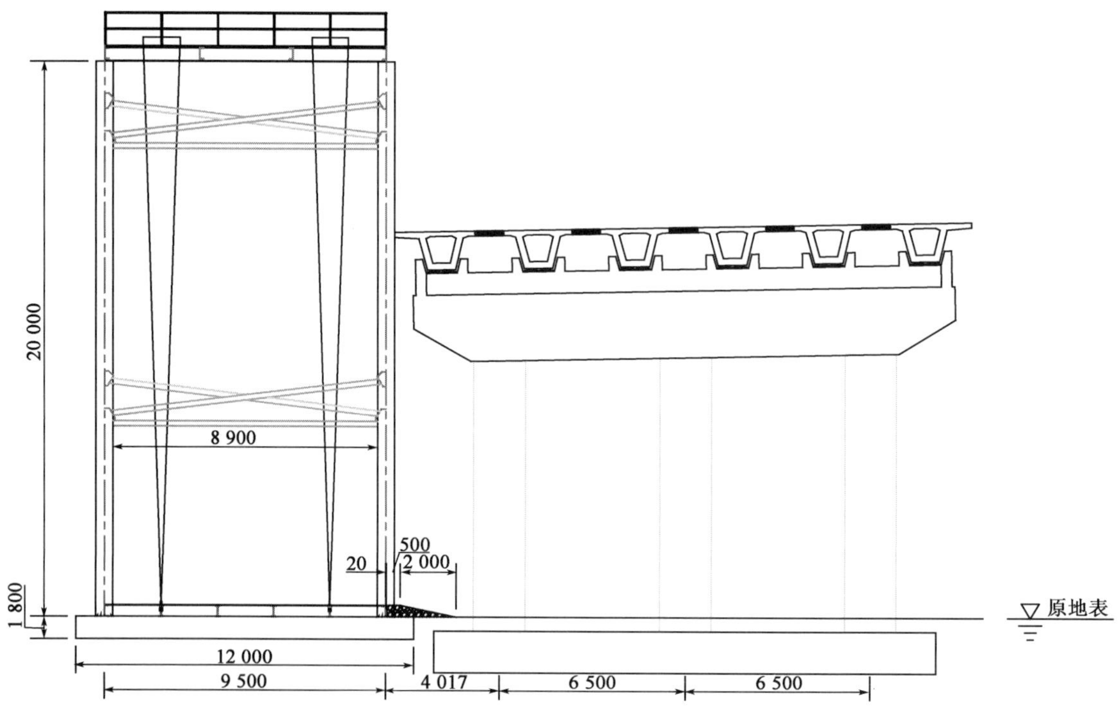

图 2　提升架横断面图(尺寸单位:mm)

a)　b)　c)

图 3　现场施工

(1)承重托盘,采用 40a 型工钢和 40 型槽钢焊接,结构牢固,上面覆盖 1.5cm 厚钢板,并带有防护栏和防滑带,使车辆上下自如。

(2)钢管支柱采用外径 65cm,壁厚为 1cm 的螺旋焊管,总长 20m,能保证承重钢架至桥面顶净高 5m。承重托盘与钢管支柱之间设 5cm×5cm 扁钢的槽型轨道,以防止托盘起升过程中脱离钢管支柱。钢管与桥面接触部位进行横向连接,增强提升架的整体稳定性。

(3)承重钢架采用 2cm 厚钢板焊接成宽 20cm、高 54cm 矩形截面横梁,横向采用 40a 型槽钢连接,大大提高了强度和稳定性,为电动葫芦的安全运营提供了保障。顶封一块 3mm 厚整体钢板。

(4)连接钢构用 10cm×5cm 国际槽钢扣方,并采用斜拉利用几何稳定性,使整个框架牢固而稳定。

(5)电动葫芦采用 CD1 型 20t 电动葫芦。

(6)配电箱采用两种管控方式,可以单机起降调节承盘,以保证其保持水平,也可以同步起降提送货物,安装过热过载、断相、短路等多重保护,4 个电葫芦,无论哪个电路出现故障,配电箱会自动断电,停止对电动葫芦供电,使起重托盘更安全平稳,注意在每根钢丝绳没有损坏的情况下,上面有上行、下行与急停等按钮,自动上下双行程开关,双重保障。

4 架设安装

提升架安装前,在设计位置处浇筑扩大基础,基础宽 1.5m,厚 1.8m,长 12m,钢管支柱采用预埋法兰连接,提前预埋,浇筑于混凝土基础内。基础混凝土强度达到设计强度 80%后安装提升架,且注意如下几点:

(1)整体框架要安装垂直,所有螺丝要拧紧,防止松动,焊接处要焊接牢固,钢丝绳按设计路线穿线,不要交叉,安装时不要使钢丝绳打结,以免降低钢丝绳的使用寿命和安全系数。

(2)承重托盘所使用的槽型轨道,应安装限位装置及缓冲装置,以防止托盘脱轨,轨道内加注润滑油。

(3)安装完毕应进行一次全面检查,具体如下:

①电器线路连接是否正确可靠。

②限位装置动作是否正确、灵活、可靠。

③所有润滑部分是否分别加足润滑油。

④托盘凹槽与槽型轨道结合是否可靠。

⑤选择供电电缆时必须保证葫芦电机进线端电源电压和电流。

⑥在采用供电电缆方式时,必须使用规定的橡胶绝缘软电缆线。

⑦电缆中间不能有接头,长度合适,并直接插入控制箱端子上。

⑧为不使导线的张力直接作用在端子的接线部位,请采取适当的方式固定电线缆线规格。

⑨手电门电缆上所附承拉钢丝绳应在使用前进行调整,保证手电门悬挂时钢丝绳承拉,电缆保持松弛状而不受拉。

5 使用维护

每次使用提升架前,要注意各项关键部位的检查、维护,在确保安全的情况下才能正常运行使用,日常使用、维护须注意如下几点:

(1)工作前要详细检查配电箱、控制箱,各开关是否工作正常,上下行程开关是否灵便可靠;整体结构要定期检查螺丝是否松动,各焊接点是否牢固可靠,有无开焊现象。

(2)新安装或经拆检后安装的电动葫芦,首先应进行空车试运转数次。但在未安装完毕前,切忌通电试转。

(3)在正常使用前应进行以额定负荷的125%,起升离地面约100mm,10min的静负荷试验,并检查是否正常。

(4)动负荷试验是以额定负荷质量,作重复升降与左右移动试验,试验后检查其机械传动部分、电器部分和连接部分是否正常可靠。

(5)在使用中,绝对禁止在不允许的环境下,及超过额定负荷和每小时额定合闸次数(120次)的情况下使用。

(6)安装调试和维护时必须严格检查限位装置是否灵活可靠,当吊钩升至上极限位置时,吊钩外壳到卷筒外壳之距离必须大于250mm。当吊钩降至下极限位置时应保证卷筒上钢丝绳安全圈,有效安全圈必须在2圈以上。

(7)工作完结后必须把电源的总闸拉开,切断电源。

(8)电动葫芦应由专业人员操作,操作者应充分掌握安全操作规程,严禁歪拉斜吊。

(9)在使用中必须有专门人员定期对电动葫芦进行检查,发现故障及时采取措施,并仔细加以记录。

(10)调整电动葫芦制动下滑量时,应保证在额定荷载下,制动下滑量 $s<V/100$(V 为负载下一分钟内稳定起升的距离)。

(11)电动葫芦使用中必须保持足够的润滑油,并保持润滑油的干净,不应含有杂质和污垢。

(12)钢丝绳上油时应该使用硬毛刷或木质小片,严禁直接用手给正在工作的钢丝绳上油。

(13)电动葫芦不工作时,不允许把重物悬于空中,防止零件产生永久变形。

(14)在使用过程中,如果发现故障,应立即切断主电源。

(15)电动葫芦在长时间连续运转后,可能出现自动断电现象,这属于电机的过热保护功能,这时可以下降。过一段时间,待电机冷却下来后即可继续工作。

(16)电动葫芦属于特种设备,对于安全性的要求比较高。新安装或经过大修后的电动葫芦,或闲置时间超过一年的电动葫芦,在重新交付使用前,应根据国家有关法规做试车检查。电动葫芦的维护和保养按检查期限分为日检、月检、季检和年检。

6 安全注意事项

提升架的安全事故主要集中在电动葫芦不同步运行、承重托盘偏载等违规操作上,为避免这类事故的发生,需注意下列事项:

(1)使用前,请将上、下限位的停止块调整后再起吊物体,请确认制动状况是否可靠。限位器不允许当作行程开关反复使用。

(2)若发现钢丝绳出现弯曲、变形、腐蚀、断裂程度超过规定要求、磨损量大等异常情况时,绝对不允许操作。

(3)严禁超载量。

(4)提升架上禁止乘人,起吊物件的下面不得有人。

(5)起吊物体车辆必须挺稳,拉紧制动用楔块使车辆固定牢靠。

(6)维修检查工作一定要在空载状态下进行。

(7)在恶劣气候条件下,例如大风、大雾、强降雨能见度低等条件下,不能起吊。气温过低或承重托盘上有雪或结冰不能起吊，必须把冰雪清除后再起吊。

7 总结

通过永定河特大桥桥面系施工中使用 80t 混凝土罐车提升架的实例，解决了高架桥上混凝土运输至施工现场的关键问题，施工组织比较灵活，施工进度得到明显加快，施工标段日均只能完成护栏 50～60m，而该合同段在模板配置、天气状况等相同的条件下，日均能完成护栏 140～150m，且保证了混凝土坍落度的质量。

综上所述，该工艺可为同类工程提供参考。

参考文献

[1] 孙守玉，刘善学．垂直斗式提升机的选型[J]．磷肥与复肥，2006．21(4)．

[2] 胡宗武，徐履冰，石来德．非标准机械设备设计手册[M]．北京：机械工业出版社，2003．

[3]《运输机械设计选用手册》编辑委员会．运输机械设计选用手册[M]．北京：化学工业出版社，1999．

水平定向钻施工技术的应用

李洪兵

（中交三公局工程总承包分公司　北京　100124）

摘　要：近年来，随着水平定向钻施工技术的愈加成熟，其得到各行各业的广泛应用，尤其是在市政工程中特别常见。本文以湖织大道建设项目中应用的水平定向钻施工技术为背景，讲述了水平定向钻施工原理、施工技术特点及施工工艺。

关键词：水平定向钻　施工原理　施工工艺

1　工程概况

本项目为湖织大道提升改造工程，主要内容是对现状道路进行拓宽改造，同时对新增道路沿线雨污水管网进行施工。本工程原合同不包括水平定向钻施工内容，后期应业主要求增加一条过路污水管道将旺能环保科技有限公司的工业污水排入湖织大道污水排水系统。该污水管道长196m，为管径355mm的PE实壁管，横穿湖织大道既有行车道，采用水平定向钻施工工艺。W1-W2污水管道平面位置示意图如图1所示。

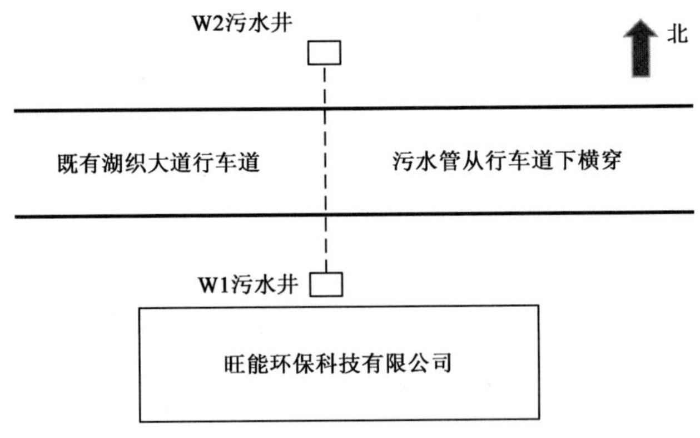

图1　W1-W2污水管平面位置示意图

2　水平定向钻施工原理

水平定向钻主要由钻机系统、泥浆系统、控向系统和钻具等部分组成，钻机系统为钻具提供动力，泥浆系统将钻屑带出孔洞，控向系统控制钻进方向。施工过程首先是沿设计轨迹完成钻孔，然后将楔形钻头换成一个锥形扩孔器，回拉钻杆进行扩孔达到所需孔径，最后将需要埋设的管道牵引入已扩孔到位的孔洞，在该过程中所用的作用力都是通过钻杆传到钻头。导向钻进过程是受三维控制的，通过钻杆的旋转和一个特殊设计的楔形钻头来完成线形前进，如果想改变方向，可以暂停钻杆的旋转力，并将楔形钻头的楔面固定到相应的位置。钻头的位置及钻头与地面的倾斜度、楔面角度等重要数据均会通过一个电磁探测仪传送到地面上的接收仪器中。预扩孔完毕后，扩孔器后面连接所需铺设的管线向钻机方向缓缓回拖，从而完成管线的铺设。

3 水平定向钻施工技术的特点

水平定向钻具有无须开挖地表面、不受地表面河流湖泊等地形限制、不损坏地面建筑物构筑物、不影响交通航道、不破坏自然环境、施工周期短、穿越质量好、工程造价低等优点，被广泛应用于铺设受复杂地形地貌、地面建筑物构筑物限制无法开挖施工的雨污水管道、自来水管道、油气管道、电缆光缆等。本项目所施工的 W1-W2 污水管道受湖织大道影响无法开挖施工，利用水平定向钻施工技术很好地解决了这一问题。

4 地质条件

地质状况是影响水平定向钻施工的主要因素。黏土层、亚黏土层、粉砂层、粉土层、中砂层等较为适宜水平定向钻施工。

湖州地区受地理位置、古地形、新构造运动、海面升降等因素影响，第四纪地层分布广。厚度在 100m 以上，中下更新统为杂色、中下部为棕褐色。上更新统下部为灰黄—灰绿色，中上部为灰—灰黄；全新统中下部为灰—灰黑色，上部为黄色。砂与黏性土层交错出现。根据地质勘测报告，该地质适宜水平定向钻施工，无须采取其他处理措施。

5 拉力计算

根据地质勘测报告得知穿越管道所处位置的地质条件，结合相关数据计算出该污水管道穿越时的总回拖阻力，最大控制回拖力应满足管材力学性能和设备能力要求，总回拖阻力的计算可按下式计算：

$$P = P_1 + P_F$$

$$P_F = \frac{\pi D_K^2 R_a}{4}$$

$$P_1 = \pi D_0 L f_1$$

式中：P——总回拖阻力(kN)；

P_F——扩孔钻头迎面阻力(kN)；

P_1——管外壁周围摩擦阻力(kN)；

D_K——扩孔钻头外径(m)，一般取管道外径 1.2～1.5 倍；

R_a——迎面土挤压力(kN/m^2)；一般情况下砂性土可取 800～1 000(kN/m^2)；黏性土可取 500～600(kN/m^2)；

L——回拖管段总长度(m)；

f_1——管节外壁单位面积的平均摩阻力(kN/m^2)。

根据上式可计算出本污水管穿越时的总回拖阻力，根据总回拖阻力选择合适的水平定向

图 2　徐工 XZ320 水平定向钻机

钻机。一般情况下水平定向钻机宜根据回拖阻力计算值的 1.5～3 倍来选择。本工程经过计算选择 32t 水平定向钻，规格型号为徐工 XZ320，如图 2 所示。

6　施工工艺

水平定向钻的施工工序为：测量放线→钻机安装调试→钻导向孔→预扩孔→回拖→清理场地。

6.1　测量放线

根据设计交桩与施工图纸放出场地控制线及设备摆放位置线，确保钻机中心线与入土点、出土点在一条直线上。根据管道穿越轴线核对地下障碍物分部情况，确认穿越施工不受地下障碍物及既有管线影响。如发现问题，及时向业主、设计方反映协商，更改穿越轴线轨迹，保证穿越施工安全顺利地进行。

6.2　钻机安装调试

结合现场实际情况合理布置钻机、泥浆池及蓄水罐等设备的位置，修筑临时便道，满足通行要求。确定入土点，使钻机就位在穿越中心线位置上，钻机就位调试完成后，进行系统连接、试运转，检查设备是否正常工作。

6.3　泥浆控制

泥浆是定向穿越中的关键因素，本工程采用水平定向钻专用膨润土和泥浆添加剂(防塌剂、提黏剂、堵漏剂等)，以确保钻进速度和成孔质量。在钻导向孔阶段，泥浆各项指标如比重、流动性、黏度等根据不同的地质结构层及时调整，使钻屑能够悬浮于泥浆中，随泥浆循环流出钻孔，保证孔内清洁，稳定孔壁，防止塌孔。泥浆配比随地质条件变化而调整，不再一一列举。废弃泥浆要及时运出施工现场，运到环保部门指定地点进行处理。

6.4　钻导向孔

检查装备工作正常后，沿设计轴线开始钻导向孔。开动钻机设备对准入土点进行钻进，钻头在钻机的推力作用下由钻机驱动旋转切削地层，不断前进，时刻掌控钻头的实际位置，以便及时调整钻头的钻进方向，保证所完成的导向孔曲线符合设计要求，如此反复，直到钻头在预定位置出土，完成整个导向孔的钻孔作业。

6.5　预扩孔

钻头在出土点出土后，拆下钻头，然后将钻杆中的导向信号线拖出，进行扩孔。先通泥浆，确定扩孔器没有堵塞的水眼后再进行预扩孔。为防止扩孔器在扩孔过程中牙轮脱落造成事故，严格按照额定钻压钻速扩孔。为保证扩孔质量，要严格按照规范要求进行逐级扩孔，使钻出的孔径达到回拖管线直径的 1.3～1.5 倍。预扩孔示意图如图 3 所示。

6.6　管道回拖

扩孔完成后，进行管道回拖。管道回拖时，为减小回拖阻力，同时防止管道防腐层磨损，采用挖发送沟的方式进行发送。一般情况下，发送沟的下底宽应比穿越管径大 500mm。再向发送沟内注入一定量的水，一般管沟内最小注水深度宜超过穿越管径的 1/3。发送沟的水平与纵向曲率半径应满足穿越管道弹性敷设的要求，通常情况下，其曲率半径 $R \geq 1\ 500D$（D 为穿越管道的外径）。为防止管头入孔时有泥浆进入，应提前将管头封闭。拉管时一边拉管一边向孔内加注泥浆，充实空隙及润滑孔壁，控制好回拖拉力和回拖速度，确保管道在回拖过程中未损坏，保证施工质量。

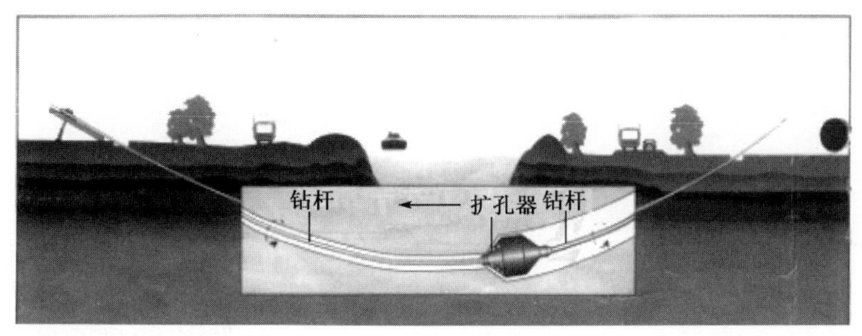

图 3　预扩孔示意图

6.7　清理场地

管道回拖完毕后，及时清理现场，恢复场地原状，避免对周围环境的破坏。

7　结语

水平定向钻穿越技术使各种管线穿越河流湖泊等复杂地形和无法拆迁的建筑物、构筑物成为可能。近年来，水平定向钻施工技术以其独具的优势在世界范围内的各个行业得到大力推广和应用。

参考文献

[1] 颜伟坚. 定向钻牵引施工技术[J]. 科技信息，2010(18).

[2] 孔祥斌. 非开挖牵引管在污水管道工程中的应用[J]. 西南给排水，2009(06).

[3] 孔祥斌，倪海燕. 复杂施工条件下非开挖拖拉管的施工[J]. 山西建筑，2009(09).

[4] 中华人民共和国国家标准. GB 50268—2008　给排水管道工程施工及验收规范[S]. 北京：中国建筑工业出版社，2009.

浅谈路基标准化、规范化施工

蔡建武

（中交三公局工程总承包分公司　北京　100124）

摘　要:随着机械化施工程度的提高,对工程质量的要求也越来越高,其标准化、规范化施工也越来越得到重视。本文对路基施工临时便道、软地基处理、路基填筑、构造物台背回填、现场安全生产、文明施工等方面标准化、规范化施工进行了逐一介绍。

关键词:路基施工　标准化　规范化

1　工程简介

1.1　概况

河北省京石高速公路北起涿州市与北京市房山区交界地带,沿旧路向南经涿州、高碑店、定兴、徐水、保定城区、清苑、望都、定州,至石家庄新乐市沙河特大桥南桥头,此为改扩建段终点,全长185.843km。本标段为JS1标段:K45＋602～K54＋500,长8.898km,位于涿州市,主线经过码头镇、清凉寺办事处及刁窝开发区办事处。

1.2　主要技术指标

京石改扩建工程主线采取“两侧拼宽为主,局部分离”的方式将原双向四车道高速公路扩建为双向八车道高速公路。

公路等级为八车道高速公路,设计行车速度为120km/h,路基宽度由26m、27m拼宽至42.0m,设计荷载为公路—Ⅰ级。

1.3　主要工程数量

(1)路基填方:135.2万m^3,CFG桩55.6万延米,砂垫层、砂砾垫层32 787m^3,旋喷桩4 500m。

(2)路面工程:水泥稳定碎石底基层357 700m^2,水泥稳定碎石基层355 698m^2,厚60mm(改性橡胶沥青AC-20)中面层331 462m^2,厚60mm(改性橡胶沥青AC-20)下面层233 476m^2,厚40mm SMA路面438 808m^2,水泥混凝土面板5 998m^2。

(3)桥涵工程:大桥1座,中桥2座,小桥2座,匝道桥3座,分离立交桥4座,涵洞、通道19道。

项目在近一年的施工生产中,路基施工无论是内在质量还是外观形象均多次得到监理及业主单位的一致好评,取得了良好的社会信誉和经济效益。下面就路基标准化、规范化施工谈几点体会。

2 临时便道的修建

2.1 便道位置的选择

为了维持施工时的交通，以便供应材料、设备、工具和生活用品等，应在开工前先修筑临时便道。在施工前期经过多次现场实地考察，特别是河流、建筑物等环境因素的影响，拟定在路基左右侧各修建一条临时便道。

2.2 便道施工标准

便道由新建路基坡脚线向外延伸 5m 为便道宽度，外设 50cm 排水沟及挡水埝。每 300m 设宽 6.5m 长 20m 错车道。红线范围内便道不够宽时，需向外征地相应宽度。便道采用 50cm 砖渣铺底，上面再铺 15cm 砂砾。便道作为施工车辆运输道路，并且为大中小桥梁板运输道路。北拒马河大桥处需左右两侧各搭建 1 座钢便桥，桥面宽 5m，两座桥长 120m。桥上设防护栏以及限重、限速等警示标识标牌。施工便道示意图如图 1 所示。

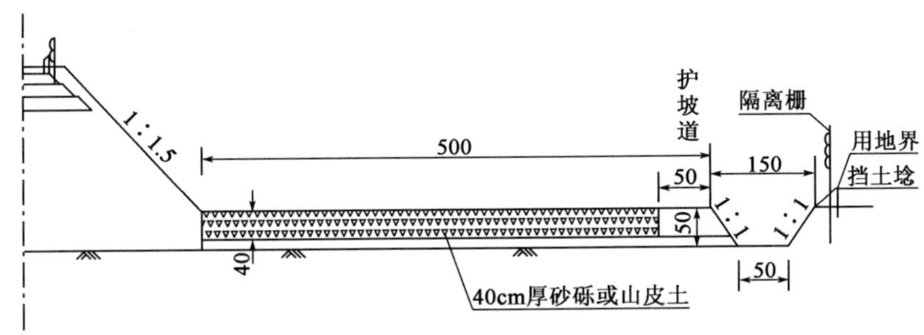

图 1 施工便道示意图(尺寸单位:cm)

2.3 第一个奖罚制度的落实

为充分调动每个施工队的积极性，抢抓临时便道的全面贯通，建立了第一个奖罚制度，出台了相应的奖罚标准：对于第一个完成便道贯通的工区经理部将给予 5 000 元的奖励，在定期内未完成的工区经理部将处于 10 000 元的罚款。

正是因为上述这些强有力的举措，使本标段临时便道的修建无论是从质量上还是进度上都得到了有力的保障。

3 特殊路基处理

3.1 积水路段及老路坡脚有蒸发池路段

老路排水沟有积水路段或老路坡脚有蒸发池路段需先进行清淤排水处理，然后换填天然砂砾碎石填筑。

3.2 老路排水沟处理

原老路排水沟尺寸较大是本项目的特点之一，本次扩建路基拼宽，需将原老路基排水沟换填填筑至地表，再开始填筑路基。对于一般路段清表后填筑砂砾，沟底土质较差，结合边沟沟底检测数据，对天然边沟进行砂砾换填处理。原来边沟及边沟回填开挖台阶示意图如图 2 和图 3 所示。

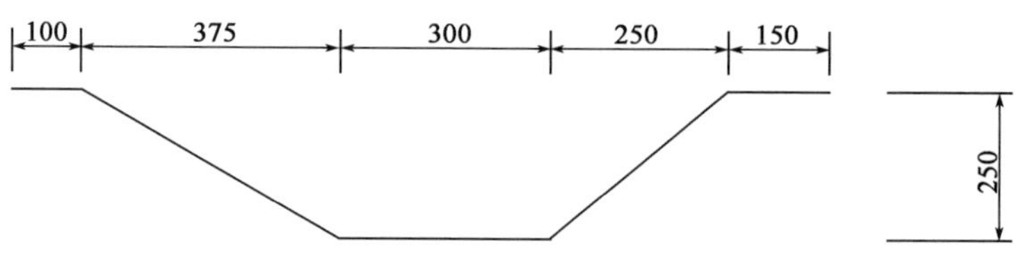

图2 原来边沟示意图(尺寸单位:cm)

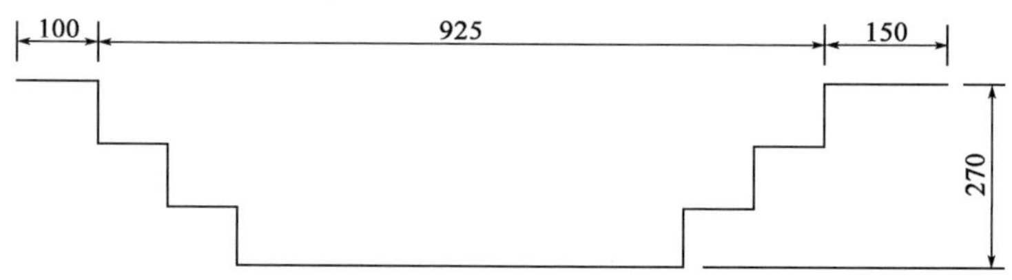

图3 边沟回填开挖台阶示意图(尺寸单位:cm)

3.3 软弱土及局部填高较大、不满足拼接路基沉降控制要求的路段地基处理方案

局部填高较高(一般大于5m)、地基土各项指标较低、工后沉降大于10cm的路段,可采用CFG桩进行地基加固,以降低工后沉降。

3.3.1 处治范围

1)纵向处治范围

大桥、小桥等桩基构造物:两侧加宽段为处理范围,采用CFG桩进行处理,通道、涵洞等底部全部采用CFG桩或高压旋喷桩进行加固处理。

2)横向处治范围

地质条件较差路段,当路基填土高度不大于3.0m时,桩体从老路开挖最下面一级台阶处理至扩建部分坡脚外0.5m处。对于布设在老路基坡面的桩体,应将加宽路基填筑至桩项高程时开始打设,向外处理至新路基坡脚处。

3.3.2 CFG桩处治方案设计技术要求

CFG桩是水泥粉煤灰碎石桩的简称。CFG桩是把碎石和适量的石屑、粉煤灰、水泥加水拌和,采用长螺旋钻孔或振动成管桩的设备,制成一种具有较高黏结强度的桩体。

1)CFG桩的施工方法选用

CFG桩成桩采用的施工方法主要有:长螺旋钻孔管内泵压混合料灌注成桩、振动沉管灌注成桩等。本项目由于为拼宽路基,为了减少对老路基的振动影响,施工时采用长螺旋钻孔管内泵压混合料灌注成桩。

2)材料和质量要求

水泥:根据工程特点、所处环境以及设计、施工要求,选用32.5R矿渣硅酸盐水泥或42.5R普通硅酸盐水泥。施工前,必须对水泥按每验收批取一组试样进行复验,检验其初终凝时间、安定性和强度,作为施工控制和进行配合比设计的依据。必要时,应检验水泥其他性能。

碎石:连续级配,最大粒径不超过4cm,碎石杂质含量小于5%。

石屑或砂:为使级配良好,宜掺入石屑或砂填充碎石空隙。

粉煤灰:宜选用Ⅲ级以上粉煤灰。

3)CFG桩的施工工艺要点

施工前应进行成桩试验,选定在K53+500～K53+700右幅作为试桩区。试桩数量7根。试桩成功,经监理验收合格后,方可施工。

桩位施放:根据桩位平面布置图及设计提供的测量基准点,由专职测量人员进行桩位施放工作。桩位施放结束并自检合格后,会同建设单位、监理共同检验并签字认可。桩位定位点应明显且不易破坏。施工中应对地表和已打桩顶位移测量,桩顶位移超过10mm时,需要对桩体进行开挖查验。为保证桩体质量,混合料一定要均匀,且投料充分。混合料坍落度一般为160～200mm。

桩机就位:调整钻杆与地面垂直,保证竖直度偏差不大于1%。

当钻头到达设计桩长预定高程时,于动力头底面停留位置相应的钻机塔身处作醒目标记,作为施工时控制桩长的依据。

施工时,桩顶高程应高出设计高程,高出长度应根据桩距、布桩形式、现场地质条件和施打顺序等综合确定,一般不宜小于0.5m;施工完成7d后,开挖至设计高程,截去保护桩长;施工完成28d后,方可填筑路基。

成桩过程中,抽样做混合料试块,每台机械每台班应做一组(3块)试块(边长150mm立方体),标准养护,测定其立方体28d抗压强度。施工中应抽样检查混合料坍落度,每台机械每台班应不少于4次。

冬期施工时,混合料入孔温度不得低于5℃,对桩头和桩间土应采取保温措施。

清土和截桩时不得造成桩顶高程以下桩身断裂和扰动桩间土。

砂砾垫层:砂砾垫层的材料为中粗砂及砾砂,含泥量不大于5%;宽度要适当大于路堤底宽,以防止在施工过程中由于施工机械的破坏影响垫层的有效作用(两侧各宽出0.5m左右);砂砾垫层的厚度设置为40cm。

3.3.3 高压旋喷桩施工工艺

旋喷桩是用钻机钻到预定的深度,然后用高压泵把浆液通过钻杆端头的特殊喷嘴,以高压喷射入土层,在喷射浆液时,一面缓慢旋转,一面徐徐提升,借高压浆液的水平射流,不断切削土层并与切削下来的土充分搅拌混合,最后在喷射的有效射程范围内,形成一个由圆盘状混合物连续堆积成的圆柱状凝固体,从而使地基得到加固。

1)材料要求

所用的水泥采用新鲜无结块P.O42.5号水泥。水泥水灰比1∶1,稠度过大,流动缓慢,喷管容易堵塞,增加排除故障时间,影响施工进度;稠度过小,对强度有影响。浆液宜在旋喷前1h以内配制,使用时须滤去硬块,以免堵塞管路和喷嘴。

2)高压旋喷桩施工工艺及主要技术参数

高压旋喷桩施工工艺流程图如图4所示。主要技术参数见表1。

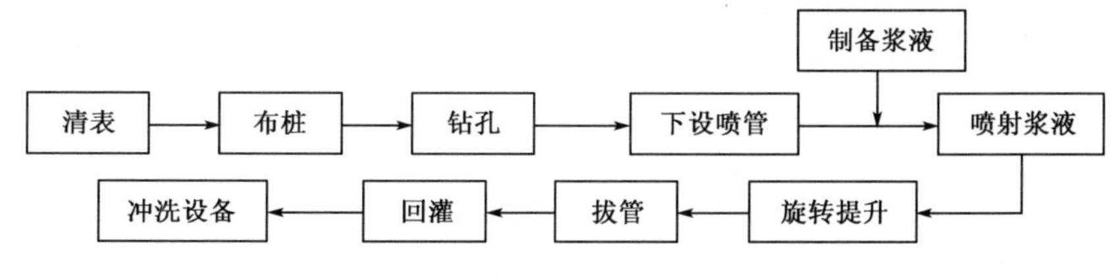

图4 高压旋喷桩施工工艺流程图

主要技术参数表 表1

项目		施工参数
喷水压力	气压(MPa)	7
水泥浆液流压力	气压(MPa)	28
水灰比		1:1
提升速度(cm/min)		20～25
旋转速度(r/min)		15～20

3)施工方法

(1)施工准备工作

在进行施工场地布桩设计时,应根据工程量的大小和施工范围,合理布置注浆材料储存棚和机具设置地点、水电接头等。布置的原则是材料搬运距离短,水电接头方便,机具设备配套要相互紧密集中,便于集中指挥,尽量缩短高压喷浆管的距离,一般以不超过20m为宜。

(2)清表

施工前首先对地表、原边坡进行30cm清表处理。

(3)放线

根据桩位平面布置图及设计院提供的测量基准点,由专职测量人员进行桩位施放工作,桩位施放结束并自检合格后,报监理工程师复核桩位。桩位中心点用钎子插入地下,并用白灰明示。

(4)钻机就位

旋喷注浆施工的第一道工序是将使用的钻机安置在设计的孔位上,使钻杆头对准孔位的中心;同时为保证钻孔达到设计要求的垂直度,钻机就位后,必须作水平校正,使其钻杆轴线垂直对准钻孔中心位置。

(5)钻孔和插管

钻孔操作主要视地层中地质情况、加固深度、机具设备等条件而定。钻机钻到设计高程后插入喷射注浆管。钻孔的倾斜度不得大于1%。

(6)喷射注浆

当喷射注浆管插入到预定深度后,启动高压泵,待泵量、泵压正常并达到设计要求后,自孔底由下向上进行喷射作业,旋喷钻杆边喷边提升,直到设计高程为止。

注意事项:

①检查高压设备和管路系统,其压力和流量必须满足设计要求。

②注浆管及喷嘴内不得有任何杂物。

③管接头的密封圈必须良好。

④喷浆开始后现场技术员必须时刻注意注浆流量、压力、旋喷提升速度等参数,检查其是否符合要求,必须随时做好记录。

⑤钻杆的旋转和提升必须连续不中断。

⑥喷浆到顶面时必须留有一定的距离不喷浆。

(7)拔管

旋喷作业完成后拔出注浆管,并做好桩顶记录。为了防止浆液凝固收缩影响桩顶高程,必要时可在原孔位采用冒浆回灌或二次注浆等措施。

(8)回灌

每孔旋喷作业完成后,要不间断地将冒出地面的浆液回灌到喷浆孔内,直到孔内的浆液面不再下沉为止。

(9)冲洗

当喷射提升到设计高程后,旋喷结束。施工完毕应把注浆管等机具设备冲洗干净,管内机内不得残存水泥浆。

4 路基填筑及开挖

本标段道路土方工程包括路堤填筑土方、弃置土方等所有工程,还包括图纸设立的线段、坡度和断面、开挖临时排水沟、清除原地面耕植土等所有必要工程。

4.1 路堤填筑

在路堤填筑前,首先对原有地面进行清理,对于存在的不平之处应首先予以整平,然后进行碾压(填前碾压),使其达到规范要求的压实度。对于需要填筑的地段坡度较大时应首先从低处填起分层填筑,并应在原有坡面上修筑台阶以利新旧土的结合。台阶宽度应不小于 2m,厚度应根据分层填筑的厚度加以确定。注意控制路基施工断面长度,原则上按 150m 控制,不可拉得过长,应分段、快速施工,防止下雨造成大段落无法施工,要加强雨后路基的复压复检工作。

(1)开挖临时排水沟、疏通水系

待高压旋喷桩、CFG 桩完毕并经检验合格,对原地面处理整平之后,按照设计图纸的要求测量人员放出路基两边坡角线,设置护坡道。当土路肩外边缘与护坡道内侧边缘高差 $H \leqslant 6.0$m时,护坡道宽 1.0m;当 $H > 6.0$m 时,护坡道宽 2.0m。护坡道均设置成向外倾斜 4.0%的横坡。在护坡道外侧开挖下底宽 50cm、深 60cm 的临时排水沟,临时排水沟应保证线形顺畅。土方运输车辆临时便道穿越排水沟处需事先预埋好排水管涵,使临时排水沟能与当地水系进行有效的沟通,确保整个施工期间路基内不致积水,使路基填筑质量得到有效的保证。

(2)测量放线

①恢复线路中心控制点(中线)。

②测设中心桩,按每 20～25m 整桩号和曲线起讫点等控制路基中心的各点测设中心桩,桩面用红漆写明里程桩号。

③根据设计图纸测设路基边坡线,测量出各桩左、中、右三点的高程,做好记录,计算出各桩号左右两侧的路基填筑高度。

④按照路基设计宽度加余宽 50cm(以保证边坡压实度和压路机械的安全而增加的宽度)放边线点,再用白灰沿边线播撒形成两条白色的边线作为填土范围的明显标记。

⑤分层计算路基的设计宽度,以备在施工中根据施工进度随时放填土边线,满足施工需要。

(3)打格子上土

合理的土方调配和运土路线是非常重要的,应根据取土场位置及地形确定经济、合理的运土路线。布土时应根据压实厚度及自卸车辆能力计算方格的大小及卸车数量,例如每层填土压实厚度20cm,一车土9t,土的干密度以1.67g/cm^{3}计算,则撒白灰方格大小以长宽9m计,每个方格上三车土。自卸汽车从取土场把土运到铺筑现场,从一端开始,左右成排、前后成行等距离布土,推土机紧跟着自卸车从一端向另一端进行摊铺。只要把布土的方格掌握好了,就可以提高摊铺速度。图5所示为打格子上土。

a)

b)

图5　打格子上土

(4)平地机整平

当一段落(50m以上)由推土机粗平后就可以用平地机进行整平。平地机整平方法是由路基中央开始向道路两侧推进,如此往返三次,一般就可以达到平整度的要求。在平整时注意路基的纵坡和横坡,尤其是在雨季施工时,横坡应该适当加大以利路基排水,一般情况路基横坡度要求2%,为利于排水可加大到3%~4%。图6所示为平地机精平。

a)

b)

图6　平地机精平

(5)打格子布灰

本标段除路基软基部分掺拌石灰7%,布灰的网格一般以路基纵向划分,横向以路基整个宽度为准，自卸车将计算好的白灰拉至路基上，用人工布灰，确保布灰均匀。

(6)拌和、碾压

布好灰以后，用路拌机对灰土进行充分拌和，确保颗粒粉碎、灰剂量均匀。路基碾压振动压路机一般选用 YZ18 型号，其碾压方法是：第一遍用振动压路机静压进行稳压，然后再振动压实，具体要求是：

①直线段和大半径曲线段，应先压边缘，后压中间；小半径曲线段因有较大的超高，碾压顺序应先低(内侧)后高(外侧)。

②压路机碾压时振动压路机一般重叠 0.4～0.5m，压路机一般重叠后轮的 1/2。

③碾压遍数，振动压路机碾压约 6～8 遍，一般就可以达到密实度要求。

④压路机的行驶速度过慢影响生产率，过快则对土的接触时间过短，压实效果差。一般光轮静压压路机的最佳速度为 2～5km/h，振动压路机为 3～6km/h。所以各种压路机械的最大速度不应超过 4km/h。

⑤影响压实效果的主要因素一般来说是含水率、土类以及压实功能。在施工现场因为已经有标准击实，填土类别和标准填料基本一致，因此影响压实效果的因素主要是含水率。根据现场施工经验，在压实前实测一下填料的实际含水率，实际含水率控制在最佳含水率的±2%进行碾压，效果最好，如果填料含水率过大，碾压遍数再多也达不到标准且容易出现弹簧现象。图 7 所示为路基碾压。

a)

b)

图 7　路基碾压

(7)路基整修

每填完一段路基后必须及时对路基进行整修。要及时刷边坡，把边坡上的浮土进行清除，保证路基线形顺畅；对临时排水沟进行及时疏通，做到路基边沟畅通；每 30m 做一急流槽，急流槽的施工要先支好模板再浇筑混凝土，上土到一定高度后及时把急流槽加长，路基的挡土埂要及时做好，使路基上的水能通过挡土梗汇入急流槽，再顺着急流槽排入临时排水沟，以防雨水冲刷路基。对于 150m 的路基标准段，一般安排 4 名人员，半天便可完成其全部的整修；在整修时要注意带线施工，使整修后的路基线形顺直、美观。

图 8 所示为土方路基填筑施工工序图。

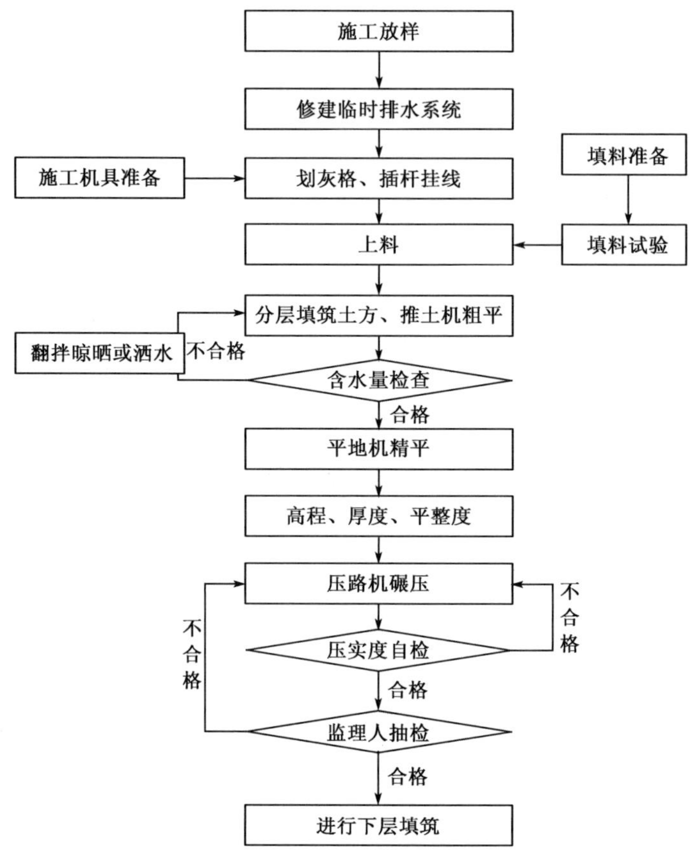

图 8 土方路基填筑施工工序图

4.2 台阶开挖

(1)路基开挖前,先进行原路基坡脚以外原地面及边坡清表。边坡清表时根据填筑速度和台阶的开挖高度沿路线逐段进行,严禁将边坡清表和台阶开挖一次性完成。

(2)台阶开挖采用逐层开挖的方法,填筑一层台阶高度的路基再开挖下一层台阶。

(3)施工时,确保开挖层面落在坚实的土基上,禁止为了台阶线性一致而用虚土人工陪护台阶。

(4)为保证新旧路基拼接质量,除灰土层外,每级台阶高度用重型压路机和小型台阶夯实机进行补强。

(5)如果开挖后老路台阶上的土基强度达不到要求,需将表面强度不足的土层翻拌晾晒,再与新路基一起碾压至规定的密实度。

(6)台阶开挖过程中要做好排水工作,以防雨水冲刷开挖好的台阶而破坏原高速公路路基。图 9 所示为开挖台阶。

4.3 路基及台阶补强

4.3.1 新加宽路基基底补强

新加宽部分原边沟回填至地面平面后再铺设土工格栅作为基底面进行补强,包括 2.1m

宽的大台阶，用重型压路机(自重 32t，激振力 50t，作用力 80t)强振碾压数遍(碾压遍数以试验段确定遍数为准，一般控制在 4～5 遍)。控制技术指标以最后两遍沉降差不大于 3mm；开挖的 2.1m 大台阶部位如含水率大于最佳含水率，需翻拌晾晒或掺石灰粉使之达到最佳含水率，再进行补强碾压。

a)

b)

图 9　开挖台阶

4.3.2　新加宽路基补强

新加宽路基铺设土工格室后，每填高 80cm 对旧路基进行开挖台阶，台阶宽度为 120cm，然后用重型压路机对全宽范围内(加宽部分与开挖台阶部分)进行补强碾压。控制技术标准为最后两遍沉降差不大于 3mm。开挖的 1.2m 台阶部位范围内如含水率大于最佳含水率，必须进行翻拌晾晒或掺石灰粉使之达到最佳含水率，再进行补强碾压。补强碾压完毕后，采用强夯机对 1.2m 台阶部分进行补强夯实，夯实后需对表面整平再压实。

1)强夯机的技术要求

强夯机参数表见表 2。

强夯机参数表　　表 2

整机重量	19t	夯实频率	600～1 100 次/min
额定功率	212kW	夯击压应力	1.43MPa
单夯击面积	188 478mm^2	激振力	270kN
密实度	＞100%(最佳含水率)	夯击直径	490mm

2)布点方法和夯实工艺

按照设计及路基拼宽作业指导书要求，每 80cm 采用重型压路机进行补强碾压后，再采用夯实机对台阶部位进行夯实，夯实补强布点采用梅花形点，纵横向单点间距为 100cm，采用间歇式作业，每个击点作用时间为 8～13s，单点夯击 80 次以上。

3)强夯施工过程质量控制和检测验收标准

施工过程质量控制应以工艺参数控制为主，对于使用以上参数的强夯机严格控制单点夯击时间为 8～13s，夯击次数不小于 80 次，如采用其他夯击设备应通过试验段确定相关参数。

质量检测验收标准采用压实度和轻型触探两种控制标准：30cm 深度内采用压实度控制；30～60cm、60～90cm 深度采用轻型触探锤击次数提高率控制。夯间土压实度至少要提高一个百分点，夯间土轻型触探锤击次数 30～60cm 提高率大于 3%，60～90cm 提高率大于 10%（以重型压路机补强碾压后检测的压实度和轻型触探锤击次数为基数）。

4.4 构造物台背回填

构造物台背回填质量直接影响到路面质量，填筑不好会出现沉降差，发生跳车现象，影响行车速度、舒适与安全，甚至会影响构筑物的稳定，出现交通堵塞现象。

(1)填料：本标段构造物采用的是 7%石灰土填料，涵洞填到涵洞顶以上 50cm，桥梁填到桥头搭板底。

(2)填筑范围：桥梁台背后上部距翼墙尾端顺路线方向距离至少为台高加 4m，下部距基础内缘至少为 2.5m；涵洞两侧不小于孔径的 2 倍。

(3)台背回填于路基部分搭接应做成台阶形，台阶高度小于 30cm、长度大于 50cm。台阶的密实度要求应和同层次的路基要求一样，台阶只能开挖，不准修补或找补，回填前在台背上用红漆标明回填层次，严格按层次分层回填、分层压实，并应清除全部积水、淤泥、浮土、杂物。

(4)异地拌和石灰土：石灰土的预拌在固定场所进行，最好是在临近的路基上拌和。石灰土的预拌应先将素土用自卸车拉至拌和地点，粗平，厚度控制在 20cm 左右，按计算好的剂量均匀摊铺石灰，用稳定土拌和机并配合农用翻土设备进行粉碎与拌和，含灰量要均匀，轻压一遍再试验滴定石灰剂量，达到要求后用装载机、自卸车运至施工现场分层进行整平、碾压。

(5)构造物回填时必须分层填筑，两边对称进行，每层填筑松铺厚度不得大于 15cm。并应尽量采用重型压路机碾压，在边角处无法碾压时采用小夯机夯实，回填范围内的压实度要求原则上均为 97%压实度要求。回填过程中要顺路基方向形成 3%的坡度，以防止雨水沿构造物的外壁渗透，影响回填质量。

(6)台背回填应待构造物混凝土强度达到 80%以上再进行填筑，填筑高度应至少高出构造物 50cm，车辆才可以从构造物上部通过。

(7)在进行构造物回填过程中，应加强对构造物成品混凝土的保护，施工现场应派专人指挥。

5 现场安全生产、文明施工形象

在施工中，本标段严格按照“集中施工、快速施工、文明施工”的十二字方针，把安全生产、文明施工作为施工中的一个重点，以建立安全标准化工地为文明施工目标，展现三公局在河北省高速公路建设的总体形象，打造精品工程的品牌，总结在其他工程施工中取得的经验，本标段精心组织、合理安排，做到安全生产、优质文明施工：

(1)施工现场设立工程简介、施工总平面布置图、安全质量宣传板，标明工程项目名称、范围、开竣工期限、工地负责人。

(2)在便道内侧设立大桥、中小桥、通道桥结构物标志牌。

(3)在施工便道交叉路口、桥头、泥浆池等处，设立警示标志牌。

(4)在便道与主线对应整桩号处每一百米设置一个百米桩、每两百米设置一个界碑，百米桩设置在便道内侧护坡道上、界碑设置在便道外侧及路基红线上，均高出原地面 50m 左右。各路基工区安排专人进行维护、擦洗，确保百米桩及界碑醒目。

(5)施工便道要平坦、顺畅、不积水，而且便道两边要保持清洁无污染，加强便道的排水、碎石碾压,确保施工便道畅通无阻。

(6)定期对便桥进行检查、维修,防止松动变形、拱起;定期对安全警示牌和警示检查、更换。

(7)雨季加大对道路、泥浆池土堰的检查、巡视,确保排放水及时畅通,以防泥浆池土堰在非定点排放水处倒塌而污染农田或道路。

(8)现场管理人员、工长、领班一律挂牌上岗,牌上标明职务、姓名及印有其本人的彩照。

(9)现场施工均要佩戴安全帽,均要穿戴整齐。

(10)现场管理人员及时、主动接待了解、检查、视察的有关领导、工作人员,介绍有关问题和情况,对本工程无关的外来闲散人员,要将其劝离现场。

(11)施工中加强安全管理、泥浆池堰上设立安全警告牌,并拉有红色警示绳,以防过路人员进入,产生安全事故,并有专人对便道和泥浆池围堰进行维修,以防雨后泥浆池垮塌。

(12)做好职工教育培训工作,使全员均能熟练掌握相关的操作规程、技术标准和工作标准,特殊工种必须经考试合格方可持证、挂牌上岗。

(13)施工便道经常洒水,防止尘土飞扬。

(14)各工点严格执行工完场清制度,废料与垃圾及不再需要的临时设施应及时从现场清除、拆除并运走,机械停放要统一有序,整个施工场地要保持整洁、紊而不乱。

(15)路基土方填筑采用四区段、八流程施工工艺。

四区段:填筑区—平整区—碾压区—检验区

八流程:施工准备—基底处理—分层填筑—摊铺整平—洒水或翻晒—机械碾压—检验签认—边坡整修。

6 结语

本项目部通过狠抓路基标准化、规范化施工,路基施工无论是质量还是进度、安全,均得到了全面提升,取得了良好的社会信誉和经济效益:路基施工形象得到了业主、监理单位的充分肯定,路基填筑质量合格率达100%、优良率达98%以上。

参考文献

[1] 中华人民共和国行业标准. JTG F10—2006 公路路基施工技术规范[S]. 北京:人民交通出版社,2006.

[2] 中华人民共和国行业标准. JTG F80/1—2004 公路工程质量检验评定标准 第一册 土建工程[S]. 北京:人民交通出版社,2005.

[3] 中华人民共和国行业标准. JTG D30—2004 公路路基设计规范[S]. 北京:人民交通出版社,2015.

OVM 预应力智能张拉系统在唐廊高速二标预制梁场的应用

王志刚

（中交三公局工程总承包分公司　北京　100124）

摘　要：预制梁预应力施工采用智能张拉系统，能够解决传统张拉过程中存在的问题，杜绝人为因素影响，可提高预应力施工控制精度、保证预应力结构的安全性和耐久性，目前正被大面积推广应用。

关键词：智能张拉　预应力　位移传感器　小箱梁

1　引言

OVM 预应力智能张拉系统是采用微电脑控制张拉油泵和千斤顶，利用测力传感器和位移传感器的测量数据反馈，实现预应力同步和精确张拉，同时对张拉过程数据进行储存，自动生成报表。OVM 预应力智能张拉系统采用最简洁的主从泵控制方式，即将微电脑控制系统直接集入泵站内，泵站之间实现无线通信操作，这样减少系统的冗余组件，提高系统的可靠性，减少故障率；采用变频技术实现泵站的精确速度控制；张拉数据实时存储于泵站上的 U 盘内；可实现双束、单束钢绞线两端同步张拉、同步停顿，还可实现单端自动张拉、分级停顿张拉；适用于长预应力束张拉，伸长量在换行程前后自动累加；采用安全阀控制和软件同时控制最大压力和千斤顶位移。

2　工程概况

唐廊高速公路天津段一期工程第二合同段 K6＋030.4 马江公路分离式立交为主线上跨桥，主线桥梁按左幅桥、右幅桥两座桥设计，左右两幅桥宽度均为 16.5m。下部结构采用单排钻孔灌注桩接圆柱式桥墩，上部结构为[3×(4×20)＋3×(3×20)＋2×(4×20)＋3×20]m 预应力混凝土(后张)小箱梁和后张预应力混凝土空心板梁，先简支后连续，斜交角度为 110°。全桥共 32 孔，其中有 29 孔采用 20m 先简支后连续预应力小箱梁结构，跨越马江公路的三跨为 20m 后张预应力空心板梁。

全桥共计有 290 片小箱梁和 78 片空心板梁。小箱梁每跨为 4 片边梁、6 片中梁。全桥共有边跨边梁 64 片，边跨中梁 96 片，中跨边梁 52 片，中跨中梁 78 片。小箱梁中梁结构尺寸底宽为 1m，顶宽为 2.4m，高 1.2m，顶板横坡为 2%；边梁结构尺寸底宽为 1m，顶宽为 2.85m，高 1.2m，顶板横坡为 2%。小箱梁预制混凝土为 C50，预应力钢绞线采用抗拉强度标准值 f_{pk}＝1 860MPa、公称直径 d＝15.2mm 的低松弛高强度钢绞线，顶板设有负弯矩筋。预制箱梁钢束均采用圆形塑料波纹管及圆形锚具。

3 智能张拉系统组成及工作原理

3.1 系统组成

OVM 预应力智能张拉控制系统(以 2 泵 4 顶为例)的主要组成部分有:4 台智能千斤顶、2 台智能油泵。如图 1 所示。

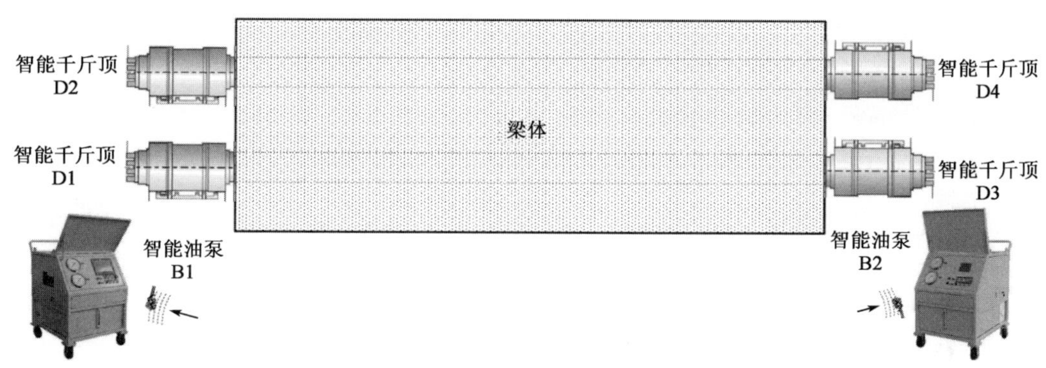

图 1 OVM 预应力智能张拉系统(2 泵 4 顶系统)

3.2 工作原理

预应力自动张拉过程中,以力值为控制对象,伸长量作为校核量,实现双控制目标。通过传感器测量数据,控制系统实时得到每台张拉设备的张拉力值和钢绞线的伸长量,实时进行分析判断。根据分析结果将控制指令传递给张拉设备,实时调整变频电机的工作参数,实时调整油泵电机的转速,实现张拉力和加载速度的实时、精确控制。系统还可以根据预设的力值和张拉步骤,发出指令,自动完成整个张拉过程。

4 智能张拉施工工艺

预应力智能张拉系统的整个智能张拉过程包括材料及设备准备、张拉系统工作准备、张拉设备安装、智能张拉等步骤。

4.1 材料及设备准备

需提前为主从泵站加入准备好的 46 号优质抗磨液压油;安装连接泵站的输入电源主线;将主从泵站上的精密抗震压力表和千斤顶送有资质的计量检定单位进行配套标定,并且现场配套使用;现场准备 380V 的主电源待用。

4.2 张拉系统工作准备

位移传感器安装:将位移传感器组件安装于千斤顶上组成智能千斤顶(图 2),安装位移传感器时应注意位移传感器拉杆的初始位置(拉杆预留伸出 2cm 的活动量),如图 3 所示。

液压系统安装:液压油管必须按标定配对分进油、回油接好,且必须将快换接头拧紧到位,将千斤顶与主从泵站连接。

位移传感器连接:按照标定报告书上的千斤顶编号分别安装位移传感器,并将位移传感器的信号线电缆接好。

图 2　智能千斤顶

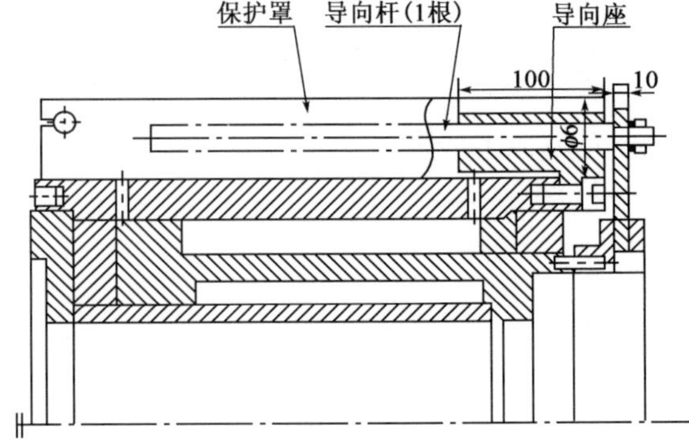

图 3　位移传感器安装(尺寸单位:mm)

接通电源:将现场准备好的外部 380V 电源接到泵站专用航空插座上,外部电源要安装专用空气开关并做可靠接地、接零。

4.3　张拉设备安装

在张拉作业之前,相关技术人员对预制梁构件进行检验,其检验结果符合质量标准要求,且预制构件经监理工程师验收合格后方可进行张拉工作。根据智能张拉设备的使用说明及要求,现场施工作业人员开始钢绞线的编束、穿束、安装千斤顶(工作锚及夹片)等施工程序,具体安装程序如下:

(1)钢绞线下料、编束、穿束:钢绞线的下料长度应充分考虑孔道净长、工作锚长度、千斤顶长度、工具锚长度、张拉端外露长度(一般取 50cm)。钢绞线编束时要将钢绞线理顺,每隔 2m 采用软铅丝进行绑扎,并尽量使各钢绞线松紧一样。钢绞线在穿束时应避免在孔道内扭转。

(2)安装工作锚板、工作夹片:安装工作锚板前应清理锚垫板垫圈处的水泥浆或软胶条等,将钢绞线按预定的编号位置逐根穿入工作锚板内,并安装工作夹片。

(3)安装限位板,限位板上槽口与工作锚板应进行定位。

(4)安装智能千斤顶,千斤顶槽口应对准限位板。

(5)安装工具锚,应与前端张拉端锚具对正,使孔位排列一致,不得使钢绞线在千斤顶的穿心孔处发生交叉,以免张拉时出现失锚事故,工具锚夹片应均匀涂抹退锚灵。

(6)连接千斤顶油管,接油表,接油泵电源。

5　智能张拉

(1)启动张拉程序

将主从泵站两个控制箱通电,控制面板上橙色电源旋钮右旋,此时旋钮自带灯点亮。张拉智能平台系统自动启动,由现场操作人员启动张拉程序,如图 4 所示。

(2)主从泵站通信

主从泵"本地/远程"开关右旋至远程模式,主从泵会自动通信,无线通信模块上的 TxD、RxD 灯交替快速闪烁,并且主泵触摸屏正上方显示蓝色"联机"图标,表示通信成功。只要主从泵有一个没选择"远程",就不能正常进行通信。如图 5 所示。

图 4　启动张拉程序界面

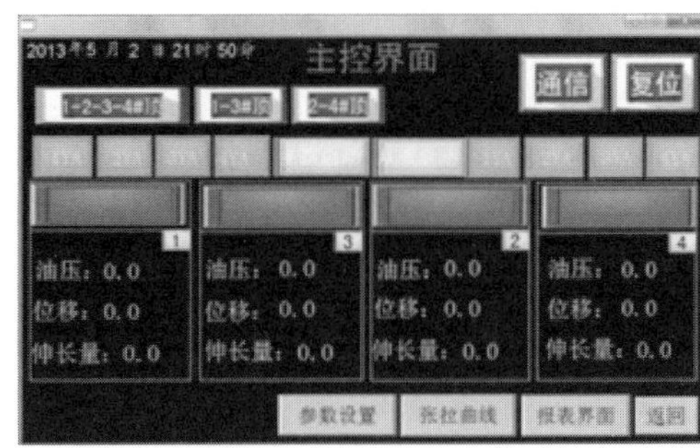

图 5　操作程序主界面

若主从泵均选择在“远程”位置，但通信没有成功，触摸屏上的走马灯会显示“通信暂停”，蓝色“联机”也不会出现，此时可手动点动触摸屏上方的“通信”按钮，等待 5s。若成功通信暂停字样会消失；若不成功，检查天线摆放和相关接线，或重新通电、重新通信。

(3)选择张拉工况(以两端同步张拉为例)

主从泵“本地/远程”开关右旋至远程模式，“手动/自动”开关左旋至自动模式，将面板硬件 1 号顶、2 号顶旋至左边取消本地顶的选通。

1-2-3-4 号顶联动：只选择主泵触摸屏左上方的“1-2-3-4 号图标”“1-2-3-4#顶”。

(4)启动油泵电机

人工从主泵启动电机，从泵电机会在联机状态下紧跟着自动启动。

(5)进行张拉系统的参数设置

如图 6 所示，对预制梁的钢绞线参数、张拉控制力、张拉应力等工作参数按千斤顶标定方程等逐一进行设定，确保所有相关参数的输入正确。

(6)回到主控界面，点击“复位”，点击“张拉”看到所有选通顶的张拉阀指示灯得电和走马灯状态栏显示“第一级张拉”后松开按钮即可。智能张拉系统发出信号，通过张拉系统控制智能千斤顶按预设的张拉顺序进行分级对称均衡张拉；油泵供油给千斤顶张拉油缸，按分级加载过程依次上升油压，分级方式为 10%(初应力即计算伸长值的起点)、20%、100%。

张拉过程中智能张拉系统对每一级进行测量和记录，测量每一级张拉后的伸长值的读数，并随时检查伸长值与计算值的偏差，如图 7 所示。

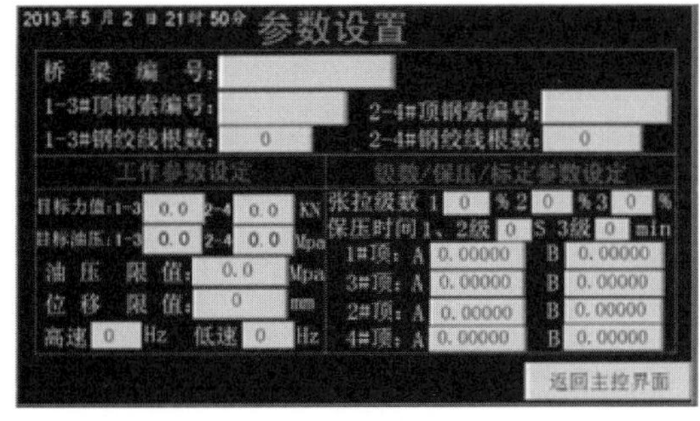

图 6　参数设置界面

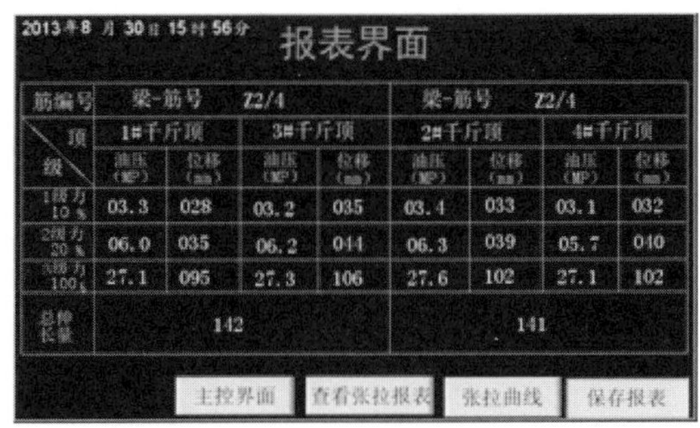

2013年8月30日15时56分　报表界面

筋编号	梁-筋号 Z2/4				梁-筋号 Z2/4			
顶/级	1#千斤顶		3#千斤顶		2#千斤顶		4#千斤顶	
	油压(MP)	位移(mm)	油压(MP)	位移(mm)	油压(MP)	位移(mm)	油压(MP)	位移(mm)
1级力 10%	03.3	028	03.2	035	03.4	033	03.1	032
2级力 30%	06.0	035	06.2	044	06.3	039	05.7	040
[illegible]力 100%	27.1	095	27.3	106	27.6	102	27.1	102
总伸长量	142				141			

主控界面　查看张拉报表　张拉曲线　保存报表

图 7　报表生成界面

张拉时，通过智能张拉系统控制好智能千斤顶加载速度，确保给油平稳、持荷稳定。

张拉过程中，系统将自动校核测量数据，当实际伸长值与理论伸长值相差大于±6%时系统将自动报警，停止张拉。待查明原因、排除问题后，方可进行下一步的工作。

完整张拉结束后，进行下一次张拉前，必须按下"复位"键，状态灯显示"待机"，如选顶不变情况下，再次张拉重复以上(5)、(6)即可。

6 智能张拉精细化施工控制

由于预应力混凝土结构施工工艺较复杂、技术难度大，预应力施工无法直观地检查其质量，在质量认证中属于很难检查其结果的特殊控制过程，只能通过控制其过程，包括通过控制预应力材料、设备、施工人员、施工工艺等来控制施工质量。现结合项目实际张拉情况简要总结几点质量安全控制要点。

6.1 张拉顺序控制

张拉顺序遵循设计图纸要求，以均匀对称、偏心荷载小为原则，确保结构及构件受力均匀；张拉过程中不产生扭转、侧弯，防止混凝土产生超应力、过大的附加应力与变形。

6.2 张拉质量控制

(1)施工中要严格执行梳编穿束工艺，以防索力不均匀，钢绞线穿束时避免相互缠绕。

(2)限位板应将写有对应使用规格数字的面对准工作锚板安装，安装后保证工作锚板处在锚垫板槽口内。

(3)保证限位板、千斤顶、工具锚板同轴。

(4)张拉控制力达到稳定后方可锚固，夹片相互间错位不宜大于2mm，露出锚具外高度不应大于4mm。

(5)工具锚板锥孔、工具夹片应经常涂润滑剂。

6.3 张拉安全控制

(1)张拉现场应有明显标志，与工作无关的人员严禁入内。

(2)张拉作业应由专人负责现场指挥。

(3)专用千斤顶支架必须与梁端垫板接触良好，位置垂直对称，严禁多加垫块，以防支架不稳或受力不匀倾倒伤人。

(4)已张拉完而未压浆的预制梁，严禁受到剧烈振动，以防止预应力筋断裂或锚具崩开而酿成重大事故。

7 传统手工张拉与预应力智能张拉的对比

传统手工张拉与预应力智能张拉的对比见表1。

传统手工张拉与预应力智能张拉的对比 表1

比较内容		传统手工张拉	预应力智能张拉
1	装置差别	千斤顶位移无测量装置，采用尺子人工测量；油泵压力读数是机械油压表；液压油的流量大小和方向操作靠手动柄；多台油泵之间无通信	千斤顶装有高精度位移传感器；油泵上装有高精度压力传感器，油泵上集成微型电脑可控制液压油的流量大小；多台油泵之间具有可无线实时的通信模块

续上表

比较内容		传统手工张拉	预应力智能张拉
2	张拉人员配置	双束4泵4顶对称张拉,至少配备操作和记录人员8人(每个油泵1人操作1人记录)	双束2泵4顶对称张拉,配备1人操作可实现张拉
3	张拉同步性	对讲机通信,无法实现多顶同步	计算机控制,多顶对称张拉,实时通信和同步控制、精度高
4	张拉过程规范性	张拉过程由人工操作,不同的操作人员操作质量参差不齐,很难监控	电脑自动控制张拉流程,张拉速度和停顿时间准确,电脑记录数据可查,利于管理和监控
5	张拉力精度	3%~5%(因人而定)	1%
6	伸长量测量与校核	人工测量,不准确,不及时,未能及时校核	自动测量,及时准确,及时校核,与张拉力同步控制,实现真正"双控"
7	加载速度	随意性大,往往过快	按程序设定速度加载,排除人为影响
8	持荷时间	随意性大,往往过短	按程序设定时间持荷,排除人为干预
9	卸载锚固	瞬时卸荷,回缩时对夹片造成冲击,回缩量大	可缓慢卸荷,避免冲击损伤夹片,减少回缩量
10	预应力损失	张拉过程预应力损失大	由于张拉过程规范,损失小
11	张拉记录	人工记录,可信度低	自动记录,真实再现张拉过程
12	安全保障	边张拉边测量延伸量,有人身安全隐患	操作人员远离非安全区域,人身安全有保障
13	质量管理与远程监控	真实质量状况难以掌握,缺乏有效的质量控制手段	便于质量管理、质量追溯,提高管理水平和工程质量,实现质量远程监控

8 结语

通过在马江路分离式立交桥共290片20m预应力小箱梁的施工,推广运用后张预应力小箱梁智能张拉施工工艺,从已完工的梁板张拉数据结果显示,张拉施工效果明显,最高延伸量误差控制在2%以内,实际伸长量与理论伸长量相差不到1mm。杜绝了人工对张拉施工的影响,有效保证了桥梁预应力的施工质量。相比之下,传统张拉依靠施工人员手动操作油泵方向阀,人工量测伸长值,无法有效对预应力钢绞线的承受张拉力以及钢绞线伸长量进行实时监控。智能张拉系统能自动读取梁板参数,智能计算张拉过程的压力值,无线控制油泵的进退油,实时无线采集油压与位移信息,自动生成预应力张拉记录表等。全程无须人工干预,且对错误纠正、数据同步、张拉数据审核等张拉过程实行控制。操作简单,界面人性化,适应各种施工场地环境,大幅度地改变了传统施工工艺的弊端,有效提高了施工的精确度(精度1%)。

马江路分离式立交桥小箱梁预应力智能张拉施工工艺及施工质量控制的成功实施在预应力智能张拉施工中积累了宝贵经验,不仅降低了施工中人为因素的影响,减少了张拉施工的误差,节约了投资,而且从真正意义上提高了张拉施工质量,保证了桥梁预应力结构的安全和耐久性,大大地降低了桥梁全寿命周期成本。目前预应力智能张拉技术已经作为施工工艺标准化的一项强制性标准要求在天津市高速公路项目中得到了全面推广应用。

参 考 文 献

[1] 中华人民共和国行业标准. JTG/T F50—2011 公路桥涵施工技术规范[S]. 北京：人民交通出版社，2011.

[2] 天津市公路工程施工标准化技术指南(桥梁工程)[R].

高压旋喷桩在高速公路改扩建工程中的应用

许树旺

（中交三公局工程总承包分公司　北京　100124）

摘　要：本文结合高压旋喷桩在唐津高速公路改扩建工程中的应用，阐述了改扩建施工软基处理的必要性、高压旋喷桩的成桩机理、施工工艺及注意事项。处理完毕后经检测，地基承载力良好，达到了设计要求。

关键词：高压旋喷桩　软基处理　应用

1　引言

随着经济的发展，我国早期建设的高速公路已经逐渐满足不了日益增长的交通量的需要。甚至有一些近期建设的高速公路，由于对社会、经济发展趋势、规律的认识及未来交通需求等缺乏系统研究，导致目前出现了交通拥堵，严重影响了道路的通行能力和服务水平。所以，高速公路改扩建是未来的趋势。

高速公路改扩建必然涉及软土地基上新老公路的拼接问题，原有路基经过多年运营，沉降已基本完成，在其边坡上进行扩建填筑，新填的土方和运营后的汽车荷载必然会引起既有路基的附加沉降，并且在新老路基之间产生相对过大的差异沉降，进而会引起既有路基变形，严重时则出现路基拉裂、下沉过速等病害，将会对高速公路的正常营运带来难以估量的不良后果。因此对于扩建部分软土地基，需要进行处理后再进行路基填筑。

高压旋喷注浆法是在20世纪60年代末到20世纪70年代初发展起来的一项土体加固新技术。它是在静压注浆方法的基础上，利用水力采煤技术和高压水喷射流切割原理，研制开发的别具一格的地基加固工艺。利用这种工法的主要目的是加固地基土，提高地基的抗压和抗剪强度，改善土的变形模量；或是用于防渗止水、改善土体的水力渗透特性。在高速公路改扩建工程中，利用高压旋喷桩进行软基处理可以起到有效的加固作用。

2　高压喷射注浆的基本原理

高压喷射注浆是将带有特殊喷嘴的注浆管置入预定的处理深度，以20MPa或更高压力的高压喷射流（或辅以0.7MPa压力的环绕气流和2～5MPa压力的固化浆液）强力冲击破坏土体，使部分土体被置换，同时部分土体与固化剂搅拌混合，经过一定时间的凝结固化后，在土体中形成有一定强度的固结体。固结体的形状和喷射流移动的方向有关，可分为旋转喷射（旋喷）、定向喷射（定喷）和摆动喷射（摆喷）三种方式；注浆管在以一定方式喷射的同时，以一定速度上升。

3 高压旋喷桩的成桩及加固机理

高压旋喷桩的加固作用主要是通过浆液与土层形成一个固结体，以及与周围的土体形成复合地基，从而使地基承载力得到加强。

利用高压旋喷桩加固地基通常分为两个阶段。第一阶段为成孔阶段，即用钻机预成孔或者驱动密封良好的喷射管，和带有一个或两个横向喷嘴的特制喷头进行成孔。成孔时采用钻孔或振动的方法，使喷射头达到预定的深度。第二阶段为喷射加固阶段，即用高压水泥浆(或其他硬化剂)，以通常为20MPa以上的压力，通过喷射管由喷射头上的直径约为2mm的横向喷嘴向土中喷射。与此同时，钻杆一边旋转，一边向上提升。由于高压喷射流有强大切削力，因此喷射的水泥浆一边切削四周土体，一边与之搅拌混合，形成圆柱状的加固体。

3.1 软弱黏性土中水泥与土混合后的强度特性

旋喷固结体是一种特殊的水泥土网络结构。水泥土的水化反应比纯水泥浆的反应复杂得多。由于水泥土是一种空间不均匀材料，在高压旋喷搅拌过程中，水泥和土被混合在一起，首先是土体被粉碎，随着压力的增加，土被打碎成各种粒径颗粒，在颗粒间被水泥所填满。水泥水化后，在颗粒的周围形成了各种水化物结晶，它们不断地生长、延伸，特别是钙矾石的针状结晶很快地生长交织在一起形成空间的网络结构，土体被分割包围在这些水泥的骨架中间。随着土体逐渐被挤密，自由水也逐渐减少、消失，形成了一种特殊的水泥土骨架结构。土体的矿物成分和物理化学性质决定了水泥土的强度和结构形成过程的趋向。

在软弱黏性土中，软土与水泥采用机械搅拌加固，是基于水泥加固土的物理化学反应过程。其减少了软土中的含水率，增加了颗粒之间的黏结力，增加了水泥土的强度和足够的水稳定性。在水泥加固土中，由于水泥的掺量较小，一般占被加固土重的10%～15%。水泥的水化反应完全是在具有一定活性的介质——土的围绕下进行，所以硬化速度较慢且作用复杂。

在高压喷射过程中，水泥和土混合在一起，水泥水化后形成的各种水化物在土颗粒周围结晶出来。水泥的加入从根本上改变了土体结构，水泥包裹着土颗粒并把它们黏结在一起形成一个整体。7d龄期时，土颗粒充满了水泥的胶凝体，并能发现少量的水化物结晶；14d龄期时，结晶生长、延伸并填充土体的空隙；28d龄期时，土体已完全被水泥水化物及其与土体间的化合物所包围，形成密簇结构。土体被包围在水泥构成的网络之中，形成一种特殊的水泥结构——土骨架结构，从而大大改善了土体的强度。从某种意义上说，可以把喷射加固体中水泥与土的关系视为混凝土中水泥与砂、石的关系。

黏性土和水泥水化物之间的物理、化学反应是以吸附和化学附着的相互作用形式产生的，并且是不可逆地吸收水泥水解作用的个别产物。水泥水化后产生的氢氧化钙，使游离的水分带有碱性，这种碱性的水溶性促使土体的碳酸钙、二氧化硅、三氧化二铝、三氧化二铁中的某些成分溶解并与氢氧化钙发生反应。

除此之外，水泥水化后，氢氧化钙溶液中Ca^{2+}和土体表面水膜中低价阳离子的置换作用以及碳酸化作用，均在一定程度上促进了加固体强度的形成和发展。

上述反应的过程缓慢，因此在黏性土中旋喷桩的强度发展过程中就出现了后期强度较长时间持续上升的特征。

3.2 影响固结体强度因素

高压旋喷桩的强度取决于土体的性质和浆材等诸多因素。一般来讲，具有以下特点：

(1)在黏性土中的旋喷桩强度成倍小于在砂性土中的旋喷桩强度。

(2)旋喷桩的强度随龄期的增长而增大。

(3)旋喷桩的强度随水泥掺合量的增加而增大。

(4)旋喷桩的强度随掺入的水泥强度等级提高而提高。

(5)在一定的粒度范围内，水泥的细度越高，旋喷桩强度越高。

(6)旋喷桩的水泥掺合比相同时，其强度随天然土样的含水率提高而降低。

(7)有机质含量愈高，其阻碍水泥水化作用愈大，旋喷桩强度降低愈多。

(8)土体的 pH 值越低，旋喷桩强度愈低。

(9)旋喷桩固结体外表越粗糙，且本身抗压强度较高，具有越大的承载力。

(10)固结体直径越大，旋喷桩的承载力越高。

(11)旋喷桩的强度和承载力还与喷射方式、喷射技术参数、地层静水压力等因素有关。

4 高压旋喷桩在实际工程中的应用

4.1 工程概况

唐津高速公路是"7918"国家高速公路网 9 条南北纵线之一 G25(长春—深圳)的重要组成部分，既是连接东北与华东、华南地区的快速通道，也是天津市东部地区和天津港对外的高速公路通道。唐津高速公路(塘承高速公路—津塘公路)扩建工程第 2 合同段，现状路为全封闭唐津高速公路，双向四车道，路基宽度 26m，设计行车速度 120km/h。工程采用"原路两侧直接拼接方案"的方式扩建为双向六车道。扩建后路基宽度为 34.5m，设计行车速度 120km/h。起始桩号 K1 045+941.277，终止桩号 K1 055+125.465，长度为 9 184.188m。

工程建设区处于平原地貌和滨海平原地貌单元，地质条件复杂，地层分布不稳定，沿线软土地基、暗浜分布复杂，存在可液化土层。不良地质主要为软土或中高压缩性软弱土层。沿线软土呈软塑～流塑状，具有中高压缩性，地基承载力低。为了减小新建路基沉降，防止新旧路基因不均匀沉降产生纵向裂缝，在地基承载力特别差的部位采用高压旋喷桩进行地基处理。

4.2 高压旋喷桩施工工艺

高压旋喷桩施工设计采用单重管法，即先钻孔、后插管、再喷射的施工顺序，具体工艺过程如下：

(1)桩位测量放样

根据设计图纸确定的施工区域及桩位平面布置形式进行桩位放样，并在非加固区设护桩，以便在施工过程中随时复核桩位的准确性。

(2)钻机定位

移动旋喷桩机到指定桩位，将钻头对准孔位中心，同时整平钻机，放置平稳、水平，钻杆的垂直度偏差不大于 1%。就位后，首先进行低压(0.5MPa)射水试验，用以检查喷嘴是否畅通，压力是否正常。

(3)制备水泥浆

桩机移位时，即开始按设计确定的配合比拌制水泥浆。首先将水加入桶中，再将水泥和外掺剂倒入，开动搅拌机搅拌 10～20min，而后拧开搅拌桶底部阀门，放入第一道筛网(孔径为 0.8mm)，过滤后流入浆液池，然后通过泥浆泵抽进第二道过滤筛网(孔径为 0.8mm)，第二次过滤后流入水泥浆液桶中，待压浆时备用。

(4)钻孔(插管)

当采用旋喷注浆管进行钻孔作业时，钻孔和插管两道工序可合二为一。当第一阶段贯入土中时，可借助喷射管本身的喷射或振动贯入，其过程为启动钻机，同时开启高压泥浆泵低压输送水泥浆液，使钻杆导向架振动、射流成孔下沉，直到设计高程，观察工作电流不应大于额定值。在插管过程中，为防止泥砂堵塞喷嘴，可用较小压力(0.5～1.0MPa)边下管边射浆。

(5)提升喷浆管、搅拌

喷浆管下沉到达设计深度后，停止钻进，旋转不停，高压泥浆泵压力增到设计值 20MPa 以上，座底喷浆 30s，边喷浆，边旋转，同时严格按照设计和多次试验确定的提升速度提升钻杆。

(6)桩头部分处理

旋喷桩桩顶接近设计高程时，旋喷桩自地面以下 1m 喷浆搅拌，提升出地面时应采用慢速(200～250mm/min)以保证桩头施工质量。喷射注浆至设计顶面后需待水泥浆从孔口退出后方可停止送浆。

(7)重复喷浆

若遇砾石地层，为保证桩径，可重复喷浆、搅拌，直至喷浆管提升至停喷面，关闭高压泥浆泵(清水泵、空压机)，停止水泥浆的(水、风)输送，将旋喷浆管旋转提升出地面，关闭钻机。

(8)清洗

向浆液罐中注入大量清水，开启高压泵，清洗全部管路中残存的水泥浆，直至基本干净，并将黏附在喷浆管头上的土清洗干净。

(9)移位

移动桩机至下一个桩位处，进行下一根桩的施工。

(10)补浆

喷射注浆作业完成后，由于浆液的析水作用，一般均有不同程度的收缩，使固结体顶部出现凹穴，要及时用水泥浆补灌。

4.3 高压旋喷桩成桩技术要求

(1)钻机或旋喷机就位时机座要平稳，立轴或转盘与孔位对正，倾角与设计误差一般不得大于 0.5°。

(2)喷射注浆前要检查高压设备和管路系统，设备的压力和排量必须满足设计的要求；管路系统的密封圈必须良好，各通道和喷嘴内不得有杂物。

(3)喷射注浆时要注意准备，开动注浆泵，待估算水泥浆的前峰已流出喷头后，才可开始提升注浆管；钻进过程中，采用清水旋喷成孔，当钻头钻进到距桩底高程 1m 后，需座喷 1min 再以一定的转速和提升速度自下而上喷射注浆。

(4)开始喷射注浆的孔段要与前段搭接 0.1m，防止固结体脱节，送浆要均匀；如果在喷射注浆过程中出现钻头被堵塞现象，或钻机及高压泵等出现故障而被迫停机时，停喷时间控制不超过 4h，并且发现停喷应立即处理；修钻机时，应将送浆管等机具中的余浆用清水冲洗干净，以免造成下次钻进成桩时管路堵塞。

(5)喷射注浆作业后，由于浆液析水作用，一般均有不同程度收缩，使固结体顶部出现凹穴，所以应及时用水灰比为0.6～1的水泥浆进行补灌。并要预防其他钻孔排出的泥土或杂物进入。

(6)为了加大固结体尺寸，可以采用提高喷射压力或降低回转与提升速度等措施，也可采用复喷工艺。

(7)施工制桩时应间隔打桩或隔排施工，严禁串孔。

(8)一根桩配一次浆，水泥按量使用，水量以计量桶控制。经常抽查单桩水泥用量，严格执行单桩浆量和设计水灰比。水泥浆至少搅拌3min，即必须搅拌均匀，制成的浆液经筛网过滤，清除杂质后才能使用。当某种原因配制的水泥停留时间大于3h后(超过初凝时间)，应作为废浆处理掉，不能使用。

(9)每打60根桩应换一次喷嘴，送水送浆压力必须与试桩时的压力一致。

5 结语

在高速公路改扩建施工中，利用高压旋喷桩对软土地基进行处理主要有以下优点：

(1)受土层、土的粒度、土的密度、硬化剂黏性、硬化剂硬化时间的影响较小，可广泛适用于淤泥、软弱黏性土。

(2)采用价格便宜的水泥作为主要硬化剂，加固体的强度较高，根据土质不同，加固桩体的强度可为500～10 000kPa。

(3)可以有计划地在预定的范围内注入必要的浆液，形成一定间距的桩或连成一片桩或薄的帷幕墙；加固深度可自由调节，连续或分段均可。

(4)采用相应的钻机，不仅可以形成垂直的桩，也可形成水平的或倾斜的桩。

唐津高速公路扩建工程中利用高压旋喷桩加固新建路基处的软土地基，经检测，加固效果良好，可以在同类型施工环境中进行推广。

参考文献

[1] 铁道部旋喷注浆科研协作组.旋喷注浆加固地基技术[M].北京：中国铁道出版社，1984.

[2] 孙铭心，等.高压旋喷桩在郑州地区中高层、重载荷建筑中的地基加固及检测成果[J].中州建筑，1997，3：32-35.

[3] 黄强.桩基工程若干热点技术问题[M].北京：中国建材工业出版社，1996.

[4] 薛殿基.粉喷桩设计与施工[M].郑州：河南科学技术出版社，1997.

泡沫沥青冷再生在唐津高速扩建工程中的应用

牛　浩

（中交三公局工程总承包分公司　北京　100124）

摘　要：唐津高速公路（塘承高速—津塘公路）扩建工程第2合同段，现状路为全封闭唐津高速公路，双向四车道，路基宽度26m，设计行车速度120km/h。扩建后道路为双向六车道，路基宽度为34.5m，设计行车速度120km/h。扩建公路下面层采用厂拌泡沫沥青冷再生材料，右幅通车运营后，效果良好。

关键词：扩建　泡沫沥青　冷再生

1　研究意义

我国经济增长速度较快，随着经济的高速增长，各条高速公路的交通量增加也远远超出预期，导致越来越多的高速公路发生了破坏，需要进行修复。我国部分经济发达地区道路行业的重心已经率先开始从道路新修建设向大中修养护转移。同时，各省市新建公路里程逐渐减少，原有公路的改扩建工程逐渐增加。我国以半刚性基层柔性路面结构为主要结构形式，如果采用翻挖重建的方式进行道路维修或者改扩建，会产生大量丢弃的废料。废料直接丢弃不仅是一种资源浪费，并且会占用大量的土地资源，造成环境破坏。根据调查资料显示，由于维修高速公路，广东省每年会产生150万t以上的面层废料。由此引起了一系列的问题，需要进行处理。由于传统的维修手段存在诸多弊端，近年来旧料回收利用的再生工艺开始发展起来。路面再生工艺就是将路面原有材料回收后加以处理再进行利用，具体来说就是将需要维修的路面面层、基层材料翻挖回收，经过处置后重新利用，减少资源浪费及环境污染。泡沫沥青冷再生技术仅仅是再生工艺的一个分支环节。

唐津公路（塘承高速—津塘公路）扩建工程第2合同段，现状路为全封闭唐津高速公路，双向四车道，路基宽度26m，设计行车速度120km/h。工程采用“原路两侧直接拼接方案”的方式扩建为双向六车道。扩建后路基宽度为34.5m，设计行车速度120km/h。起始桩号K1 045＋941.277，终止桩号K1 055＋125.465，长度为9 184.188m。扩建公路路面下面层采用厂拌泡沫沥青冷再生材料。

2　泡沫沥青冷再生工艺原理

泡沫沥青又叫膨胀沥青，在高温沥青中加入少量冷水，沥青的温度传递给水，使水产生急速的气化而使沥青的表面积瞬间增大，体积膨胀，产生大量的沥青泡沫，沥青黏度变得相当低，这种状态下的沥青称为泡沫沥青，其特点是可以很方便地与冷湿粒料拌和均匀。高温沥青遇水膨胀，如图1所示。

少量的水在热沥青内引起爆炸性反应，导致沥青体积极度膨胀。

图1 高温沥青遇水膨胀

泡沫沥青冷再生技术是指利用专用设备对需要维修或废弃的沥青路面面层或基层材料，经过铣刨、回收、破碎、筛分，然后掺加一定比例的新集料（必要时）、稳定剂（水泥、石灰等）、水和泡沫沥青重新拌和，摊铺，最后碾压成型，形成一种具有一定路用性能的半柔性基层整套技术。

3 沥青发泡机理与发泡效果影响因素

3.1 发泡机理

沥青的发泡过程实际上是在膨胀腔内完成的（图2）。在膨胀腔上部，高温（通常在140℃以上）状态下的沥青在液压泵的推动下不断循环流动，而水压和气压的喷入阀门在膨胀腔的右侧。当发泡指令下达后，热沥青和水压、气压阀门同时开启，三种状态、温度差异悬殊的物质在膨胀腔内发生如下物理变化：首先高压水流在高压蒸汽的冲击作用下均匀分散成众多均匀的细微水体颗粒（近似水雾状），这些细微水体颗粒在极短的时间内喷入高温沥青之中，由于温度相差悬殊，众多细微水体颗粒在极短时间内几乎同时汽化。它们被具备一定黏度的高温沥青裹覆后，就形成了众多蜂巢状的膨胀空气室。此时，汽化水体外侧的沥青薄膜表面张力与汽化水体、压缩空气共同形成的内部气压之间达到短暂的相对平衡状态。体积不断膨胀的三相混合体从沥青喷嘴中喷射而出，即形成宏观状态上的泡沫沥青。

由于热沥青内部所分散的水体微粒大小不一，分布不均，形成的蜂巢状膨胀空气室体积、表面沥青膜厚度各异，且泡沫沥青喷出后沥青膜温度骤降而黏度增加，因此该平衡状态极不稳定，很容易被打破。在宏观上表现为泡沫沥青在达到最大膨胀体积后会很快衰减，迅速恢复原有体积。一般而言，泡沫沥青在几十秒内即可完成体积的膨胀和衰减的过程。

3.2 发泡效果影响因素

从沥青的发泡机理可以推断：沥青发泡效果主要取决于气压和水压、沥青品种、沥青温度、发泡水温和发泡用水量等。从图 2 所示的发泡过程可以看出：具备一定压力的冷水和空气在发泡室内部与热沥青混合而形成泡沫沥青。基于沥青发泡原理，增加冷水和空气输送管道的压力可以改变水汽的分散状态，从而改变发泡效果。沥青种类和来源对发泡效果影响较大，由于其化学组分的不同，导致有些沥青能够形成较大的膨胀比或稳定的半衰期，而有些沥青并不适合发泡。在沥青发泡过程中，提高沥青温度有两个作用：一是增加沥青的流动性；二是提供水相汽化所需要的热能。有观点认为：提高沥青温度有助于沥青发泡。

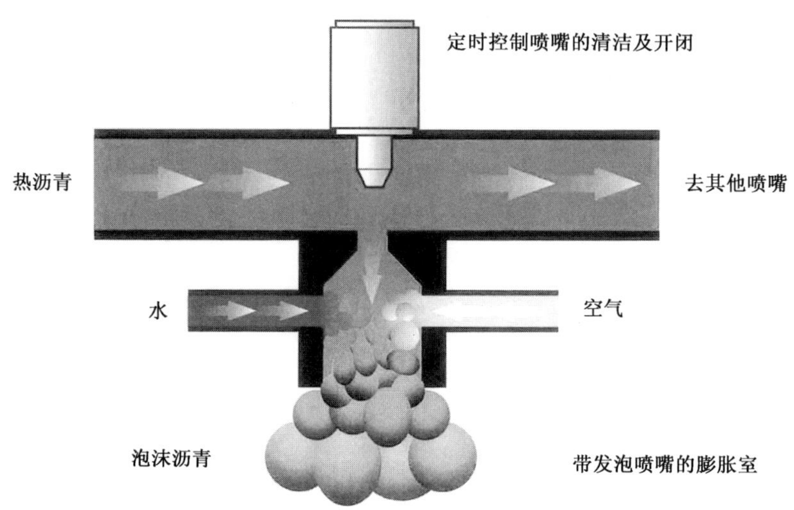

图 2　泡沫沥青生产过程示意图

发泡试验中发泡用水的温度也会影响沥青发泡效果。当冷水喷入热沥青中时，细微水滴瞬间汽化膨胀；如果发泡用水的温度不同，必然导致汽化速度发生变化，从而最终影响发泡效果。发泡用水量是影响沥青发泡效果的重要因素，一般来说，随着发泡用水量变大，泡沫沥青体积膨胀倍数和衰减速度都会正比增加。

4　沥青发泡效果对沥青混合料性能的影响

沥青发泡特性直接影响泡沫沥青在混合料中的分散程度。在与矿质集料拌和的过程中，泡沫沥青的黏度及其稳定性决定其在矿质集料中的分散方式。泡沫沥青的黏度变化以膨胀率来度量，稳定性则以半衰期来度量。如果泡沫沥青的发泡特性很差，或发泡后膨胀率很小(表明沥青黏度过大)，或发泡后半衰期很短(表明泡沫沥青稳定性很差)，或两个指标值都很低，那么，泡沫沥青喷入矿质集料后，就会由于沥青黏度过大无法包裹冷湿细料进而黏结大粒径颗粒；或者由于沥青泡沫稳定性太低，还未来得及与集料混合作用，沥青泡沫已经破灭，导致沥青聚集结团而使其分散不均，性能变差。因此，对泡沫沥青的发泡效果必须规定一个最低限的要求，以确保泡沫沥青在混合料中均匀分散，制备性能优良的泡沫沥青混合料。

5 唐津高速公路扩建工程二合同段沥青冷再生施工工艺

5.1 准备工作

(1)机械配备

机械配备见表1。

机械配备一览表 表1

序号	机械名称	单位	数量	备注
1	冷再生拌和机	台	1	
2	摊铺机	台	2	
3	单钢轮压路机	台	2	
4	装载机	台	1	
5	双钢轮压路机	台	2	
6	自卸车	辆	10	
7	轮胎压路机	台	1	
8	三轮压路机	台	1	

(2)材料准备

水泥采用普通硅酸盐水泥、矿渣硅酸盐水泥和火山灰质硅酸盐水泥。水泥的初凝时间在3h以上、终凝时间在6h以上的水泥,水泥的强度等级为42.5。添加的细集料应该洁净、干燥、无风化、无杂质。沥青采用A-70道路石油沥青,沥青发泡性能符合膨胀率不小于18倍、半衰期不小于15s的要求。

(3)配合比设计

泡沫沥青配合比设计见表2。

泡沫沥青配合比设计表 表2

材料配合比例				泡沫沥青		
铣刨料		石屑	水泥	发泡温度(℃)	最佳发泡用水量(%)	最佳用量(%)
4.75~37.5mm	0~4.75mm	0~5mm				
40	33	27	1.5	160±2	2.5	2.8±0.1

5.2 施工工艺及注意事项

(1)检查下承层的外形

下承层表面应平整、坚实,具有合适的路拱。摊铺混合料之前将下承层清扫干净并适当洒水达到表面湿润。并按设计要求,在下承层上铺设玻纤格栅的新旧路搭接部位铺设玻纤土工格栅。

(2)土路肩培土

首先根据设计位置画出土路肩边线,上土后进行平整,高度略高于泡沫沥青冷再生层,土路肩线形顺直、表面平整并密实。路线边桩按每10m布设钢钎控制高程。

(3)洒布透层和封层

铺筑前必须在水泥稳定碎石层上喷洒透层沥青,透层沥青采用慢裂洒布型阳离子乳化沥青(PC-2),用量 1.1L/m^2。

在喷洒透层油后铺筑下封层,下封层采用 A 级 70 号道路石油沥青,沥青用量 1.1kg/m^2。矿料规格采用 S14 级配石屑,用量范围为:7～9m^3/1 000m^2,且矿料必须采用净石屑,不得采用土石屑。在喷洒沥青前,将原路面进行清扫,排除松散材料、尘土及其他异物。在喷洒沥青前 30min 进行洒水作业,浸湿基层,以保证喷洒的沥青很好地向路面渗透。

(4)拌和

冷再生混合料的拌和采用 KMA220 连续式拌和设备,该设备有自动调节材料比例的控制系统。在拌料前进行配合比的调试并进行试拌,确定各料仓的皮带转速,严格控制各料仓的材料用量,试拌制的混合料级配组成、含水率都应满足规范及配合比要求。

泡沫沥青冷再生混合料随拌随用,若因生产或其他原因需要短时间储存时,储存时间不超过 6h。

(5)运输

泡沫沥青冷再生混合料应采用自卸汽车运输至现场,运输车及混合料总重不宜超过 45t,车辆的数量应与摊铺机的数量、摊铺能力、运输距离相适应,在摊铺机前应形成一个不间断的供料车流。

运输车辆的车厢应具有紧密、清洁、光滑的金属底板并应打扫干净。料车必须进行覆盖以减少在运输过程中水分的散失和对混合料的污染,在上一台车卸料至 2/3 时才能揭开盖布。

卸料时,运料车在摊铺机前方 20～30cm 停车,防止碰撞摊铺机,由摊铺机迎上去推动卸料车,卸料过程中运料车挂空挡,靠摊铺机推动前进,卸料速度与摊铺速度相协调。

车辆受料时,按序号排队成列,依次等候,不得拥挤。为保证混合料装车的均匀性,拌和出料时在备满一储存仓后才进行卸料,装车时运输车前后移动,分多次装料,避免混合料离析。

运料车在施工侧要缓慢行驶,时速不超过 30km/h。

(6)摊铺

摊铺时,采用两台摊铺机同时摊铺的方法。摊铺系数按 1.25 考虑,即松铺厚度为 20.0cm。摊铺时一台摊铺机靠近边桩在前,另一台摊铺机靠近中桩在后,两台摊铺机左右搭接 30～60mm,前后距离控制在 10～20m 左右。

顶面高程控制是采用一边挂钢丝,一侧以旧路结构层走滑靴。钢丝绳必须张拉平顺,铺料时,严禁人为对基准钢丝绳干扰,造成摊铺处的混合料忽高忽低。摊铺机的熨平板频率须保持一致,并尽量使用高频率,提高摊铺面的初始密实度。

在料车到达现场 4～5 台后开始摊铺,摊铺速度控制在 2.0～4.0m/min,保证拌和摊铺及压实机械施工连续。

摊铺机的螺旋布料器必须相应于摊铺速度调整到保持一个稳定的速度均衡地转动,摊铺机两侧料槽内应保持有不少于螺旋送料器 2/3 高度的混合料,以减少在摊铺过程中混合料的离析。摊铺机料槽前挡板下加装挡料胶皮,以避免上下离析。

摊铺机后设人专门检查摊铺面上是否有杂物或离析现象,并立即处理。遇到离析现象及时补充细料,并保持边线顺直,注意观察含水率大小,及时反馈给拌和站进行适当调整。同时设人对松铺高度、厚度、横坡、宽度等进行检测。

(7)碾压

用2台重型振动压路机、2台双钢轮压路机、1台三轮压路机和1台胶轮压路机进行碾压。根据本工程其他标段的施工经验，选用振动压路机静压1遍、振压3遍，双钢轮压路机静压1遍，三轮压路机静压1遍，最后轮胎压力机碾压1遍的方法进行碾压。

混合料摊铺50m后立即进行碾压，每一碾压段落控制在50m左右，防止距离过长混合料表面水分损失太大和碾压终了时间过长影响强度。

摊铺机摊铺后，且人工配合整形后，立即进行碾压。直线由外侧向中间碾压，曲线由内向外碾压，先静压再振动，碾压每次重叠1/2轮宽。初压速度控制在1.5～3km/h，复压速度控制在2～4km/h，最后使用胶轮压路机的碾压速度控制在3～5km/h。

碾压过程中，由试验检测人员检测压实度，根据检测的压实度数据确定上述碾压方式是否满足设计要求。

碾压过程中，基层表面若有"弹软"、松散等现象，及时翻松、挖除、换填新料后重新碾压。

(8)接缝处理

横向接缝采用垂直的平接缝，并使各层之间的横缝错开。在施工结束时，摊铺机在接近端部处将熨平板稍稍抬起驶离现场，人工垂直切除端部层厚不足的部分，然后用方木紧贴已摊铺的混合料，方木背面用碎石填一坡面，防止方木推移，使接缝成直角连接。下次施工前清除碎石和方木，铺筑新混合料前在接茬立面上喷洒少量黏层沥青，铺筑新混合料后，铲除已铺层上的混合料，压路机先横向碾压，再纵向碾压成为一体，充分压实，连接平顺。

(9)养生

铺筑好的再生层应严格控制交通，养生期内应做好保护，保持整洁，不得造成污染(机械设备油污洒漏等)，严禁在其上堆放施工产生的废料。冷再生层在加铺上层结构前必须进行养生，养生时间不宜少于7d。当满足以下两个条件之一时，可提前结束养生：①再生层可以取出完整的芯样；②再生层含水率低于2%。养生方法采用封闭交通条件下自然养生，无须采取措施。

6 施工质量管理措施及检测指标

6.1 质量管理措施

(1)质量管理包括所用材料与设备的检查、铺筑试验段、施工过程的质量管理。

(2)必须建立、健全工地试验室，质量检查及工序间的交接验收等制度。试验、检验应做到原始记录齐全，数据真实可靠。

(3)工地试验室应能进行泡沫沥青再生材料的各项试验，应具备现场压实度和平整度检测的能力，需配备路面钻芯机。

(4)各个工序完结后，均应进行检查验收。经检验合格后，方可进行下一个工序。凡经检验不合格的段落，必须进行补救，使其达到要求。

(5)施工前必须检查各种材料的来源和质量。对经招标程序购进的沥青、集料等重要材料，供货单位必须提交最新检测的正式试验报告。

(6)工程开始前，必须对材料的存放场地、防雨和排水措施进行确认，不符合规范要求的材料不得进场。进场的各种材料的来源、品种、质量应与招标及提供的样品一致，不符合要求的材料严禁使用。

(7)施工前应对厂拌设备、摊铺机、压路机等各种施工机械和设备进行调试,对机械设备的配套情况、技术性能、传感器计量精度进行认真检查、标定,并得到监理方的认可。

(8)正式开工前,各种原材料的试验结果、配合比设计结果,应在规定的期限内向业主及监理方提交书面正式报告,并取得认可后,方可使用。

6.2 施工过程中检测指标

施工过程中各种材料质量检查的项目与频度见表3。

施工过程中各种材料质量检查的项目与频度 表3

材　　料	检查项目	要求值	检查频度
泡沫沥青	膨胀率	符合设计要求	每批来料1次
	半衰期		
	沥青常规指标		
水泥	胶砂强度	符合设计要求	每批来料1次
	初、终凝时间		
	安定性		
回收沥青面层材料	含水率	实测	每工作日1次
	级配	实测	
	砂当量	大于50%	
新集料	表观相对密度	不小于2.50g/cm^3	每批来料1次
	坚固性(>0.3mm部分)	不大12%	
	含泥量(小于0.075mm的含量)	不大于3%	
	砂当量	不小于60%	
	亚甲蓝值	不大于25g/kg	
	棱角性(流动时)	不小于30s	
	级配	实测	

施工过程中混合料质量控制项目、频率和要求见表4。

施工过程中混合料质量控制项目、频率和要求 表4

检查项目	质量要求	检验频率	检验方法
沥青用量(%)	符合设计要求	每3个工作日1次	T 0722
水泥剂量(%)	符合设计要求	每3个工作日1次	T 0809—1994
矿料级配	符合设计要求	每台厂拌设备1次/d,2个平行试验	筛分(干筛法)
混合料外观	观察泡沫沥青分布均匀性、与集料裹覆情况及沥青条、结团现象	随时	目测
压实度(%)	≥98	每车道1个/500m	灌砂法
15℃劈裂强度(MPa)	符合设计要求	每工作日1次	T 0716
干湿劈裂强度比	符合设计要求	每工作日1次	T 0716
冻融劈裂强度比	≥70	每3个工作日1次	T 0729

7 结语

通过泡沫沥青冷再生在唐津高速公路扩建工程第2合同段的成功应用，证明经合理设计与施工的泡沫沥青冷再生层具有良好的结构承载力、可观的经济效益，可以作为高等级公路沥青路面的基层使用，与合格的沥青面层形成整体性能优良的再生路面结构。

参考文献

[1] 徐金枝. 泡沫沥青及泡沫沥青冷再生混合料技术性能研究[D]. 西安：长安大学，2007.

[2] 美国沥青再生协会. 美国沥青再生指南[M]. 北京：人民交通出版社，2006.

[3] 严金海. 沥青路面冷再生设计方法及性能评价[D]. 南京：东南大学，2006.

[4] 权登州. 乳化沥青冷再生混合料技术性能研究[D]. 西安：长安大学，2009.

[5] 中华人民共和国行业标准. JTG F41—2008 公路沥青路面再生技术规范[S]. 北京：人民交通出版社，2008.

T梁负弯矩预应力施工工艺探讨

彭章良

（中交三公局工程总承包分公司　北京　100124）

摘　要:近年来,先简支后连续梁桥的负弯矩区是桥梁病害的多发部位,现浇连续段承受着最大的负弯矩,因此,连续段负弯矩的施工应重点控制。本文对T梁翼板下负弯矩预应力施工要点,包括波纹管定位、连续段混凝土、预应力张拉压浆封端和检测等重点工序进行了阐述,希望能够对同行们在T梁负弯矩施工时有所帮助。

关键词:T梁负弯矩　翼板下张拉端　预应力施工　波纹管定位　钢绞线检测

1　工程实例

重庆丰都到忠县高速公路青龙咀大桥,中心桩号为K22+575,上部结构全桥分3联,即4×30m+4×30m+4×30m;采用先简支后连续预应力混凝土T梁。桥梁分左、右两幅,左幅桥长374m,右幅桥长371m,全桥12孔,共需预制30m T梁120片。桥梁位于直线和缓和曲线内,纵断面纵坡−3.8%。

设计图纸显示,青龙咀大桥先简支后连续预应力混凝土T梁负弯矩张拉端位于T梁翼板之下,从侧面看,钢绞线的布设呈向上凸起的弓形。与传统的设计相比,负弯矩张拉端设在桥下的最大优点是:负弯矩钢绞线受力更合理。但对于施工单位来说,传统的负弯矩张拉压浆和封锚等工序都是在梁板上进行,工作起来比较方便。而在翼板下面进行负弯矩施工,必须依赖悬吊式的操作平台,不但需要加大经济成本、费工费时,而且必须采用新的施工工艺以适应新的环境。本文以青龙咀大桥为例,就桥下负弯矩张拉、压浆、封锚与及检测技术在高速公路中的应用进行探讨。

2　负弯矩钢绞线伸长量计算

以青龙咀大桥为例,采用$\Phi^{s}15.2$mm钢绞线,抗拉强度标准值$f_{pk}=1\,860$MPa,张拉控制应力$\sigma_{con}=0.75f_{pk}=0.75\times1\,860=1\,395$MPa;初张拉应力为张拉控制应力的10%;钢绞线截面面积$A_P=139\text{mm}^2$;钢绞线弹性模量$E_P=195\,000$MPa;一束钢束中钢纹线根数$n=5$;钢绞线下料长度为18.043m,其中工作长度2×0.5m;采用两端张拉方案,单端预应力筋有效长度$x=8.521\,5$m。

2.1　张拉力和平均张拉力计算

$$P=n\times A_P\times\sigma_{con}\tag{1}$$

式中:P——预应力筋张拉端的张拉力(N)。

将 $n=5$、$A_P=139\text{mm}^2$、$\sigma_{con}=1\,395$(MPa 或 N/mm²)代入公式(1),得

$$P = 5\times 139\times 1\,395 = 969\,525(\text{N})$$

$$P_P = \frac{P\times[1-e^{-(kx+\mu\theta)}]}{(kx+\mu\theta)} \tag{2}$$

式中:P_P——预应力筋张拉端的平均张拉力(N);

P——预应力筋张拉端的张拉力(N);

x——从张拉端至计算截面孔道长度(m);

θ——从张拉端至计算截面曲线孔道部分切线的夹角之和(rad);青龙咀大桥负弯矩筋夹角 9°换算为弧度 $\theta=9°/180\times\pi=0.157\,08$(rad);

k——孔道每米局部偏差对摩擦的影响系数,查表 $k=0.001\,5$;

μ——预应力筋与孔道壁的摩擦系数,此处取 $\mu=0.25$。

将 P、k、x、μ、θ 代入公式(2),得

$$P_P = 944\,724.24\text{N}$$

2.2 预应力筋的理论伸长值计算式如下:

$$\Delta L = \frac{P_P\cdot L}{(A_P\cdot E_P)} \tag{3}$$

式中:ΔL——预应力筋理论伸长值(mm);

P_P——预应力筋的平均张拉力(N);

L——预应力筋的长度(mm),此处取 8 521.5mm;

A_P——预应力筋截面面积(mm²),此处取 139mm²;

E_P——预应力筋的弹性模量(MPa),此处取 1.95×10^5MPa。

将 P_P、L、A_P、E_P 的数值代入公式(3),得

$$\Delta L = 59.4\text{mm}(\text{负弯矩理论伸长量})$$

单端工作长度 0.5m 的伸长量按 3.5mm 计。

总伸长量按 59.4+3.5=62.9(mm)控制,与设计图数据相符。

设计图数据:扣除 10%初应力的一端引伸量为 56.6mm,换算为 100%应力时的引伸量为 56.6/(1−10%)=62.9(mm)。

3 负弯矩预应力施工要点

(1)现浇段负弯矩钢绞线的施工程序:

波纹管定位→预制梁板混凝土浇筑→梁板安装→现浇段波纹管连接→钢绞线穿束→张拉→张拉数据计算与确认→锚固→压浆→检查确认→结束。

(2)为保证预应力钢绞线张拉应力的准确,要求张拉用千斤顶,在使用张拉次数超过 100 次后必须进行精确标定,钢绞线张拉采用应力和伸长量双控,每根钢束张拉到设计应力后的实测钢束伸长量与计算伸长量的差值应控制在±6%以内。

(3)现浇段混凝土强度达到设计要求时,方可进行负弯矩钢绞线张拉。张拉时,工具锚必须与锚垫板密贴。单幅 T 梁负弯矩钢绞线张拉沿横桥向由中间向两侧对称推进,如:青龙咀大桥单联单幅 4 片梁的张拉顺序为 L1+L2→L3+L4→L2+L3。另外,同一片梁的腹板两侧

也应同时对称张拉。

(4)孔道压浆要在钢束张拉后 24h 内进行。

4 波纹管的定位安装

(1)负弯矩波纹管安装前要检查是否有破洞、变形现象，要保证波纹管管道畅通，否则浇筑混凝土时，水泥浆进入堵塞管道，使钢绞线无法通过，影响负弯矩穿束。0℃以下的季节应保持波纹管内干燥无水，预防冻胀。

(2)在预应力混凝土连续 T 梁顶板钢筋绑扎成型后，便可进行波纹管安装，按图纸设计位置进行布设，每隔 1m 用扎丝绑扎牢固或用定位钢筋焊接固定，要求线形顺畅。

(3)在现浇连续段混凝土时，事先将前后两片梁的负弯矩波纹管一一对应地连接起来，接头位置要搭接好，且每端搭接长度不小于 15cm，不能出现错台、毛头，同时用透明胶带包裹密封，振捣时防止振动棒与波纹管直接接触，确保管壁完好不漏浆。

(4)锚垫板安装有时会出现与主筋、箍筋相互干扰现象，这时要将主筋、箍筋位置适当调整，让位于波纹管，保证波纹管准确定位。在模板安装调整就位后，用螺栓把锚垫板按设计位置固定在模板上，保证锚垫板的位置准确；同时将锚垫板孔内用海绵或土工布填塞，并用双面胶将锚垫板端口封好，防止混凝土浆渗入注浆孔。

(5)为保证负弯矩钢绞线张拉后能够顺利封锚，在预制 T 梁负弯矩齿板端部之外 5cm 处，每个齿板预埋两个 ϕ80mm PVC 管，形成两个预留孔，该预留孔作为日后封锚混凝土的下料孔。封锚时在预留孔内穿一根 $\phi10\times300$mm 的 L 形钢筋，在施工桥面时将 L 形钢筋上端部弯曲成马蹄形，L 形钢筋下端与封锚钢筋焊接起来吊挂在梁板上，使封锚混凝土与梁体及桥面更好地结合成一个整体。

(6)梁板预制前，根据预应力混凝土连续 T 梁负弯矩波纹管长度，在波纹管内安装塑料管。在混凝土浇注过程中，将塑料管来回抽动，待最后一盘料浇注完成后，拔出塑料管，检查塑料管壁上是否有水泥浆。若有，及时用高压水枪从齿板端部冲洗波纹管内壁，直到流出清水；若还有，再二次穿入塑料管，重复作业，直到检查塑料管壁无水泥浆，保证波纹管管道畅通。

5 钢绞线穿束

(1)钢绞线下料长度必须满足设计要求，要保证钢绞线表面不生锈、干净不粘泥、不弯折。穿钢绞线前，将钢绞线一头用砂轮机磨成子弹头形状或带上一个子弹头状外套，使钢绞线更容易穿过。

(2)若钢绞线无法穿过，说明波纹管堵塞或变形，要对波纹管堵塞位置进行开膛手术，即用钢绞线从两端分别穿入探出堵塞段的位置和长度，凿开混凝土查看堵塞原因并进行处理，直至使钢绞线整束穿过为止。然后将处理过的管段重新再造管壁，形成密封隔离层，保证重新现浇混凝土时与管内钢绞线互不粘连。

6 现浇连续段钢筋安装

(1)安装固定支座，绑扎、焊接连续段钢筋，特别要注意检查连续段钢筋焊接及搭接长度，这是个关键部位，由于临时支座拆除后，全部荷载均承受在该位置上。

(2)在浇筑混凝土之前要将现浇连续段内杂质、焊渣等清理干净，检查模板有无漏浆现象，若有孔洞或缝隙必须采取止浆措施。支座钢板定位要准确，并与橡胶支座紧密贴合在一起。

7　负弯矩钢绞线的张拉

(1)初张拉：两端同时张拉使钢绞线束拉紧，调整锚圈及千斤顶位置，锚具、千斤顶和钢绞线三者之轴线相互吻合，注意使每根钢绞线受力均匀，当张拉钢绞线初张应力达到10%σ_{con}时测量其伸长值，并观察有无滑丝现象。

(2)张拉：采用两端同时逐渐加压的方法进行，两端千斤顶的升压速度接近相等。当两端达到控制力20%σ_{con}时，再次测量伸长值；然后继续供油升压，升压速度接近相等，当两端达到最大张拉力100%σ_{con}时，继续供油维持张拉力不变，持荷2min，第三次测量伸长值；然后两端回油锚固，同时，第四次测量伸长值。计算出实际伸长量，与理论伸长量相比较，看其是否在规范要求范围之内，若实际伸长值与理论伸长值的差值超出±6%，应查明原因再决定处置措施。

(3)锚固：打开高压油泵控制阀，张拉缸油压缓慢降至零，活塞回程，锚具夹片即自动跟进锚固，锚具外多余钢绞线采用砂轮切割片切除，绝不允许用电焊或氧气切割，温度高时要用水降温，防止滑丝现象发生；然后对锚圈、锚垫板、夹片与钢绞线之间的缝隙用配合比为97∶3的原子灰和固化剂搅拌均匀过后填塞，30min后即可压浆。

(4)张拉过程中如出现负弯矩锚垫板处裂缝或混凝土掉皮情况，应停止张拉，查明原因。一般情况下不会出现此种情况，但有特殊情况发生时，不能继续张拉，将所张拉钢绞线进行放张，然后在负弯矩存在问题处，凿开混凝土进行补加钢筋焊接等补救措施并浇筑混凝土，强度达到要求后再行张拉，做到使张拉工作万无一失。

8　孔道压浆

(1)压浆前，首先应对孔道进行清洗，即用压浆机加压清水冲洗孔道。

(2)水泥浆从搅拌到压入孔道的初凝时间，视气温而定。水泥浆在压注过程中应连续搅拌，压浆应缓慢、均匀地进行，不得中断。

(3)采用一次压浆的方法，使用活塞式压浆泵，用压浆机从负弯矩的甲端注入水泥浆，甲端入口处用球阀开关连接压浆管与锚垫板压浆孔，待乙端球阀出现与规定稠度相同的水泥浆为止。将乙端球阀关闭，然后继续加压注入，待压力达到0.5～0.7MPa，并保持不小于0.5MPa的一个稳压期(一般为2min)，卸除压浆管，在压浆全部完成后，将球阀开关暂留在甲乙两端，待水泥浆初凝后方可拆除球阀开关。

9　负弯矩封锚

张拉结束后并检查合格，再进行封锚，在封锚前，铲除齿板端部和锚垫板表面的黏浆，然后安装钢筋网，浇注封锚混凝土，并振捣密实，封锚混凝土采用与预制T梁同强度等级混凝土。

10　负弯矩的检测

(1)目前负弯矩的检测办法还没有明确规定，经实践与摸索，在张拉工序完成后，要对负弯矩钢绞线进行检测，10min第一次，30min第二次，60min第三次，用钢尺从工作锚具端部量取钢绞线长度。经过三次测量,三组数据相同说明张拉没有问题;如有差值,要查明原因进行处理。必须使工程质量得到保证,做到万无一失,才能进行下道工序的作业。

(2)检测负弯矩管道内压浆是否饱满,方法是:压浆完毕,在水泥浆初凝前用空压管接到压浆连接球阀上,加压,观察另一端是否有气体排出,若有气体排出证明管浆未满,必须进行补充压浆,直至无气体溢出。

11 结语

先简支后连续预应力混凝土桥梁的负弯矩施工,是为了把相邻两跨的预制梁板连接成一个整体,在连续段内形成合理的受力体系。本文结合工程实例和笔者在施工中的体会,对先简支后连续桥梁的现浇段负弯矩预应力施工要点逐一进行阐述,希望和同行们一道,共同促进负弯矩预应力施工工艺的完善和提高。文中若有谬误之处,敬请不吝赐教。

参考文献

[1] 中华人民共和国行业标准.JTG/T F50—2011 公路桥涵施工技术规范[S].北京:人民交通出版社,2011.

浅谈城市沉井施工中周边土体塌裂的原因与控制措施

徐瑞坤

（中交三公局工程总承包分公司　北京　100124）

摘　要：沉井施工在城市给排水中应用广泛，但沉井施工塌裂面积较大，在建筑物及管线密集区进行施工有一定的困难。以福州市地铁二号线洪湾站永久性雨水管线迁改 d1800 工程为例，从沉井下沉摩擦力、沉井下沉深度等方面分析沉井周边塌裂的原因，并针对性地提出了钢板桩围护、沉井灌砂与沉井结构一起制作并下沉等措施。采取上述措施后，保证了沉井顺利、安全施工。

关键词：沉井施工　塌裂　建筑物　管线　钢板桩　灌砂　管涌

1　引言

福州市地铁二号线洪湾站永久性雨水 d1800 迁改工程，汇集了城市主干道洪湾中路及城市主干道金祥路两条主干道的雨水总量。该管道距离中庚国际华府小区大约 4m，沿小区东侧及北侧敷设，最终横穿金祥路排入横江渡河，距离沉井 1～5m 处有煤气、通信、自来水、电力管道和建筑物等。

工程采用机械顶管施工工艺进行施工，采用内径 ϕ7m 工作井及内径 ϕ5m 接收井的沉井结构。沉井是地下工程和深埋基础施工的一种方法，也是一种收集污水的装置。先在地表制作成一个井筒状的结构物（沉井），然后在井壁的围护下通过从井内不断挖土，使沉井在自重作用下逐渐下沉，达到预定设计高程后，再进行封底，构筑内部结构。

沉井施工在技术上比较稳妥可靠，挖土量少，对邻近建筑物的影响比较小，操作简单；同时其刚度较大，能够满足顶管甚至盾构等开挖工程施工顶力及深基坑支护安全需求。

然而沉井施工的施工工艺也有一定的缺陷，主要表现在：

（1）沉井下沉时，不可避免地对沉井周围土体自应力产生破坏，加上刃脚段与正常段井壁存在壁厚差，下沉过程中导致周边出现塌陷、裂缝，塌裂范围内的土体、管道及建筑物等影响过大。

（2）沉井可能造成下部的土体流失，对周边的建（构）筑物的安全造成隐患。

基于以上情况，考虑对本工程沉井周围进行钢板桩围护施工或者高压旋喷桩机加固围护，基于高压旋喷桩造价较高且施工场地条件受限，最终采用钢板桩对沉井周围进行围护，保证管线及周边建筑物安全。为此，我们对沉井下沉的塌裂原因进行了分析，并提出控制措施。

2　沉井下沉摩擦力及井壁差空隙引起的塌裂的原因及控制措施

2.1　摩擦力及井壁差空隙引起的塌裂

沉井下沉时，由于摩擦力或者黏结力，拉动周围土体，造成周围土体的剪应力超过抗剪强度，加上刃脚段与正常井壁段的厚度差，周边的土体的主动土压力，不可避免地对沉井周围土体产生破坏，塌裂面在地面影响范围过大，通过沉井下沉观察及查阅相应的资料（Y7井因周边无管线及建筑物未采取围护措施），塌裂面积一般为沉井深度的1.5倍，如图1所示。若是此范围内有管道或者建筑物等，应采取必要的技术措施加以保护。

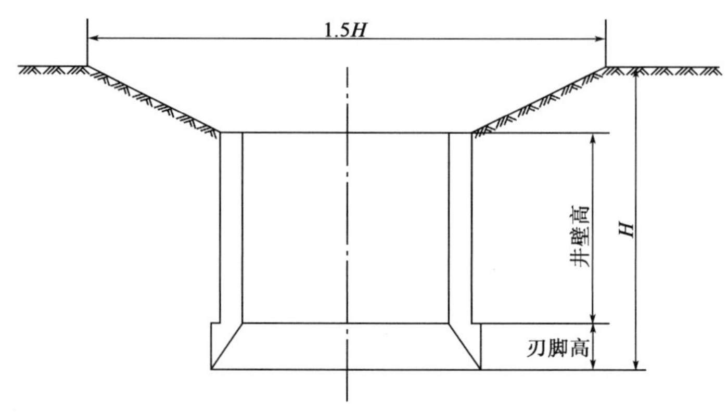

图1 沉井塌裂范围

2.2 控制措施

可以利用下沉井周边灌入干净的粗中砂，有效减少沉井与周边土体的摩擦力及主动土压力，从而减小沉井下沉的拉裂范围及深度。这里充分利用干净粗中砂的特性，即砂具有一定的流动性，干净的粗中砂内聚力基本为零，因此其流动性相当大，可以有效填充基坑孔隙。

通过对沉井下沉过程中灌入干净的粗中砂，可以保证：

(1)沉井下沉过程中，由于摩擦力及井壁厚差引起的孔隙，引起井周边的土体向内移动。利用砂的流动性，可以填充孔隙，有效缩小移动的距离，保证沉井下沉，同时防止沉井倾斜，利用砂的刚性大的特性，将井结构包裹在开挖基坑中间，可以防止沉井偏移产生不必要的纠偏，引起附加应力。

(2)沉井在下沉过程中，我们一直把沉井与土体的摩擦力视为静摩擦力，摩擦力往往比较大，通过灌入砂，将沉井与周边土体的缝隙用砂的流动性，变成了动摩擦力，可以有效减小摩擦力，加速沉井下沉。

3 沉井下沉深度引起的塌裂的原因及控制措施

3.1 下沉深度引起的塌裂

市政工程地下管线众多，煤气及各种管网大部分埋深在1.5m左右，本工程的雨水管埋深在地下5m左右，而沉井平面尺寸较大，若直接从原地面到达井底，将造成以后其他管线无法敷设。根据常规设计，一般将沉井工程检查井上的平面高度控制在地下1.5m左右。

3.2 控制措施

由于沉井下沉的拉力和主动土压力，沉井四周土地被破坏程度较大，在破坏范围内有建筑物或者管道的区域一定要进行围护加固。加固措施以本工程为例，对周边进行钢板桩围护。

钢板桩围堰是最常用的一种板桩围堰。钢板桩是带有锁口的一种型钢，其截面有直板形、槽形及Z形等，有各种大小尺寸及联锁形式。常见的有拉尔森式、拉克万纳式等。钢板桩施工优点为:强度高,容易打入坚硬土层;可在场地受限的情况下利用打桩机垂直打入,施工速度快,并可多次重复使用,减少工程投入。

钢板桩围护有效地防止了钢板桩以外周围的土体因摩擦力与主动土压力发生移动,但沉井周边土体与钢板桩周围会产生非常大的塌陷,同样需要对周围进行灌砂,以防止沉井下沉伊始,由于重心不稳造成倾斜甚至倾倒,也防止钢板桩拔出后主动土压力造成的地面塌裂。通过上述方法对 Y5 接收井进行围护施工,确保了周边建筑物与通信管道(距离沉井 1m 左右)未发生任何安全事故。

4 沉井下沉管涌引起的塌裂的原因及控制措施

4.1 下沉管涌引起的塌裂

沉井在下沉过程中,由于开挖井内土壤,开挖面土壤释放的原始土自重应力,使底部土壤损失三维平衡条件,造成底部土壤移动,如图 2 所示。同时,砂土排水下沉时,由于降水深度不够,造成沉井刃脚下面低于砂土,在动水压力作用下产生下沉流砂,并且还会使沉井周围地面沉降和土壤出现水位平移;沉井在砂性土壤中运用不排水下沉时,当井内水位高程比沉井外面的水位低很多时,也会造成很大的动水压力,出现井下涌砂,并且还会导致周围地面沉降和土壤位移。因此,沉井底部流砂在井周产生沉降的幅度一般在 $1H \sim 3H$(H 为井深),沉降幅度一般随水土流失量而定。

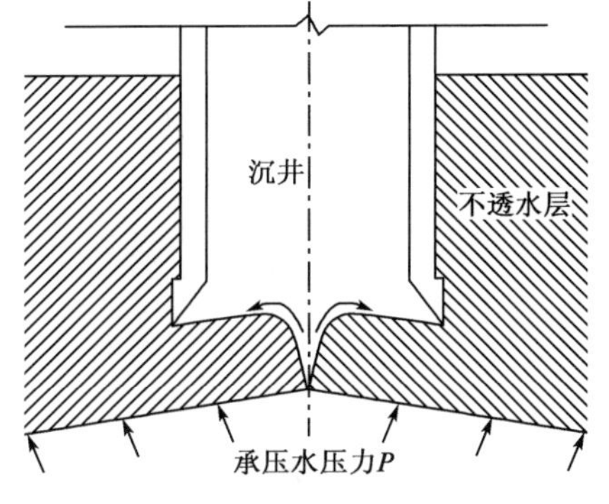

图 2 管涌引起的土体移动

沉井底部及四周因长时间的砂土流失,将会产生灾难性沉降。特别注意的是,当砂性土覆盖着硬质黏性土时,在流砂发生后,黏土层下面会被掏空,随流失时间的延长,也可能产生大面积突然沉陷。

4.2 控制措施

沉井下沉时,控制管涌产生的措施主要是加快沉井下沉速度,快速通过砂层,及时封底。提高沉井下沉速度除了上述在沉井周围灌砂外,就是提高沉井土体的剪应力,其方法主要有两种:①提高沉井下沉的重力,②减小沉井与地基的接触面积。增加沉井重力,会大大提高沉井成本,严重影响整个工程的造价;而减小沉井与地面的接触面积,则不会对造价产生比较大的影响。常规的刃脚踏面底宽度为 150~400mm,考虑下沉刚度要求,通常情况下不小于 200mm,刃脚倾斜面与水平的夹角应为 50°~60°,确保沉井平稳下沉。但是,由于下沉速度较慢,在砂质土壤容易产生翻砂现象,导致沉井无法顺利到位,则存在较大的安全隐患。因此,在砂性土壤沉井施工中,可以将刃脚宽度缩小至 90mm,外用角钢包裹。通过比较,加速沉井下沉速度可达到 3 倍以上,当然,加速下沉速度必须及时观测沉井下沉倾斜、姿态,发现沉井倾斜时,要第一时间纠正,避免安全事故。

5 结语

根据上述措施,我们对福州市地铁二号线洪湾站永久性雨水管进行迁改施工(该工程最近管道 1m 左右,房屋 4m 左右),在施工中未发生任何塌陷事故,安全顺利地完成了施工任务。

参 考 文 献

[1] 中华人民共和国国家标准. GB 50141—2008 给水排水构筑物工程施工及验收规范[S]. 北京:中国建筑工业出版社,2009.

[2] 余彬泉,陈灿灿. 顶管施工技术[M]. 北京:人民交通出版社,1998.

[3] 中华人民共和国行业标准. CJJ 2—2008 城市桥梁工程施工与质量验收规范[S]. 北京:中国建筑工业出版社,2009.

[4] 中国工程建设标准化协会. CECS 137—2015 给水排水工程钢筋混凝土沉井结构设计规程[S]. 北京:中国计划出版社,2015.

浅谈大力神新型碗扣脚手架与传统碗扣脚手架的不同

刘坤鹏

（中交三公局工程总承包分公司　北京　100124）

摘　要:新型碗扣支架与传统碗扣支架相比,具有承载力高,可加大承载间距,减少材料用量;专利剪刀撑等产品安拆方便,施工质量有保证,增强了架体的整体性;安、拆速度快,缩短搭设周期,加快施工进度;内外热镀锌的表面处理方式保证了架体的使用寿命,严格的验收标准保障了构配件的质量。

关键词:大力神　新型碗扣脚手架　传统　碗扣脚手架

1　引言

近年来随着社会经济进步,全国各大城市交通量越来越大,为解决越来越大的交通压力,以高架桥为主的快速路也在全国范围内兴建。现浇箱梁作为城市高架桥的主要上部结构形式,大量使用满堂支架,现简要对新型碗扣脚手架与传统碗扣脚手架做一对比。

随着工业及科技的进步,建筑用钢材的强度也逐渐提高,Ⅲ级钢逐渐替代Ⅱ级钢,随之碗扣支架也出现了多种新型产品。结合本项目的实际情况,选取有代表性一联(京广主线桥第三十联)箱梁,对传统碗扣支架与大力神新型碗扣支架的使用做一次对比。

2　工程概况

本工程为郑州市京广快速路(渠南路—绕城高速)工程,设计范围为京广路方向:南起绕城高速公路(JK1＋269.565),北接南水北调大桥(JK5＋754.475),全长4.485km。该工程包括南四环互通立交、京广快速路高架及其上下匝道,共有京广路(南北走向)、南四环(东西走向,长1.805km)两条主线,A～H八条立交匝道,X1～X3、S1～S3三对平行匝道,S0、X0和ZZ接匝道、桥梁总长度13 917m,总面积255 127m^2。

本标段共有现浇箱梁49联,钢箱梁2联,具体联号如下:

A匝道箱梁1～5联,墩号1-15墩　　桩号:AK1＋117～AK0＋509

B匝道箱梁6～12联,墩号16-37墩　桩号:BK0＋487～BK1＋069

C匝道箱梁1～11联,墩号1-34墩　　桩号:CK0＋110～CK0＋896

D匝道箱梁12～14联,墩号35-42墩　桩号:DK0＋987～DK1＋175

E匝道箱梁1～2联,墩号1-7墩　　桩号:EK1＋000～EK0＋303.446

G匝道箱梁1～2联,墩号1-7墩　　桩号:GK1＋000～GK0＋385.872

其中,A匝道第5联(AU05)和B匝道第6联(BU06)为2联钢箱梁。

由于本工区处于四环与京广路交叉口，施工将对交通有很大影响，施工工期对本项目尤为重要。作为桥梁施工部位最为重要的现浇箱梁，脚手架的使用决定了箱梁的施工质量、安全和工期。京广主线桥箱梁高度和宽度都比较大，为关键线路，因此选择大力神新型脚手架，充分发挥大力神碗扣脚手架的优势，匝道桥箱梁宽度较小，采用普通碗扣脚手架。

3　大力神新型碗扣支架与常规碗扣支架构件对比

碗扣式脚手架是一种承插式钢管脚手架。脚手架独创了带齿碗扣接头，具有拼拆迅速、省力，结构稳定可靠，配备完善，通用性强，承载力大，安全可靠，易于加工，不易丢失，便于管理，易于运输，应用广泛等特点。

3.1　普通碗扣脚手架

(1)碗扣节点构成：由上碗扣、下碗扣、立杆、横杆接头和上碗扣限位销组成(图1)。

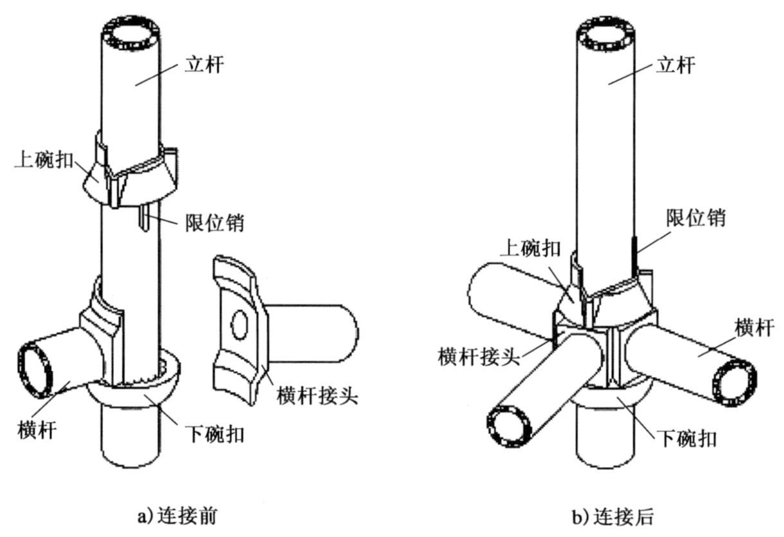

图1　碗扣节点构成图

(2)脚手架立杆碗扣节点应按0.6m模数设置。

(3)立杆上应设有接长用套管及连接销孔。

(4)构、配件种类、规格及用途见表1。

碗扣式脚手架主要构、配件种类、规格及用途　　表1

名称	型　号	规格(mm)	市场质量(kg)	设计质量(kg)
立杆	LG-120	ϕ48×3.5×1 200	7.41	7.05
	LG-180	ϕ48×3.5×1 800	10.67	10.19
	LG-240	ϕ48×3.5×2 400	14.02	13.34
	LG-300	ϕ48×3.5×3 000	17.31	16.48
横杆	HG-30	ϕ48×3.5×300	1.67	1.32
	HG-60	ϕ48×3.5×600	2.82	2.47
	HG-90	ϕ48×3.5×900	3.97	3.63

续上表

名称	型　号	规格(mm)	市场质量(kg)	设计质量(kg)
横杆	HG-120	ϕ48×3.5×1 200	5.12	4.78
	HG-150	ϕ48×3.5×1 500	6.28	5.93
	HG-180	ϕ48×3.5×1 800	7.43	7.08
间横杆	JHG-90	ϕ48×3.5×900	5.28	4.37
	JHG-120	ϕ48×3.5×1 200	6.43	5.52
	JHG-120+30	ϕ48×3.5×(1 200+300)	7.74	6.85
	JHG-120+60	ϕ48×3.5×(1 200+600)	9.69	8.16
专用斜杆	XG-0912	ϕ48×3.5×150	7.11	6.33
	XG-1212	ϕ48×3.5×170	7.87	7.03
	XG-1218	ϕ48×3.5×2 160	9.66	8.66
	XG-1518	ϕ48×3.5×2 340	10.34	9.3
	XG-1818	ϕ48×3.5×2 550	11.13	10.04
	ZXG-0912	ϕ48×3.5×1 270		5.89
	ZXG-1212	ϕ48×3.5×1 500		6.76
	ZXG-1218	ϕ48×3.5×1 920		8.73
十字撑	XZC-0912	ϕ30×2.5×1 390		4.72
	XZC-1212	ϕ30×2.5×1 560		5.31
	XZC-1218	ϕ30×2.5×2 060		7
窄挑梁	TL-30	宽度 300	1.68	1.53
宽挑梁	TL-60	宽度 600	9.3	8.6
立杆连接销	LLX	ϕ12		0.18
可调底座	KTZ-45	可调范围≤300		5.82
	KTZ-60	可调范围≤450	7.12	
	KTZ-75	可调范围≤600	8.5	
可调托座	KTC-45	可调范围≤300		7.01
	KTC-60	可调范围≤450		8.31
	KTC-75	可调范围≤600		9.69
脚手板	JG-120	1 200×270		12.8
	JG-150	1 500×270		15
	JG-180	1 800×270		17.9
架梯	JT-255	2 546×530		34.7

(5)构、配件材料、制作要求：

①碗扣式脚手架用钢管应采用符合现行国家标准《直缝电焊钢管》(GB/T 13793—2008)或《低压流体输送用焊接钢管》(GB/T 3091—1993)中的Q235A级普通钢管，其材质性能应符合现行国家标准《碳素结构钢》(GB/T 700—2006)的规定。

②碗扣架用钢管规格为ϕ48×3.5mm，钢管壁厚不得小于0.025～3.5mm。

③上碗扣、可调底座及可调托撑螺母应采用可锻铸铁或铸钢制造，其材料机械性能应符合《可锻铸铁件》(GB 9440—2010)中 KTH330—08 及《一般工程用铸造碳钢件》(GB/T 11352—2009)中 ZG270—500 的规定。

④下碗扣、横杆接头、斜杆接头应采用碳素铸钢制造，其材料机械性能应符合《一般工程用铸造碳钢件》(GB/T 11352—2009)中 ZG230—450 的规定。

⑤采用钢板热冲压整体成形的下碗扣，钢板应符合 GB/T 700—2006 标准中 Q235A 级钢的要求，板材厚度不得小于 6mm，并经 600～650℃的时效处理。严禁利用废旧锈蚀钢板改制。

⑥立杆连接外套管壁厚不得小于 0.025～3.5mm，内径不大于 50mm，外套管长度不得小于 160mm，外伸长度不小于 110mm。

⑦立杆与立杆连接的连接孔处应能插入 ϕ12mm 连接销。

⑧在碗扣节点上同时安装 1～4 个横杆，上碗扣均应能锁紧。

⑨可调底座及可调托撑丝杆与螺母捏合长度不得少于 4～5 扣，插入立杆内的长度不得小于 150mm。

3.2 新型碗扣脚手架

3.2.1 大力神脚手架的核心结构

大力神支撑系统的主要结构组成部分是立杆、横杆和斜杆。

(1)立杆和横杆的连接点叫节点，如图 2 所示。

在节点中，横杆末端有个连接片①，放连接片到焊接在立杆上的底碗②中，并用锤敲击旋动套在立杆上的顶碗③到工作位置。

这个结构在系统中构成横杆和立杆间的刚性连接。

(2)大力神碗扣支撑系统如图 3 所示。

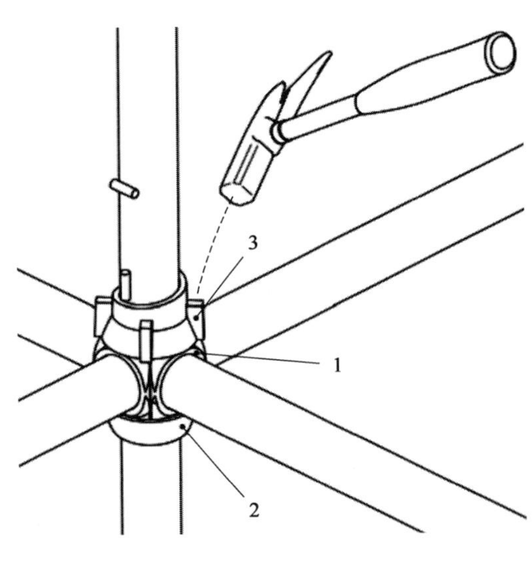

图 2 大力神碗扣节点构成图

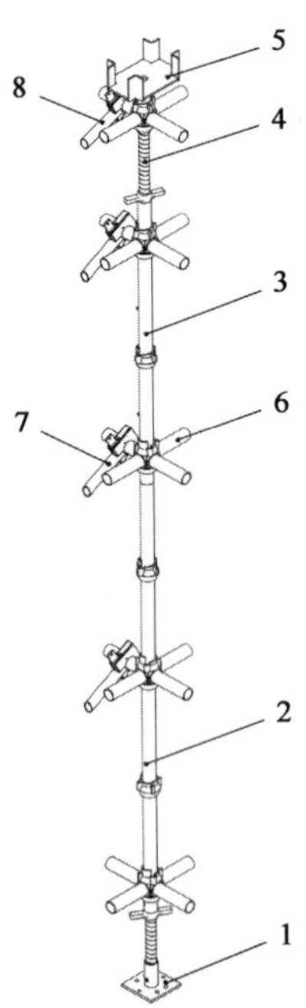

图 3 大力神碗扣支撑系统

1-可调整地托；2-带接长管的立杆；3-不带接长管的立杆；4-可调丝杆；5-顶托；6-横杆；7-斜杆；8-可调斜杆

①可调节地托。

可调节地托的作用主要是调节基础立杆的高度。可调节地托的丝杆配合插入立杆中，地托上有一段直径48.3mm的管子，需要时可以配套安装斜杆。调节丝杆上端有段没有丝牙，螺母调整到极限时，至少保证调节丝杆有250mm在立杆内。可调节地托的最小调节高度是140mm，最大调节高度是655mm。图4所示为可调节地托。

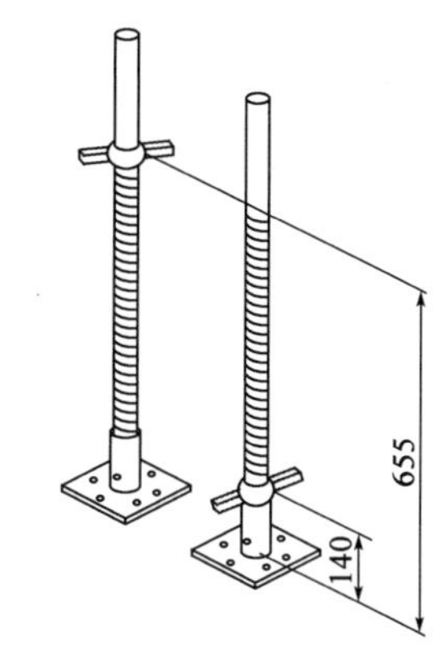

图4 可调节地托(尺寸单位：mm)

注：地托2.2kg，可调丝杆4.2kg。

②带接长管立杆。

带接长管立杆和不带接长管立杆配合使用获得合适的模板支撑高度。带接长管立杆的顶部有个150mm长的接长方管，可使立杆可靠连接往顶部接长。接长方管上和立杆底部都有个直径13mm的孔，如果需要可以用销子进行锁定连接。图5所示为带接长管立托。

③无接长管立杆。

无接长管立杆用在结构的顶部以便可以插入可调节顶托，以支撑上面的模板系统。

无接长管立杆和其下的不带接长管的立杆配合，可以搭建合适的高度。立杆底部有个直径13mm的孔，需要时可以安装销子把上下立杆锁定，图6所示为无接长管立杆。

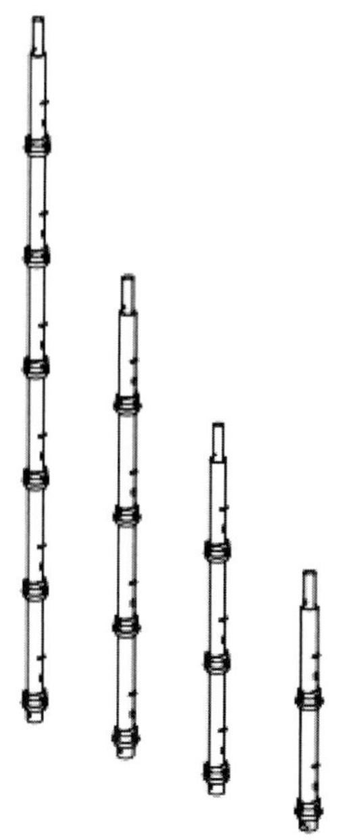

图5 带接长管立杆

注：带接长管立杆1.0m，6.5kg；带接长管立杆1.5m，9.2kg；带接长管立杆2.0m，12kg；带接长管立杆2.5m，14.8kg；带接长管立杆3.0m，17.6kg。

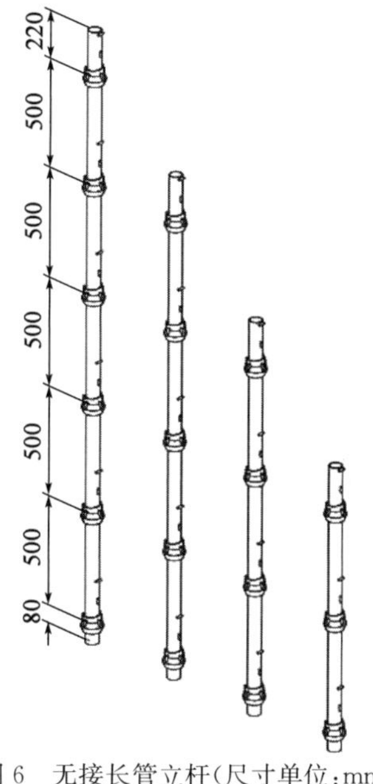

图6 无接长管立杆(尺寸单位：mm)

注：无接长管立杆1.3m，7.6kg；无接长管立杆1.5m，9.0kg；无接长管立杆1.8m，10.3kg；无接长管立杆2.0m，11.7kg；无接长管立杆2.3m，13.1kg。

④可调丝杆。

可调丝杆插入到位于顶部最后一段无接长管立杆中，可以调节其上顶托的高度，允许有

515mm 的最大调节高度。

调节丝杆上端有段没有丝牙,螺母调整到极限时,至少保证调节丝杆有 250mm 在立杆内。图 7 所示为可调丝杆。

⑤顶托。

为大力神特殊设计的顶托放在调节丝杆的顶部用以承担主要的负荷,但是调节丝杆不能承受水平负荷。利用横杆连接顶托下的杯来稳定顶托。调节丝杆顶部的特殊结构和顶托内的结构配合可以允许顶托有略微的倾斜。图 8 所示为顶托。

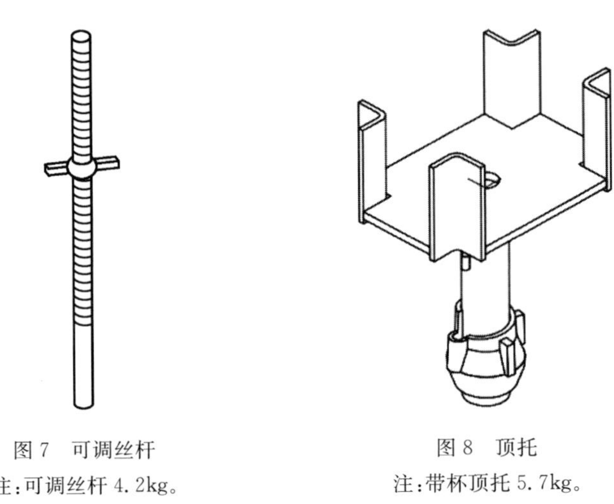

图 7　可调丝杆

注:可调丝杆 4.2kg。

图 8　顶托

注:带杯顶托 5.7kg。

⑥横杆(图 9)。

横杆是大力神支撑系统的水平连接部件。

横杆是利用直径 48.3mm 的管子和两头焊接锻造的连接片制成,两头连接片放置在立杆的底杯中,并用上杯锁紧定位。

有几种不同的横杆长度,在使用中可以利用其搭建不同间距的模板支撑架。

⑦斜杆(图 10)。

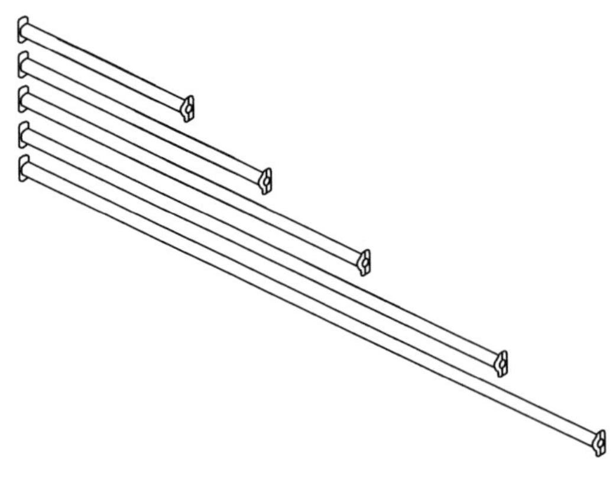

图 9　横杆

注:横杆 0.3m,1.4kg;横杆 0.6m,2.5kg;横杆 0.9m,3.7kg;横杆 1.2m,4.8kg。

大力神斜杆应用于系统中以稳定结构，同时斜杆可以承担横向负荷。配合结构的不同步距有多种斜杆尺寸。利用锤敲斜杆上的销子将斜杆沿横杆对角锁紧在横杆上，在锁紧斜杆时要紧贴节点。

⑧可调斜杆(图 11)。

大力神可调节斜杆是个可伸缩调节的斜杆，利用它可以对角锁紧结构在底部的可调节地托或顶部的可调节顶托。

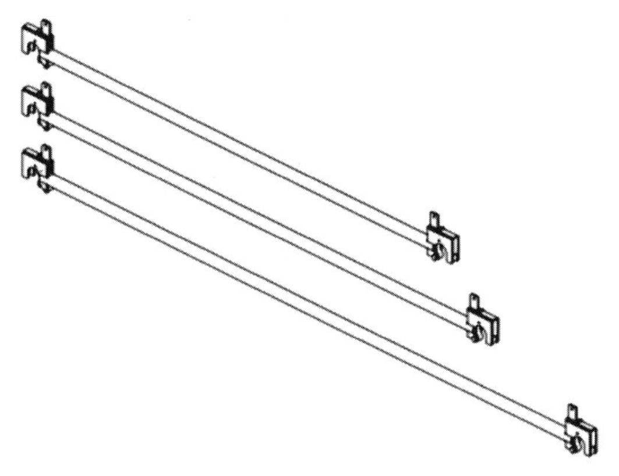

图 10　斜杆

注：斜杆 1.2×1.0m，6.58kg；斜杆 1.8×1.0m，8.35kg；斜杆 1.2×1.5m，7.86kg；斜杆 1.8×1.5m，9.36kg。

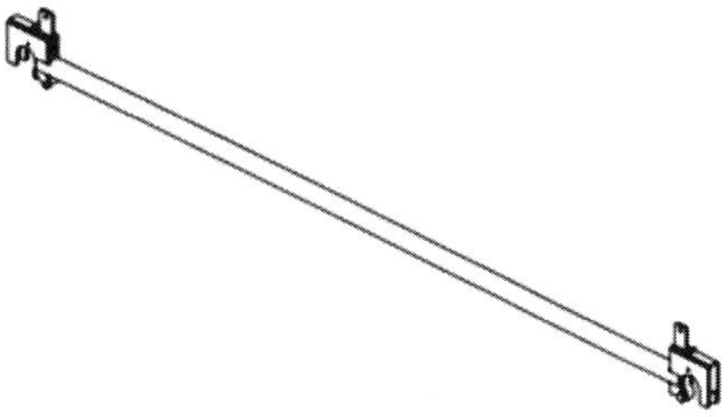

图 11　可调斜杆

注：可调斜杆(长)1.39～2.25m，10.3kg；可调斜杆(短)0.95～1.39m，13.1kg。

可调节丝杆可以利用调整插在内管中销子的位置和用两个螺母锁紧销子在最小和最大尺寸间得到需要的各种长度。用锤敲击两头的销子把斜杆锁紧在水平横杆上。

3.2.2　大力神新型碗扣脚手架材料要求

大力神新型碗扣式支撑系统，直径 48.3mm、壁厚 3.2mm 立杆采用 Q345 材质材料制造，构配件均采用内外双热镀锌工艺，横杆两端为锻钢制造。

这个系统是云南大力神金属构件有限公司引进总部位于荷兰的 SCAFOM 国际公司的技术，在云南省技术监督局备案并注册了《大力神 DURALOK 脚手架》企业标准。构配件出厂经过严格的试验检测，保证各构配件质量。

3.3　大力神新型碗扣脚手架与构配件比较

3.3.1　承载力比较

普通碗扣式脚手架采用 Q235A 普通钢管，直径 48mm，壁厚 3.5mm。由于市场上普通碗扣脚手架普遍存在杆件壁厚不足、节点存在不同程度损坏、表面锈蚀等问题。实际使用中，对脚手架验算时通常对钢管壁厚进行折减。普通碗扣脚手架立杆承载力见表 2。

普通碗扣脚手架立杆承载力　　表 2

横杆步距(m)	每根立杆设计的荷载(kN)	横杆步距(m)	每根立杆设计的荷载(kN)
0.6	40	1.8	25
1.2	30	2.4	20

Q235A 钢材抗拉、抗压和抗弯强度设计值为 205MPa，Q345 钢材抗拉、抗压和抗弯强度设计值为 300MPa，单根立杆承载力提高 50%，是普通碗扣架的 1.5 倍，增大了横杆使用时的间距。采用普通碗扣脚手架搭设箱梁满堂脚手架，横杆步距一般不超过 0.9m，大力神碗扣脚手架横杆步距最多可达 1.5m。

大力神新型碗扣式支撑系统，直径 48.3mm、壁厚 3.2mm。立杆采用 Q345 材质材料制造，使新型碗扣支撑产品的单根支撑力大大增强，单根承载力达到 60kN。同时考虑了支撑系统的构造结构，采用专利剪刀撑产品将剪刀撑杆斜卡在每步单元对角线上的构造方法，保证了整个系统的稳定，降低单根不利荷载 20%左右。

3.3.2 杆件模数比较

普通碗扣脚手架模数为 600mm，大力神碗扣脚手架模数为 500mm，大力神碗扣脚手架在使用时更方便计算，且大力神碗扣脚手架通过底部的可调地托还有 140～655mm 的高度调节量，通过顶部的调节丝杆的顶托还可以有 298～798mm 的高度调节量，可调范围大于普通碗扣脚手架。

3.3.3 剪刀撑比较

大力神新型碗扣式脚手架有专门设计的剪刀撑，为大力神专利水产品，安装使用方便、可靠。普通碗扣支架剪刀撑需要使用扣件和钢管，不利于传递荷载，现场施工很难达到规范要求。

4 大力神新型碗扣脚手架与普通脚手架的使用对比

京广主线桥第三十联箱梁（4×31.5m）为等截面单箱四室箱梁，箱梁顶面宽度 25.3m，底面宽度 16.6m，梁高 2.0m，端横梁宽度为 1.5m，中横梁宽度为 2.8m。跨中标准段箱梁顶板厚为 25cm，地板厚度为 22cm，翼缘板边缘 0.2m，腹板采用变宽度。

具体结构尺寸见图 12～图 14。

4.1 使用普通碗扣支架

沿箱梁纵向支架布置间距为：箱梁实心段及变截面段 0.6m，箱梁标准截面段 0.9m。沿箱梁横向支架布置间距为：腹板及实心段 0.6m，空箱下 0.9m。整体按照 0.9m×0.9m，对间距 0.6m，采用 0.6m+0.3m 横杆，以保证架体的整体性。主要使用材料见表 3。

京广主线桥第三十联支架（普通碗扣支架）主要材料数量表 表 3

名称	型号	规格(mm)	使用数量	市场质量(kg)	合计(t)
立杆	LG-120	ϕ48×3.5×1 200	5 900	7.41	43.7
	LG-180	ϕ48×3.5×1 800	5 900	10.67	63.0
	LG-300	ϕ48×3.5×3 000	29 700	17.31	514.1
横杆	HG-30	ϕ48×3.5×300	11 400	1.67	19.0
	HG-60	ϕ48×3.5×600	82 500	2.82	232.7
	HG-90	ϕ48×3.5×900	94 800	3.97	376.4
剪刀撑	XG-0912	ϕ48×3.5×900	7 500	3.84	28.8
合计					1 277.6

扣件需用 5 000 个。

搭设需用工时 1 311 工时。

普通碗扣支架搭设如图 15、图 16 所示。

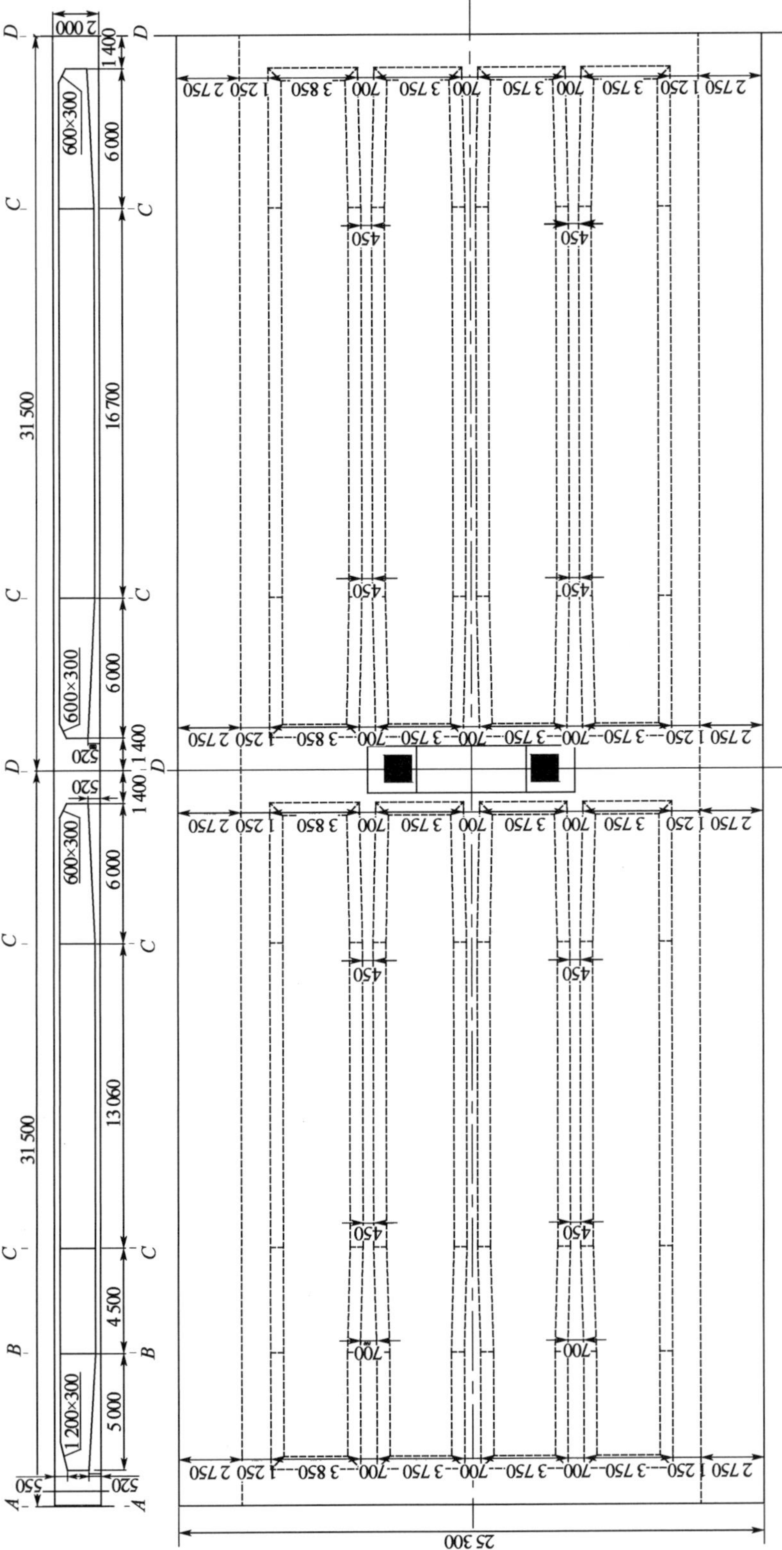

图12 京广主线桥第三十联箱梁纵断面及平面(尺寸单位：mm)

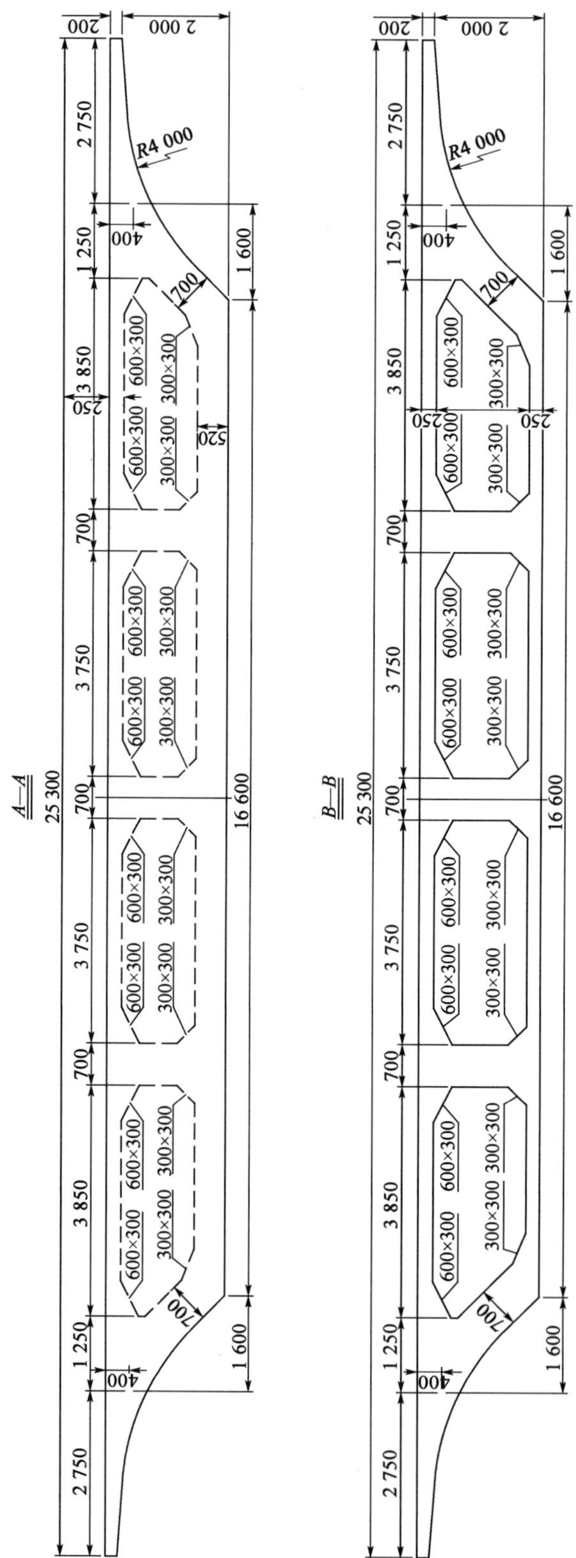

图13 京广主线桥第三十联箱梁截面图(尺寸单位：mm)

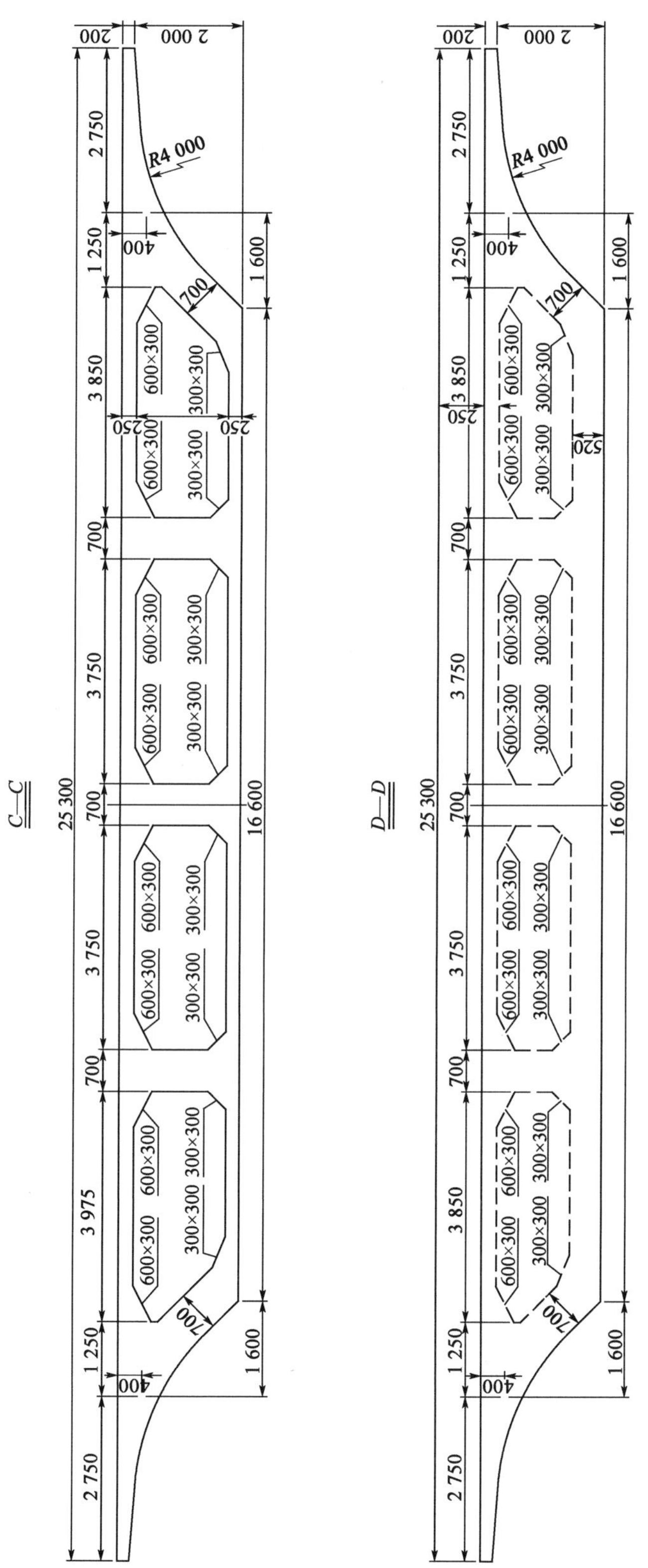

图14　京广主线桥第三十联箱梁截面图(尺寸单位：mm)

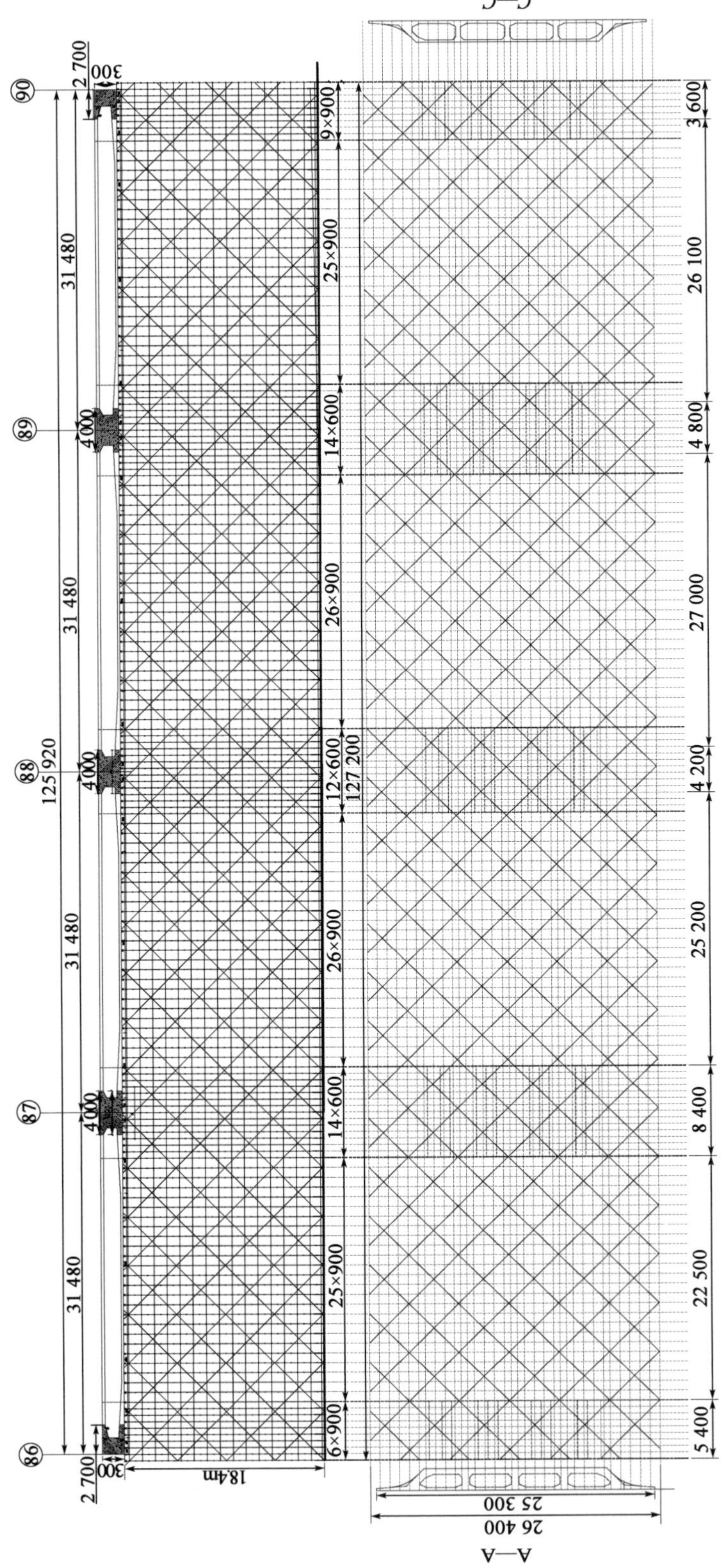

图15 京广主线桥第三十联支架(普通碗口支架)纵向及平面布置图(尺寸单位：mm)

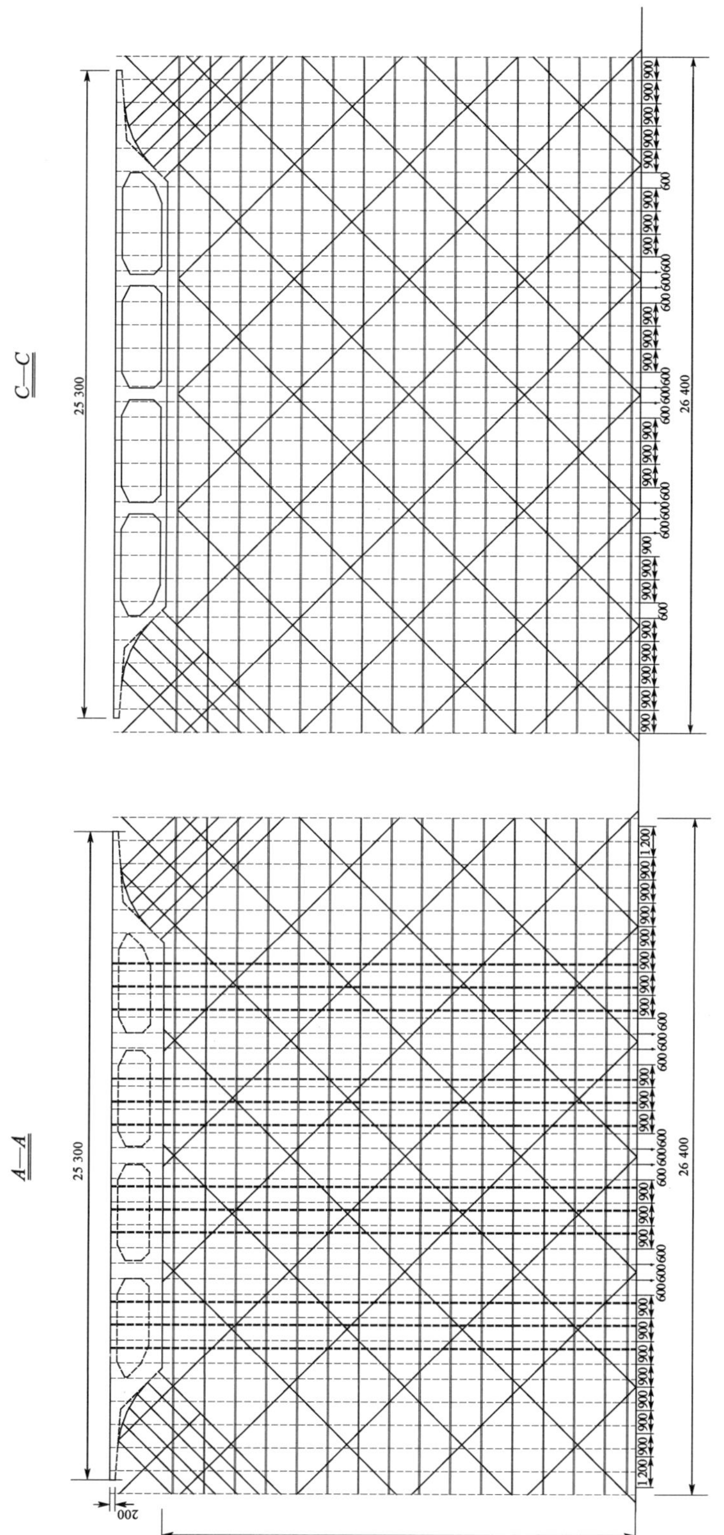

图16　京广主线桥第三十联支架（普通碗扣支架）横桥向布置图(尺寸单位：mm)

注:考虑架体整体性，横梁下支架横桥梁间距为0.6m×0.6m,结合空箱下间距0.9m，箱梁横梁下间距按照0.6m+0.3m布置。

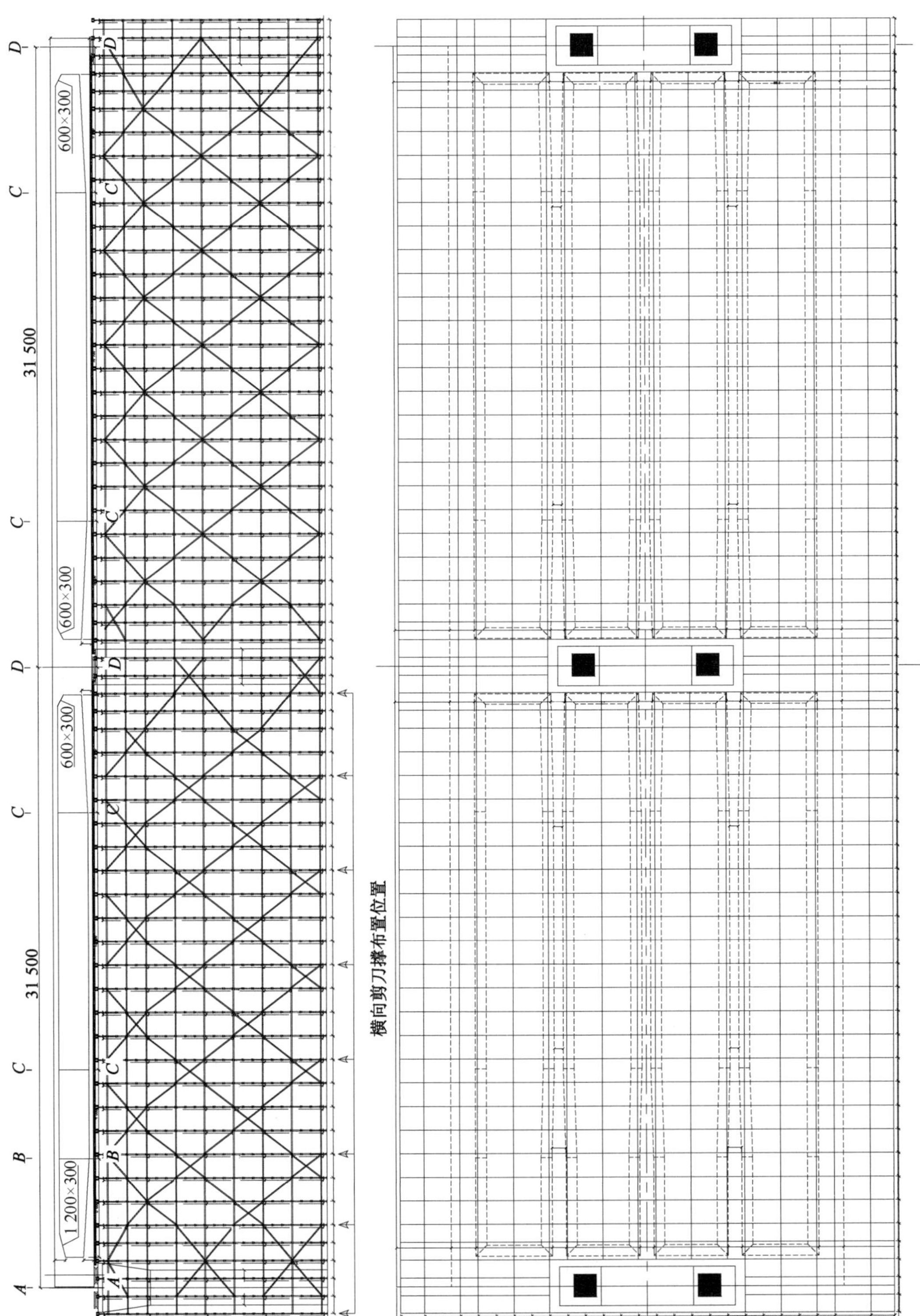

图17　京广主线桥第三十联支架（大力神新型碗扣支架）纵向及平面布置图（尺寸单位：mm）

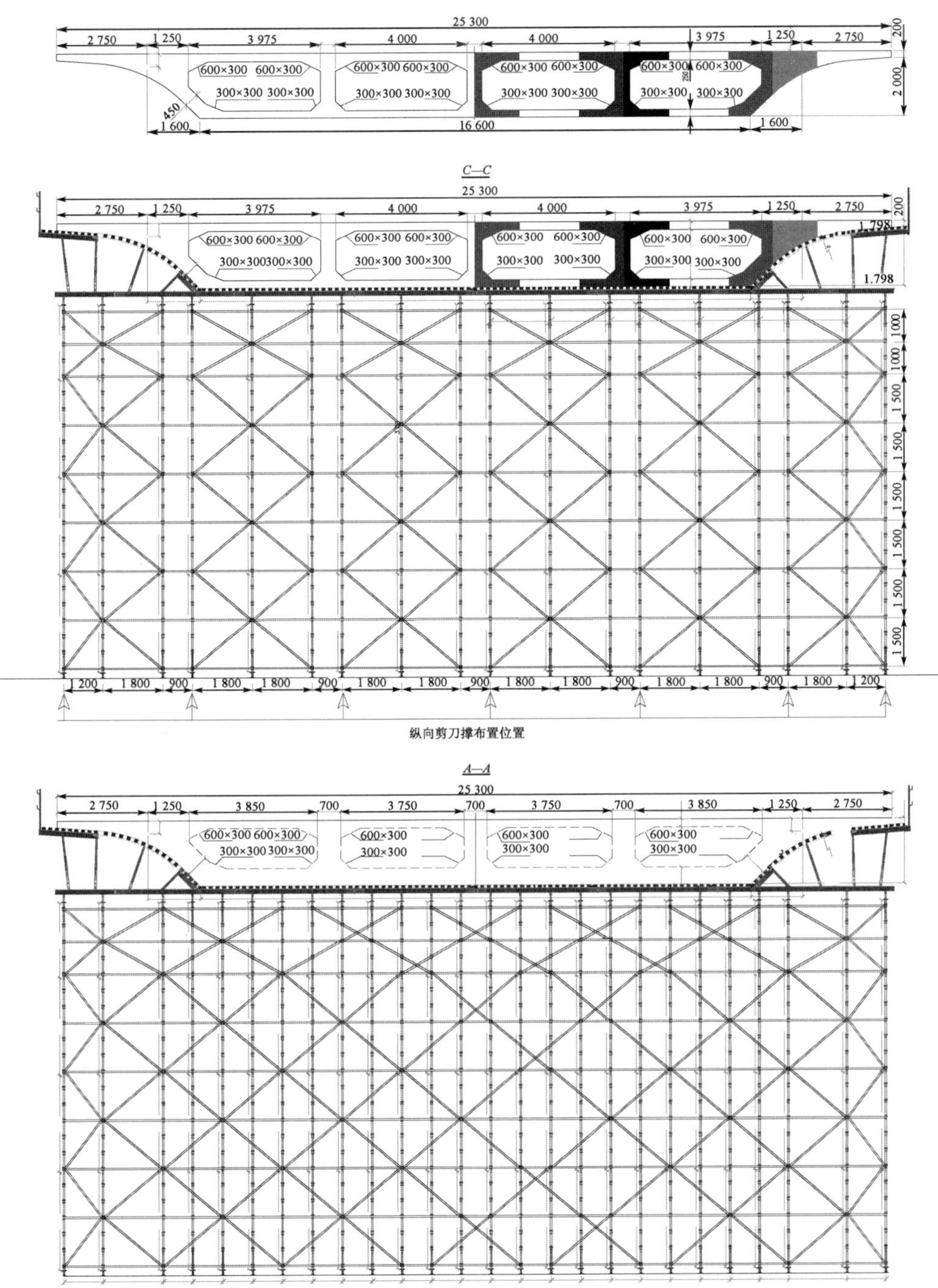

图 18 京广主线桥第三十联支架(大力神新型碗扣支架)横桥向布置图(尺寸单位:mm)

4.2 使用大力神新型碗扣支架

沿箱梁纵向支架布置间距为:箱梁实心段及变截面段 0.9m,箱梁标准截面段 1.2m。沿箱梁横向支架布置间距为:腹板及实心段 0.9m,空箱下 1.8m。主要使用材料见表 4。

京广主线桥第三十联支架(大力神碗扣支架)主要材料数量表 表4

名称	型号	规格(mm)	使用数量	市场质量(kg)	合计(t)
立杆	LG-200	ϕ48×3.5×2 000	16 464	11.7	192.6
	LG-300	ϕ48×3.5×3 000	2 352	17.6	41.4
横杆	HG-90	ϕ48×3.5×900	20 448	3.7	75.7
	HG-120	ϕ48×3.5×1 200	23 040	4.8	110.6
	HG-180	ϕ48×3.5×1 800	11 520	7.1	81.8
剪刀撑	XG-0912	取平均值	4 004	8	32.0
合计					534.1

搭设需用450工时。

大力神新型碗扣支架搭设如图17和图18所示。

通过对比,大力神新型支架材料使用数量约为普通碗扣支架的40%左右,工时仅为普通碗扣支架的30%,市场租赁价格大力神约为普通碗扣的2倍。综合考虑,大力神新型支架总费用与普通支架相当,但在安全性及缩短工期方面完全优越于普通碗扣支架。相信随着社会进步,新型支架将逐渐代替普通支架。

参 考 文 献

[1] 中华人民共和国行业标准. JTG/T F50—2011 公路桥涵施工技术规范[S]. 北京:人民交通出版社,2011.

[2] 中华人民共和国国家标准. GB 50204—2015 混凝土结构工程施工质量验收规范[S]. 北京:中国建筑工业出版社,2015.

[3] 中华人民共和国行业标准. JGJ 166—2008 建筑施工碗扣式钢管脚手架安全技术规范[S]. 北京:中国建筑工业出版社,2009.

[4] 中华人民共和国行业标准. JGJ 162—2008 建筑施工模板安全技术规范[S]. 北京:中国建筑工业出版社,2008.

[5] 中华人民共和国行业标准. JGJ 130—2011 建筑施工扣件式钢管脚手架安全技术规范[S]. 北京:中国建筑工业出版社,2011.

[6] 中华人民共和国国家标准. GB 50017—2012 建筑结构荷载规范[S]. 北京:中国建筑工业出版社,2012.

[7] 中华人民共和国国家标准. GB 50017—2003 钢结构设计规范[S]. 北京:中国建筑工业出版社,2003.

[8] 中华人民共和国行业标准. JGJ/T 194—2009 钢管满堂支架预压技术规程[S]. 北京:中国建筑工业出版社,2010.

浅谈地铁工程二等水准测量控制

姜作伟

（中交三公局工程总承包分公司　北京　100124）

摘　要：本文以福州地铁二号线第五标段桔园洲站二等水准测量控制为例，对水准测量控制进行了浅要论述，以供相关人员在类似工程中借鉴与参考。

关键词：浅谈　地铁工程　二等水准测量

1　引言

水准测量是高程测量中精度最高、用途最广的一种被普遍采用的测量方法，是确定建设工程地面点高程的方法之一。测量误差允许范围内的精度由于仪器和人为的影响而不容易控制，而且易出现隐蔽性错误，如果不能及早发现，将直接影响路线纵断面设计和施工工作。所以，在实施测量过程中，要求测量人员要精心操作、以高度负责认真的态度来对待测量工作，养成良好的操作习惯。为此，在桔园洲站高程测量中，从二等水准测量外业测量的方法、测量时需注意的事项及内业计算的具体过程等方面入手加强测量控制，确保施工质量可控。

2　本车站概况

测区位于金祥路西段，全长约 1.6km。车站围挡外多居民楼，地势总体平坦。该区内道路狭窄、交通量大，不仅给测量人员的安全带来了一定的隐患，而且给测量作业带来相当大的困难。

3　水准测量的原理

水准测量是依据几何原理，用水准仪和水准标尺测定地面两点间高差的方法。实施过程中，需要几个人合作才能完成。水准测量还为建立国家水准网和地区高程控制网、监测地壳垂直运动、研究平均海水面变化，以及地形测图和各种工程建设提供高程控制。

4　二等水准测量的实施及注意事项

4.1　水准线路

西起福州市科技馆门口草坪，经桔园洲车站绕回至金祥路滨州路口龙苑小区门口，全长约 1.6km，如图 1 所示。线路水准点共 6 个，其中已知点两个（2J04、2S20），复测加密点 4 个（JY01、JY02、JY03、JY04）。观测线路为 2S20-JY01-JY02-JY03-JY04-2J04，其中，由 2S20 至 2J04 为往测线路，2J04 至 2S20 为返测线路。

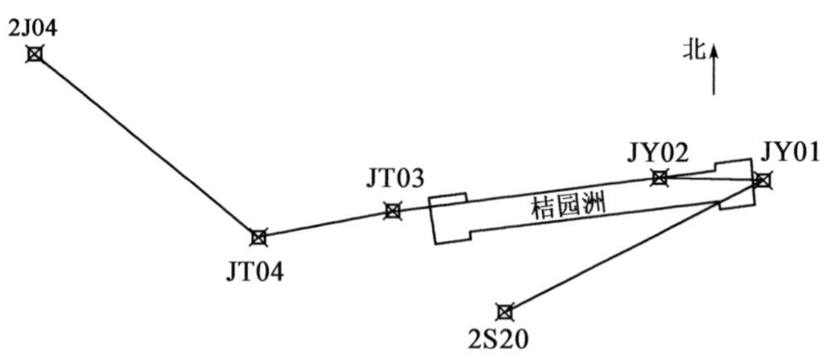

图1 水准路线平面

4.2 相关规范及注意事项

本车站水准测量按城市Ⅱ等水准测量规范要求进行，视距小于60m，前后视距差小于2m，前后视距累计差小于4m，基辅分划读数差小于0.5mm，基辅分划所测高差之差小于0.7mm。采用附合往返测量，观测方法如下：

(1)往测：奇数站为后—前—前—后；偶数站为前—后—后—前。

(2)返测：奇数站为前—后—后—前；偶数站为后—前—前—后。

(3)每一测回段的往测与返测，分别在上午、下午进行。由往测转向返测时，两根标尺互换位置。

(4)观测半小时前，将仪器放于室外，使仪器与外界气温趋于一致。观测时，用白色测伞遮蔽阳光。迁站时，罩以白色仪器罩。在连续各测站上安置水准仪的三脚架时，使其中两脚与水准路线的方向平行，而第三脚轮换置于路线方向的左侧与右侧。同一测站上观测时，不得两次调焦。转动仪器的倾斜螺旋和测微器时，两支标尺互换位置，并应重新整置仪器。

4.3 仪器的使用

天宝公司生产的DINI03数字水准仪。仪器等级为DS1。观测前，仪器设备均经过严格检定，检定结果合格。

5 内业计算

高程测量测量成果的计算，首先检查外业的观测记录是否正确，进行计算，看观测成果是否满足限差要求，确定观测成果完全符合规范要求，然后进行高差闭合差计算、平差计算、高程推算和校核，具体步骤如下：

(1)将测量数据导入电脑中，将错误的数据删除，然后将文件进行格式转换，转换到Excel二等水准记录表中，方便计算。

(2)然后逐步计算各个未知量：

高差=(后视读数和—前视读数和)/2

视距差=(后视距离和—前视距离和)/2

累计视距差=各视距差相加

第一站实测高程=设计高程+高差(每一站类推)

每一站实测高程=前一站高程+本站高差

(3)计算高差闭合差。

$$W_h = \sum_{h测} - (H_{终} - H_{始}) = 0.06291 - (8.5456 - 8.4848) = 0.00211(\mathrm{m})$$

根据二等附合水准路线的规范：容许值 $W_{h允}=\pm\sqrt{L}=\pm\sqrt{1.644}=\pm12.822(mm)$

因 $W_h<W_{h允}$，说明观测成果精度符合要求，可对高差闭合差进行调整。如果 $W_h>W_{h允}$，说明观测成果不符合要求，必须重新测量。

(4)调整高差闭合差。高差闭合差调整的原则和方法，是按与测站数或测段长度成正比例的原则，将高差闭合差反号分配到各相应测段的高差上，得改正后高差，即：

$$v_i=-\frac{W_h}{\sum n}n_i \qquad v_i=-\frac{W_h}{\sum L}L_i$$

式中：v_i——第 i 测段的高差改正数(mm)；

$\sum n$、$\sum L$——水准路线总测站数与总长度；

n_i、L_i——第 i 测段的测站数与测段长度。

本例中，各测段改正数为 W_h。

$$\nu_1=-\frac{W_h}{\sum L}\quad L_1=-\frac{2.11\text{mm}}{1.644\text{km}}\times0.434\text{km}=-0.56\text{mm}$$

$$\nu_2=-\frac{W_h}{\sum L}\quad L_2=-\frac{2.11\text{mm}}{1.644\text{km}}\times0.116\text{km}=-0.15\text{mm}$$

$$\nu_3=-\frac{W_h}{\sum L}\quad L_3=-\frac{2.11\text{mm}}{1.644\text{km}}\times0.22\text{km}=-0.28\text{mm}$$

$$\nu_4=-\frac{W_h}{\sum L}\quad L_4=-\frac{2.11\text{mm}}{1.644\text{km}}\times0.166\text{km}=-0.21\text{mm}$$

$$\nu_5=-\frac{W_h}{\sum L}\quad L_5=-\frac{2.11\text{mm}}{1.644\text{km}}\times0.708\text{km}=-0.91\text{mm}$$

$$\sum v_i=W_h$$

计算检核：将各测段高差改正数填入附合水准计算表(表 1)中。

(5)计算各测段改正后高差。各测段改正后高差等于各测段观测高差加上相应的改正数，即：

$$\overline{h}_i=h_{im}+v_i$$

式中：$\overline{h}_i$——第 i 段的改正后高差(m)。

本例中，各测段改正后高差为：

$$\overline{h}_1=h_1+\nu_1=-0.756\,66\text{m}+(-0.000\,56\text{m})=-0.757\,22\text{m}$$

$$\overline{h}_2=h_2+\nu_2=-0.012\,40\text{m}+(-0.000\,15\text{m})=-0.012\,55\text{m}$$

$$\overline{h}_3=h_3+\nu_3=0.355\,90\text{m}+(-0.000\,28\text{m})=0.355\,62\text{m}$$

$$\overline{h}_4=h_4+\nu_4=-0.121\,71\text{m}+(-0.000\,21\text{m})=-0.121\,92\text{m}$$

$$\overline{h}_5=h_5+\nu_5=-0.597\,77\text{m}+(-0.000\,91\text{m})=-0.598\,68\text{m}$$

算检核：$\sum\overline{h}_i=H_{2J04}-H_{2S20}$

将各测段改正后高差填入附合水准测量计算表内。

(6)计算待定点高程。根据已知水准点 2S20 的高程和各测段改正后高差，即可依次推算出各待定点的高程，即：

$$H_{JY01}=H_{2S20}+\overline{h}_1=8.4848\text{m}+(-0.75722\text{m})=7.7276\text{m}$$

$$H_{JY02}=H_{JY01}+\overline{h}_2=7.7276\text{m}+(-0.01255\text{m})=7.7150\text{m}$$

$$H_{JY03}=H_{JY02}+\overline{h}_3=7.7150\text{m}+0.35562\text{m}=8.0707\text{m}$$

$$H_{JY04}=H_{JY03}+\overline{h}_4=8.0707\text{m}+(-0.12192\text{m})=7.9487\text{m}$$

$$H_{2J04}=H_{JY04}+\overline{h}_5=7.9487\text{m}+0.59686\text{m}=8.5456\text{m}=H_{2J04已知}$$

最后推算出的2J04点高程应与已知的2J04点高程相等，以此作为计算检核，测量成果符合相关规范。

附合水准测量计算见表1。

附合水准测量计算表　　　　表1

测段编号	点号	距离(km)	测站数	实测高差(m)	改正数(m)	改正后高差(m)	高程(m)	备注
	2S20						8.484 8	
1		0.434	8	−0.756 66	−0.000 56	−0.757 22		
	JY01						7.727 6	
2		0.116	2	−0.012 40	−0.000 15	−0.012 55		
	JY02						7.715 0	
3		0.22	4	0.355 90	−0.000 28	0.355 62		
	JY03						8.070 7	
4		0.166	2	−0.121 71	−0.000 21	−0.121 92		
	JY04						7.948 7	
5		0.708	8	0.597 77	−0.000 91	0.596 86		
	2J04						8.545 6	
Σ		1.644	24	0.062 91	−0.002 11	0.060 80		
辅助计算	高差闭合差：$W_h=\sum_{h测}-(H_{终}-H_{始})=0.06291-(8.5456-8.4848)=0.00211(\text{m})$； 容许值：$W_{h允}=\pm\sqrt{L}=\pm\sqrt{1.644}=\pm12.822(\text{mm})$；每千米高差改正数：$v_{千}=-W_h/\sum L\times1000=-0.00211/1.644\times1000=-1.283(\text{mm})$； $W_h<W_{h允}$，该符合满足《城市轨道交通工程测量规范》(GB 50308—2008)二等水准精度要求							

6 结语

水准测量是测量中一个需要频繁操作的工作，稍微疏忽就会影响到水准测量的精度，水准测量成果的精确与否，直接影响到工程的质量。所以，我们要熟练掌握操作技术及流程，把水准测量的误差限制到最小，做到精益求精，以便更好地为项目服务。

参考文献

[1] 中华人民共和国国家标准. GB 50308—2008 城市轨道交通工程测量规范[S]. 北京：中国计划出版社，2008.

[2] 中华人民共和国行业标准. CJJ/T 8—2011 城市测量规范[S]. 北京:中国标准出版社,2012.
[3] 中华人民共和国国家标准. GB 50026—2007 工程测量规范[S]. 北京:中国计划出版社,2008.
[4] 福州市勘测院,福州市轨道交通 2 号线全线平高控制网测量成果.
[5] 福州市轨道交通 02 号线 05 标工程施工图设计.

浅谈风积沙路基填筑

谭德荣

（中交三公局工程总承包分公司　北京　100124）

摘　要：风积沙路基填筑施工一直困扰着公路铁路路基施工人员，由于风积沙松散、无塑性指数、无黏聚性、内聚力小、在外力作用下易产生分化、位移，在施工中存在很大难度，为此，施工必须积极解决风积沙路基施工问题，完成风积沙路基的填筑施工，为公路、铁路工程建设做出贡献。

关键词：风积沙路基　填筑工艺　处理建议

1　工程概况

1.1　工程概述

两伊铁路（铁路部门官方称为“伊阿线”）北起内蒙古呼伦贝尔市鄂温克旗伊敏镇，南到兴安盟伊尔施镇，南出口与白阿线相连，铁路全长 185.406 公里（伊敏—伊尔施南线路所）。

1.2　水文地质

地处高平原区，海拔为 750～820m，相对高差为 70m，地表多为植被，地下多为粉砂或细砂；在 DK57＋300 处进入森林区，在 DK84＋000 出森林进入火烧林，地形切割较强烈，地表植被发育。植被下是多年累积的风积沙。路基填筑料主要以挖方（风积沙）为主，局部远距借用合格的 AB 料。

1.3　气象

沿线位于呼伦贝尔草原和大兴安岭山脉西缘上，属大陆性亚寒带型气候，冬季漫长酷寒，夏季短促炎热，昼夜温差大。呼伦贝尔草原春冬季多大风，季风期较长。而阿尔山市由于有大兴安岭山脉的天然屏障，全年风力缓和。全线冰冻期和霜冻期长达 7～8 个月，一般每年 9 月份开始下雪，到来年 4 月底才开始融化。林区多雨、多雪，雨量比较充沛，雨量多集中在 6 月至 8 月，多为连阴天，气候特别潮湿。

2　风积沙的特性

（1）风积沙的粉黏粒含量很少，表面活性很低，松散、无聚性，具有明显的非塑性，其颗粒属于细沙，沙粒组成为天然不良级配。对于级配极差，无黏结性的风积沙来说，成型困难，而且成型后的抗剪性能也较差。

（2）非亲水性。沙粒表面对水几乎没有物理吸附作用，最大吸水率不足 1%，一般都在 0 附近。

（3）非湿陷状态。沙颗粒遇水后能保持原有骨架结构性质，水稳性级差。

（4）松铺系数小。风积沙具有沉降量小（<1.5%）、压缩快、徐变小的特性，施工时应注意

松铺系数不宜选择过大;实践表明,风积沙合理的松铺系数为1.02~1.05。

(5)压实后风积沙的最大干密度可达到1.8~2.0g/cm^3,为天然状态下密度的1.2~1.4倍,故其由松散状态到密实状态的压实过程较短。

(6)风积沙的天然含水率很低,最低的地方不足1%,最大含水率一般也不超过5%。若在水中,易形成流沙,短时间内不易沉积悬浮在水中,水平稳后2~3h才开始沉淀。

3 风积沙应用中存在的主要问题

3.1 风积沙洒水问题

风积沙施工的关键环节就是洒水问题,对风积沙的施工质量影响很大。在施工经常出现洒水不均匀、不彻底而导致风积沙压实度不足的问题,同时也导致运料车辆在上料时的误车现象,严重影响施工进度。风积沙施工需要大量及时地洒水,所以必须保证有充足的水源和配套的上水设备。在河套地区,地下水位较高,而且水源相当丰富,可采取就地打井取水的方法。根据施工进度计划、原材料的含水率和最佳含水率,必须进行计算来确定井的直径、数量和间距以及应配备水泵的功率和数量。一般情况下,水井可采用梅花井,每个梅花井由8~10眼2寸小井组成,配备1台移动式4寸水泵,梅花井的间距为100~150m。在干旱、地下水位缺乏的地区,可采取在取土场提前进行洒水的方法,在现场也必须配备足够的水车进行补充洒水。对风积沙的洒水方法非常重要。现场洒水时,必须及时、大量、均匀,并且必须采取分格的方式。在风积沙粗平后,采用人工修筑挡水埝,对风积沙进行分格,每个格的大小宜为5m×5m。然后对每个格进行洒水,洒水时间以洒水均匀到底为准,其他格的洒水时间依此为准。采用分格的方式进行洒水,保证了洒水均匀,防止漏洒、过洒现象的发生,保证了风积沙的施工质量。

3.2 境污染问题

在风积沙的运输、施工过程中,经常存在风积沙被风吹起污染环境的问题。必须采取大吨位自卸汽车进行风积沙的运输,并且要求汽车状态良好,车厢封闭相对较好,在运输过程中,避免漏沙现象。由于风积沙一般情况下的含水率均较低,可采取装车后在风积沙表面洒水湿润的方法或进行帆布覆盖的方法,减少风积沙对环境的污染。同时,加强对运输车辆驾驶员的教育,文明行车,在发生车辆故障时,不得随意将风积沙倾倒在主要道路上。对不得不临时倒在路上的风积沙,必须及时进行清理。在施工过程中,为了防止扬沙现象的发生,必须对风积沙及时进行洒水湿润,对于已成型但失水严重的风积沙表面也必须经常进行补充洒水。对施工便道,也应经常进行洒水。在设计上,对取土场进行强制性规定和整体规划,只能集中取土,而且对取土深度给予限制,防止乱挖、超挖对环境的破坏。同时对边坡进行植草防护,可防止风蚀现象,饱和公路的路基,减少对环境和周围耕地的污染,并且也美化了环境。

3.3 风积沙上车问题

在进行第2层以上风积沙施工时,经常存在风积沙运料车辆在风积沙上误车的现象。由于风积沙本身属于不稳定材料,表面由于失水后翻沙现象严重,所以车辆在风积沙表面上误车现象严重。在上料前,必须对风积沙表面大量洒水湿润,有条件的也可采取小推排压对表面进行密实,或者采取竹笆片、木板修筑临时车道,防止误车,但比较烦琐。风积沙料车上路的坡道必须采用级配合理的砂砾或碎石渣修筑,坡道的方向为倒车方向,以便料车直接倒挡驶入卸料点,防止重料车在风积沙上停车、掉头而误车。

3.4 风积沙渗水问题

风积沙路基填筑到一定的高度并高出便道后，风积沙路基内一部分水在重力和上层压力的作用下，将逐渐渗出边坡，流到便道上。渗水造成边坡坡脚坍塌，并浸泡便道，造成便道损坏，严重影响交通。所以必须严格控制风积沙的洒水量，不可盲目地进行大量的洒水。同时也必须采取排水措施，保护路基坡脚和便道。在便道上，每隔一定的距离，挖设排水盲沟，盲沟内填粒径 2～4cm 的碎石。但由于渗水连同风积沙一并流入盲沟，常造成流水堵塞，效果不太明显。也可直接挖设一条浅沟，但对交通稍微有些影响。或者每个一定的距离在坡脚处挖设直径 50cm 左右的集水井，人工再进行排水。沿坡脚方向，采用黏土修筑挡水埝，将渗水引向盲沟、浅沟或集水井，防止渗水到处乱流。

4 风积沙施工

风积沙是补缺盐渍土地区路基材料，风积沙不同于一般常规的路基填料，在施工中必须采取特殊的施工工艺和压实方法，以保证路基的质量。

风积沙分为三类：Ⅰ类为无塑级的不良沙，分质量小于总质量的 5%；Ⅱ类为有塑级配不良沙，土中组分质量小于总质量的 5%；Ⅲ类为细粒土沙，土中质量小于总质量的 5%～50%，其特点为塑性指数较大。其中一类风积沙采用饱水表面振动压实仪试验，确定其最大干密度，其余风积沙采用重型击实仪试验，确定其最大干密度。风积沙路基填筑施工要注意解决施工用水、洒放水及碾压的问题，以及做好施工准备，以便在使用压路机等机械时能有效克服施工机械在风积沙路基上陷车、打滑等不良问题，克服在雨季施工防冲刷。

4.1 摊铺平整

风积沙堆卸前，在预定填筑面内的周边填筑 AB 料宽 50～100cm，按照压实工艺规则要求，虚铺厚度 30cm 和 35cm 两种，用推土机粗平，平地机精平，并使表面平整，采用 20T 重型振动压路机碾压。防陷车、打滑时，在风积沙堆卸前计算材料的用量，同时在车行区采用 AB 填料。

4.2 碾压

碾压设备采用重型振动压路机（质量 20t）进行压实，压实顺序按先两侧后中间，先慢后快，先静压后弱振、再强振的操作程序进行碾压。压路机的最大碾压行驶速度不超过 2～3km/h。现场由试验人员对压路机碾压速度及碾压遍数进行记录。先后碾压区交接处应互相重叠压实，纵向搭接长度 2m，沿线路纵向行与行之间压实重叠不小于 0.4m。根据不同松铺厚度对不同压实遍数进行对比试验以确定压实参数。第一层，松铺厚度为 30cm，先静压两遍，再弱振碾压两遍，然后进行强振碾压，在碾压第 5 遍即强振碾压 1 遍以后，由现场试验人员进行试验检测，每碾压一遍后检测两断面，检测项目为 K_{30} 四个点（即距路基边缘 2m 处 2 点，中间 2 点），孔隙率随 K_{30} 一起检测四点。直到检测结果达到规范要求的压实标准，经监理工程师确认并签字后，开使第二层填筑，在摊铺第二层时，除松铺厚度调整以外，所有操作人员，机械设备不得调整。这样可以客观地反映人为因素引起的试验检测结果，更好地达到试验段的试验目的。第二层松铺厚度为 35cm，经试验人员检测当含水率在最优含水率±2%时，开始摊铺填筑，按第一层检测项目做试验，直至试验合格。

4.3 风积沙含水率控制

沙料的含水率一般为 1.9%～3%，但经历了运输与摊铺等多种流程，细料中的水分会大量蒸发，摊铺完成后，原料的含水率会降低至1%～2%，这种含水率的细料根本达不到施工要求。因此，施工人员必须对填料进行补水，以便保证在施工碾压过程中，细料的含水率能达到施工标准。最有效的补水办法是，在取料场附近打1～2口机井，直接在土场灌水，增加料源含水率，在填料摊铺完成后，如果还有水量不足的问题，则要用洒水车进行洒水，务必使碾压前填料含水率达到7%～11%，这样，及时细砂料在碾压过程中出现水分流失，其实际含水率也接近最佳含水率。为了防止填料水分蒸发过快，每个填筑区段不宜过长，每段长度宜控制在50m内。

4.4 保水措施

压实施工中，最重要的是保持沙土的含水率，如果沙土的水分不够，即使在压实完成后，沙层表面5～10cm也会因为水分流失而迅速膨胀，最后被风吹走。为了解决这个问题，在施工中可以采取以下几种办法。

4.4.1 水源好地区

(1)在每层填料上土摊铺之前，先对底层填料用水湿润，再行摊铺碾压。

(2)在路基的路堤本体填筑完成后，要洒水保持路基表面的湿润，然后在表面覆盖厚度30cm的黏土，顶部做好横向排水坡，用压路机碾压后封闭。

(3)路堤边坡在刷坡后先补给水分，并覆盖厚度25cm的黏土包坡，最后用挖掘机铲斗拍压密实封闭。

4.4.2 水源差地区

路堤先堆卸一层风积沙，推平后在风积沙表面即时推一层AB料，再进行碾压，在填筑前路堤两边先填AB料作为周边防护。

5 填后要求

为了更好地预防雨水、风蚀现象，施工中，当路堤填至设计标高后或者有一段时间的停工时，施工人员必须对风积沙顶面和边坡做好临时封闭，通常虚铺厚度为10cm的黏土或碎砾石进行全封闭。在路基交工时，还应对风积沙路基填筑的边坡进行防护，防护形式一般采取网格防护，并在网格内回填种植土植草。

6 小结

面对风积沙路基填筑施工，严格按照路基施工工艺进行路基填筑至关重要。由于风积沙填筑路基地区易产生沙尘暴，风力大，能见度低，风积沙路基分段完成后，施工单位要注意对路基成品进行保护，做到完成一段防护一段，积极防止风积沙被风吹起污染环境，以便全面提高文明施工及质量。

参考文献

[1] 中华人民共和国行业标准. TB 10101—2009 新建铁路工程测量规范[S]. 北京：中国铁道出版社，2010.

[2] 中华人民共和国行业标准. TB 10414—2003 铁路路基工程施工质量验收标准[S]. 北京：中国铁道出版社，2004.

浅谈福州地铁二号线第五标段盾构机选型

曹树辉

（中交三公局工程总承包分公司　北京　100124）

摘　要：近年来，随着国内城市和轨道交通工程建设的蓬勃发展，盾构法作为一种先进的隧道施工方法，越来越频繁地出现在人们的视野中，它也凭借其高效率和对施工环境的高适应性，而越发广泛地为人们所采用。作为开发繁华城市地下空间的一种施工工法，其安全性、可靠性影响着在城市中生活的大多数人，所以盾构机选型正确与否是盾构隧道能否优质、安全、快速建成的关键环节。在此，本文以福州地铁二号线第五标段盾构区间工程为例，对盾构机选型做了浅要论述，以供在其他城市的盾构隧道施工过程中借鉴与参考。

关键词：福州地铁　盾构机　选型

1　引言

盾构机是集机、电、液、传感、信息技术于一体的地下隧道施工机械，可在不影响地面现状的前提条件下完成隧道施工全过程，大幅提高施工效率和安全性，并降低施工的成本，在如今的地下隧道工程施工中已不可或缺。为此，本文针对福州地铁二号线工程、水文地质条件及周边环境特点，在充分汲取一号线施工经验的基础上，从盾构机整机类型和设备配备等方面入手经比选确定适合的盾构机型，确保盾构隧道施工安全可控。

2　工程地质概况

2.1　工程概况

福州市轨道交通2号线第五标段主要施工内容为两站两区间，分别为桔园洲站、洪湾站、桔园洲站—洪湾站区间（以下简称桔洪区间）、洪湾站—金山站区间（以下简称洪金区间），如图1所示。

桔洪区间（YDK20＋853.339～YDK21＋284.215），总长度430.876m，采用盾构法施工。本段线路出桔园洲站后，沿金祥路中向东行进至洪湾路口设洪湾站，区间两侧主要为金山桔园龙苑小区、金山桔园吉苑小区、吉元小区、中庚国际华府、金城湾小区等建筑物；线路北侧有横江渡河，线路与河流水平距离约30m；线路于里程YCK21＋0.00处下穿洪湾河，桥采用钻孔灌注桩，桩长约29.42m，桩径约1.2m。拟建区间两侧建筑物密集，城市道路、金祥路地下管线密集，地表周边有河流，环境较复杂。本段区间不设联络通道。

洪金区间（YDK21＋491.115～YDK22＋564.932），全长1073.817m（金山站因占地问题导致车站站位未确定，本区间里程为暂定），采用盾构法施工，设1处联络通道兼区间泵房。本段线路出洪湾站后，沿金祥路中向东行进至金洲南路路口，设金山站，区间隧道两侧主要为金山碧水小区、横江渡河、林洲西路桥、丽景天成小区、翠榕苑、摘仙苑、金山小学等，两侧建筑物密集，金祥路规划宽度为32m，现状路面宽为32m，车流量较大，下方管线密集。拟建区间在里程YCK21＋244.447～YCK21＋588.500段北侧紧临横江渡河，河道走向与区间走向一致，并在YCK21＋588.500处下穿横江渡河，河宽约14m。本段区间共设1处联络通道兼区间泵房。

图1　福州地铁2号线5标平面

2.2　区间地质水文概况

桔洪区间为全断面砂层，具体为粗中砂＜2-5-2＞层：浅灰、灰黄色，稍密～中密，饱和，矿物成分为长石、石英、少量云母，级配良好，黏粒含量小于5%，局部夹淤泥薄层，分布连续，粗中砂（稍密）标贯击数平均值为10击，粗中砂（中密）标贯击数平均值为22击。结构底板埋深约16m，上覆土厚度约9.5m，左右线间距14m，最小平曲线半径为3000m，线路纵坡为4.2‰。地下水主要受潜水影响，水位埋深1.00～4.10m，主要接受侧向径流及越流补给，以侧向径流、人工开采方式排泄。

洪金区间穿越底层上部为粗中砂＜2-5-2＞层、下部为淤泥质土＜2-4-2＞层，局部为淤泥中细砂互层＜2-4-3＞层，淤泥质土＜2-4-2＞层：深灰色，流塑状态，含少量砂、腐殖质（有机质含量约2.52%），有腥臭味，切面光滑，干强度及韧性中等，土质均匀，$Es_{1-2}=3.1MPa$，$\alpha_{1-2}=0.74MPa$，高压缩性，连续分布。淤泥中细砂互层＜2-4-3＞层：深灰色，流塑状态，饱和，夹薄层中细砂，呈千层饼状，有腥臭味，摇振反应慢，切面粗糙，干强度及韧性低，土质不均匀，$Es_{1-2}=3.2MPa$，$\alpha_{1-2}=0.77MPa$，高压缩性，分布不连续。粗中砂（中密）＜2-5-2＞层：浅灰、灰黄色，稍密～中密，饱和，矿物成分为长石、石英、少量云母，级配良好，黏粒含量小于5%，局部夹淤泥薄层，分布不连续，标贯击数平均值为21击。结构底板埋深约16m，上覆土厚度约9.5m，左右线间距14m，最小平曲线半径为1200m，线路纵坡为25‰。地下水主要受潜水影响，局部局承压性，水位埋深1.30～3.80m，水位标高4.65～7.35m，含水层主要为粗中砂（稍密）＜2-5-2＞层、粗中砂（中密）＜2-5-2＞层，主要接受侧向径流及越流补给，以侧向径流、人工开采方式排泄。

3　盾构机选型

3.1　选型依据

盾构选型的依据是以保持工作面稳定，减少对环境影响为目的，根据工程地质和水文地质、隧道埋深、地下水位、隧道断面、环境条件、沿线场地、衬砌类型、工期、造价、辅助工法的使用,设计路线、线形、坡度等,进行经济技术比较后,选择适当的盾构机型。

3.2 盾构类型的选择

盾构选型既包括整机类型的确定问题,又包括所确定类型的盾构设备配置问题,其中盾构整机类型的选择核心在于保证开挖面的稳定,而土的塑性流动性、土的渗透系数等对开挖面的稳定非常重要,其次地下水的含量及水压往往要与土的塑性流动性及透水性结合考虑,高水压、高渗透性的情况是非常不利的。

(1)在通常情况下,富水地段盾构类型选择与地层渗透系数之间的关系如图 2 所示。

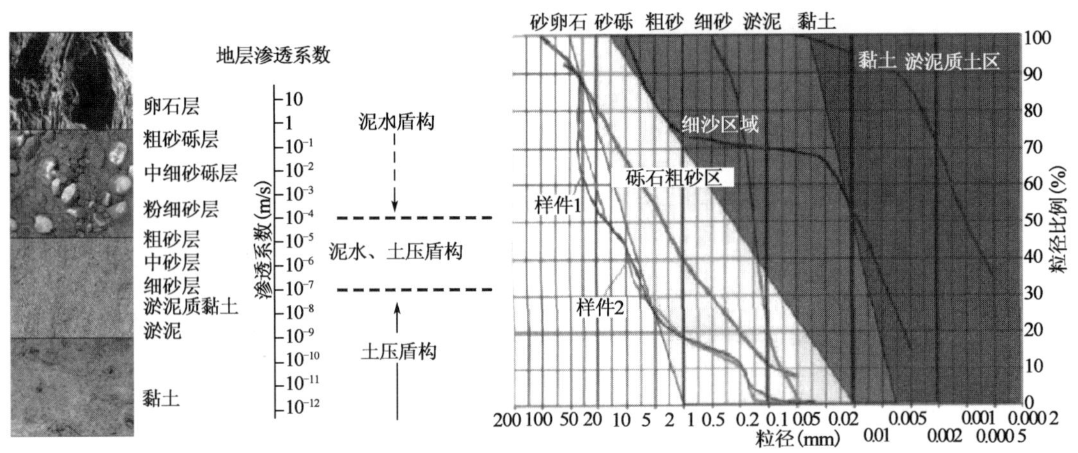

图 2 地层渗透系数与盾构选型关系、颗粒含量与盾构选型关系

本标段盾构区间隧道施工范围内地层大部分为砂层,其中桔洪区间大部分为粗中砂,洪金区间上部为粗中砂、下部为淤泥质土,局部为淤泥质粉细砂层(具体情况如图 3 所示)。区间地层渗透系数均小于或等于 10^{-4}m/s,故土压平衡盾构机或泥水平衡盾构机均适用。

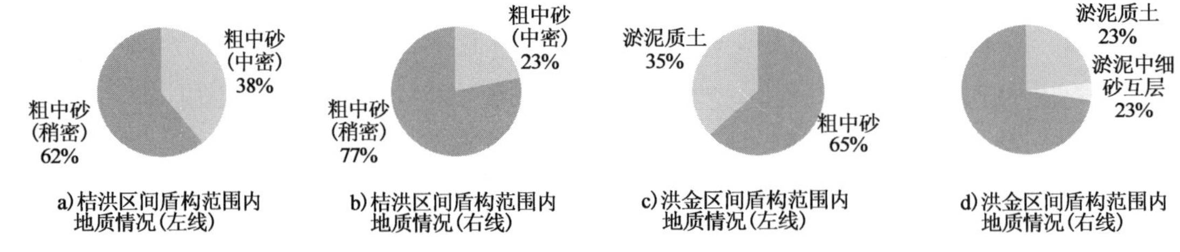

图 3 盾构区间范围内地质情况分析

(2)下面就这两种盾构机型式,结合福州地铁二号线的实际情况,从土质适应情况、施工控制、工期、场地条件、环境保护、成本等方面进行比选,综合比较见表 1。

盾构机选型比较 表 1

比较项目	泥水加压式盾构	土压平衡式盾构	本标段适用情况
地层适应性	适合淤泥质黏土、粉土、粉细砂等各类软土地层	通过调节添加材料的浓度和用量适应不同地层	均可
开挖面稳定能力	较好	好	均可

续上表

比较项目	泥水加压式盾构	土压平衡式盾构	本标段适用情况
施工场地	需泥浆处理场，施工场地较大	施工场地较小	土压明显占优
地面沉降控制	压力控制精度高，对地面沉降控制精度高，更适用于大直径的盾构掘进机	压力控制精度相对较低，对地面沉降控制精度相对较低，但通过合理的辅助工法可以实现平稳施工控制，更适用于中小直径的盾构掘进机	泥水占优
对周围环境影响	泥浆处理设备噪声、振动及渣土运输对环境产生影响较大	渣土运输对环境产生一定影响	土压占优
施工存在问题	水土不易分离，泥浆处理困难	地表沉降控制与施工人员的施工经验关系密切，需经验丰富的盾构操作手	由于场地限制，土压占优
设备费用及经济性	泥水处理设备费用高	较泥水盾构低	土压占优
止水性	在完全密封的条件下，故不会喷发	通过土砂管理及加入添加剂，可防止喷发，但比泥水盾构差	泥水占优
方向控制	地层与盾构之间有泥浆润滑，方向易控制，推力小，施工容易	盾构周围地层压密，千斤顶推力大	均可，泥水占优
开挖效率	泥浆循环分离费时，泥浆管理难	加入合适的添加剂后增加流动性和止水性，可提高掘进效率；添加剂管理容易	工期较紧，土压占优

泥水平衡盾构由于需对泥浆进行处理而占用较大施工场地，虽然对地层扰动较小，但其泥浆处理却对周边环境影响较大，且费用昂贵，每延米综合价格高。泥水平衡盾构在主要在高水压饱和粉细砂地层中对控制开挖工作面稳定性、地表沉降方面及保证施工进度方面优于土压平衡盾构。土压平衡盾构具有施工占地少，排土效率高，掘进速度快，对周围环境无污染等优点。通过选择合适的盾构主体、刀具、推进系统、添加剂、辅助设备和措施，可适用于不同地层。

综上所述，并根据国内其他城市已开通运营线路建设情况及福州地铁1号线建设情况，以及本段区间行进于市政道路下方，地下水位埋深浅，开挖断面内主要为软土和砂土，宜采用土压平衡式盾构施工。

4 复合式土压平衡盾构基本参数确定

土压平衡盾构设备配置问题是盾构选型成败的另一个关键，根据对招标文件和设计文件的理解和分析，通过对现场的踏勘，结合对福州市地质条件和其他条件的深刻认识，考虑了后续（市场）施工遇到的复合地层，针对性地采用以下思路进行盾构机的设计。

（1）合适的刀盘开口率：本盾构机刀盘的开口率为34%，能够实现较高的掘进效率，同时可防止产生泥饼，适合在黏土、砂土、卵石地层等的掘进；同时又可以更换为全滚刀刀盘，保证在硬岩地层掘进。

(2)合理的主轴承尺寸。本盾构机配置直径为2900mm的主轴承,可合理地布置人舱(安装于隔板上部)等部件,轴承受力更合理均匀,使其具有较高的使用寿命,同时牛腿间有较大的空间,刀盘的后部还设有搅拌翼,便于渣土的搅拌及流动,可有效地防止土仓隔板泥饼的形成。

(3)足够的强度、刚度充分考虑了在复杂地层施工情况。复杂地层施工中,高的刀盘刚度和强度是盾构挖掘的保障。本盾构机刀盘质量约55t,材质选用Q345B钢板,采用面板式、中间支撑结构,刀盘受力更为均匀,并对刀盘进行了严格的计算和分析,保证刀盘具有较高的强度和刚度,在复杂地质条件下刀盘不会发生变形、裂纹、断裂等。

(4)增大土体改良力度。合理配置了多台添加剂注入设备,可满足加泥、加泡沫、加水等的要求,并在刀盘上、隔板上、固定搅拌翼、螺旋输送机上合理地布置了一定数量的添加剂注入口,满足在复杂地层中掘进的需求。

(5)大功率配置。本盾构机配置10台90kW的变频电机,具有较大的扭矩和转速,可适应不同地层的掘进需要。

(6)先进的轴承密封性能。主轴承密封性能好,能够实现密封静压1.5MPa、动压1.0MPa。

(7)更有效的刀盘磨损检测装置。在刀盘面板上采用暗埋管道的结构,通过向管道内注入液压油,可以区域性地检测刀盘的磨损状态。

(8)先进的螺旋机双闸门。盾构机在地下水丰富的地层掘进时,螺旋机出土口可能会出现地下水喷涌的情况,有效地减少泥水的喷涌,螺旋机出口采用双闸门的形式。

(9)刀具更换的便捷性。为了便于中心回转接头处刀具的更换,在与中心回转节连接的刀盘外采用了外凸的形式。

针对工程重难点及盾构特点,其设备配置重点在于刀盘选型及刀具配置、换刀系统、盾尾密封系统、主轴承密封系统。

4.1 刀盘选型及刀具配置

刀盘装置由切削机构(刀盘)、超挖机构(仿形刀)及刀盘驱动装置构成。超挖机构安装在刀盘内,利用安装在刀盘背部中心的旋转接头,将刀盘内的超挖机构、磨损检测和注水管与盾构机内部相连。刀盘及刀具作为盾构机前进的牙齿,关系着盾构法施工成败的关键。虽然本区间段主要为淤泥质土、粗中砂等软弱地层,但是考虑到后续沿用性,可能在软、中硬等复合地层掘进,不排除有卵石、孤石及古河道沉船、铁锚等异物,同时盾构穿越部分全断面砂层,对刀盘刀具磨损较大,为此考虑刀盘进行高配置。

为了刀盘能够满足在大开口率的条件下布置更多的刀具刃数,拟采用下述面板式结构的刀盘,结构如图4所示。

4.2 主轴承密封系统

主轴承作为盾构机的核心部件,其使用寿命及完好率直接关系整个工程的成功与失败,拟采用的盾构机主轴承密封内、外周密封各采用三道,每道密封有8个注脂口,共用16道,每道密封圈又有4个密封腔,动压力可以达到1.0MPa,可以有效地隔离土砂进入主轴承密封圈,具体结构如图5所示。

4.3 盾尾密封系统

盾构法施工整体来讲是一项安全性较高的隧道施工工法,但在长距离及富水和渗透性强的地质情况下，随着盾尾钢丝刷的磨损，极易出现盾尾喷泥涌水等事故，盾构选型中对于盾尾钢刷的设计及更换方案极其重要。本次选用盾构设置了 3 道盾尾刷（前 1 道为隧道内可更换形式）和一道止浆板，如图 6 所示。

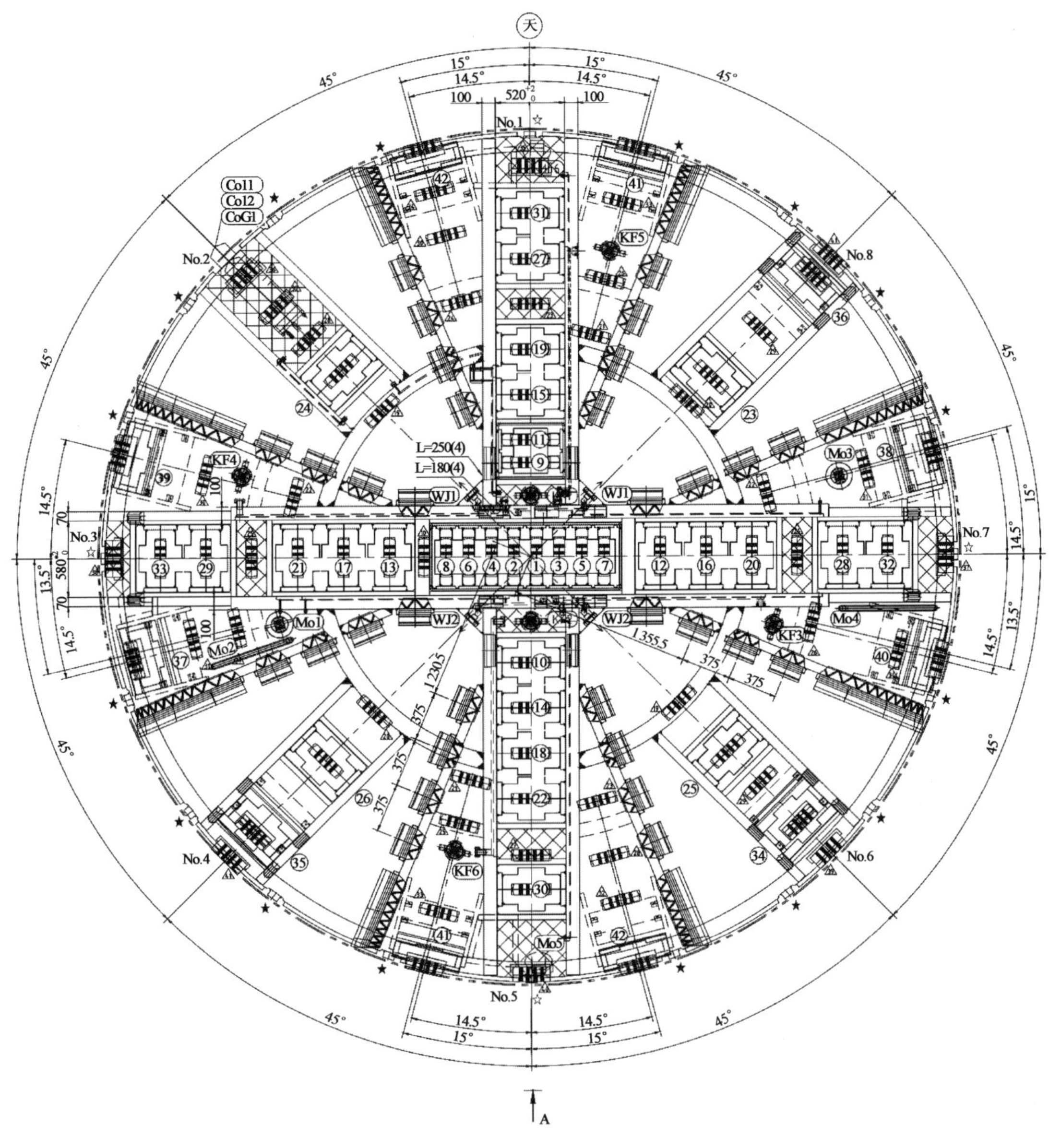

图 4 主轴承密封系统

盾尾钢丝刷可以提高对管片高低差的适应性，通过填充材料的堵塞，形成防水层，提高止水性能；内侧保护板可以防止钢丝刷的磨损、倒转；外侧保护板有一定的恢复能力（保持钢丝的形状），防止最尾端（土层）黏附壁后注浆材料；钢丝刷压销起到固定钢丝刷的作用；钢丝刷压板用以和盾构机主体的连接。

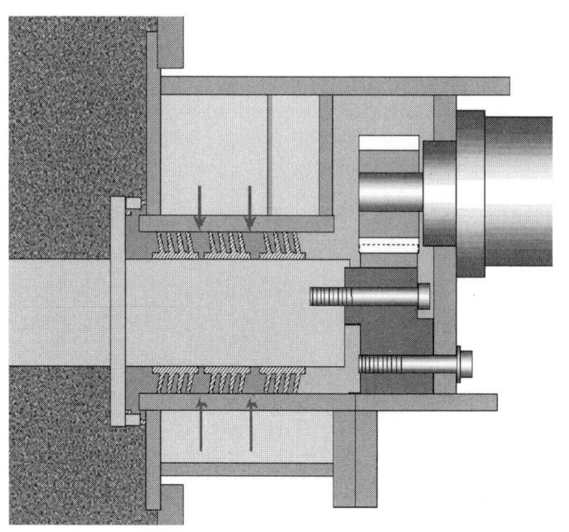

图5　主轴承密封圈结构

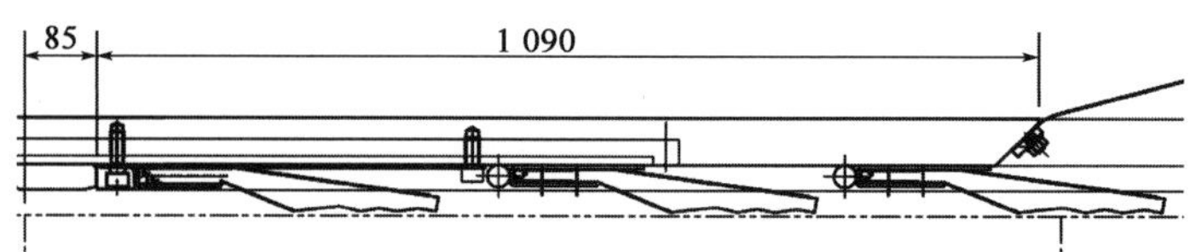

图6　盾尾刷设计图(尺寸单位:cm)

5　结语

盾构机作为盾构法施工的专用设备,只有在施工之前根据实际地质情况及地表、地下构筑物来对其主要系统的功能进行选择性配置,同时考虑施工风险,才能在后续的施工过程中减小事故发生率、提高施工整体效益。

参考文献

[1] 宋克志,王梦恕. 浅谈隧道施工盾构机的选型[J]. 铁道建筑,2004(8).

[2] 李鹏程. 上海地铁M8盾构选型风险分析[J]. 西部探矿工程,2008(11).

[3] 张松杰. 浅谈盾构的选型与关键参数的选择[J]. 山西建筑,2009(10).

[4] 福州地铁复合式土压平衡盾构采购合同附件技术文件.

浅谈龙门吊滑触线供电在预制梁场的应用

尹　威

（中交三公司工程总承包分公司　北京　100124）

摘　要：介绍 RTG 油改电的 3 种方案作比较，本公司预制梁场从中启发选择低架滑触线供电方式作为现场施工方案，阐述该方案设计内容及其实施情况以及该方案实施后取得的效益。

关键词：龙门吊　节能　底架滑触线供电　应用

1　引言

集装箱码头堆场装卸采用轮胎式集装箱起重机（简称 RTG）作业，依赖自身配置的柴油发电机组供电，不但效率低、能耗大，且随着国际原油市场的动荡及燃油价格的不断上扬，RTG 的运行成本不断攀升。同时 RTG 柴油机组供电方式存在维护量大、运行中废气排放高、噪音大等缺点，与环保要求有很大的出入。国家在“十一五”规划中明确提出节能降耗和污染减排的目标，因此对传统 RTG 进行节能改造具有非常重要的战略意义。目前传统 RTG 节能措施主要有两大类，一是对轮胎吊原有柴油发电机组进行改造和优化，从而降低能源消耗；二是采用市电取代柴油发电机组供电，简称“轮胎吊油改电”。由于采用市电供电，RTG 除转场作业外，柴油发电机组被彻底取代，可以大幅降低 RTG 运行成本和能耗成本，是一种非常彻底的节能方法。本文着重对轮胎吊油改电方案在集装箱港区堆场的应用进行研究，并介绍其在本项目预制梁场的应用。

2　工程概况

东昌路分离式立交是新建高速公路京秦线第 7 标段的一座大型桥梁，桥址位于天津市蓟县礼明庄开发区，全长 771.43m。东昌路分离式立交上部结构以 30m 正交先简支后连续预应力小箱梁为主，跨越东昌路采用 31m 斜交 92.5°预应力小箱梁以及 40m 预应力小箱梁，斜交 92.5°，共计 250 片。预制小箱梁为单箱结构，底宽 1m，顶宽 2.4m（边梁 2.85m），梁高 1.6m，梁顶预制横坡度 2%；小箱梁横隔板垂直于半幅中心线布置，半幅跨中隔板处设箱内隔板加强。箱梁均在自建梁场预制。

3　龙门吊供电方案

就目前供电方案而言，主要区别在于供电方式不同。主要有电缆卷盘供电、低架滑触线供电和高架滑触线供电三种方式。

3.1　电缆卷盘供电方案（常规）

电缆卷盘供电方式的供电系统由电缆卷盘、控制系统、电缆沟、电缆快速插头、地面接线箱等共同组成。当 RTG 沿堆场跑道行走时，由电缆卷盘的控制系统根据 RTG 行走时上机电缆的张力，通过变频控制来调节电缆卷盘的收放，使之与 RTG 的行走速度相匹配，以保证上机电缆的安全。上机电缆经导缆架引导进入电缆沟，电缆端部通过快速插头与地面接线箱连接获得市电。

3.2 低架滑触线供电方案

低架滑触线供电方式的供电系统由滑触线馈电装置、集电小车及柔性牵引连接装置、上机电缆快速连接装置等共同组成。采用刚体滑触线作为 RTG 供电的导体。一般架设高度为 2～3m，每隔 30m 左右必须有一个电杆作为支撑。

3.3 高架滑触线供电方案

高架滑触线供电方式的供电系统由滑触线馈电系统、RTG 取电装置等组成，以电车铜滑触线作为载流导体架设在 RTG 顶上。一般架设高度在 25m 以上，塔架间隔距离约为 150m。

4 低架滑触线供电方安的选择

4.1 滑触线输电工作原理

在工作场架设电网供电的滑触线供电线路，当龙门吊在区内作业时，所需电力由滑触线供给，龙门吊沿滑触线移动，实现对整个生产区的工作覆盖。

4.2 供电的线路走势

从供电站引高压电源至现场，经现场内变压器转换成龙门吊所需的电压（如 380V）到各条滑触线前的电源柜内，电源柜内设有用于保护的断路器，经断路器直接接到架设于立架上的滑线上供 3 相 4 线电源，经集电小车和供电电缆供电到龙门吊的操作室内，经操作内的插头、插座引电到机上。龙门吊大车上设置牵引装置，牵引着滑触小车一同随龙门吊大车一起滑走，以实现龙门吊移动式滑触供电方式。滑触线输电方式类似于城市无轨电车方式。

变压器容量大小的计算如下：场内龙门吊分为 5t 和 90t 两种，最大供电容量分别为 16kV·A、30kV·A，一共各有 2 台电动龙门吊接入滑触线工作，整体的龙门吊电容量为 $16\times2+30\times2=92$kV·A。考虑到 4 台龙门吊有些在上升作业、有些在下降作业、有些处于待机状态，故计算时应取一个同期系数，根据实际的测试及经验所得，同期系数取 0.6～0.7，故现场供电变压器总的容量理论采用 64.4kV·A。

低空滑触线高度的设置一般有两种：一种高度约为 3.5m，主要考虑的是安全需要；另一种高度约为 2.5m，主要考虑到在地面维修的方便性。此外，滑触线的布置方式也有两种：一种为单排的供电方式，即立架上只设一排的滑触线供电；另一种为双排的供电方式，即立架上设左右两排的滑触线供电，每一排都装设三相四线的滑线，以供两倍数量的龙门吊工作。考虑到实际生产情况和安全，本公司预制梁场采用高度为 3.5m、单排式滑触线。

5 滑触线供电现场安全措施

建立健全的日常检查和维修保养制度，设持证专业人员和安全员责任制，落实和保证日常检查、维修和保养，并对各项检查、维修、保养情况做相应及时准确的记录。供电前对滑触系统认真巡查，确保用电环境安全，龙门吊使用完后关闭系统电源，每个电杆安装防爬梯，挂设安全警示牌等。

6 滑触线供电优点

(1)导轨周围用高性能工程塑料绝缘。耐酸碱腐蚀,阻燃性好。集电器在运行时人体及异物接触不到导轨,杜绝触电事故,保证使用安全。导轨及集电器防护性能好,不积灰尘。集电器与导轨接触良好、压力均匀、跟踪灵活,运行平衡可靠。

(2)输电导轨导电性能极好,散热较快,并用电流密度高,阻抗值低,线路损失小,电刷由具有高导电性能,高耐磨性能的金属石墨材料制成。受电器移动灵活,定向性能好,有效控制了接触电弧和串弧现象。

(3)龙门吊改动量少,只需加装一个插座插上滑触线的电源和一些联锁保护即可。

(4)同一场区后续龙门吊直接接入滑触线上的供电电缆后就可工作,不需要增加额外大的费用。

(5)节能减排性好,低空滑触线节能量为70%~80%,完全消除噪声及废气。

(6)系统造价综合经济性较好,设备的使用寿命长,维护成本低。

7 滑触线供电分析

(1)节能减排、环保效果方面:交通运输节能减排重点项目"轮胎吊油改电"已得到广泛应用,滑触线供电方式正常使用电力供电,完全无废气及噪声排放,起到真正的环保效果,相对于电缆卷筒,不会随着使用电缆的加长造成较大的压降和功率损耗。

(2)操作性能方面:滑触线方案的处置是连续的,它能使龙门吊在滑触线的地方横向跨区不间断作业,同时它所引用的电源至龙门吊上几乎无压降,所以启动作业时无任何影响。

(3)安全性能方面:滑触供电方式已在港口及地铁、供电城市交通等领域得到广泛使用,除配备安全的防护,如电源绝缘或隔离防护外,人为的防护尤为重要。同时杜绝了电缆卷筒式电缆被刮擦等造成破皮漏电的隐患。

8 方案设计概况

8.1 设计指导思想

龙门吊工作时,架空滑触线应保持平直,即滑触线与地面道路应保持平线。改造后的龙门吊要求滑触线距地面高度为3.5m。根据工艺要求并结合场地条件,本工程采用预制水泥电杆作为电线的支撑结构,在场地内顺轨道每间隔35m设置高度为3.5m托架,两端头为加强支撑结构,同时为滑触线提供锚固点。滑触线采用双沟铜滑线,其具有运行可靠、降压小、造价低、通用性强等多种优点。用电线杆将双沟铜滑线架设在3.5m高空中。保证其区域性工作,几根铜滑线水平放置,间距为300mm均匀布置,铜滑线端部采用滑轮或者加以配重以保证其能安全可靠地处于水平紧张状态,保证龙门吊的可靠供电。线路防雷采用避雷针作为接闪器,利用顺电杆预埋作为引下线,接地装置利用建筑物基础内钢筋及基础槽外敷设的人工接地,供电系统与基础避雷带螺栓连接,基地装置的接地电阻不大于4.0Ω。

8.2 供电系统设计

滑线供电采用TN-S供电系统,滑线电缆支架与固定支撑支架符合电气绝缘要求,滑线两端固定支撑加缆绳牵引加固,龙门吊导电电刷与支撑具有一定的机械强度,继电器与滑线接触面稳定，确保无脱扣现象，如图 1 所示。滑线供电开关单设单用，不容许另接入其他用电设备，滑触线安装采用三级绝缘措施，如图 2 所示，绝缘橡胶带固定滑触线位置、绝缘瓷瓶隔绝线路与电杆连接、绝缘板作为瓷瓶托架，将线路用电风险降到最低，且各个龙门吊配备有可熔断性保护器和专用开关，未使用状态下的龙门吊不予通电，工作完后的龙门吊关闭自身开关，停止施工时关闭整个滑触线供电，以确保用电安全。多台龙门吊共用一组滑线，设置一个地面总电源开关，各滑线分设三级漏电保护措施，当龙门吊上电器设备或滑触线的绝缘破坏或发生短路时，总电源短路保护装置立即动作使龙门吊断电，以免触电和火灾事故发生。

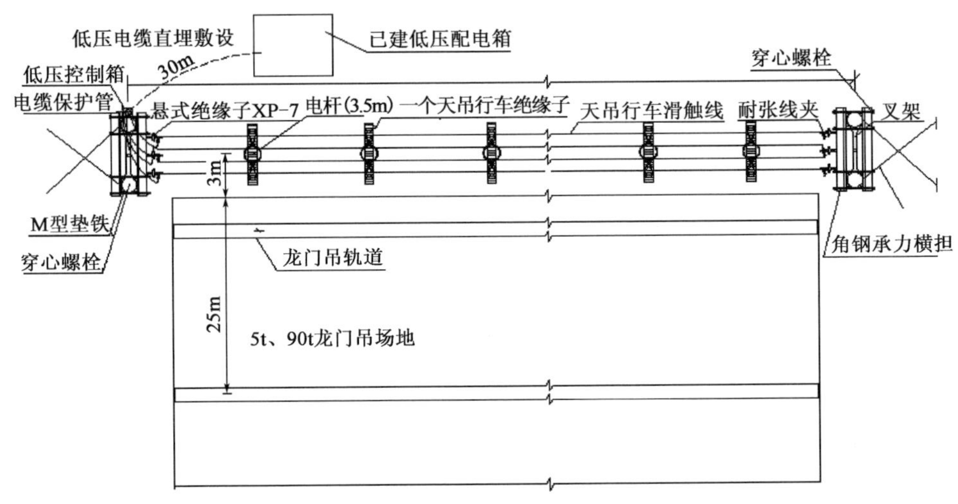

图 1　滑触线整体安装

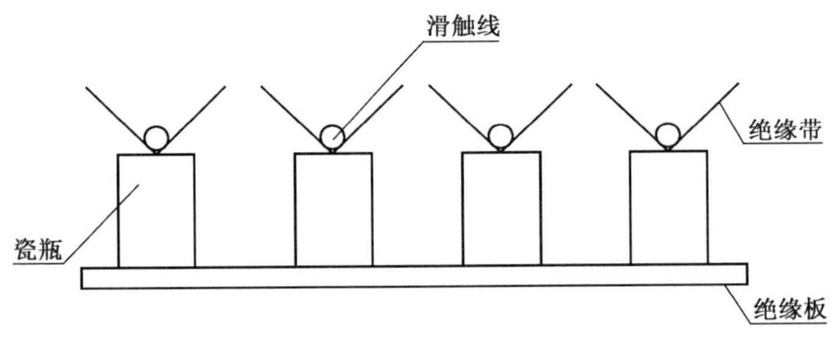

图 2　滑触线三级绝缘措施

9　方案主要难点

(1)本方案自身在施工中也处于摸索阶段，没有其绝对的相关经验，必须加强各个作业部门和现场间的沟通、协调，同时做好现场安全维护工作，以防人员及设备发生安全事故。

(2)本方案在高速公路预制梁场中运用较为创新，在今后使用中需不断积累经验，制订操作流程。同时对易耗件加强检查，制订详细的维护保养计划，确保系统正常。

10　效益

本方案在前期规划和实施阶段一致得到了天津市质监相关部门、业主及监理的肯定，并作为地标推广和运用考察项目试用点，为此方案今后的推广提供相关数据。此外，滑触线的使用完全杜绝了因卷筒式电缆被刮擦、缴伤等破皮漏电造成的安全隐患，保证作业时的安全和顺畅。

11 结语

企业是节能减排的主体，作为施工企业应继续认真贯彻落实国家节能减排政策、法规，以科学发展观为统领，执着创新，强化管理，走好资源节约、环境友好、质量效益型发展道路。

参考文献

[1] 中华人民共和国行业标准. JGJ 46—2005 施工现场临时用电安全技术规范[S]. 北京：中国建筑工业出版社，2005.

[2] 中华人民共和国国家标准. GB 50055—2011 通用用电设备配电设计规范[S]. 北京：中国计划出版社，2011.

浅谈水泥稳定碎石基层施工质量的控制

胡青松　王永胜

（中交三公局工程总承包分公司　北京　100124）

摘　要:通过连霍高速西宝改扩建 B-M06 标在建项目水泥稳定碎石基层的施工实践,对水泥稳定碎石进行介绍,详细阐述水泥稳定碎石在基层施工中质量控制的关键步骤。

关键词:水泥稳定碎石　基层　质量控制　注意事项

水泥稳定碎石是近几年新兴的用于高等级公路底基层、基层施工的一种半刚性路面结构形式。作为沥青混凝土的下承层,因其具有良好的板体性、水稳性和抗冻性,力学强度可视需要而调整以及整体承载能力强等优点,正逐渐受到设计部门和建设单位的青睐。但因其材料级配、水泥剂量,摊铺碾压、离析处理、成活时间及工后养生在实际施工中较难控制,稍有不慎,就会产生裂缝,厚度、强度不能满足设计要求等缺陷,导致沥青面层龟裂破坏,造成不可估量的损失。本文以连霍高速西宝改扩建 B-M06 标段水泥稳定碎石基层施工实践为例,浅谈水泥稳定碎石基层施工的质量控制。

1　工程概况

西宝高速公路是国家公路网连霍高速西安至宝鸡段,本标段起止桩号为 K266＋240～K291＋070,全长 24.83km,地处黄土高原、关中平原渭河走廊带,地势较为平缓。路面结构为 20cm 水稳碎石底基层、40cm 水泥稳定碎石基层、12cm 沥青混凝土 ATB-30 下面层、6cm 高模量沥青混凝土 AC-20 中面层、4cm 改性沥青玛蹄脂碎石 SMA-13 上面层。

2　原材料质量的控制与场地要求

2.1　水泥

水泥作为集料的一种稳定剂,其质量对集料的质量是至关重要的,施工时选用终凝时间长,强度等级较低的水泥。为了使稳定料有足够的时间进行拌和、运输、摊铺、碾压以及保证其具有足够的强度,不应使用快凝水泥、早强水泥和受潮变质的水泥,刚出炉的水泥停放 7d 才能使用。

2.2　碎石

碎石应满足质地坚硬、耐久、洁净、有良好的级配,基层最大粒径不超过 31.5mm,下基层碎石集料的压碎值不大于 24%,集料针片状 9.5mm 以上含量不宜大于 18%,4.75～9.5mm 针片状含量不大于 20%,粗集料软石含量小于 5%。石屑坚硬、清洁、无风化、无杂质,具有足够强度，0.075筛孔通过率不得大于7。

2.3 水

水应清洁，不含有害物质。来自可疑水源的水，应按照相关标准进行实验，未达规范要求，必须经监理工程师批准方得使用。

2.4 料厂

料厂应用水泥混凝土硬化，并有足够的面积，要认真规划，各种材料要有足够的面积整齐堆放，不同规格材料应用墙隔离开，界限清楚。需要作防雨措施的，一定要覆盖彩条布或建大蓬。检测合格的料一定要擦牌标识，并应便于机械装卸运输。

3 混合料的组成设计

混合料组成设计所要达到的目标是所设计的混合料组成在强度上满足设计要求，抗裂性达到最优便于施工。混合料组成设计的基本原则是结合料剂量合理、尽可能采用综合稳定以及有一定级配的集料。

混合料组成中，结合料的剂量太低则不能成为半刚性材料；剂量太高则刚度太大，容易脆裂。实际上，限制低剂量是为了保证整体性材料具有基本的抗拉强度，以满足荷载作用的强度要求。限制高剂量，可使模量不致过大，避免结构产生太大的拉应力，同时降低收缩系数，使结构层不会因温度变化而引起拉伸破坏。

集料应有一定级配，集料数量以达到靠拢而不紧密为原则，其空隙让无机结合料填充，形成各自发挥优势的稳定结构，并且保证水泥稳定碎石级配在施工过程中不离析，形成良好的骨架结构。

4 集料级配组成设计

根据规范和路面施工技术指南要求，对四种规格石料进行了筛分，通过对掺配比例反复计算和试配，确定合成级配见表1。

各种材料合成级配 表1

材料名称	材料掺量(%)					合成级配	级配范围	级配中值
	1号料	2号料	3号料	4号料	粉煤灰			
筛孔(mm)	25	30	19	20	6			
	各筛孔通过率(%)							
31.5	100	100	100	100	100	100	95～100	97.5
19	8.6	94.1	100	100	100	75.4	70～83	76.5
9.5	0.6	7.2	97.7	100	100	47.0	43～53	48.0
4.75	0.1	1.0	11.4	100	100	28.5	26～36	31.0
2.36	0.1	0.3	3.2	80.7	100	22.8	20～30	25.0
0.6	0.1	0.3	0.6	42.2	100	14.6	12～20	16.0
0.075	0.1	0.3	0.6	7.6	72.0	6.0	0～7	3.5

5 水泥粉煤灰稳定碎石振动压实及强度试验

根据上述设计的集料级配颗粒组成，采用3.8%、4.3%、4.8%三组不同的水泥剂量(外掺)拌料、击实、制作无侧限抗压强度试件，按照标准养护条件养护6d、浸水24h，检测7d无侧限抗压强度，试验结果见表2。

水泥粉煤灰稳定碎石混合料试验结果汇总 表2

水泥剂量(%)	最大干密度(g/cm^3)	最佳含水率(%)	无侧限抗压强度平均值(MPa)	标准差 S	偏差系数 CV(%)	代表值(MPa)
3.8	2.380	5.0	4.2	0.311	7.41	3.7
4.3	2.385	5.1	4.6	0.343	7.46	4.0
4.8	2.398	5.2	4.8	0.374	7.23	4.2

6 配合比的确定

(1)根据试验结果比较强度代表值和设计要求值，水泥剂量为3.8%时，强度满足路面施工技术指南要求。

(2)从防止底基层裂缝和施工中强度保证率，以及工程经济性考虑，设计水泥剂量选用4.3%。

(3)确定标准配合比为19～31.5mm：9.5～19mm：4.75～9.5mm：0～4.75mm：粉煤灰＝25：30：19：20：6，水泥剂量为4.3%，水泥粉煤灰稳定碎石底基层混合料最佳含水率为5.0%，最大干密度为2.380g/cm^3。

7 做试验段、总结数据，确定最终方案

碾压的两种方案和碾压后数据见表3(其他数据不一一列举)。

两种碾压方案及碾压后数据 表3

碾压方案	XSM220	XSM220	XSM220	XSM220	XP260	备注
方案一	静一遍	强振二遍	弱振一遍	弱振一遍	静一遍	
方案二	静一遍	强振一遍	强振一遍	强振两遍	静一遍	

第一个碾压段碾压完成后检测压实度为98.9%，第二碾压段碾压完成后检测压实度为99.1%。最后确定碾压方案为方案二，其速度见表4。

碾压方案及其速度 表4

碾压方案	XSM220	XSM220	XSM220	XSM220	XP260
方案二	静一遍	强振一遍	强振一遍	强振二遍	静一遍
速度(km/h)	1.5～1.7	1.5～1.7	1.8～2.2	1.8～2.2	1.5～1.7

8 施工前下承层的检查

进行下承层的外形检查、压实度检查和底基层沉降量检查，沉降量连续两个月小于2mm/

月。清除浮土及薄层“贴皮”部位。在施工前还要清除各种杂物及散落材料，洒水车间歇式洒水并保证下承层表面湿润。

9 混合料的拌和

（1）拌和时，根据批复的配合比调试好拌和站的生产配合比。拌和站设三个或四个料斗，各料斗出料数量由调速电机控制，水泥罐仓都配备有高精度的电子动态计量器，经过计量标定，且预先调试。生产前同监理工程师一块确定好出料曲线，并按水泥、集料与水的质量比例配混合料，并进行混合料的筛分检验级配。

（2）拌和前，应检查场内各种集料的含水率，以计算当天的外加水量（气温较高时，混合料的含水率应比最佳含水率高 0.5%～1%）。

（3）拌和后，及时取干混合料进行筛分试验，检查是否符合设计的配合比。同时进行混合料含水率、含灰量的抽检工作，每 1～2h 一次。高温作业时，早晚与中午的含水率根据温度变化及时调整。

10 混合料的运输

（1）运输车辆的数量应满足拌和出料与摊铺需要，并略有富余，摊铺机前不少于 3～5 辆自卸车等候。

（2）要经常检修车辆，保证生产用车无故障。

（3）装车时车辆应前后移动，保证装载高度均匀，并且用篷布覆盖以防止水分蒸发。

（4）严禁在强度未成型的水稳上行使。

11 混合料摊铺

（1）摊铺前路面底基层各项指标均要符合要求，并要清扫干净，洒水保湿。

（2）摊铺前应将底基层或基层下层适当洒水湿润。

（3）摊铺前检查摊铺机各部分运转情况。

（4）调整好传感器臂与导向控制线的关系；严格控制基层摊铺厚度和高程，保证横坡度满足设计要求。

（5）基层混合料摊铺应采用两台型号一样的摊铺机梯队作业，两侧挂钢丝（严禁人为对钢丝绳干扰），一前一后应保证速度一致、摊铺厚度一致、松铺系数一致、横坡度一致、摊铺平整度一致、震动频率一致等，两台摊铺机接缝平整。

（6）摊铺机应连续摊铺。如拌和站生产能力较小，在用摊铺机摊铺混合料时，应采用最低速度摊铺，禁止摊铺机停机等料。摊铺机的摊铺速度一般宜≤3m/min。

（7）在摊铺机后面应设专人消除粗细集料离析现象，特别应该铲除局部粗集料“窝”和“带”，并用新拌和的混合料填补。

（8）摊铺机的螺旋布料器应有三分之二埋入混合料中。

（9）根据松铺系数 1.30 确定松铺厚度（松铺系数由试验段得出），则松铺厚度为 20cm×1.3＝26cm。

（10）摊铺时派专人指挥车辆有序的卸料，并派人清扫履带下的石子、混合料料车应在摊铺机前 30cm 停住，不能撞击摊铺机。

(11)工地气温低于 5℃，严禁施工。雨季施工应特别注意天气变化，防止水稳料被雨淋湿，降雨时应停止施工，已摊铺的要尽快碾压密实。

12 混合料的碾压

(1)混合料经摊铺和整型后，应立即在全宽范围内进行碾压。直线段，由底侧向中心碾压；超高段，由内侧向外侧碾压。每道碾压应与上道碾压重叠，重叠宽度为 1/2 轮宽，使每层整个厚度和宽度完全均匀地压实到规定的密实度为止，压实后表面应平整无轮迹。

(2)每一碾压段长度约为 50m，采用 18～25t 三轮压路机和振动压路机，碾压程序为由轻到重、由低到高。

(3)碾压过程中，水泥稳定碎石的表面应始终保持湿润。如表面水蒸发得快，应及时补洒少量的水。发现“弹簧”现象及时处理换填。

(4)严禁压路机在已完成的或正在碾压的路段“掉头”或急刹车，以保证水泥稳定碎石层表面不受损坏。

(5)压路机倒车换挡要轻且平顺，不要拉动基层，在第一遍初步稳压时，倒车后尽量原路返回，换挡位置应在已压好的段落上，在未碾压的一头换挡倒车位置错开，要成齿状，出现个别拥包时，应配人工进行铲平处理。

(6)压路机停机要错开，而且离开至少 3m 远，最后停在碾压好的路段上，以免破坏基层结构。

(7)碾压宜在水泥初凝前完成，并达到要求的压实度，同时没有明显的轮迹，复压完成后，设专人用 3m 直尺逐尺检测，对不合格的点应及时处理。

(8)为保证水泥碎石基层边缘强度、厚度、标高、避免浪费水稳混合料，可以在两侧支钢型模板。

(9)压路机碾压时的行驶速度，稳压、弱振为 1.5～1.7km/h，以后各遍为强振时应为 1.8～2.2km/h，光面压路机碾压速度为 1.5～1.7km/h。

(10)严禁用薄层贴补发找平，如有局部低洼，采用翻松后添加新拌和料重新碾压，否则应挖除返工。水泥稳定碎石具有不可再塑性，缺陷修补要在允许的延迟时间内完成。

(11)压实度检测应该随压随检，压实度不足应该立即补压。用 3m 直尺逐段检测平整度，发现异常马上处理。

13 养生与交通管制

(1)碾压段完成后经压实度检查合格后开始养生。

(2)湿润的麻袋片覆盖在基层顶面，2h 后开始洒水，次数视气候而定，在 7d 内保持湿润状态。

(3)洒水车洒水养生时喷头要用喷雾式，不得用高压喷管，以免破坏基层，在 7d 的养生期内洒水车在另外一侧车道行驶。

(4)养生期间封闭交通。

14 接头处理

(1)横缝设置是将已碾压成型的混合料在混合料的末端不符合高程和平整度要求的部分挖掉,使横缝形成与路中心线垂直向下的断面。

(2)再碾压时,洒水湿润横断面茬口,人工仔细找平,使接缝平顺、密实。

(3)桥头搭板多为阶梯状,摊铺机铺不到的位置由人工摊铺、仔细抹平,压路机碾压不到的地方,用小型夯机夯实。

(4)两台摊铺机工作时,应避免出现纵向工作缝,上下层水稳纵向衔接处经量错开20cm以上。

15 应注意的几个问题

(1)严格控制水泥剂量。水泥剂量大小,是影响工程质量的重要因素。水泥剂量太小,影响基层强度;水泥剂量太大,会使基层的裂缝增多,从而引起沥青面层相对应的反射裂缝。所以必须严格控制水泥用量。

(2)混合料的含水率控制。厂拌混合料现场,每天由后场专职试验人员在早上、中午、下午分别测定混合料的含水率,根据施工配合比设计的最佳含水率指标,结合当天的气温、湿度、运距情况确定混合料拌和时的用水量。含水率掌握不好,会出现碾压不起皮或"弹簧"现象。

(3)每天开始摊铺前检查仪器的状况。在施工当中检查仪器线连接状况,如果连接不好,仪器在摊铺机夯锤的振动下就会失去控制,影响路面平整度。

(4)保证桥头摊铺厚度、高程和平整度。当桥和通道与路线的夹角比较大时,摊铺机一侧的钢丝已走完,摊铺还没有达到设计长度,必须人工补料,用3m直尺检测找平。禁止碾压结束后补料找平。如果桥头水稳基层高出设计标高,在沥青面层施工时,为了保证沥青面层的高程和厚度以及平整度,就得人工把高出部分凿除。如果桥头水稳基层比设计高程低,为了保证沥青面层设计高程和平整度,就会亏损沥青料,沥青料成本比较高,所以一定要保证桥头高程和平整度。

(5)裂缝的处理。首先对每条裂缝做详细记录,然后每隔一个月观察一次,并记录裂缝长度和宽度,直到封层施工前15天做最后记录。用吹风机把裂缝吹干净,裂缝宽度大于0.2mm,用乳化沥青浇灌处理。在洒封层前一天用吹风机和水车把路面清洗干净。在封层施工前,用乳化沥青把裂缝两侧各洒75cm。用1.5m宽的自粘式玻璃隔珊网覆盖在刚洒的乳化青上,自粘式玻璃隔珊网应比裂缝长10cm,裂缝在自粘式玻璃隔珊网中央。最后用一个不大于30kg的圆柱形铁磙子在自粘式玻璃隔珊网上滚,直到自粘式玻璃隔珊网牢固。

16 结语

随着我国高速公路建设的迅猛发展,人们对高速公路平整度及行车舒适性要求也越来越高,沥青碎石面层成为高速公路的首选。由于沥青碎石面层刚度小,荷载分布能力差,基层就成为主要的承载体。水泥稳定碎石基层具有整体性强、承载能力高、刚度大、水稳性好、经济等特点,因此水泥稳定碎石基层被广泛运用到高等级公路上。虽然水泥稳定碎石基层优点多、使用范围广,但是对其水泥剂量和含水率如果控制不好,就会影响到沥青路面早期水害。希望本文有助于水稳碎石施工质量的提高,从而促进水稳碎石在高速公路建设中得到更广泛的应用。

参考文献

[1] 王志坚.浅谈市政施工中水泥稳定碎石基层施工[J].房地产导刊,2013(3).
[2] 张力文.水泥稳定碎石基层施工技术在市政道路中的应用探讨[J].企业导报,2011(12).
[3] 刘建.市政施工中水泥稳定碎石基层施工探讨[J].中华民居,2012(7).
[4] 吕向辉.浅谈水泥稳定碎石基层的质量控制[J].科技信息,2010(17).

浅析高速铁路路基填筑施工工艺

钟家海

（中交三公局工程总承包分公司　北京　100124）

摘　要：结合近几年铁路施工经验，对在建的贵阳至广州段高速铁路路基的施工工艺进行论述。

关键词：高速铁路　路基　施工工艺

自1964年日本建成世界上第一条高速铁路——东京至大阪高铁40多年来，高速铁路从无到有，迅速发展。截至目前，全球投入运营的高速铁路近2.5万公里，分布在中国大陆、日本、法国、德国、意大利、西班牙、比利时、荷兰、瑞典、英国、韩国、中国台湾等17个国家和地区。高速铁路作为一种安全可靠、快捷舒适、运载量大、低碳环保的运输方式，已经成为世界交通业发展的重要趋势。高速铁路也成为铁路现代化的重要标志。高速铁路轨道主要有两种类型：有砟轨道和无砟轨道。传统的有砟轨道主要采用天然道砟材料，其均一性较差，在列车荷载作用下，道床肩宽，砟肩堆高，道床边坡、轨枕间距及轨枕在道床中的支撑状态相对易发生变化，导致轨道几何尺寸发生变形，结构稳定性和恒定性较差。随着运营时间的延长，旅客舒适度降低。与有砟轨道相比，无砟轨道的刚性很大，能保证列车高速运行期间的稳定性、舒适性、同时能减少轨道运营期间的维修工作。

1　工程概况

新建贵阳至广州铁路（以下简称“贵广铁路”）为设计时速250km/h的国家Ⅰ级电气化铁路，北起贵州省贵阳市观山的新贵阳站，经龙里，穿斗篷山至都匀，而后由三都沿都柳江经榕江、从江进入广西壮族自治区，跨融江和焦柳铁路，经桂林后跨漓江、继经恭城、钟山、贺州进入广东省境内，再经怀集、肇庆、三水、佛山、三眼桥后与武广客运专线并行进入广州枢纽新广州车站，正线长度857公里，其中广东境内207.5公里、广西境内348.5公里、贵州境内301公里。采用无砟轨道施工，对路基工程实体沉降控制要求高，量测工作要求严。然而，贵广铁路地质复杂，有岩溶、人为坑洞、软土、松软土、膨胀土和红黏土等。因此，根据贵广铁路的特点，路基填筑按“三阶段、四区段、八流程”法施工。其中三阶段为准备阶段、施工阶段、整修验收阶段；四区段为填筑区段、平整区段、碾压区段、检验区段，均需进行流水作业；八流程为施工准备、基底处理、分层填筑、摊铺平整、洒水晾晒、碾压夯实、检验签证、路基整修。施工中采用的分层填筑、松铺厚度、碾压遍数等参数根据试验段结果确定。施工中采用Evd动态变形模量测试仪法、K30载荷仪法、压实系数K管沙法（水）对填筑层进行检测。

2 路基填筑施工工艺和方法

路基填筑严格按照“三阶段、四区段、八流程”的施工工艺组织施工，工艺流程如图1所示。

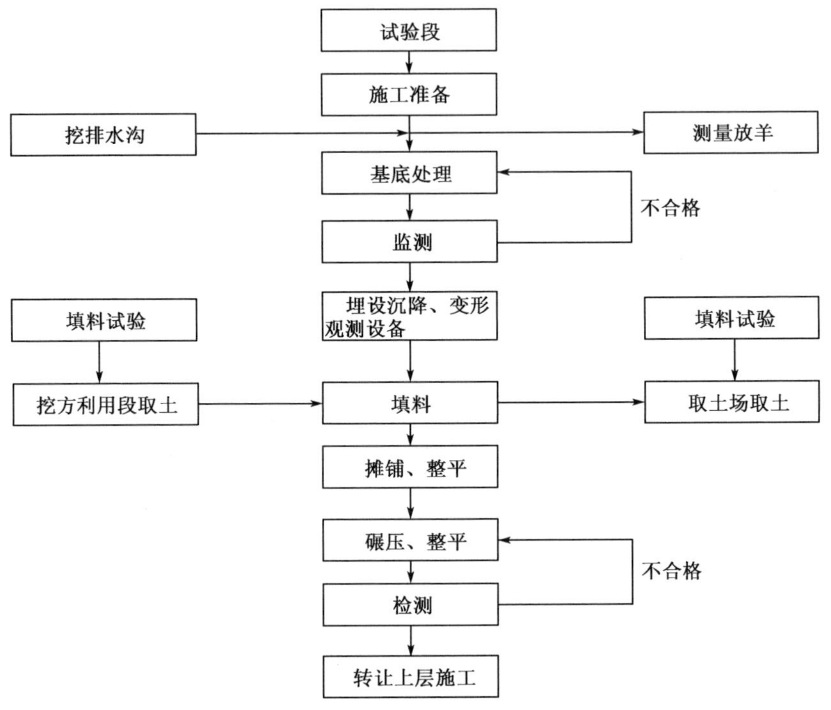

图1 路基填筑施工工艺流程

2.1 施工准备

(1)人员配备。现场管理人员要配置齐全，做到管理到位，严格控制施工过程。尤其是试验人员要配备有较高理论水平和丰富的土工试验经验。机械设备操作人员技术熟练、过硬。

(2)机械设备的配置。为保证路基填筑面的平整度、压实度，进而满足工后沉降的要求达到设计年限。结合A、B组填料及施工进度要求，每个架子队配置20t以上压路机2台、自卸车15台、平地机2台、挖掘机3台、推土机2台、洒水车1台。另外还配齐相应的土工试验设备。

2.2 基底处理

施工前应清除路基范围原地面表层植被，挖除树根做好临时排水设施。原地面松软土及腐殖土应清除干净，翻挖回填压实质量应符合设计要求，基底应密实、平整。

(1)岩溶注浆处理地基路基本体。贵广铁路注浆Ⅰ序孔间距7m，按正方形布置，Ⅱ序孔在Ⅰ序孔正方形中心及溶洞位置内插加密，Ⅰ、Ⅱ序孔形成菱形布置，Ⅰ与Ⅱ序孔间距为5m，对已发生塌陷、有支挡工程及车站咽喉区等地段，进行三序注浆处理，Ⅲ序孔在Ⅰ、Ⅱ序中间内插加密，加密后的孔间距为3.5m。岩溶路基注浆的浆液，在一定压力作用下注入岩溶裂隙、溶洞中以及软塑黏土体孔隙中，首先是填充岩溶溶洞及岩溶裂隙，其次是封闭土、石界面，形成隔水帷幕阻隔上层滞水与岩溶水的联系；如土体中存在着软弱夹层，再进行加固土体软弱夹层。通过注浆填充液凝固后具有的刚性和强度而改变岩层及土体的性状，使岩土的变形受到约束，强度得到提高，从而达到控制地基整体沉降、减少变形的效果，以此来提高路基本体的整体承载力。

(2)水泥粉煤灰碎石桩(CFG 桩)处理地基路基本体。CFG 桩复合地基由桩、桩间土及褥垫层三部分组成，褥垫层将上部基础传来的基底压力通过适当的变形以一定的比例分配给桩及桩间土，使二者共同受力；同时土体受到桩的挤密而提高承载力，而桩又由于周围土侧应力的增加而改善了受力性能。二者共同工作形成了一个复合地基的受力整体，共同承担上部基础传来的荷载。

(3)水泥搅拌桩地基路基本体。软土地基经搅拌桩处理后，设计一般要求出露其桩头，并铺褥垫层(碎石垫层及土工格栅)。搅拌桩施工过程中，一般对桩头部分加强复搅，喷灰或喷浆的残渣往往污染桩周围土体，强化、改良桩头部分土体，进而形成浅部硬壳层。该硬壳层和褥垫层等一起加强地基的承载力和整体性。

2.3　路基填料的选择

路基填料应符合设计及规范要求，尽量在施工现场就地取材，同时还要满足便于压实施工、压缩性小、路基填料本身的压缩沉降应很快完成，且在外力作用下能保持长期稳定的要求。

基床表层、过渡段和褥垫层设计填料为级配碎石(表 1)。它是由粒径大小不同的粗细碎(砾)石集料和砂，以及塑性指数较高的黏土按比例组成的满足密实级配要求的混合物。

基床表层级配碎石粒径级配　　表 1

方孔筛边长(mm)	0.1	0.5	1.7	7.1	22.4	31.5	45
过筛质量百分率(%)	0～11	7～32	13～46	41～75	67～91	82～100	100

路堤基床底层填料采用 A、B 组填料，路堑基床底层岩层达到 A、B 组填料要求地段不换填，其余地段换填 A、B 组填料或改良土。基床底层范围内填料的最大粒径不得大于 6cm。路堤本体填料应级配良好，采用 A、B 组填料，填料的最大粒径不得大于 7.5cm。

2.4　路基填筑施工方法

路基填筑采用分层填筑、分层压实的方法。其工艺流程如图 2 所示。

(1)路堤本体及基床底层填料采用 A、B 组填料，最大粒径不得大于 7.5cm。在填筑过程中粒径较大颗粒由人工配合机械进行分解后用于填筑。

分层填筑施工：采用横截面全宽、纵向水平分层的填筑方法。当原地面高低不等时，先从最低处分层填筑，再由两边至中间填筑。为保证路肩的压实质量，填筑时路肩两侧各加宽30～50cm，完工时刷坡整平。根据试验段确定的松铺厚度和施工参数，由主管技术人员根据自卸车的运载量和填层厚度，计算每车的填筑面积。打出卸料方框网，由专人现场负责卸料作业，控制好卸料的间距，使卸料均匀。杜绝因卸料不均匀导致在摊铺整平过程中出现大块粒径“团圆”现象，致使级配不均匀。每一水平层的全宽应用同一种填料填筑。

路基面平整：根据试验段确定的松铺厚度在边桩上挂线，定出摊铺顶面，严格控制好松铺厚度。填料摊铺采用推土机初平，压路机快速静压一遍，以暴露潜在的凸凹面，对于局部不平整的地方，由人工配合机械进行找平和补料。再用平地机进行终平，并做成向两侧 2%～4%的横向排水坡。防止路基面因下雨或碾压过程中洒水时出现局部积水。

洒水晾晒：碾压前检查填料的含水率，采用有效的措施使含水率控制在最佳含水率±2%范围内。当含水率过低时，及时洒水湿润；当含水率过高时，将填料翻开晾晒至施工运行含水率范围内。经试验检测确定含水率合适，方可进行碾压施工。

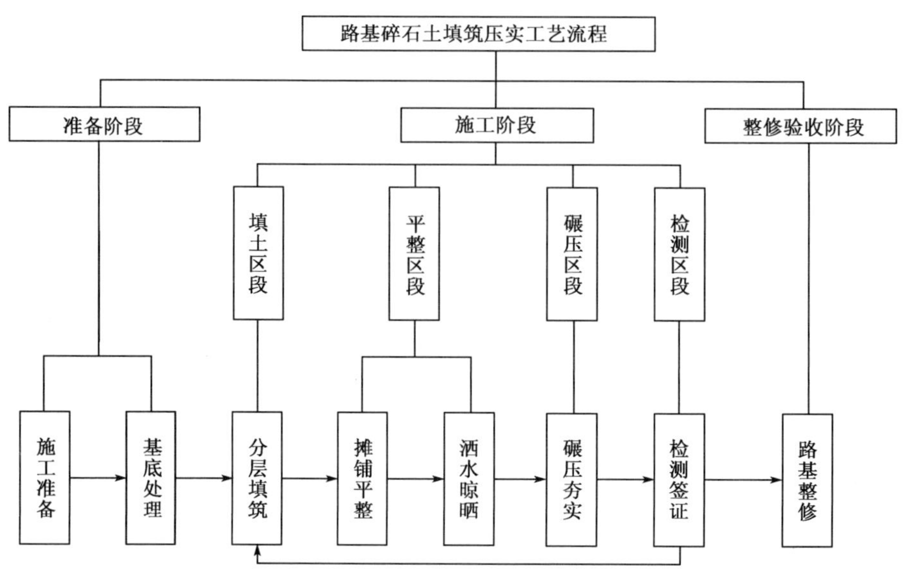

图 2　碎石土填筑施工工艺流程

碾压施工：采用 20t 以上振动压路机压实。压实顺序应由两侧路肩开始向线路中心碾压，先慢后快，先静压后振动碾压，各区段交接处互相重叠压实，纵向搭接不小于 2m，纵向行与行之间的轮迹重叠不小于 40cm，上下两层填筑接头应错开不小于 3m。依据试验段确定的碾压组合进行碾压。碾压过程中必须保证无死角、无漏压，确保碾压的均匀性。路肩两侧加宽部分，采用压路机 45°角进行碾压和小型振动夯机进行夯实。

质量检测：高速铁路路基工程施工质量验收标准中对于质量检测的指标、频次都给出了明确的标准。实际操作中依据填料的种类、填筑层所处路基本体及基床底层的位置，填筑段的长度确定相应的质量检测指标和频次。

路基整修：包括路面整平与边坡整修。路面整平应先恢复中线，放路肩边桩，进行水平标高测量，计算平整高度，修筑路拱，并用压路机静压一遍，使路面光洁无浮土，横向排水坡符合要求。边坡整修应依据边桩线，用人工按设计坡率挂线刷去超填部分，进行整修拍实。整修后的边坡达到转折处棱线分明，直线处平整，曲线处原顺。边坡整修做到坡面平顺无凹凸，压实密度合格。

(2)基床表层级配碎石填筑。基床表层采用级配碎石填筑，厚度为 0.4m，分两层填筑，分别为 0.2m。级配碎石采用级配拌和站集中拌和，拌和时根据配合比由电脑自动计量，施工要点如下：

填筑表层前，对基床底层的地基系数 K30、动态变形模量 Evd 和压实系数 K、路基顶面宽度、顶面坡度、路基标高、纵横坡、平整度等项指标进行验收，并恢复中线、边线及相应的控制桩。然后沿线路方向，挂线填筑。划出卸料方格网，控制好卸料的间距。

按照填筑线进行厚度控制，采用推土机粗平，平地机精平，人工配合找平。

级配碎石的地基系数 K30≥190MPa/m、动态变形模量 Evd≥55MPa、压实系数 K≥0.97。

碾压成型的级配碎石层，由于石粉的水化作用，有一定的板结过程，需要进行养护，养护龄期一般不少于 7d。

(3)过渡段填筑。

①路堤与桥台过渡段。填方桥台过渡段长度：

$$L=a+n(H-0.4)$$

式中：L——过渡段长度(m)；

H——台后路堤高度(m)；

a——常数 5m。

若计算出的填方桥台台尾过渡段长度不足 20m，调整过渡段 n 值至 $L=20$m。过渡段范围内的基床表层采用碎石掺 5%水泥填筑，过渡段采用级配碎石掺 5%水泥填筑。桥台台背设置深水网，渗水墙采用 C15 无砂混凝土预制块砌筑渗水墙，在渗水墙底部横向设高 1.0m、厚 0.5m 的中粗砂层，砂内埋设 ϕ200mm RCP-20NG 渗排水管将渗水排出路基以外。

②路基与横向构筑物过渡段。当横向构筑物与路基正交时，横向构筑物顶面及两侧各 20m 范围内的基床表层采用级配碎石掺 5%水泥填筑，过渡段采用级配碎石掺 3%水泥填筑。

当构筑物轴线与线路中线斜交时，首先采用级配碎石掺水泥填筑斜交部分(掺水泥比例同过渡段相应部分)，然后再设置过渡段，以减小路基与横向构筑物横向刚度的差异。横向构筑物顶面及过渡段范围内的基床表层采用级配碎石掺 5%水泥填筑，过渡段采用级配碎石掺 3%水泥填筑。

③路堤与路堑过渡段。当路堤与路堑连接处为土质、软质岩及强风化硬质岩路堑时，应顺原地面纵向挖成 1∶2 的坡面，坡面上开挖台阶，台阶高度≥0.6m，其开挖部分填筑应同路堤各相应要求，过渡段衔接处伸入路堑 5m，路堤段不小于 20m，基床表层级配碎石掺 5%水泥填筑，其余换填部分满足相应部分的填料及压实标准。

当路堤与路堑连接处为弱风化硬质岩路堑时，在路堑一侧顺原地面纵向开挖台阶，台阶高度≥0.6m，并在路堤一侧设置过渡段，过渡段衔接处伸入路堑 5m，路堤段不小于 20m，基床表层级配碎石掺 5%水泥填筑，下部采用级配碎石掺 3%水泥填筑。

④过渡段采用级配碎石掺 5%水泥梯形过渡，具体过渡形式严格按设计施工图执行。加入水泥的级配碎石混合料宜在 4h 内使用完毕。当过渡段中段施工或每个过渡段施工完毕后，应及时封闭交通，并覆盖洒水养生不小于 7d。

过渡段级配碎石填层应与相邻的路堤两侧包边土及锥体同时施工，并将过渡段与连接路堤的碾压面按大致相同的水平分层高度同步填筑并均匀压实。在填筑压实过程中，应保证桥台、横向结构物稳定、无损伤。基床表层以下过渡段级配碎石、两侧及锥体填筑压实标准见表 2、表 3。

基床表层以下过渡段级配碎石填筑压实标准 表 2

项　目	压实系数 K	地基系数 $K30$(MPa/m)	动态变形模量 Evd(MPa)
压实标准	≥0.95	≥150	≥50

基床表层以下过渡段两侧及锥体填筑压实标准 表 3

项　目	压实系数 K	地基系数 $K30$(MPa/m)	动态变形模量 Evd(MPa)
压实标准	≥0.95	≥150	≥40

注：本标准为碎石类土。

3 路基填筑质量控制要点

(1)严格填料质量控制,在料场装运填料之前应检验本批填料质量,控制最大粒径在规定范围内。施工中应检查核对填料的试验和实际试验情况,当实际使用填料发生变化时,应及时取样做土工试验进行鉴定。

(2)路基填料严格采用方格网控制填料量,以控制松铺厚度;碾压前对粒径相对较大、碎石集中的地方增加细粒料,采用机械和人工拌和处理。确保调料的均匀性和质量,碾压过程中,严禁表面弹簧、松散、起皮等现象发生。

(3)严格控制填料的含水率,保证含水率控制在最佳含水率±2%范围内,同时要密切注意天气变化,及时封闭路基,才能保证路基填筑质量和工期。

(4)控制填筑横坡。路基横坡为2%~4%,确保填筑过程中顶面排水畅通,不积水。降水较多地区,在路基填筑过程中永临结合做好排水工作,已施工的路基表面应在雨前及时采用覆盖和防护措施防止雨水浸淋,以免影响压实质量和填筑速度。

(5)规范碾压过程,碾压从两侧中间,按先慢后快顺序施工,碾压速度控制在2~4km/h,沉降板1m范围内及压路机压不到的地方全部采用小型夯机夯实,做到无漏压、无死角,保证压实均匀。并做好沉降板的保护,防止受损。

(6)严格控制过渡段和分段路堤填筑时的长度及宽度,防止填筑过程中"新的过渡段"的出现,各区段交界处、纵向搭接部位做好重叠压实。

(7)保证每层压实质量检测及时、准确、真实。确保路基填筑的压实度和路基的刚度均匀性。

4 结语

本文根据贵广铁路路基工程施工的实践,阐述了路基填筑施工方法、施工控制要点和压实质量检测方法、总结了路基填筑施工的工艺流程。实践证明,采用的施工技术取得了良好效果,路基各项质量检测指标均满足规范及设计要求。因此,铁路要为列车的行驶提供一个高平顺和稳定的轨下基础,而路基作为轨道结构的基础,必须严格按照工程质量标准进行管理,加强施工过程控制及质量检测,确保路基工程质量。

参 考 文 献

[1] 中华人民共和国行业标准. TB 10751—2010 高速铁路路基工程施工质量验收标准[S]. 北京:中国铁道出版社,2011.

[2] 新建贵广铁路施工图纸.

桥面系二次浇筑带施工技术

郭永利

（中交三公局工程总承包分公司　北京　100124）

摘　要：本文主要讲述桥面系二次浇筑施工控制措施，二次浇筑带是新老混凝土的一种结合，如在施工过程处理不当，将对桥梁整体之间混凝土连接造成影响；本文主要以唐廊2标马江路分离式立交桥面系二次浇筑带施工为例，分析二次浇筑施工控制要点，总结施工方法，从而确保其形成整体后满足桥梁质量要求。

关键词：桥梁　二次浇筑带　混凝土连接　施工

桥面系二次浇筑带施工是桥梁简支变连续所涉及的施工工序，它是桥梁最薄弱的环节，最容易出现质量弊病，造成桥梁破坏。二次浇筑带施工工序相对比较简单且较常见，无重点、难点工序，往往由于施工过程作业人员施工没有达到标准或现场管控不到位，桥梁结合部位质量差，给桥梁留下质量隐患。如标段马江路分离式立交桥面系二次浇筑带所涉及数量较大（共有42道现浇中横梁、232道现浇桥面板、232道中横隔板、天窗420个），在施工时暴露出许多问题，直接对桥梁整体质量造成影响。本文针对桥面系二次浇筑施工容易发生质量问题进行分析、总结经验并采取相对措施，避免问题重复发生造成桥面后续破坏，保证桥面整体质量。

1　工程概况

马江路分离式立交位于唐廊高速公路宁河县内，桥梁交点里程桩号为K6＋038，交角为110°。桥梁设置形式为3×(4×20m)＋3×(3×20m)＋2×(4×20m)＋(3×20m)，桥宽2×16.5m。跨马江路采用3跨一联20m后张预应力空心板梁，其余均采用20m先简支后连续预应力小箱梁结构。桥面后连续主要以如何确定二次浇筑带施工与原梁板混凝土浇筑成为整体，表面无缝隙、裂纹，如何确定合理的施工方法、保证桥面系施工质量满足要求是施工的关键。

2　施工基本流程

(1)连接连续接头段钢筋，绑扎横梁钢筋，设置接头板束波纹管并穿束。在日温最低时，浇筑连续接头、中横梁及其两侧与顶板负弯矩束同长度范围内的桥面板，到设计强度和弹性模量均达到设计的100％后，张拉顶板负弯矩预应力钢束，并压注水泥浆。各现浇连续接头的浇筑气温应基本相同，温差应控制在5℃以内，并宜在一天气温最低时施工。每联箱梁形成连续的步骤如图1所示。

(2)接头施工完成后，浇筑剩余部分桥面板湿接缝混凝土，剩余部分桥面板湿接缝混凝土应由跨中向支点浇筑。浇筑完成后拆除一联内临时支座，完成体系转换。解除临时支座，应特别严防高温影响橡胶支座质量。

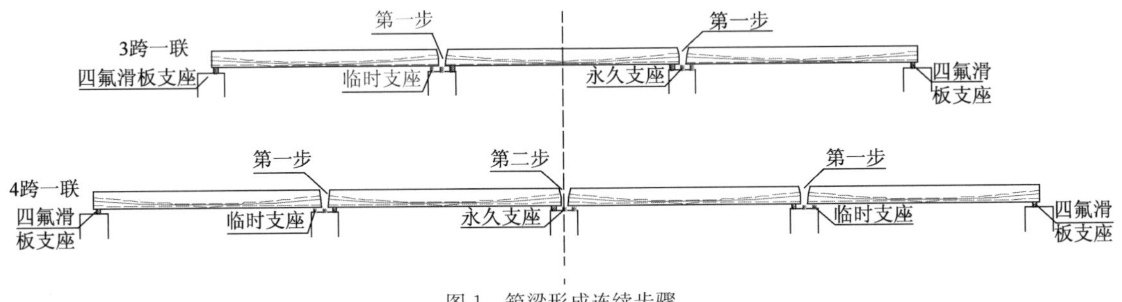

图1　箱梁形成连续步骤

(3)连接顶板钢束张拉预留槽口处钢筋后，现浇铺装层混凝土、喷洒防水层、护栏施工、进行桥面铺装施工及伸缩缝安装。

3　质量原因分析

施工前，许多梁板架设后会发现梁板之间错台严重，宽度不一，作业人员按图下料，同时错台严重，影响钢筋焊接质量；外露钢筋参差不齐，部分桥面板外露钢筋靠上，浇筑后容易漏筋；凿毛不彻底，新浇筑混凝土与梁板结合位置有明显的缝隙。在施工过程中，模板材料质量差，重复利用变形大，支模后缝隙处理不当，外观质量差，拆模过早出现表面裂纹甚至深度裂纹；混凝土浇筑过程中，坍落度控制不强，混凝土振捣及收面不到位，表面会有离散碎石；混凝土浇筑后顶板有漏筋现象；模板拆除后底部有外漏PVC管，部分现浇桥面板与横隔板相交部位有小块模板及碎石堆积现象；新老混凝土交接部位洒水养生后有明显渗水现象。

4　控制措施

(1)加强预制梁板成品前外露钢筋位置准确及钢筋外露长度。

(2)加强成品梁凿毛处理，保证新老混凝土结合。

(3)加强梁板现场架设控制，如不能满足要求，及时调整，保证梁板架设后无明显错台。

(4)部分位置钢筋搭接长度满足不了要求，针对性地进行统计，重新按实际长度进行下料。

(5)使用的模板都是采用竹胶板加木方加工而成，施工队伍在购买竹胶板时，必须对其购买的竹胶板进行约束，保证竹胶板可以重复利用，不易发生变形。

(6)材料控制

①混凝土控制。根据本工程结构物具体情况并结合设计要求，桥面系后浇带采用C50微膨胀混凝土。在混凝土生产前，检查原材料质量是否符合有关规范要求，仔细校核计量装置，检查搅拌设备能否正常运转。派专人负责投料，尤其是膨胀剂，严格根据施工配合比准确称量。及时测定砂、碎石的含水率，以便及时调整混凝土的拌和用水量，严禁操盘手随意改变用水量。严格控制混凝土搅拌时间，保证混凝土搅拌均匀，使混凝土具有良好的施工和易性。

为改善混凝土的抗裂性能，选用P. O 42.5低碱水泥。比表面积不小于300m^2/kg；不得使用新出厂的水泥，需放置至温度≤60℃再使用。

优选组分均匀、各项性能指标稳定的矿物掺和料，注重细度和烧失量等关键指标。

应选用质地均匀坚固粒形和级配良好、吸水率低、孔隙小的洁净骨料。

使用聚羧酸类高效减水剂，有效降低单方混凝土用水量，提高混凝土和易性。聚羧酸系高性能减水剂进场后进行匀质性检验，使用前应进行混凝土适应性试验。

选用等级为Ⅰ型膨胀剂，限制膨胀率：水中 7d 膨胀率≥0.025%，空气中 21d 膨胀率≥−0.02%。

②钢筋原材检测。钢筋进场后，对钢筋原材及焊接取样，检测钢筋各项性能、指标符合国家现行标准规定和技术要求，试验批号及复试报告做详细登记、记录，原材检测每批次每种规格 60t，小于 60t 按一个批次进行试验，焊接 300 接头 1 组试验。

5 施工方法

施工流程为成品梁凿毛、清理检查→安装→钢筋绑扎焊接→连接波纹管→安装模板→浇筑混凝土→拆模、养护→张拉→体系转换。

5.1 钢筋施工

5.1.1 钢筋下料

钢筋下料必须满足尺寸要求，钢筋下料前应对作业人员进行详细交底，下料后同监理工程师对各种型号下料钢筋进行检查，保证钢筋下料无误，满足设计规范要求；对一些梁体宽度不一，根据现场实际长度进行下料，满足搭接要求。

5.1.2 钢筋焊接

钢筋焊接前首先对一些梁体预埋筋发生弯曲变形的进行专人调直，保证钢筋起到受拉作用，钢筋焊接前对其除锈及焊接后焊渣进行清理，保证钢筋混凝土握裹力。

5.2 模板施工

5.2.1 模板加工

进场竹胶板采用可重复利用且不变形的材料，现浇桥面板在下料时需计算横隔板之间距离，保证模板加工后长度刚好在横隔板之间交点处。杜绝模板加工长度不足，采用小块模板或石子进行封堵，造成拆模后模板容易粘到混凝土上，影响外观质量，并且后续清除比较困难。

5.2.2 模板安装

安装模板前，先将梁板松散及修补部位混凝土清理，安装时，模板两侧可采用水平管与梁体进行紧贴，保证不出现漏浆及错台穿裙现象；同时在现浇中横梁底模施工中，底模与预埋钢板缝隙处采用泡沫剂进行封堵；避免底部出现蜂窝麻面。模板安装大样和现浇中横隔梁安装如图 2、图 3 所示。

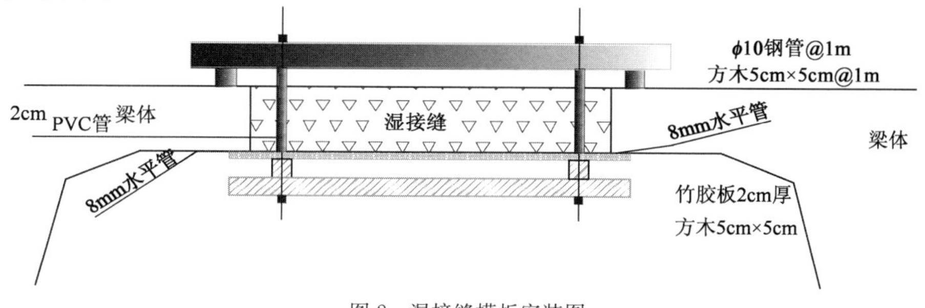

图 2 湿接缝模板安装图

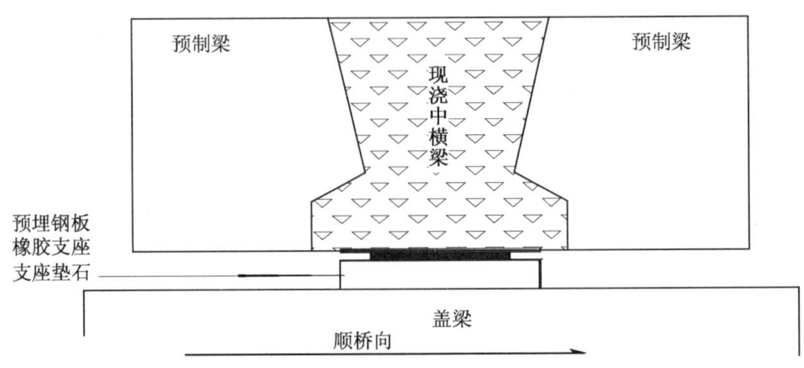

图 3　现浇中横隔梁安装图

5.2.3　模板拆模

掌握混凝土拆模时间非常重要，拆模时间过短混凝土表面会出现裂纹，时间过长模板不易脱落，容易粘模，增加工作人员的拆模时间。具体拆模时间掌握以施工现场混凝土强度为准，也可根据模板拆除温度时间表为依据，进行拆模，具体见表 1。

模板拆除温度时间　　表 1

温度(℃)	10～15	16～25	26～35
时间(h)	24～26	18～20	12～14

5.3　混凝土施工

施工时应注意先浇筑两侧现浇中横梁、中横梁及其两侧与顶板负弯矩束同长度范围内的桥面板混凝土，到设计强度和弹性模量均达到设计的 100％后，张拉顶板负弯矩预应力钢束，并进行孔道压浆完成后，进行剩余部分从跨中到支点桥面板的浇筑。浇筑中横隔梁混凝土选在一天中气温最低时进行，入模温度不低于 5℃。当昼夜平均气温低于 5℃或最高气温低于 −3℃时，混凝土应采取保温措施，并按冬季施工处理。对接缝部位及钢筋密集部位加强振捣。

6　注意事项

(1)混凝土在自拌时，严格控制搅拌时间，保证减水剂能够与混凝土发生反应，避免用水量控制不足；浇筑过程严禁向罐车内加水，降低混凝土强度及和易性，可加少量减水剂。

(2)钢筋下料前，要按梁板安装后实际长度进行下料，避免按图下料存在搭接不够现象；钢筋焊接前对发生弯曲及不同轴钢筋进行调整，钢筋焊接时严禁将电流调大，烧伤主筋；施工时严格按图安放预埋钢筋。

(3)模板每次使用前进行清理及涂油，安装前检查梁板是否有松散地方，及时清理，安装后检查模板缝隙及钢筋保护层，注意 PVC 管的使用，避免拆模后底板有外漏。

(4)浇筑混凝土前，对混凝土坍落度进行现场检测，浇筑过程中与梁板接缝处要加强振捣，保证结合密实，收面后混凝土高度与梁板相齐，注重接缝处收面质量，并对污染梁板混凝土进行及时清理。

(5)浇筑混凝土时，应对下部结构进行防护，避免污染，局部漏浆对其造成污染部位应及时进行清理。

(6)注意拆模时间的掌控,拆模后有漏浆粘模现象及时修饰;加强混凝土养生,养生时间控制不小于7d。

(7)当昼夜平均气温低于5℃或最高气温低于-3℃时,混凝土应采取保温措施,并按冬季施工处理。对预应力筋锚固区及钢筋密集部位,应加强振捣。

(8)混凝土必须二次收面,保证表面密实,并及时拉毛。

7 安全措施

(1)梁板架设后四周及中央分隔带及时采用安全网进行防护,两幅之间严禁工人随意跨越,应搭设专用通道。

(2)高空作业人员必须佩戴安全帽及安全带;跨路施工部位应由项目专职安全员进行负责。

(3)注意桥梁临时用电安全。

(4)桥面施工时,派专人对桥下进行监督警示,防止地方百姓在桥下捡东西或行人穿越桥梁下部时,高空坠物伤人。

8 结语

在马江路分离式立交桥桥面系二次浇筑筑带施工中,通过不断总结经验,取得了显著成效,加快了施工进度,保证施工质量,为今后类似工程提供经验。

参考文献

[1] 中华人民共和国行业标准.JTG/T F50—2011 公路桥涵施工技术规范[S].北京:人民交通出版社,2011.

[2] 唐廊高速公路天津段一期工程施工图设计.

浅谈水泥稳定碎石基层双层连铺施工质量控制

高云龙

（中交三公局工程总承包分包公司　北京　100124）

摘　要:本文结合河北省高速公路石安改扩建 XJ1 路面基层施工的实践,介绍了水泥稳定碎石基层双层连铺施工过程以及质量控制要点。

关键词:水泥稳定碎石　基层双层连铺　施工工艺　质量控制

1　工程概况

河北省高速公路石安改扩建工程是国家高速公路网"射 3"的重要组成部分,是河北省"五纵、六横、七条线"骨干网中最为重要的"纵 4"线。该项目纵贯河北省中心腹地,是连接我国华北、华中与华南地区的交通大动脉,在国家及河北省高速公路网中具有十分重要的地位和作用。

河北省高速公路石安改扩建工程 XJ1 合同为路基、桥梁、路面工程,路面工程起讫桩号为 K270＋200～K284＋600,合计 14.4km。主线按照双向八车道高速公路修建,总宽度为 42m。路面结构层基层原设计为 20cm 水泥稳定碎石上基层和 20cm 石灰粉煤灰稳定碎石下基层,后变更为 20cm 水泥稳定碎石上基层和 20cm 水泥粉煤灰稳定碎石下基层。前期基层施工采用单层摊铺,为了加快施工进度,在后期基层施工中采用了双层连铺的施工方法。

2　双层摊铺与单层摊铺工艺对比

单层摊铺施工过程为清扫底基层,下基层摊铺,覆盖洒水、养生,7d 后钻芯取样,芯样完整无缺损,验收合格,再进行上基层摊铺,然后洒透层油、铺下封层,7d 后验收上基层。施工工艺流程如图 1 所示。

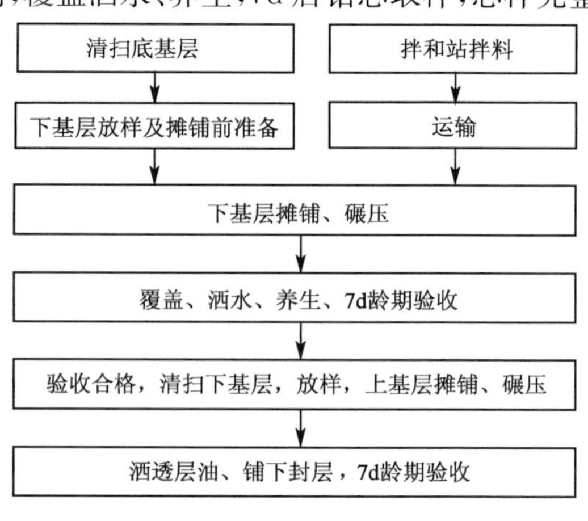

图 1　单层摊铺施工工艺流程

双层连铺施工过程为下基层摊铺一定长度后,上基层摊铺准备已完成,然后紧跟着摊铺上基层。两层连续摊铺完毕后,洒透层油、铺下封层。7d 后上、下基层一同取芯验收。施工工艺流程如图 2 所示。

对比两种施工工艺,可以看出双层连铺少了下基层的 7d 养护,大大缩短了施工工期,节约了洒水与覆盖养生的费用,同时节省了模板搬运及施工设备来回调度的费用，降低了施工成本。双层连铺还减少了施工间隔造成的层间污染，可形成良好的板体结构。

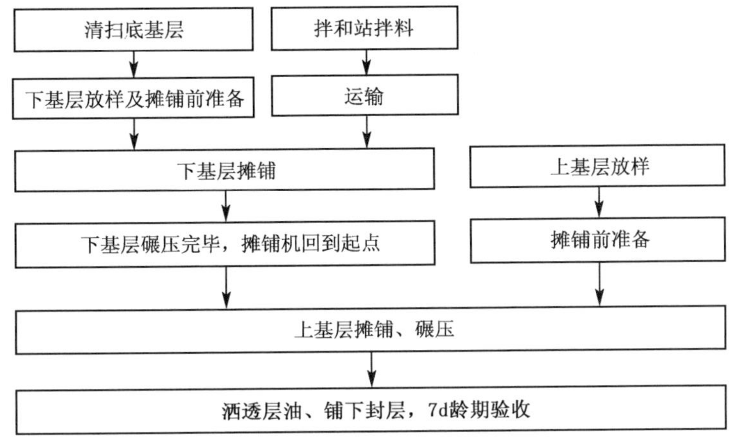

图 2　双层连铺施工工艺流程

3　基层质量要求

3.1　外观鉴定

碾压成型的水泥稳定碎石表面要平整、密实，无离析、无轮迹、无翻浆，表面边沿整齐。

3.2　实测项目

水泥稳定碎石实测项目结果见表 1。

水泥稳定碎石实测结果　　表 1

项次	检查项目		规定值或允许偏差 高速公路、一级公路	检查方法和频率	权值
1	压实度(%)	代表值	98	按附录 B 检查，每 200m 每车道 2 处	3
		极值	94		
2	平整度(mm)		8	3m 直尺：每 200m 测 2 处×10 尺	2
3	纵断高程(mm)		+5，−10	水准仪：每 200m 测 4 个断面	1
4	宽度(mm)		符合设计要求	尺量：每 200m 测 4 个断面	1
5	厚度(mm)	代表值	−8	按附录 H 检查，每 200m 车道 1 点	2
		合格值	−15		
6	横坡(%)		±0.3	水准仪：每 200m 测 4 个断面	1
7	强度(MPa)		符合设计要求	按附录 G 检查	3

4　双层连铺施工质量控制要点

4.1　原材料控制

与传统的基层配合比设计方法对原材料要求不同，在双层连铺的施工过程中，由于双层连铺过程中时间跨度较大，且上层必须在下层水泥初凝前完成施工，因此水泥的初凝时间长短决定着该工艺的成败。在施工过程中，考虑到本标段运距、摊铺、碾压等情况，经过论证其初凝时间应满足 4h 以上。

4.2 含水率控制

含水率要于开机后由试验人员全程跟踪取样检测，根据检测结果调整加水量，拌和好的成品混合料含水率一般控制在高于最佳含水率 0.5%～1%，并根据气温和风速等外界条件变化情况及时进行调整，拌和时原材料宜加强翻拌，尽量使材料含水率均匀。

4.3 运输

应保证充足的运料车辆。根据拌和机拌和的速度、拌和站与施工现场间的距离、行车速度及摊铺速度等因素，合理安排运输车辆，保证连续铺筑，做到现场不待料，场内不带车。在装载过程中，应至少分三次装载，防止因汽车装载而形成的离析。运输时混合料要使用篷布覆盖，以防止水分蒸发和混合料受污染。运输车在给摊铺机上料时，应避免冲撞摊铺机。在摊铺上基层时，为了尽量减少对下基层的影响，运输车应限速行驶，并避免突然起步、刹车以及调头。

4.4 摊铺控制

根据水泥稳定碎石施工宽度采用 3 台具有自动找平装置的摊铺机半幅梯队摊铺，3 台摊铺机前后间隔 5～10m，用钢丝基准绳和浮动梁控制摊铺高程和摊铺厚度，3 台摊铺时摊铺机外侧设基准线，衔接处铺设铝合金浮动梁，摊铺机摊铺速度控制在 2m/min。在准备上基层铺筑时，摊铺机应倒回起点，避免在下基层上进行调头。

4.5 碾压过程控制

待摊铺长度达到 50m 左右时，开始碾压，碾压应先轻后重、先静压后振动压实。正常路段，由两侧路肩向路中心碾压；超高路段，由中心向外侧路肩进行碾压。碾压时，轮迹应重叠 1/3 轮宽。为防止边部碾压不密实，边部多增压一遍。

下基层碾压采用正常的碾压配合，考虑到需要增大下基层面的粗糙层度，可以减去最后胶轮压路机的收面。在上基层进行碾压时，考虑到下基层会部分吸收上基层碾压时的振动，应适当增加振动碾压次数，确保两层均到达质量要求。

4.6 补水

当进行上基层施工时，如果下基层表面水分损失较多，必须进行均匀补水，局部采用洒水壶补水，然后再进行上基层施工。

4.7 横向接缝控制

采用垂直断面相接，每次作业段停顿超过 2h，一律人工垂直切齐，并由专人对该处平整度进行重点控制。在进行上基层铺筑时，对于下基层处上车位置，应铺垫水稳碎石将坡道加长，避免对下基层接缝处造成大的破坏。

4.8 控制下基层摊铺段落长度

结合本标段实际情况，将下基层摊铺长度控制在 100m 以内。一是防止因过长，导致下基层水分损失过多，影响黏结；二是保证在水泥初凝时间内上基层施工完毕。

4.9 压实度和平整度的检测

做好压实度和平整度的记录，以便对比分析，在混合料的含水率等于或略大于最佳含水率时碾压，试验人员随时检测压实度和平整度，达不到要求时(在初凝时间内)继续碾压，直到压实度大于 98%且平整度达到要求。

5 结语

水泥稳定碎石基层双层连铺是一种新型的摊铺方法，在严格控制混合料和安排施工组织的情况下，连续摊铺上、下基层是可行的，可在保证质量的前提下，提高经济效益、节省养生时间。结合本标段基层铺筑的实践，对比双层连续摊铺与单层间隔铺筑施工，双层连续摊铺更能充分满足工期和工程质量要求。

参考文献

[1] 中华人民共和国行业标准. JTG/T F50—2011 公路桥涵施工技术规范[S]. 北京：人民交通出版社，2011.

[2] 中华人民共和国行业标准. JTG/T F80/1—2004 公路工程质量检验评定标准 第一册 土建工程[S]. 北京：人民交通出版社，2004.

[3] 武海燕. 水稳碎石基层双层连铺技术在某高速中的应用[J]. 山西建筑，2011，37(34)：146-147.

石灰改良过湿土技术与应用研究

谢仕良　牛　浩

(中交三公局工程总承包分公司　北京　100124)

摘　要:路基作为公路的主要部分,其质量直接决定了公路的使用寿命。路基填料又是路基质量过硬的先决条件。过湿土就是黏性大、含水率高的土,过湿土一般由大量的膨胀性矿物质组成,有着透水性差、亲水性与持水性强的特征。过湿土的处理需要场地,也需要较长的时间。本文以唐津高速扩建工程为依托分析过湿土的概念、特征以及利用石灰处治过湿土技术在公路路基施工中的应用。

关键词:石灰过湿土

1　工程概况

唐津公路(塘承高速一津塘公路)扩建工程第 2 合同段,现状路为全封闭唐津高速公路,双向四车道,路基宽度 26m,设计行车速度 120km/h。工程采用"原路两侧直接拼接方案"的方式扩建为双向六车道。扩建后路基宽度为 34.5m,设计行车速度 120km/h。起始桩号 K1045+941.277,终止桩号 K1055+125.465,长度为 9 184.188m。工程沿线范围内主要是粉质黏土、黏土,呈流塑状。该土含水率高,塑性指数大,颗粒细,压缩性高,强度及渗透性低,工程特性很差,含水率远远大于最佳含水率,用作路基土很难达到压实标准,且表面极易失水干缩,产生收缩变形,甚至形成干缩裂缝。由于土地珍贵、土源紧张,填筑路基只能取用当地土,因此需采取有效的处理措施。

2　过湿土处理措施的制定

2.1　过湿土常用处理措施

高含水率土的处治关键是如何快速、有效地降低土的天然含水率至一个适宜的值,使之能够压实,同时具有一定的强度和稳定性。因此常常采用在高含水率土中掺加具有吸湿能力和固化作用的外掺剂,降低含水率,满足施工碾压要求,提高强度和稳定性。目前国内常用的外掺剂有石灰(消石灰和生石灰)、水泥、粉煤灰、NCS 固化材料。研究证明:消石灰的减水能力弱,无法快速有效地降低过湿土的含水率,常规剂量处治后达不到规定的压实度要求,而且掺量不容易把握,拌和往往不均匀,所以路基的强度、稳定性不能得到保证;生石灰减水能力强,掺量容易控制,是一种较好的外掺剂;水泥减水能力比生石灰弱,成本较高,对施工作业时间有较严格的要求;粉煤灰的吸水能力更弱,强度提高不明显,而且工艺麻烦;NCS 固化材料是一种以石灰、水泥和无机添加料"SCA"为主要原料复合而成的新型固化材料,它具有高吸水性能和使土粒粗化而改善其压实条件的作用,有利于过湿土路基强度和稳定性的提高。

2.2 石灰改良过湿土的原理

利用石灰改良过湿土可以取得两方面的效果，一是降低过湿土的含水率，二是石灰和土混合均匀后形成一定强度的石灰土。

2.2.1 过湿土掺灰后含水率损失原理

(1)磨细生石灰粉掺入土中后，直接使土中的干料增加，从而使土中的含水率降低。

(2)生石灰掺入过湿土中后，生石灰中的有效钙 CaO 与土中的水分发生化学

反应生成氢氧化钙 $Ca(OH)_2$，此化学反应为放热反应，反应过程中固体成分增加，水分减少。

(3)生石灰掺入土中后，过湿土水分蒸发引起水分减少。这种水分蒸发源于两方面的作用：一是拌和、闷料过程中水分的自然蒸发；二是生石灰化学反应过程中释放出大量热量，加速水分蒸发，这种蒸发对过湿土含水率的降低更为重要。研究证明这种水分减少与多种因素有关，比如试验的温度和湿度、过湿土原来的含水率、生石灰的掺量、生石灰有效钙含量。

2.2.2 石灰土强度形成原理

土中掺入石灰后，石灰与土之间发生强烈的相互作用，从而使土的性质发生根本的改变。在初期表现为土的结团、塑性降低、最佳含水率的升高和最大密实度的减小等；后期变化主要表现在结晶结构的形成，从而板体性、强度及稳定性提高。根据许多学者对石灰土的研究成果，可以认为石灰发挥作用主要有四种途径：

(1)离子交换反应

土的微小颗粒具有一定的胶体性质，它们一般都带有负电荷，表面吸附着一定数量的钠、氢、钾等低价阳离子。石灰是一种强电解质，在土中加入石灰和水后，石灰在溶液中电离出来的钙离子就与土中的钠、氢、钾离子产生离子交换作用。从而使原来的钠(钾)土变成了钙土，土颗粒表面所吸附的粒子由一价变成了二价，由于钙土结合水膜厚度比土吸附一价金属离子要薄，而且钙土结合水膜受外界水分影响的变化不大，因此钙土具有许多优良的物理力学性质，尤其具有良好的水稳性。由于离子交换作用，减少了土颗粒表面吸附水膜的厚度，土粒相互之间更为接近，分子引力随着增加，许多单个土粒聚成了小团粒，组成一个稳定结构。

(2)结晶反应

消石灰[$Ca(OH)_2$]掺入土中，由于水分较少，只有少部分离析，还有少部分进行化学作用，绝大部分饱和 $Ca(OH)_2$在灰土中自行结晶。石灰吸收水分(胶体)、含水晶体(晶体)，由于结晶作用，$Ca(OH)_2$由胶体逐渐成为晶体。这种晶体能够相互结合，并与土粒结合起来形成共晶体，把土粒胶结成晶体。晶体的 $Ca(OH)_2$与不定形(非晶体)的 $Ca(OH)_2$相比，溶解度几乎小一半，因而石灰土的水稳性得到提高。

(3)$Ca(OH)_2$的碳酸化反应

碳酸化作用是熟石灰和碳酸气体起化学反应。由于 $Ca(OH)_2$吸收空气中的 CO_2而生成 $CaCO_3$。$CaCO_3$是坚硬的结晶体，具有较高的强度和水稳性，它对土的胶结作用使土得到了加固。由于 CO_2可能由混合料的孔隙渗入，也可能由土本身产生，当石灰土的表层碳酸化后则形成一层硬壳，而阻碍 CO_2进一步渗入，因而 $Ca(OH)_2$的碳化是个相当长的反应过程，也是形成石灰土后期强度的主要原因之一。

（4）火山灰反应

火山灰作用是指石灰与土中活性的氧化硅和氧化铝起化学反应，生成含水的硅酸钙和铝酸钙过程，它们在水分作用下能逐渐结硬。反应生成的化合物是一种水稳性良好的结合料。火山灰反应是在不断吸收水分的情况下逐渐发生的，因而具有水硬性质。火山灰反应是构成石灰土早期强度的主要原因。

综上所述，石灰与土混合均匀后，其内部将发生离子交换、火山灰反应和石灰本身的碳化与结晶等物理化学变化，离子交换后使黏土胶团双电层中的电动电位降低，扩散层减薄，增加了土粒间的范德华力；火山灰反应将生成含水硅酸钙、铝酸钙等胶凝物质；石灰碳化后变为碳酸钙晶粒；石灰结晶是指氢氧化钙由原来的松散的无定型状态变为晶体状态，只要有水和空气存在，不论石灰土混合料处于松散状态或密实状态，上述 4 个物理化学变化总是不断进行，直到石灰中的活性氧化钙、活性氧化镁反应完毕为止。

石灰改良土是通过较低的石灰掺量，经过离子交换，引起土的絮凝作用或结构重组，提高土的工作性能和抗剪强度，使土基能在较经济的情况下达到充分压实的目的。

3　生石灰改良过湿土的施工技术

唐津高速扩建工程第二合同段沿线多为过湿土，由于过湿土的工程性质差，承载能力低，又受到潮湿多雨的不利气候条件影响，要达到路基填筑技术要求十分困难，单纯地通过翻拌晾晒手段处治过湿土，无法保证施工进度及施工质量。因此采用生石灰对过湿土进行改良后，再进行路基填筑。

3.1　生石灰选择及存放

3.1.1　生石灰的选择

根据规范要求，宜选用三级以上的优质块状石灰，严禁掺杂过火石灰或欠火石灰，因为过火石灰和欠火石灰的有效成分低，而且欠火石灰的硬度大，不宜粉碎。选用石灰需达到以下标准：生石灰有效钙镁含量不小于 70%；细度要求为最大粒径不宜超过 5mm，0.074mm 筛孔的通过量应不小于 75%。

3.1.2　存放场地选择

生石灰存放场地应尽可能靠近取土场。因为生石灰极易扬尘，对周围人畜和环境都有较大危害，所以应选择远离居民住地和农作物的地段，以凹地中的平台场地为最佳，同时周围宜设围墙等隔离物。块状生石灰应堆放在较高的平台上，生石灰堆放在较低的地方。露天存放的生石灰遇水易消解，遇空气中的 CO_2 易生成 $CaCO_3$，使有效成分降低，因此应储存在通风干燥处，并用帆布覆盖，而且储存时间不宜过长。

3.2　施工要点及注意事项

3.2.1　石灰与过湿土拌和

施工前先将生石灰块与过湿土利用挖机充分拌和，降低过湿土的含水率。由于石灰掺量在达到一定比例后，对降低含水率所起作用并不随石灰增量增加而增大。因此在现场施工时，石灰掺量控制为 8%～10%。

3.2.2　石灰土摊铺

将土场经过初步拌和的石灰土运至现场摊铺，摊铺后利用宝马拌和机将石灰土充分拌和。

保证土块粒径不大于5cm，生石灰粒径不大于5mm。

3.2.3 石灰土碾压

开始碾压时间对生石灰土的处治效果有着重要的影响。碾压过早，会由于生石灰水化反应过程中体积膨胀而使土体松胀；碾压过晚，则水化热不能充分利用，并会影响其稳定效果。研究表明，在生石灰与土拌和后3h左右碾压可取得最佳效果。

石灰土施工过程中应保持排水横坡以便及时排水。碾压完成后禁止重型车辆通行。

4 结语

本文通过分析石灰在处治过湿土中降低含水率及与土发生反应生成一定强度石灰土的原理，具体介绍了在唐津高速扩建工程中，利用生石灰改良过湿土并利用其填筑路堤的施工技术，由于组织得力、方法得当，利用石灰改良过湿土保证了唐津高速扩建工程的进度及质量。

参考文献

[1] 文飞国.过湿土处治技术研究[D].西安：长安大学，2004.
[2] 王颗.过湿土填筑路堤研究[D].昆明：昆明理工大学，2006.
[3] 刘聪聪.湖区公路过湿土的改良技术研究[D].长沙：中南大学，2007.
[4] 张林洪，吴华金.路基填筑施工技术[M].北京：人民交通出版社，2008.

水泥搅拌桩在唐津高速扩建工程中的应用

牛　浩

（中交三公局工程总承包分公司　北京　100124）

摘　要:唐津高速公路(塘承高速—津塘公路)扩建工程第2合同段,现状路为全封闭唐津高速公路,双向四车道,路基宽度26m,设计行车速度120km/h。扩建后道路为双向六车道,路基宽度为34.5m,设计行车速度120km/h。为了保证扩建路基质量,对加宽车道软弱地基利用水泥搅拌桩进行处理,右幅通车运营后,效果良好。

关键词:扩建　水泥搅拌桩

1　研究意义

我国经济增长速度较快,随着经济的高速增长,各条高速公路的交通量增加也远远超出预期,导致现有高速公路不能满足通行要求。高速公路的加宽成为未来的一种趋势。尤其是我国经济发达地区,高速公路的建设时间较早,后期交通量增长速度较快,对高速公路的要求也越来越高,道路扩建的要求越来越迫切。为了保证扩建路基的质量,防止新旧路基之间发生不均匀沉降导致路基开裂,水泥搅拌桩被用于软土地基的加固。在以往水泥搅拌桩的施工过程中,存在不少问题,出现过工程事故。

唐津公路(塘承高速一津塘公路)扩建工程第2合同段,现状路为全封闭唐津高速公路,双向四车道,路基宽度26m,设计行车速度120km/h。工程采用"原路两侧直接拼接方案"的方式扩建为双向六车道。扩建后路基宽度为34.5m,设计行车速度120km/h。起始桩号K1 045+941.277,终止桩号K1 055+125.465,长度为9 184.188m。加宽段软土地基采用水泥搅拌桩加固,为了保证水泥搅拌桩的施工质量,开展本项应用的研究。

2　水泥加固土的原理

软土与水泥采用机械搅拌加固的基本原理是基于水泥加固土(简称水泥土)的物理化学反应。水泥加固土的物理化学反应过程与混凝土的硬化机理不同,混凝土的硬化主要是水泥在粗填充料(比表面不大,活性很弱的介质)中进行水解和水化作用,所以凝结速度较快。而在水泥加固土中,由于水泥的掺量很少(仅占被加固土质量的7%~20%),水泥的水解和水化反应完全是在具有一定活性介质的土的围绕下进行的,所以硬化速度缓慢且作用复杂,因此水泥加固土强度增长的过程也比混凝土慢。

水泥土强度增长主要依靠以下几种作用:

(1)水泥的水解和水化反应。普通硅酸盐水泥主要是由氧化钙、二氧化硅、三氧化二铝、三氧化二铁及三氧化硫等组成，由这些不同的氧化物分别组成了不同的水泥矿物：硅酸三钙、硅酸二钙、铝酸三钙、铁铝酸四钙、硫酸钙等。用水泥加固软土时，水泥颗粒表面的矿物很快与软土中的水发生水解和水化反应，生成氢氧化铝、含水硅酸钙、含水铝酸钙及含水铁酸钙等化合物。

(2)黏土颗粒与水泥水化物的作用。当水泥的各种水化物生成后，有的自身继续硬化，形成水泥石骨架；有的则与其周围具有一定活性的黏土颗粒发生反应。

(3)碳酸化作用。水泥水化物中游离的氢氧化钙能吸收水中和空气中的二氧化碳，发生碳酸化反应，生成不溶于水的碳酸钙，也可使水泥土增加强度。

从上述水泥加固土的原理可以发现，由于搅拌机械的切削搅拌作用，实际上不可避免地会留下一些未被粉碎的大小土团。在拌入水泥后将出现水泥浆包裹土团的现象，而土团间的大孔隙基本上已被水泥颗粒填满。所以，加固后的水泥土中形成一些水泥较多的微区，而在大小土团内部则没有水泥。只有经过较长的时间，土团内的土颗粒在水泥水解产物渗透作用下，才逐渐改变其性质。因此在水泥土中不可避免地会产生强度较大和水稳性较好的水泥石区和强度较低的土块区。两者在空间相互交替，从而形成一种独特的水泥土结构。可见，搅拌越充分，土块被粉碎得越小，水泥分布到土中越均匀，则水泥土结构强度的离散性小，其宏观的总体强度也最高。

3 影响水泥搅拌桩强度的主要因素

国内外对加固土所做的大量试验结果表明，影响水泥土强度的因素主要有以下几方面。

3.1 水泥掺入比

水泥掺入比是指水泥质量与被加固的软土质量之比，采用水泥作为固化剂材料，在其他条件相同时，在同一土层中水泥掺入比不同时，水泥土强度将不同。水泥土的强度随水泥掺入比的增大而提高，但因场地土质与施工条件的差异，掺入比的提高与水泥土强度增加的百分比是不完全一致的。

3.2 龄期

水泥土强度随龄期的增长而增大，且水泥掺入比越高，强度增长越快。在龄期超过 28d 后，强度仍有明显增长。

3.3 水泥强度等级

水泥强度等级直接反映水泥土的强度，水泥土的强度随水泥强度等级的提高而增加，等级提高 10 级，水泥土的强度 f_{cu}增大 20%～30%。如要求达到相同强度，水泥强度等级提高 10 级，可降低水泥掺入比 2%～3%。

3.4 土样含水率

当水泥土配比相同时，其强度随土样的天然含水率的降低而增大。试验表明，当土的含水率在 50%～85%变化时，含水率每降低 10%，水泥土强度可提高 30%。

3.5 土样中有机质含量

试验表明，有机质含量少的土比有机质含量高的土所制成的水泥土强度大得多，水泥土中的有机质可使土具备较大的水溶性和塑性、膨胀性和低渗透性，并使土的酸性增加，这些因素都能使水泥的水化反应受到抵制。因此，对于有机质含量高的软土(一般当地基土有机质含量大于1%时加固效果较差)，不宜单纯用水泥作为固化剂进行加固，宜改用水泥系固化材料或特种水泥，以提高固化效果。

3.6 外掺剂

不同的外掺剂对水泥土强度有着不同的影响。如木质素磺酸钙对水泥土强度影响不大，主要起减水作用。石膏、三乙醇胺对水泥土强度有增强作用，而其增强效果对不同土样和不同的水泥掺入比又有所不同，所以选择合适的外掺剂可以提高水泥土强度又可以节约水泥用量。

3.7 养护方法

养护方法对水泥土的强度影响主要表现在养护环境的湿度和温度。国内外试验资料都说明，养护方法对短龄期水泥土强度的影响很大，随着时间的增长，不同养护方法下的水泥土无侧限抗压强度趋于一致，说明养护方法对水泥土后期强度的影响较小。

4 唐津高速扩建工程水泥搅拌桩施工工艺

4.1 施工准备

(1)搞好施工现场的三通(路通、水通、电通)一平(清除施工场区内的障碍物。根据设计桩顶标高平整好施工现场)查清地下管线位置及确定架空电线的位置、净空等。

(2)按设计图纸准确定出水泥搅拌桩位置；对原地面标高进行测量，确定桩顶标高。对桩位进行复核计算，以保证桩位准确度。

(3)做好包括供水供电线路、机械设备施工线路、机械设备放置位置、材料堆放位置、运输通道等布置规划。

(4)组织材料进场，进场水泥必须具备出厂合格证，并经现场取样送试验室复检合格，存放场地要充分满足施工需要，现场布局合理。

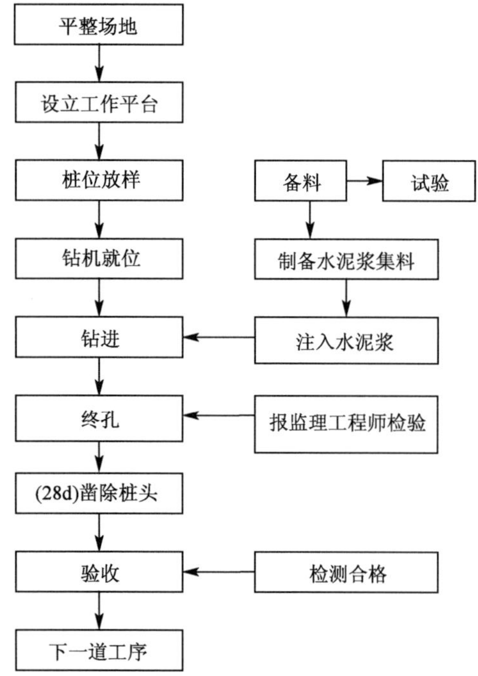

图1 水泥搅拌桩施工工艺流程

(5)设备进场后，按设计要求，在不同地点根据不同桩长进行工艺性试验桩的施工，确定下沉及提升速度、水灰比、浆泵工作压力、每米水泥浆用量情况等工艺参数，了解地质情况，待参数确定后再进行后续水泥搅拌桩工程施工。

4.2 施工流程

水泥搅拌桩施工工艺流程如图1所示。

4.2.1 测量放样

按设计图纸放线，准确定出各搅拌桩位置；引出主要控制点于施工现场不易碾压的位置，用混凝土固定保留；测量现场地面标高，确定桩顶标高。对桩位进行编号，以利于施工管理和资料整理。

4.2.2 试桩

搅拌桩正式开工前必须做试桩，以检验机具性能及施工工艺中的各项技术参数，其中包括最佳的灰浆稠度、工作压力、钻进和提升速度。

4.2.3　钻机就位

检查钻杆长度、钻头直径，将桩机移到指定位置桩位后对中，并抄平塔架平台，使搅拌钻杆垂直于地面。认真检查钻机磨盘的平整度（用水平尺）及主钻杆的垂直度（用线垂架或全站仪）复核桩孔坐标，吊线检验转盘中心与孔中心是否在一条垂直线上；用水平仪测试转盘是否水平；钻机坐垫安装是否牢固、控制各项偏差在规范允许范围内。

4.2.4　制备水泥浆

按试桩确定的配比制备水泥浆，并存放在集料斗中。水泥浆的水灰比可选用0.55～0.60，地基含量高者取小值，根据土质条件可适当选用添加剂，添加剂的选用应先进行室内配比试验。

4.2.5　钻孔、终孔

预搅拌将搅拌头下沉，待搅拌机的冷却水循环正常后启动搅拌机，搅拌头运转正常后放松起重钢绳，搅拌杆沿导向架切土徐徐下沉，下沉速度为1.0～1.2m/min，下沉时电机的工作电流不得超过60A，如果下沉速度太慢，阻力太大，可通过输浆管适当送水稀释土体以利钻进；随时观察设备运行及地层变化情况，提升搅拌喷浆。当搅拌机钻头下沉到达设计深度，将搅拌头反转，同时喷浆提升搅拌，严格控制搅拌速度，边喷浆边搅拌边提升，提升过程中始终保持送浆连续，中间不得间断，将水泥浆充分与黏土拌和均匀，如有间断应及时进行处理；施工中应采用流量泵控制喷浆速度，注浆泵出口压力应保持在0.4～0.6MPa重复搅拌下沉、搅拌提升。重复前次作业。每根桩均要进行4次复搅2次喷浆，桩下部3m进行6次复搅3次喷浆。

4.2.6　移位

钻机移至进行下一桩位，重复进行上述步骤的施工。

5　施工质量控制措施及检验标准

5.1　施工质量控制措施

（1）严格按照施工设计文件及有关施工设计规范，精心编制施工方案。

（2）开钻前对图纸提供的逐桩坐标数据资料进行认真复测，确认无误，并经监理工程师复核后，方进行现场施工放样。

（3）对工程所需的水泥，在使用前进行取样试验，合格后方可使用。

（4）钻进过程中，必须定期、定时重新复核钻头的中心位置，如偏差超过允许范围，则必须及时调整。钻孔完成后，及时通知监理工程师现场进行检验水泥搅拌桩相关要求。

（5）现场值班技术人员要坚守岗位，及时做好施工记录。填写各类报表须字迹工整、清晰，数据真实、准确，不得有涂改、损毁等现象。

（6）严格质量奖罚制度的执行，对玩忽职守者坚决严惩不贷；对重视工程质量，且成绩显著者给予褒奖。

5.2　水泥搅拌桩检验标准

检验标准：桩长不小于设计；桩位偏差为±20mm；桩径不小于设计；垂直度≤1%；桩芯无侧限抗压强度（28d）应满足桩顶～2/3桩长范围≥0.8MPa，2/3桩长～桩尖范围≥0.6MPa；单桩承载力不应小于120kN（桩长10m）、110kN（桩长8m），复合地基承载力不应小于110kPa。搅拌桩达到28d强度后开挖基坑，凿除桩头，试验前需凿除桩顶0.5m的软桩头，凿除桩头后的桩长应满足设计桩长要求。采用低应变法检测法检验桩的质量，保证无断桩、夹层、缩颈等质量隐患。

6 结语

通过水泥搅拌桩在唐津高速扩建工程二合同段的成功应用，证明水泥搅拌桩具有施工速度快，施工过程无振动、无地面隆起，不排污、不排土，不污染环境和对相邻建筑物不产生有害影响的优点，在施工中具有良好社会效益和经济效益。

参考文献

[1] 陆贻杰，周国均．搅拌桩复合地基模型试验及三维有限元分析[J]．岩土工程学报，1989，11(5)．

[2] 梁晨．水泥搅拌桩施工应用[J]．科技情报开发与经济，2005，8：285-287．

[3] 何开胜，徐立新．超长水泥土搅拌桩的荷载传递特性[J]．建筑结构，2000，5：17-19．

[4] 郑刚，姜忻良，顾晓鲁．水泥搅拌桩荷载传递机理研究[J]．土木工程学报，2002，35(5)：82-86．

水泥稳定碎石基层施工中集料离析的控制措施

曹忠良

（中交三公局工程总承包分公司　北京 100124）

摘　要：在水泥稳定碎石基层的施工过程中，骨料离析是比较常见的质量问题之一。水稳摊铺过程中经常出现局部粗集料集中、细集料较少的现象，碾压后密实性差、平整度差、容易渗水，路面极易发生早期破坏。影响骨料离析的因素来自水泥稳定基层施工的各个环节，备料、拌和、运输、摊铺等环节均能导致骨料离析现象的发生。本文从水泥稳定碎石基层的施工过程中分析骨料离析的原因，讨论控制离析现象的措施。

关键词：水稳基层　集料离析　控制

1　研究意义

水泥稳定碎石基层属于半刚性基层，具有足够的强度和刚度，具有水稳性和冰冻稳定性，具有足够的抗冲刷能力、收缩性小、有足够的平整度、与面层结合良好等优点，已经被广泛应用在沥青混凝土路面的基层。基层是路面工程的主要承重层，是路面结构层的重要组成部分，但如果施工过程中质量控制不理想，就会出现各种质量问题，如沥青面层的早期破坏、缩短高速公路的使用寿命。离析问题是水泥稳定碎石基层施工时比较常见又难以控制的质量问题之一，为了提高路面基层的施工质量，充分发挥水泥稳定碎石基层的性能，采取措施控制基层混合料离析是非常重要的课题。

重庆丰都至忠县高速公路全长 33 公里，双向四车道，设计行车速度 80km/h，使用年限 15 年。路面基层为 20cm 水泥稳定碎石基层＋20cm 水泥稳定碎石底基层＋20cm 水泥稳定碎石垫层，共计 3 层水稳。施工过程中，从各个方面严格控制了离析现象的发生，保证了水泥稳定碎石基层的施工的质量，取得了良好的效果。

2　离析的危害

2.1　基层强度、刚度降低

基层必须能够承受车轮荷载的反复作用，即在预定设计标准轴载反复作用下，基层不能产生过多的残余变形，更不能产生剪切破坏或疲劳弯拉破坏。基层的刚度（回弹模量）必须与面层的刚度相配。如面层和基层的刚度差别过大，则面层会由于过大的拉应力或拉应变而过早开裂破坏。离析是局部配合比严重失调的现象，集料级配不连续，粗骨料间的孔隙没有细集料填充，密实度差，孔隙率大，粗骨料表面的水泥无法发挥黏结效果，因而降低了基层的强度。局部离析现象如图 1 所示。

图1　局部离析

2.2　基层整体性差

粗骨料集中的地方孔隙率大，骨料之间无细集料填充，压路机碾压过程中对粗骨料产生冲击，粗骨料之间无足够大的接触面传力，必然造成粗骨料破碎，破碎面没有水泥等胶凝物质，所以整体性差。

2.3　水稳定性差

沥青面层，特别是层铺法的沥青表面处治和沥青贯入式面层，往往是透水的，尤其在使用初期，其透水性较大，路面水稳基层的抗渗性能至关重要。在冰冻地区，由于冬季水分重分布的结果，路基上层和路面底基层都可能处于潮湿或过分潮湿状态。粗骨料集中的部位孔隙率大，容易出现渗水现象，渗水导致路基被浸泡，承载力降低，若发生冻融循环，则会出现冻胀翻浆等破坏。

2.4　层间黏结效果差，易出现裂纹

面层与基层间的良好结合，对于沥青面层的使用质量是非常重要的。与不结合的情况比较，它可以减少面层底面由于行车荷载引起的拉应力和拉应变，还可以明显减小由温度变化引起的沥青面层内的拉应力和拉应变。离析区域的基层表面较松散，层间黏结效果差。无论是横向还是纵向连续贯通的离析带，必然造成基层的薄弱带，基层的干缩裂纹肯定会随之集中发展，容易反射至面层。

2.5　平整度降低

基层的平整度无论对厚沥青混凝土面层平整度还是薄沥青混凝土面层平整度都有很大的影响。对于厚沥青混凝土面层，基层的不平整会引起沥青混凝土面层厚薄不均匀，会成为路面使用期间产生温度收缩裂缝的起点。对于薄沥青混凝土面层，其平整度取决于基层的平整度。离析引起集料局部级配的变化，因而不同部位的压实系数也随之变化，碾压过后平整度差，影响面层的施工质量。

3　离析产生的原因

(1)原材料生产、存放不规范。骨料在生产加工时破碎、筛分等工艺不规范，容易造成最大粒径骨料含量和级配不准确。原材料存放时经常因为场地狭小而发生混料现象，造成混合料级配偏离标准级配。

(2)运输车在储料斗接料时，开始卸落高差大，混合料中粗骨料滚落至车厢两侧较低处。细集料聚集在车厢中间，混合料出现离析现象。

(3)在集料运输过程中，如果运距远，混合料在高温作用下容易失水，尤其是运输车表面一层混合料含水率过低。在向摊铺机倒料时，粗骨料大量滚落至摊铺机料斗，由于这部分料的含水率已经偏离最佳含水率，无法压实而且粗骨料集中，容易造成横向离析带。

(4)运输车在向摊铺机受料时，混合料在下滑的过程中，粗骨料容易滚落在摊铺机料斗的两侧，即出现料斗中间集料偏细、两侧集料偏粗，出现离析现象。

(5)在摊铺过程中，料斗中间的集料被先输送摊铺，剩余料斗两侧堆积的粗骨料在摊铺机

收斗时被集中摊铺至基层中，出现明显的横向离析带。

(6)螺旋布料器引起的离析。螺旋布料器设在摊铺机后方摊铺室内，其功能是把摊铺室中部的混合料左右横向输送到摊铺机全幅宽度，在布料过程中，螺旋快速旋转，混合料不断翻滚抛洒，粒径较大的骨料被传送到至布料器端头，形成明显的纵向离析带。

(7)在人工找平过程中发生的找平离析等。

4 控制离析现象产生的措施

引起离析的因素多种多样，存在于水泥稳定碎石基层施工的每个环节，是一个很难完全避免的问题，只能采取措施尽量地减少离析现象的发生。

(1)严格把控原材料进场关，控制进场骨料的级配。不同粒径的碎石和石屑等细集料存放应规范，谨防串料现象发生。堆料的方法有几种，最好一层一层地堆积，逐渐加高，这种分层堆积可以减少因原料重力而引起的离析。运料卡车倾倒原材料时要一车接一车紧挨着料堆表面倾倒。必要时，需用铲车将堆积在料堆底部的较大粒径进行清除或者拌匀。严禁大高差倾倒卸料。

(2)拌和机上料斗要规范，尤其是不同料斗之间的隔板高度要满足要求，装载机上料切勿过满，防止发生窜料现象。拌和机的称重设备要定期标定，保证混合料的级配准确。

(3)下料斗向车厢装料时，成品仓放料斗距车厢高差不应大于2m，从下料斗向车厢内卸料时要按照“前后中”依次装料的原则，前后移动运输车，减少集料因重力引起离析，如图2所示。

(4)运料车行驶应匀速平稳，加强对便道进行整修，保证便道平整，减少颠簸，车辆行驶时尽可能避免急刹车；采用大吨位的运输车，尽可能减少离析发生的概率，卸料时使混合料整体卸落；气温较高时，采用帆布进行覆盖，尽可能避免由于水分损失而在卸料时产生离析。

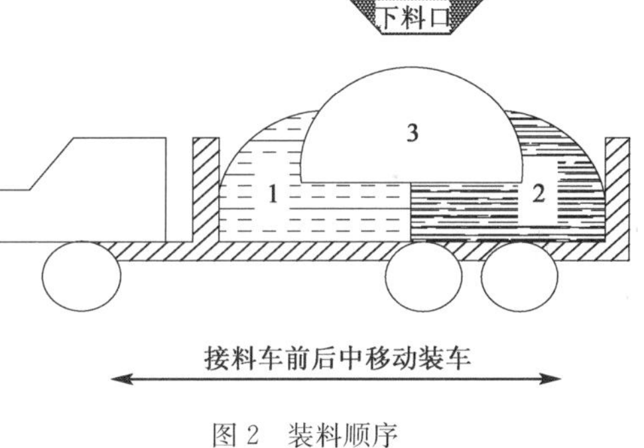

图2 装料顺序

(5)水泥稳定碎石基层的摊铺宽度不能太宽，如果摊铺宽度太宽，部分粗骨料会被摊铺机的螺旋布料器刮到摊铺机的边缘，而使边缘骨料集中，摊铺宽度一般控制在6～8m。

(6)当一车料卸完时，另一料车要紧跟着卸料，不能等刮料器把前一车卸的料刮完，这样另一车卸下的料就能与上一车最后卸下的粗颗粒料混合，通过刮料器送到分料室，螺旋布料器再次搅拌，混合料粗细颗粒分离现象就会减少。

(7)摊铺机在摊铺过程中，受料斗应尽量减少收斗次数，使两侧板的粗粒料少进入分料室，侧板堆集粒料太多时，可辅以人工将部分粗粒料除去，以减少离析。

(8)螺旋布料器应均匀连续运转，与摊铺机速度、拌和量相匹配，送出的混合料在摊铺机两侧数量一致，减少由于布料器不连续运转和输料不均带来的离析。

(9)螺旋布料器支撑座也是粒料产生离析的原因。当粗粒料运行到支撑座时，由于支撑座的阻挡，粗粒料有可能落下来被铺筑，在路线的纵向上就有一行可能由于支撑座产生的离析，可用人工铲少量细粒料掺入后进行翻拌。

(10)摊铺机的摊铺速度与拌和机拌和量相匹配,尽可能匀速摊铺,中途不停机,减少由于速度不均匀产生的离析。人工找平时应扣锹混合料,切忌扬锹远抛。

(11)对摊铺中表面出现的离析的部位应及时补救,可以采用人工筛分细料的方法,筛出适量混合料洒在出现离析的表面层后及时碾压,这样可以减小离析的影响。也可以在摊铺机后面设专人消除粗集料的离析现象,局部离析严重的要铲除局部粗料"窝",然后换填级配良好的混合料。为进一步减少离析现象,还可以在摊铺机挡板前增设橡胶板。

5 结语

基层作为道路结构的主要承重层,它的强弱和好坏对整个路面,无论是沥青路面还是水泥混凝土路面的整体强度、使用质量和使用寿命都有十分重要的影响。水泥稳定碎石基层施工过程中,离析现象的发生会降低基层的强度和刚度,这就对道路施工技术人员提出了要求,一定要增强质量意识,严格控制每一个可能引起混合料离析的环节,严格按照公路基层施工技术规范和设计文件的要求进行施工,要全面地、多角度地控制离析现象的发生。

参考文献

[1] 金向阳,王启光.水稳基层集料离析的探讨[J].科技之窗,2012(21):258-259.
[2] 张新峰.水泥稳定碎石基层离析现象施工控制探讨[J].黑龙江科技信息,2013(8).

水泥混凝土桥面超薄沥青混凝土铺装技术

孙贵新　谢仕良

（中交三公局工程总承包分公司　北京　100124）

摘　要：在水泥混凝土桥面上铺装超薄沥青混凝土磨耗层上面层，可改善路面行车舒适性；由较多的粗集料形成的骨架嵌挤结构，有着很好的水稳性、良好的构造深度和抗滑性能。本文对在水泥混凝土桥面上铺装超薄沥青混凝土磨耗层上面层的施工工艺与质量控制措施进行了探讨。

关键词：桥面铺装　混凝土桥面　超薄磨耗层　UTAC 混合料

塘津高速公路扩建某标段工程，线路全长 9.18km，原为双向四车道，路基宽度 26m，设计行车速度 120km/h。扩建后道路为双向六车道，路基宽度为 34.5m，设计行车速度 120km/h。该标段永定新河引桥桥面铺装原设计为 8.0cm 沥青混凝土铺装；施作时发现既有混凝土桥面存在露筋、孔洞等病害，对原桥面铺装形式进行了调整，改为 5.5cm C40 防水混凝土＋2.5cm 超薄沥青混凝土层。设计要求对于 5.5cm C40 防水混凝铺装时，要将原桥面铺装全部剔除，并凿除主梁顶面 2.5cm，整体浇筑 8.0cm C40 防水钢筋网混凝，然后将顶面进行拉毛处理，拉毛深度为 0.5cm，最后施工 2.5cm 超薄沥青混凝土面层。2.5cm 超薄沥青混凝土罩面结构是一功能层，具有改善水泥混凝土行车舒适性、抗滑性能、路表排水等功能，同时，还能提供一定的封水和提高结构强度等作用。

1　准备工作

超薄沥青混凝土面层施工顺序：交通疏导→原桥面剔除→主梁顶面精细凿除→桥面防水混凝土层浇筑→桥面顶拉毛→桥面清洁→放线→超薄沥青混凝土面摊铺→碾压→交工验收→开放交通。

1.1　桥面剔除与清理

用机械铣刨剔除原桥面铺装层，人工精细凿除梁顶有缺陷混凝土 2.5cm 至新鲜混凝土面，并注意保护梁顶混凝土，用空压机吹风、水车冲洗等方法将原桥面铺装清除干净。

1.2　桥面混凝土铺装

绑扎桥面铺装钢筋网，控制好钢筋间距和钢筋标高。桥面混凝土铺装，混凝土集中采用拌和、罐车运输、泵送入模。采用支撑于桥面上的双辊轴混凝土摊铺机摊铺，机械振捣，人工辅助收浆抹面。养生达到设计强度后进行拉毛和桥面清洁。

2 超薄沥青混凝土桥面铺装

2.1 材料

2.1.1 沥青

超薄沥青混凝土桥面铺装层沥青使用高黏度沥青，采用基质沥青为 AH-70 的 SBS 改性沥青，设计指标和检验值见表 1。

改性沥青设计指标和检验值　　表 1

试验项目		规范值	实测值
针入度(25℃,100g,5s)(0.1mm)		40～60	54
延度(5cm/min,15℃)(cm)		≥20	38
软化点(环球法)(℃)		≥60	76
弹性恢复(25℃)(%)		≥75	95
薄膜加热试验(163℃,5h)	质量损失(%)	≤1.0 且≥－1.0	0.01
	针入度比(%)	≥65	71
	延度(5℃)(cm)	≥15	26

2.1.2 矿料

原材料石料采用强度高、耐磨耗的石料，呈碱性或中性，加工工艺采用三级反击破，以保证颗粒规整，棱角丰富；细集料全部采用石屑；填充料采用石灰岩磨制的矿粉，不得使用回收矿粉。矿料试验结果见表 2，集料级配检定结果见表 3。

矿料试验结果　　表 2

试验项目	标准要求	集料名称		
		5～10mm 碎石	石屑	矿粉
压碎值(%)	≤24	18		
洛杉矶磨耗(%)	≤28	16		
视密度(t/m³)	≥2.60	2.812		
视密度(t/m³)	≥2.50		2.806	2.752
针片状颗粒含量(%)	≤15	12.1		
吸水率(%)	≤2.0	1.1		
软石含量(%)	≤3.0	1.0		
砂当量(%)	≥60		76	
含泥量(%)	≥1	0.5		
含水率(%)	≤1.0			0.8
清水系数	≤1.0			0.7

集料级配检定结果　　表 3

级配(mm)	13.2	9.5	4.75	2.36	1.18	0.6	0.3	0.15	0.075
标准要求(%)(方孔筛)	100	90～100	30～40	23～32	17～25	13～20	10～16	8～13	6～10
检定结果(%)	100	98.1	36.2	27.6	20.1	16.3	12.2	10.8	8.3

2.2 超薄磨耗混合料

超薄沥青混凝土磨耗层 UTAC(Ultra-Thin Asphalt Concrete)按主骨料空隙填充(CAVF)法设计富沥青热拌混合料超薄罩面，具有提高行车安全舒适、降低噪声水平、节约养护成本等优点。UTAC 混合料中粗集料含量较高，形成骨架嵌挤结构，提高了路面的抗车辙能力；又有相当数量的细集料(石屑)填充骨架的空隙，构成骨架密实结构，提高了水稳性、抗衰老性。沥青热拌混合料超薄罩面黏层沥青一道形成了一层良好的封水层。混合料设计充分利用 EXCEL 软件中的"规划求解"进行配合比的优化设计。超薄磨耗混合料马歇尔试验(双面各锤击 75 次)结果见表 4。

超薄沥青混凝土磨耗层混合料检测结果　　表 4

油石比(%)	理论密度(g/m^3)	标准密度(g/m^3)	空隙率(%)	饱和度(%)	稳定度(kN)	流值(0.1mm)
5.83	2.441	2.343	4.4	72.7	9.84	34.3

2.3 施工工艺

2.3.1 防水层的施工

通过防水层来实现超薄沥青混凝土磨耗层与水泥混凝土桥面良好的结合，在已清理干净的水泥混凝土桥面上，采用 SUPER1800-2SJ 型同步一体化喷洒摊铺机施工防水黏结层。黏结材料选用含量为 5.5%的 SBS 改性沥青，其黏度较高、弹性大，一方面可以提高其与骨料的黏结力，增强沥青层间的黏结效果；另一方面可提高防水层的抗剪强度和抗裂能力。喷洒量控制为 0.8～1.0kg/m^2，沥青洒布温度控制为 160～180℃，喷洒要均匀，少喷洒漏洒处需人工进行补洒。同步撒布碎石，嵌入碎石的作用是提高层间抗剪强度，同时在上面层铺装时不致破坏封层油膜。碎石必须用水冲洗干净并干燥后才能使用，按照撒布量为满铺的 80%的碎石用量进行撒布，碎石均匀地散落在沥青膜上，碎石与碎石是互不接触的。撒布车撒布时要匀速前进，没有撒到的部位人工补撒。

2.3.2 沥青混合料拌和运输

采用 CB3000 型沥青混凝土拌和机拌和，该机单台产量不小于 200t/h，并配有二次除尘装置、成品仓、红外测温仪。沥青混合料的矿料温度为 180～190℃，沥青温度为 165～175℃，拌和时间控制在 35～40s。应严格控制拌和料出厂温度，高于 195℃应废弃。沥青混合料采用自卸汽车运输，使用油水混合剂作为隔离剂，严格控制油与水的比例。运料车装料时应通过前后移动运料车来消除粗细集料的离析现象，装料分多次装载。

2.3.3 混合料的摊铺

(1)采用 2 台福格勒 SUPER1800-2SJ 型摊铺机梯队摊铺，两台摊铺机的距离控制在 10m 以内。摊铺机第一幅采用平衡梁找平，第二幅自动找平仪，便于接缝处理。

(2)薄层罩面厚度薄，降温速度过快，因此摊铺温度对于薄层罩面的摊铺质量至关重要。为防止温度降低而造成压实困难，摊铺温度应较普通沥青混合料高，温度应不低于 160℃。

(3)由于薄层罩面 UTAC 混合料的粗集料多，应调整好振捣和振动级数，在保证摊铺层表面平整的前提下尽量加大激振力，以确保足够的初始密实度并且振不碎集料。

(4)混合料的松铺系数，可以根据经验或根据混合料的类型，由试铺试压确定，一般为 1.15～1.20。松铺系数大，摊铺层的密度低，有利于摊铺机操作，混合料摊铺后平整度较好，但压路机在碾压时会产生较大的推移。本工程松铺系数为1.18,未见推移等情况出现。

(5)松铺厚度每5m查一断面,每断面不少于3点,每50m检查1次横坡。

(6)摊铺机必须均匀、连续不间断地摊铺,不得随意变换速度或中途停顿,以提高平整度、减少离析。摊铺速度根据实际情况确定,一般为10～27m/min。

(7)摊铺机熨平板必须拼接紧密,不许存有缝隙,防止卡入粒料将铺面拉出条痕。

2.3.4　混合料压实

(1)由于罩面层摊铺厚度小,压路机的振频与振幅宜采用"高频、低幅"的方式碾压。

(2)沥青混合料摊铺后,宜尽可能在高温下进行碾压,沥青混合料温度较高时,可用较少的碾压遍数,获得较高的密实度和较好的压实效果,初始碾压温度不低于140℃,碾压终了温度高于100℃。

(3)摊铺厚度薄,混合料温度损失迅速,不易压实,在压实工艺上采用"模糊"碾压,即压路机紧跟摊铺设备,随铺随压,初压和复压的压路机紧跟碾压。

(4)压路机的喷水装置工作状况应保持良好,避免喷水量过多而引起的路面温度迅速降低和其他病害,从而影响路面质量。

(5)沥青混凝土面层自然冷却,面层表面温度低于50℃时,可以开放交通。

3　结语

(1)超薄沥青混凝土磨耗层是一种改善路面平整度、提高路面的抗滑性和耐磨性的道路养护技术,用于水泥混凝土路桥面铺装上面层可改善路面平行车舒适性。

(2)UTAC超薄沥青混凝土磨耗层较多的粗集料形成的骨架嵌挤结构,有着很好的水稳性、良好的构造深度,宏观抗滑性能好。

(3)UTAC超薄沥青混凝土磨耗层混合料比较细,混合料施工均匀性强,不易产生离析,其质量更容易控制。

(4)摊铺厚度薄,混合料温度损失迅速,不易压实,在压实工艺上采用"模糊"碾压,即压路机紧跟摊铺设备,随铺随压,初压和复压的压路机紧跟碾压。

参考文献

[1] 徐显炼.UTAC10在水泥路面平整度改善工程中的应用[J].广东公路交通,2011(03).

[2] 朱华春.水泥混凝土路面加铺沥青路面施工技术[J].中外公路,2005(05).

[3] 侯子义,张启云.桥面铺装超薄沥青混凝土试验研究[J].公路,2007(05).

[4] 苏卫国,吕蒋聪.UTAC磨耗层在市政道路的工程实践[J].广东公路交通,2009(01).

[5] 范健英.UTAC-10桥面铺装施工技术[J].中外公路.2004(04).

[6] 焦晓磊.UTAC薄层罩面在干线公路养护中的应用[J].天津建设科技,2012(04).

浅谈 T 梁施工见解

郭永利

（中交三公局工程总承包分公司　北京　100124）

摘　要:本文以准兴高速 A12 标预制场施工为例,分析预制场施工的技术难点和关键点,总结 T 梁预制的施工方法、工艺和施工技术措施,从而确保施工安全和梁板在运营阶段的结构安全。

关键词:T 梁预制　施工

目前,后张法 T 梁施工是我国最常见的梁板预制形式之一,施工工艺已经相当成熟,但不同的作业环境、气候、地区及资源设备和人员的投入、劳动力熟练程度都会影响到各施工工艺质量。所以在开始建场及施工环节时需认真考虑影响预制梁场生产利弊,保证预制梁场建设生产功能满足要求,保证以安全质量为前提,工程在合同工期内顺利完工。要满足预制梁场生产功能要求,必须从预制梁场建设要求、台座设计要求、各工序施工方法质量控制、文明安全施工管理措施、设配及人员配置这几方面考虑。

1　工程概况

准兴高速公路 A12 标项目经理部位于内蒙古自治区西南部和林县,起讫桩号为 K89＋000～K91＋044.081/K92＋528.744～K96＋483.318,路线全长 5.99km。本合同段有 30m T 梁大桥 3 座,分别为后石门大桥、马良河大桥和大坡底大桥,上部结构形式为后张法预应力 30m T 梁,共 351 片。

2　梁场建设要求

(1)临时工程量小:预制梁场的位置,应尽量选在地质条件好的地方,尽力减少土石方工程和基础加固工程量,降低临时机械工程费用。

(2)交通方便:尽量与既有公路或施工便道相连,利于大型制梁设备料运输进场。

(3)运梁距离:运距越短越合理,减少运距费用增加。

(4)征地拆迁少:满足制梁工期和存梁的前提下,少占用耕地,减少拆迁量。

(5)考虑防洪排涝,确保雨期施工安全。

(6)地材和水源方便:应合理考虑地材和水源因素。

(7)利于环保:宜远离居民生活区,防止噪声污染,产生各种纠纷。

结合以上几点,该标段预制场设置在主线 K93＋640 西侧 30m 处,东西长 450m,宽 35m,此处为马良河大桥河流的一段,现将河流改在预制场南侧。预制场建立在此处的优点:此处河底为砂砾层，预制场扩大基础建设时减少了砂砾换填，节约成本；北侧 50m 有一乡村公路，利于材料运输；预制场建立在三座桥的中部，使梁板架设成本得以控制（从梁板运距方面考虑）；此处为河滩，减少占用耕地并且远离村庄，对于防洪排涝，该标段已采取措施，将河道改移并加固，防止冲刷梁场。

3 台座设计要求

3.1 预制 T 梁台座设计考虑要点

（1）满足强度要求。预制梁张拉后，梁体中部拱起，在预应力实施过程中，整个梁体的重量由均匀分布于底板上逐渐变为全部集中在梁的两个端头，因此梁端部的底板、台座应如何加强。

（2）台座反拱度设置为多大合适。

（3）台座上底模表面如何处理。

（4）侧模夹底模间的漏浆问题如何解决。

3.2 具体做法

（1）按所定间距开挖基坑浇筑底座混凝土，在混凝土表面铺设 $\delta=5$mm 钢板，并与两侧预埋的槽钢焊接，形成制梁台座。台座底模构造图如图 1 所示。由于 T 梁在施加预应力时会产生上拱度，形成两端为支点的简支梁，在底座两端头设置 1.6m×1.6m 的扩大基础，厚度为 80cm，增设钢筋骨架，将底座承担的大梁应力均匀扩散。

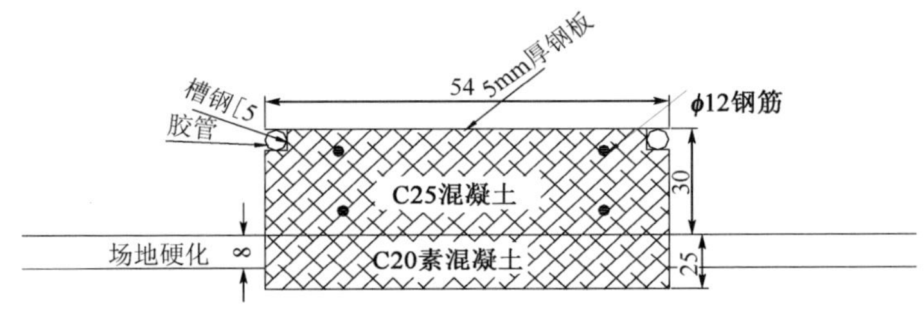

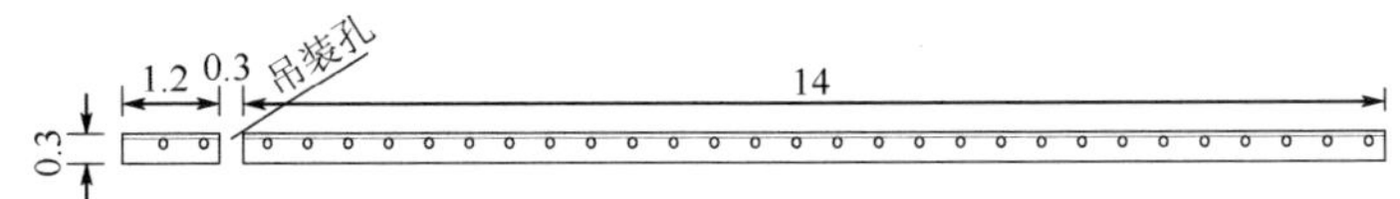

图 1 台座结构（尺寸单位：m）

注：此图只示 30m T 梁纵向台座一半。

（2）在布置台座时，要考虑每个台座上模板的拆装方便。

（3）由于预制梁在张拉预应力过程中，会产生向上的拱度，所以在台座施工时，为克服 T 梁在钢束张拉完成时弹性上拱，预制梁应设置向下的二次抛物线反拱度。本标 30m T 梁最大反拱度参考值见表 1，预制梁顶、底板线性要一致。

30m T 梁最大反拱度参考值 表 1

项目	边梁（cm）	中梁（cm）	项目	边梁（cm）	中梁（cm）
边跨	2.63	2.11	中跨	1.71	1.52

(4)台座底座表面的平整度直接影响预制 T 梁底板混凝土的外观质量。具体做法是在顶面铺一层 5mm 厚钢板作为底模面板。为便于脱模吊运,在吊点位置的底模做成易于拆装调整的模块。

(5)底模施工时,底模两边采用[5"钢边",[5 可保证底模的线形顺直,不易被碰坏。在[5 槽口里穿入硬质橡胶管,要求硬质橡胶管稍宽出底模 2mm,当紧固外侧模板底角时,硬质橡胶管受压变形,堵住了模板间缝隙,从而达到防止漏浆之目的,并可重复使用,做到"一劳永逸"。

4 施工方法

4.1 施工工艺要求

施工工艺要求如图 2 所示。

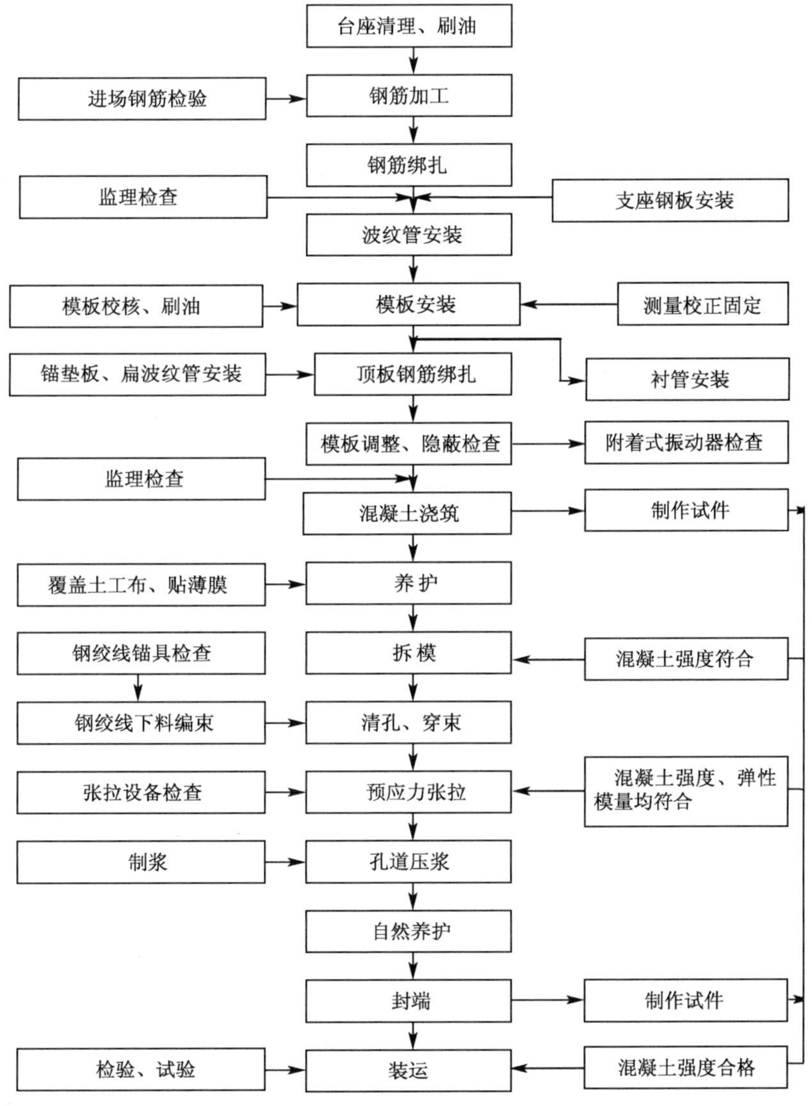

图 2 T 梁预制施工工艺流程

4.2 钢筋加工及安装

(1)钢筋进场后,对钢筋原材及焊接取样,检测钢筋各项性能、指标符合国家现行标准规定和技术要求。试验批号及复试报告做详细登记、记录,原材每批次每种规格 60t,小于 60t 按一个批次进行试验,焊接 300 接头 1 组试验。钢筋下料必须满足尺寸要求,钢筋下料前应对作业人员进行详细交底,下料后同监理工程师对各中型号钢筋进行检查,保证钢筋下料无误,满足设计规范要求。

(2)钢筋绑扎控制要点。

①除设计有特殊规定外,箍筋应与主筋垂直。

②箍筋的末端应向内弯曲,箍筋转交与钢筋的交接点,均应绑扎牢固。

③箍筋的接头(弯钩结合处),在梁中应沿纵向方向交叉布置。

④绑扎用的铁丝要向内弯,不得伸向保护层内。

⑤箍筋与预应力管道发生冲突时,应改变箍筋尺寸,且与监理工程师沟通。

⑥梁肋及马蹄钢筋若与横隔板钢筋发生干扰,可适当挪动马蹄及梁肋钢筋位置。

⑦钢筋绑扎时应注意预埋内、外侧护栏钢筋。

⑧下料长度,即混凝土钢筋外露长度必须满足设计要求,并且外露长度高度控制一致。

4.3 管道安装控制

波纹管施工对梁体预应力张拉及压浆来说是非常重要的环节,因此对原材料及加工后外委试验应及时检测。管道定位筋严格按照设计图纸位置布置,直线段 100cm,曲线段 50cm 一处。孔道成型后应对孔道细致检查,如发现孔道阻塞或残留物要及时处理。管道安装后,在其附近进行焊接作业时,要有对其有保护措施。

4.4 模板施工要求

(1)图纸审核,标段马良河与后石门大桥桥型平面布置位于曲线段内,施工时应注意:边梁外悬臂长度及护栏钢筋预埋位置控制;曲线段梁板长度控制。前者采用 10 分点方法进行控制,后者采用条形块调整且模板在加工时按最短梁长加工。

(2)模板安装及拆除。模板安装及拆除施工不当,对后续混凝土外观产生很大的影响,如梁体色泽差、麻面、粘模、掉角、错台现象,主要有以下几点:

①打磨不彻底或涂刷不均匀会造成粘模现象。

②模板拼装时撬动严重,模板间拼缝错台超过 2mm。

③竖齿板与梁肋模板接缝过大造成漏浆,竖齿板在拆除时容易造成翼板脱落,掉角。

④拆模过早产生麻面及掉角。

⑤拆模过猛产生掉角。

控制方法有以下几点:

①模板使用前认真打磨、清洗并及时刷油,不用时用薄膜覆盖。

②模板拼装时,矫正错台控制在 2mm 范围,通过水平尺控制。

③模板安装时,要将板缝封堵严实,防止漏浆,上下模板采用螺丝固定。

④掌握拆模时间,并记录温度—拆模时间表。

⑤拆模时,严格操作人员,注意技巧,杜绝野蛮施工。

4.5 混凝土浇筑

混凝土工程常见的外观弊病，主要有蜂窝、麻面、空洞、露筋、掉角、裂缝等现象，产生的主要原因总结如下。

4.5.1 蜂窝

(1)配合比计量不准，砂石级配不好。

(2)搅拌不均。

(3)模板漏浆。

(4)振捣不够或漏振。

(5)一次振捣混凝土太厚，分层不清，混凝土交接不清，振捣质量无法掌握。

(6)自由倾落高度超过规定，混凝土离析、石子赶堆。

(7)振捣时间不充分，气泡未排除。

4.5.2 麻面

(1)同“蜂窝”原因。

(2)模板清理不净，或拆模过早，模板黏结。

(3)脱模剂涂刷不均或漏刷。

(4)浇筑时间过长，模板上挂灰过多不及时清理，造成面层不密实。

(5)振捣时间不充分，气泡未排除。

4.5.3 孔洞

(1)同“蜂窝”原因。

(2)钢筋太密，混凝土骨料太粗，不易下料，不易振捣。

4.5.4 露筋

(1)同“蜂窝”原因。

(2)钢筋骨架加工不准，顶贴模板。

(3)缺垫块。

(4)无钢筋定位措施，钢筋位移贴模。

4.5.5 掉角

(1)模板缝不严，漏浆。

(2)模板未涂刷脱模剂或涂刷不均，造成拆模黏结。

(3)拆模过早过猛，拆模方法及程序不当。

(4)养护不好。

4.5.6 裂缝

(1)水灰比过大，表面产生气孔，龟裂。

(2)养护不好或不及时，表面脱水，干缩裂纹。

(3)坍落度过大，浇筑过高过厚，素浆上浮表面龟裂。

(4)混凝土表面抹面不实。

(5)钢筋保护层太薄，顺筋而裂。

为避免上述问题发生，在施工过程中，要从混凝土配比、振捣、施工各工序报验及工艺各环节进行认真检查、控制、加强管理。

5 注意事项

(1)锚垫板安装应注意与模板垂直,且必须与设计梁型配套安装锚垫板。如锚垫板与锚具不匹配,锚垫板小了锚具安不上,大了限位圈不符,张拉时容易拉裂锚垫板造成质量事故。锚垫板在安装时,压浆孔应向上,且应采用物体将压浆孔堵塞,防止浆体流入,浇筑完混凝土将其掏出。

(2)施工时检查弹簧筋紧贴锚垫板,将应力从梁端分散。

(3)负弯矩预埋波纹管外漏部分长度一致,外漏长度控制在10cm左右,防止过长在脱模过程中将其从根部弯断,在墩顶现浇连续断施工时无法搭接,过短亦然。在绑扎顶板钢筋时注意预埋负弯矩波纹管。若管道位置与翼板钢筋相冲突时,适当挪动钢筋位置,以保证管道线形顺直、内部密封并固定牢固。浇筑混凝土前,预先穿入钢绞线,待混凝土初凝后,将钢绞线抽出,确保负弯矩孔道无堵塞、钢绞线的顺利穿入。

(4)混凝土振捣过程时,由于附着式振捣器直接传递到模板上,拉杆螺丝很容易松动,造成模板松动,应有专人负责检查。振捣时,插入式振捣间距控制在10cm左右,端头及钢筋密集部位应加强振捣。

(5)浇筑前,对波纹管进行保护,防止浇筑过程中将波纹管打破造成堵塞,影响张拉及压浆顺利进行,采用方法可为小波纹管直径1.5cm的硬性塑料管穿入,浇筑完成后试拔胶管,查看是否有堵塞位置,并及时作出处理。

(6)混凝土到场坍落度经试验人员检测合格后方可入模。模板温度宜控制在5~35℃,入模温度不低于5℃。

(7)浇筑时采用斜向分段,水平分层的方法浇筑,杜绝采用分层一次浇筑到头后再返回浇筑上层混凝土,如此容易造成明显施工缝及干缩现象,且浇筑时,注意及时清除掉到顶板的混凝土,防止混凝土干缩,产生干缩裂缝。

(8)当昼夜平均气温低于5℃或最高气温低于-3℃时,混凝土应采取保温措施,并按冬季施工处理。对预应力筋锚固区及钢筋密集部位,应加强振捣。

(9)顶板混凝土必须二次收面,保证表面密实,并及时拉毛。收面及拉毛时,工作人员杜绝踩外露钢筋,此时混凝土比较脆弱,拆模后翼缘板处容易产生裂纹,应采取措施。

(10)张拉机具设备,应与锚具产品配套使用,并在使用前与油表同步校正、检验和标定,确定回归方程式。千斤顶校正有效期为6个月且不超过300次张拉作业。

(11)张拉过程中两侧应有防护措施,油压达到张拉吨位后关闭注油缸油路,并稳压5min,测量钢绞线伸长量加以校核。在稳压5min后,油压稍有下降,须补油到设计吨位的油压值,及时做好记录。

(12)张拉完成后,钢绞线切除外漏3cm长度,压浆需满足0.5MPa的稳压期,且该稳压期保持时间为3~5min。

(13)压浆过程中及压浆后48h内,结构混凝土的温度及环境温度不得低于5℃,否则应采取保温措施。当气温高于35℃时,压浆宜在夜间进行。压浆采用活塞式压浆,最大压力控制在0.5~0.7MPa。压浆稠度以排气孔排出的水泥浆与设计相对比。

(14)当预制T梁的压浆强度达到规定的设计值强度后,方可将T梁起吊移至存梁区存放或直接吊装上桥安装，或张拉后立即将T梁起吊移至存梁区存放，保证48h压浆完成后待压浆强度达到规定强度后再行安装。

(15)每片T梁必须编号放在梁枕上，梁底(支点附近)铺放细砂。T梁存放最多时堆放两层，层与层之间在梁端支点附近设枕木隔开。

(16)起吊运送T梁过程中应严格按操作步骤进行。

6 安全保护措施

(1)张拉时，千斤顶后禁止站人，油泵司机、量取伸长量的人员站在梁的两侧进行操作；端头两侧应采用竹胶板防护，防止钢绞线及夹片弹出伤人；并且必须设置警示牌，提醒过路行人。

(2)现场压浆操作人员必须戴防护眼镜，防止水泥浆喷出伤人。

(3)各种型号的电动设备，按使用说明书的规定接地或接零。传动部位按设计要求安装防护装置。

(4)维修、组装和拆卸电动设备时，断电挂牌，防止其他人私接电动开关发生伤亡事故。实行“一机一闸一漏”制，严禁“一闸多用”。

(5)梁板吊装时，应派专人检查龙门吊天车卷扬机线圈运转情况，防止打结，并且经常检查天车刹车装置，是否松弛，同时还应经常检查钢丝绳是否有断丝现象。

(6)龙门吊必须安装刹车装置，停止作业时还应采用夹板器固定，防止风大将龙门刮到。同时轨道端头还应浇筑墩。

(7)持证上岗制度。特种作业人员必须经过技术培训，经考核合格后方能上机操作。

7 劳动组织

劳动力组织见表2。

劳动力组织表 表2

序号	单项工程	所需人数(人)	备　注
1	管理人员	5	施工负责人1名、技术1名、材料1名、施工队长1名、专职安全员1名、电工1员
2	特种作业人员	5	龙门操作3人、电焊2人
3	模板安装及拆除	8	安装
		4	拆除
4	混凝土浇筑	6	混凝土工6人
5	钢筋工	14	钢筋工14人
6	杂工	3	凿毛1人、养生1名、清理卫生1名
合计		45	—

8 设备投入

机具投入情况如表3。

主要设备投入一览表　　表3

序号	机械设备名称	规格型号	单位	数量
1	龙门吊	60t/21m	台	2
2	龙门吊	5t/21m	台	1
3	电焊机	BX1-500	台	3
4	张拉千斤顶	250t	台	2
5	压浆泵	UB3	台	1
6	搅拌机	PJ02	台	1
7	钢筋加工设备	切弯配套	套	2
8	压浆机	VSLYJJ2	台	1
9	振捣棒	50	台	5
10	变压器	250kW	台	1
11	发电机	150kW	台	1
12	模板		套	5

9　结语

在准兴A12标预制场施工中，经过不断地总结施工经验，取得了较好的效果，加快了施工进度，保证了施工质量。其施工经验可为今后类似工程施工提供借鉴。

参考文献

[1] 中华人民共和国行业标准.JTG/T F50—2011　公路桥涵施工技术规范[S].北京：人民交通出版社，2011.

[2] 准格尔至兴和运煤高速公路大路至永兴段两阶段施工图设计.

浅谈苏龙珠黄河特大桥拱肋预埋件定位

吴东东

（中交三公局工程总承包分公司　北京　100124）

摘　要:拱肋预埋件安装定位是拱肋安装的基础,其施工精度影响后期钢拱桥拱肋拼装、合龙精度及钢拱桥桥跨受力。本文主要分析钢拱桥预埋件定位中存在的问题及施工建议。

关键词:定位方法　建议

1　工程简介

苏龙珠黄河特大桥位于青海省尖扎县,主桥采用净跨 220m 净矢高 40m 钢管混凝土桁架上承式拱桥,净矢跨比为 1/5.5,主拱轴线为悬链线,两桁架中到中间距 8.6m,每片拱肋由 4 根 ϕ850mm 钢管组成高 4.5m、宽 2.35m 的钢管桁架,水平向由 ϕ400mm 钢管横向连接两根主钢管。腹杆采用 ϕ400×10mm 钢管作竖向连接,如图 1 所示。

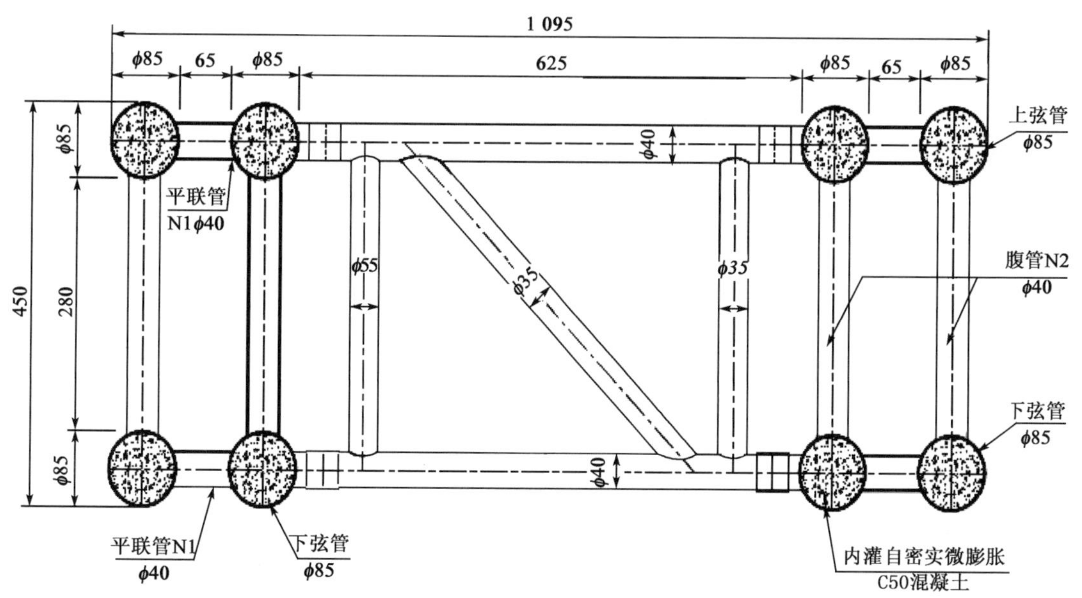

图 1　苏龙珠黄河特大桥拱肋结构(尺寸单位:cm)

2　拱肋预埋件施工

苏龙珠黄河特大桥拱肋预埋件施工采用预埋托架定位施工,为确保拱肋预埋件施工定位精度,在施工中采取以下措施。

2.1 拱肋预埋件出厂前准备

拱肋预埋件在拱肋加工厂出厂前准备工作如下：

(1)验收拱肋预埋件尺寸。

(2)拱肋预埋件和拱肋进行试拼装(在施工现场便于品种同时验证加工精度)。

(3)拱肋预埋件加固并加焊预埋件吊点(防止预埋件在吊运和安装过程中发生变形)。

(4)标识出预埋件拱肋中心线位置(便于测量定位),预埋件上下口方向(防止安装时预埋件方向错误)。

以上拱座均在每一步验收合格后方可将预埋件运送至施工现场。

2.2 施工现场存放保护措施

拱肋预埋件运送至施工现场安装前,对预埋件采取以下保护措施：

(1)预埋件存放场地地基进行处理,将存放地浇筑 C15 混凝土 10cm,以减小地基变形。

(2)预埋件采取下垫措施,四个支点处于同一水平面上,同时对预埋件进行覆盖。

2.3 拱肋预埋托架加工

预埋件的位置和预埋件的倾斜角度,由预埋托架控制,所以预埋托架的加工精度影响拱肋预埋件安装精度,因此采取了以下施工措施,拱肋预埋托架如图 2 所示。

(1)预埋托架各个施工部件进行精确加工。

(2)托架立柱焊接前,将场地整平确保立柱底面在统一高程。

(3)托架各个横梁焊接前,用水准仪测定出各个横梁的相对高程,确保预埋件倾斜角度正确。

2.4 预埋件和预埋件组合

钢拱肋预埋件和预埋托架结合前,将可能妨碍预埋安装的剪力钉事前切除,待预埋件和预埋托架结合后,将剪力钉补焊完整。

预埋托架和预埋件结合前,将预埋托架立柱底部调平,确保其位于同一水平面上,同时对预埋托架进行加固防止其发生变形,影响预埋件的安装精度。拱肋预埋件安装时应注意拱肋上下弦口的方向避免安装错误。

2.5 预埋件吊装定位

2.5.1 埋托架固定

预埋件吊装定位前,将拱座混凝土浇筑至预埋托架底部高程位置,在托架位置设置预埋钢板作为预埋托架固定点,托架支腿固定如图 3 所示。托架支腿固定采用 1cm 厚钢板,钢板上设置 4 根 HRB335 直径 16mm 的钢筋。预埋钢板安装前通过测量定出其中心位置,同时所有预埋钢板顶面高程为托架支腿底部高程,且在同一水平面。

2.5.2 拱肋预埋件吊装

(1)预埋件吊装前准备

拱肋预埋件吊装前、首先在预埋件上合适位置焊接吊耳,以防止预埋件在吊装时因受力不均匀发生变形。在预埋托架立柱中心位置做出明显标识,以方便在安装时和预埋托架位置的精确确定。

(2)预埋件定位测量准备

预埋托架安装前,事先放样出以下点位:预埋托架立柱中心点、预埋件钢管下弦管下口、上弦管后端下口,放样后复核放样点预埋托架尺寸和预埋件尺寸,以确保放样精确。

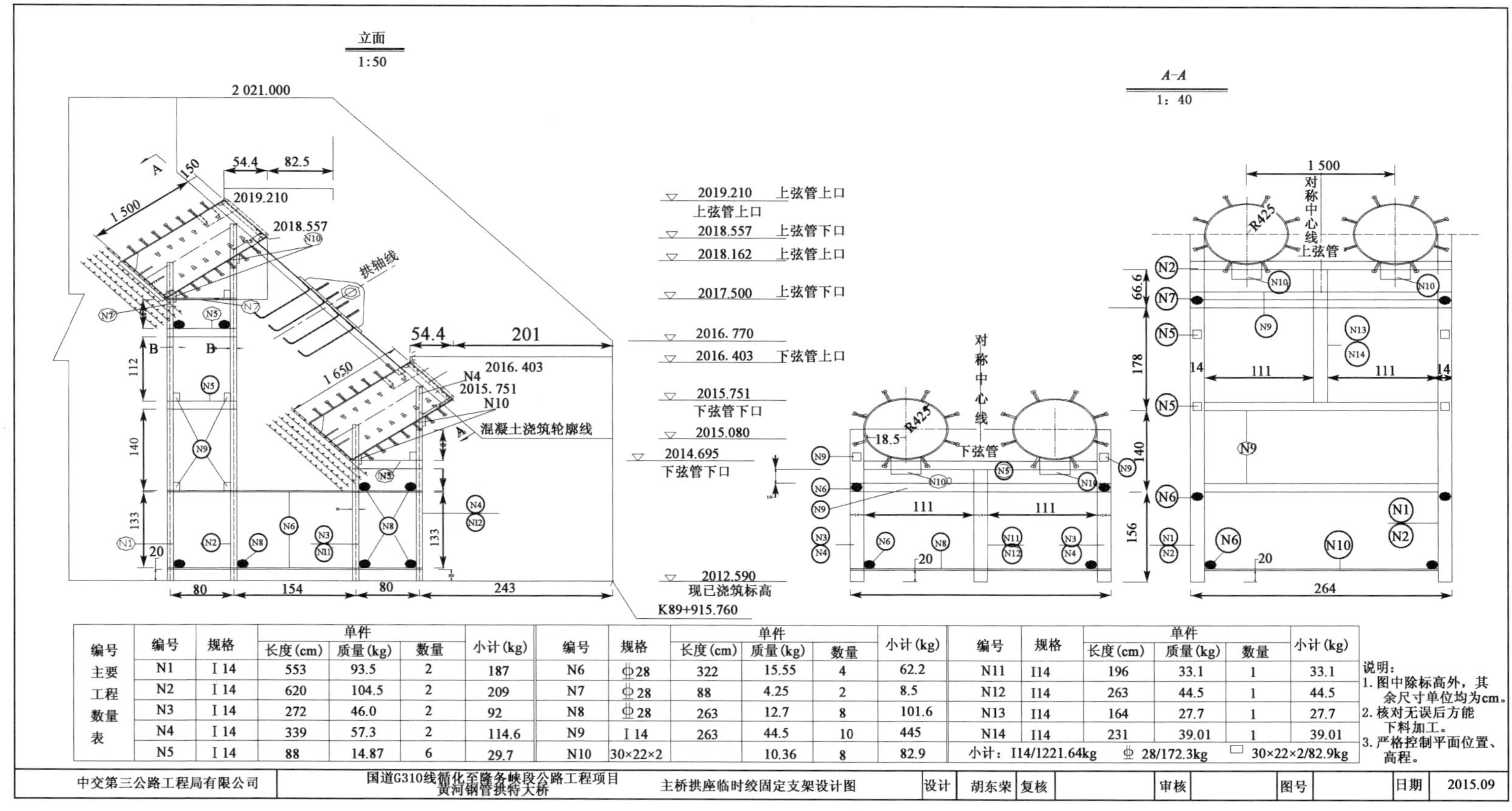

主要工程数量表

编号	规格	单件长度(cm)	单件质量(kg)	数量	小计(kg)
N1	I 14	553	93.5	2	187
N2	I 14	620	104.5	2	209
N3	I 14	272	46.0	2	92
N4	I 14	339	57.3	2	114.6
N5	I 14	88	14.87	6	29.7
N6	Φ28	322	15.55	4	62.2
N7	Φ28	88	4.25	2	8.5
N8	Φ28	263	12.7	8	101.6
N9	I 14	263	44.5	10	445
N10	30×22×2		10.36	8	82.9
N11	I14	196	33.1	1	33.1
N12	I14	263	44.5	1	44.5
N13	I14	164	27.7	1	27.7
N14	I14	231	39.01	1	39.01

小计：I14/1221.64kg　Φ 28/172.3kg　□ 30×22×2/82.9kg

图2　拱肋预埋件预埋托架

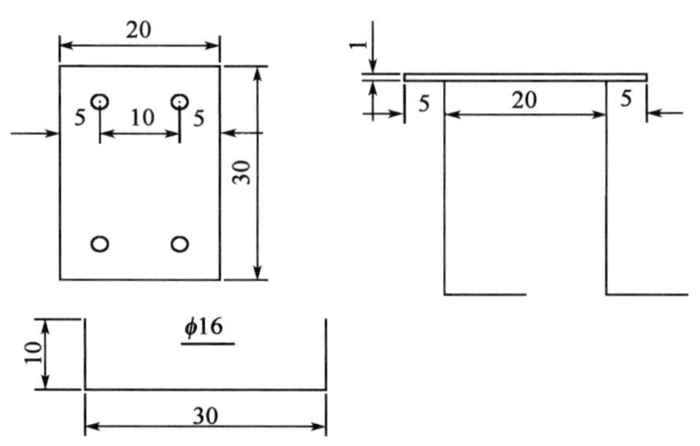

图3　预埋托架支腿固定钢板(尺寸单位:cm,直径单位:mm)

注:本图适用于固定预埋托架。

(3)预埋件吊装

预埋件吊装使用大吨位吊车,吊点设置在事先焊接的吊点位置,首先将预埋托架依据预埋托架放样点粗略定位(预埋托架此时不能焊接固定),然后在预埋件钢管下弦管下口、上弦管后端下口钢管中线位置下垂铅锤,最后使用手拉葫芦和千斤顶配合将预埋件钢管下弦管下口、上弦管后端下口钢管处铅锤和放样点重合,方可将预埋托架和预埋钢板焊接牢固。

(4)预埋件定位注意事项

①拱肋预埋件安装前,预埋件范围外1m范围拱座钢筋暂不施工,以便于预埋件定位操作。

②拱肋预埋件因加工误差在精确定位时,需测量队实施配合测量预埋件位置,根据测量结果及时调整预埋件位置。

③拱肋预埋件定位时,应以拱肋上弦管上口的平面位置和高程为主要控制点,以下弦管上口的平面位置及高程辅助控制。

④拱肋吊装就位后,测量队对拱肋预埋件的位置和高程进行复测,待测量完成后对预埋托架进行加固,防止预埋托架在混凝土浇筑发生位移和变形。

3　拱肋预埋件定位存在问题

拱肋预埋件施工时存在以下问题:

(1)拱肋预埋件定位时,主要采取预埋件钢管中线定位,未对临时铰的位置进行测量,因安装和加工误差导致拱肋轴线偏位。

(2)预埋托架刚度不足,后期施工时发生扰动影响对预埋件的安装精度。

4　拱肋预埋件定位问题的建议

(1)在预埋件定位测量时,同时控制上弦口中线和临时铰中线,若施工时因条件限制,临时铰在加工时暂时不焊接牢固,以便于第一节段吊装时调整桥梁中线,待第一节段调整就位后将临时铰焊接加固牢固。

(2)若预埋托架高度较高,可降低预埋托架高度,同时托架加工采用刚度大的材料,在预埋件安装就位后,对预埋托架进行二次加固,在后期施工时减少人为扰动特别是浇筑混凝土扰动。

5 结语

钢管拱桥具有跨径大、结构受力好、工厂化程度高、施工速度快、线形优美等特点，在工程建设中应用较广。但钢管拱桥拱肋基础(预埋件)的施工精度影响到拱肋的受力、桥梁中线精度和桥跨合龙时轴线偏差，因此做好拱肋预埋件的安装定位工作对钢管拱桥施工有非常重要的意义。

参考文献

[1] G310 线循化至隆务峡段公路工程两阶段施工图.
[2] 苏龙珠黄河特大桥施工组织设计.

桥梁预应力及索力张拉精细化施工与质量控制技术

彭章良

（中交三公局工程总承包分公司　北京　100124）

摘　要：针对桥梁病害的成因，应用桥梁预应力精细化施工技术，推动了预应力施工技术革命性的进步，为标准的贯彻提供了技术保障。由于是新生事物，且新旧标交织，加之有的企业盲目追求利润，出现了制作过程控制，不作结果验证，过程控制设备只作精度标定，不做可靠性、稳定性试验，结果验证设备只作自身精度标定，不作检测结果验证，从而带来灾难性的恶果。预应力施工质量全面保证的必要条件是施工的全过程（100%）跟踪控制，而充分条件则是结果的有限（10%～20%）检测验证。二者紧密结合，为预应力混凝土桥梁整体安全性、耐久性以及降低全寿命成本提供了切实可靠的技术保障。

关键词：桥梁　预应力　精细化　质量控制　索力

1　桥梁病害原因与案例分析

现代预应力混凝土桥梁自诞生以来、特别第二次世界大战以后发展非常迅速。至今，400m以下的跨径范围内，预应力混凝土桥梁常常为优胜方案。在预应力混凝土桥梁发展较早的一些欧洲国家，如德国、法国、瑞士、比利时等国家，其建设面积（以桥面面积计）在近20年中已上升到桥梁建设总面积的75%～80%；我国公路上中到大跨桥梁中，近年预应力混凝土桥梁建桥总数也已上升到75%左右。但由于预应力混凝土桥梁设计和施工难度相对较大，影响结构安全、耐久使用性能的不确定性因素较多，国内外均不乏预应力混凝土桥梁病害的各种案例。据联邦德国于1978—1979两年间对一个州内20～30年桥龄的预应力混凝土公路桥的调查资料显示，有将近50%的桥梁上部结构至少有一处重要损伤，2/3的至少有一处中等损伤。近年来，国内也有不少大跨预应力混凝土桥梁发生病害。以下是国内外大跨预应力混凝土桥梁病害的一些典型案例。

1.1　国外案例

CEB曾经调查过27座预应力混凝土桥梁的变形数据，其中26座来自欧洲、1座来自美国，有些桥梁在建造完成8～10年后变形仍有明显的增长趋势，甚至有两座桥的变形从建成起到最后报告测量时间（分别是建成后的16年和20年）一直都以相同的变形速度增加。国外典型大跨预应力混凝土连续箱梁桥主跨跨中下挠失控的情况见表1。

国外典型大跨径预应力混凝土箱梁桥主跨跨中下挠情况　　表1

桥名	桥型	属国	施工方式	竣工（年）	观测龄期（年）	主跨（m）	下挠量（mm）
Stolma	连续钢构	挪威	悬浇	1998	3	301	92

续上表

桥　名	桥型	属国	施工方式	竣工(年)	观测龄期(年)	主跨(m)	下挠量(mm)
Stovset	连续钢构	挪威	悬浇	1993	8	220	200
Panotts	连续钢构	美国	悬浇	1978	12	195	635
rand-mere	连续梁	加拿大	悬浇	1977	9	181.4	300
Koror-Babeldaob	带铰连续钢构	帕劳共和国	悬浇	1978	12	241	1200
Kingston	带铰连续钢构	英国	悬浇	1970	28	143.3	300

1.2　国内案例

近几十年来，预应力混凝土桥梁已逐渐成为国内 20～300m 跨径范围内的主流桥型。特别是在 80～300m 跨径范围内，预应力混凝土连续体系（包括连续梁桥和连续刚构桥）具有很强的技术、经济竞争力，受到行业主管部门和各建设单位的青睐，竣工数量逐年呈上升势头。但由于建设任务繁重、工期紧，加之质量保障体系的疏漏和监管技术手段的缺乏，有为数不少的预应力混凝土桥梁仅仅运营十几年甚至几年，就开始出现主梁跨中过度下挠和箱梁开裂等病害，严重影响桥梁的使用性能甚至危及结构的安全。国内近年来典型大跨预应力混凝土连续钢构桥主跨跨中挠度超标的情况见表 2。

国内典型大跨预应力混凝土连续刚构桥主跨跨中下挠情况　　表 2

桥　　名	主跨(m)	竣工年	观测年	下挠量(mm)
三门峡黄河公路大桥	140	1993	2002	220
广东南海金沙大桥	120	1994	2001	250
湖北黄石长江大桥	245	1995	2001	305
虎门大桥辅航道桥	270	1997	2003	222

1.3　施工中病害案例

通过统计发现，国内桥梁病害的发生主要由于施工原因，从国内外桥梁事故基本原因统计比较可见：除“外部原因”和“其他原因”外，国内在设计原因比例方面与国外基本持平，而施工和材料（部分也与施工相关）原因所占比例均是国外的 9 倍左右，维护原因所占比例约为国外的 2 倍，如图 1 所示。

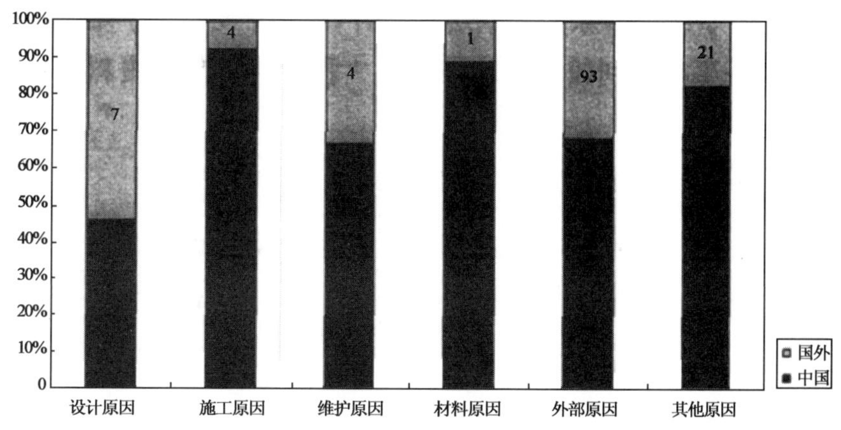

图 1　国内外桥梁事故基本原因统计比较

1.3.1　锚具质量引起的锚具破损

预应力筋用锚具被视为预应力工程中的关键器材，对于准确实现和长久保存结构预应力起着控制性作用，如果锚具质量存在问题，对预应力施工安全和效率有着直接影响，如图2所示。

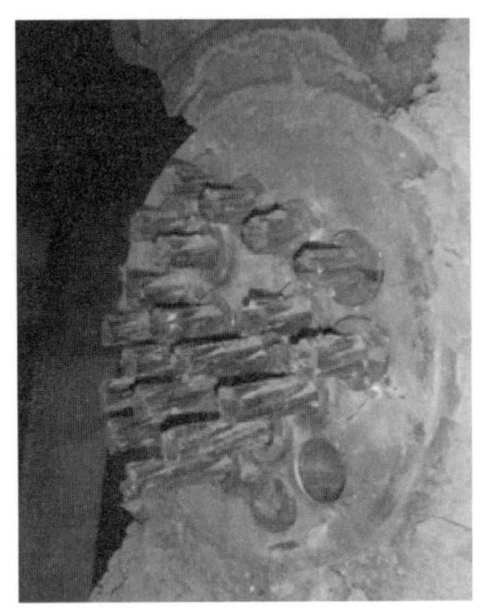

图2　锚具质量存在问题

1.3.2　混凝土浇筑不当

张拉前混凝土几何尺寸必须符合设计要求，锚垫板下混凝土密实、无蜂窝及其他明显缺陷。混凝土浇筑问题如图3所示。

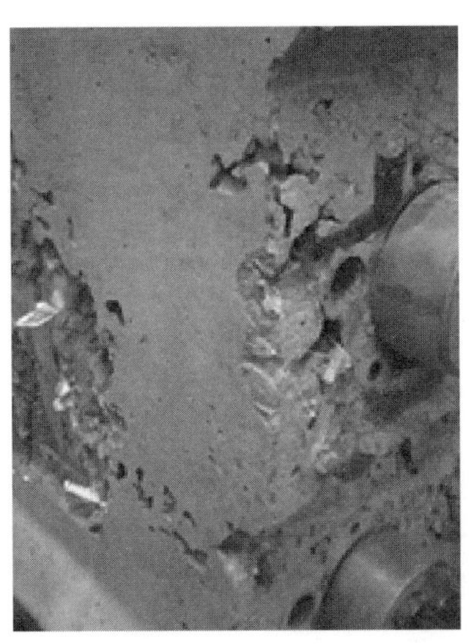

图3　混凝土浇筑问题

1.3.3　梳编穿束不当引起的绞线未穿齐

梳编穿束工艺粗糙可能使得设计单束钢绞线相互位置混乱、管道漏浆，由于各绞线相互位置混乱、管道漏浆，管道内绞线通行阻力越来越大，最后的部分绞线根本无法穿齐（图4），使得施工得到的预应力筋实有截面积不足，如果还按照设计张拉力来张拉，很容易出现部分绞线因应力过高而断丝的情况。

图 4　设计单束内钢绞线根数未穿齐

1.3.4　同束有效预应力不均匀度过大引起的滑丝、飞锚

同束有效预应力不均匀度过大主要由于梳编穿束工艺较为粗糙，预应力筋束在管道内扭绞缠结，已缠绕的绞线始终是长短不一致的，张拉时同筋束内各单筋受力不均匀。施工过程常出现断丝或滑丝现象。张拉过程应力偏高的力筋可能已进入屈服阶段；即使未进入屈服阶段，其锚下预应力经过长期的衰减后，在使用阶段仍然可能大于其疲劳极限 0.65，在汽车等活载作用下将造成绞线的早期疲劳断裂，引起断丝、滑丝如图 5 所示。

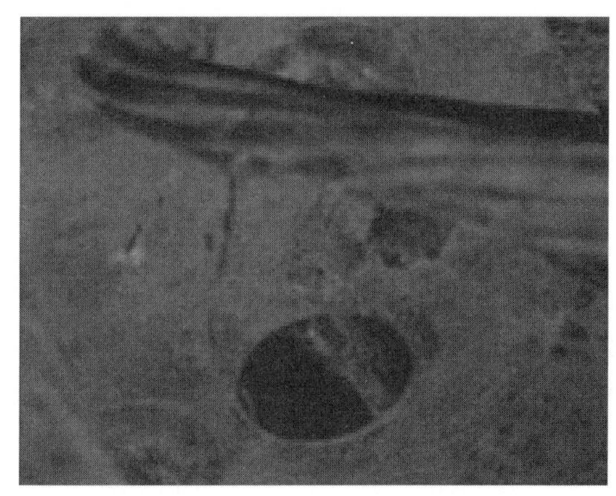

图 5　滑丝、飞锚

1.3.5　同断面有效预应力不均匀度过大引起的不利变形，使梁体产生裂纹

同断面不均匀度过大，构件可能发生横向挠曲、扭转等不利变形，在梁体产生裂纹。对有效预应力同断面不均匀度超差不太大的，虽然不会立即产生裂纹，但在长期运营中，也会产生潜在裂纹，危及桥梁使用安全。某桥梁体张拉锚固后，由于一侧预应力损失严重，有效预应力同断面不均匀度超差过大，导致扭转、侧弯，在中部当场出现裂纹，锚具内缩一个锚杯的距离，如图 6 所示。

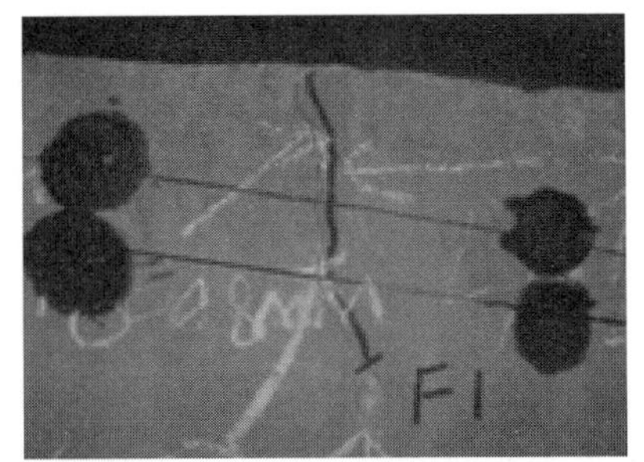

图 6　锚具内缩

2　有效预应力测控技术

2.1　预应力张拉锚固自动控制综合测试仪

预应力张拉锚固自动控制综合测试仪是一种新型检测仪器，它根据弹模效应与最小应力跟踪原理，如图 7、图 8 所示。当千斤顶带动绞线与夹片沿轴线移动 0.5mm 时，即测出锚下有效预应力值。利用预应力张拉锚固自动控制综合测试仪检测会对预应力筋进行检测张拉，但不会对已经形成的锚下有效预应力产生影响。因为检测张拉，夹片只随绞线轴线移动 0.5mm，远低于限位板的限位面，夹片仍牢牢咬住绞线，力放开后，夹片与绞线相对位置不发生变化，由于钢绞线是弹性体，在比例极限内，力放松后，钢绞线会恢复原状，其锚下有限预应力也不会发生变化，使用前应进行标定——仪器自身精度标定和检测精度标定，尤其是后者特别重要，直接影响测试结果。若无此标定，仪器的精度无从判断，在使用中将带来灾难性的后果。完整的标定证书如图 9 所示。

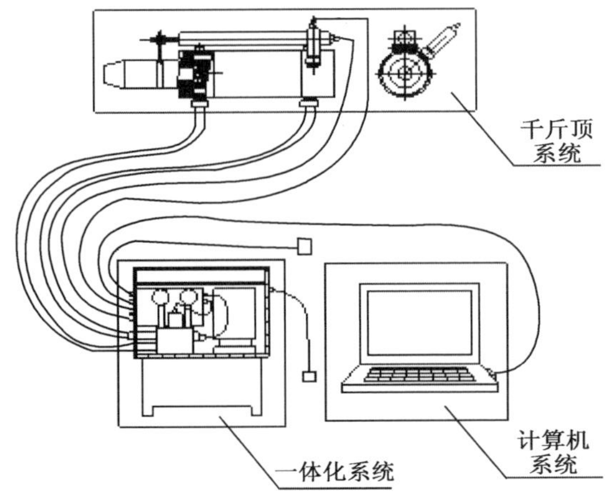

图 7　预应力张拉锚固自动控制综合测试仪

图 8　工作人员在现场使用预应力张拉锚固自动控制综合测试仪

预应力张拉锚固自动控制综合测试仪，为预应力工程操作和技术指标测试存在的问题提供了新的途径。该仪器既可对梁体进行预应力张拉施工，又可对预应力张拉施工后的质量进行检测校正，解决了长期以来在施工过程中要检测各项规定的指标非常困难，对放张后锁定力的大小无从得知的难题。工作人员主要能够应用本仪器准确测出单根和整束预应力筋的锚下有效预应力(精度达到 1.5%FS),对同束有效预应力、同断面有效预应力大小和不均匀度进行检测控制,保证筋束使用寿命和桥梁线形符合设计要求,防止因预应力施工不当而造成的梁体下挠和腹板裂纹。某桥某梁其中一孔预应力筋的有效预应力检测报告见表 3。

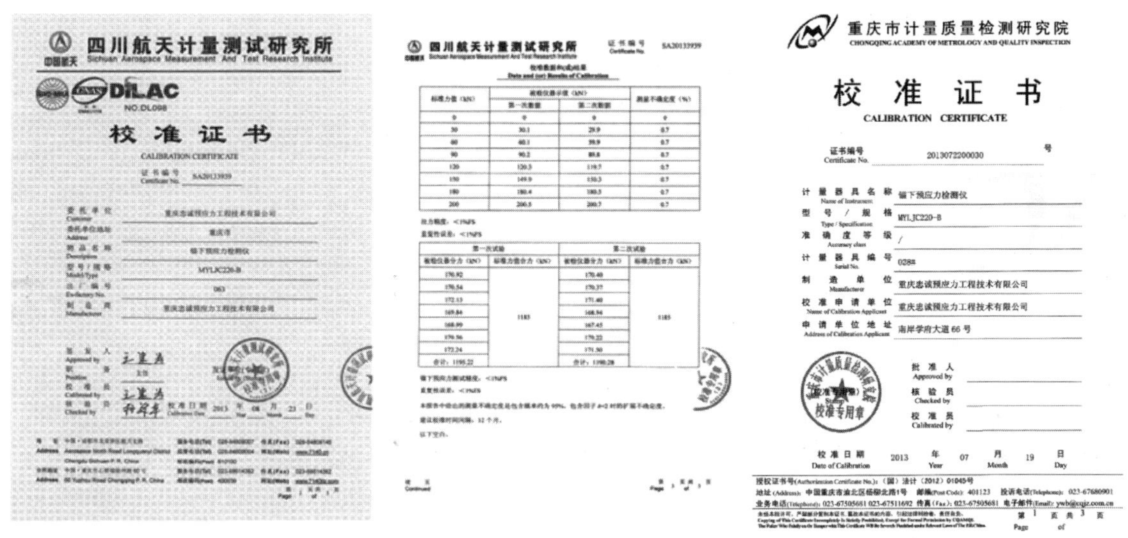

四川航天计量测试研究所
Sichuan Aerospace Measurement And Test Research Institute

校准证书
CALIBRATION CERTIFICATE

重庆市计量质量检测研究院
CHONGQING ACADEMY OF METROLOGY AND QUALITY INSPECTION

校准证书
CALIBRATION CERTIFICATE

证书编号 Certificate No. 2013072200030 号

计量器具名称 Name of Instrument：锚下预应力检测仪
型号/规格 Type / Specification：MYLJC220-B
准确度等级 Accuracy class：/
计量器具编号 Serial No.：028#
制造单位 Manufacturer：重庆忠诚预应力工程技术有限公司
校准申请单位 Name of Calibration Applicant：重庆忠诚预应力工程技术有限公司
申请单位地址 Address of Calibration Applicant：南岸学府大道 66 号

批准人 Approved by
核验员 Checked by
校准员 Calibrated by

校准日期 Date of Calibration 2013 年 Year 07 月 Month 19 日 Day

第 1 页 共 3 页 Page of

图 9　标定证书

有效预应力检测报告　　表 3

检测时间:2008-09-01　梁:a 匝道右塔 4-5　孔号:2

间束不均匀度:430%　梳束编束穿束质量:优秀

索　　号	实测值(kN)
1	185.89
2	189.48
3	183.07
4	185.75
5	182.55
6	185.98
7	189.57
8	183.15
9	185.84
10	182.27
11	184.14
12	185.92
13	183.26
14	184.00
15	187.28
16	184.36
17	185.86
18	181.41
19	184.09
整束	3 513.87

该检测仪器于检测完毕后，可自动评定其梳束、编束、穿束、调束的工艺水平以及张拉控制水平，做到以有限的检测达到全面控制预应力施工质量的目的。同时还可实现远程接收数据，并形成评估意见，作为有效预应力检测控制和验收评估的依据，保证筋束使用寿命和桥梁线形符合设计要求，防止因预应力施工不当而造成的梁体下挠和腹板裂纹。智能评估系统是在现场监测点采集到数据之后，通过有线或无线的方式传输给服务器，由服务端对数据进行智能化的分析处理，产生一系列的统计产品（报表、曲线、饼状图、柱状图等），得出整座桥的预应力施工质量，建立全面的桥梁预应力施工验收评估体系，便于业主、监理、设计等部门对预应力施工质量进行实时跟踪测控。通过对检测数据的统计分析，得出整座桥的预应力张拉施工质量，建立全面的桥梁预应力施工验收评估体系如图 10 所示。

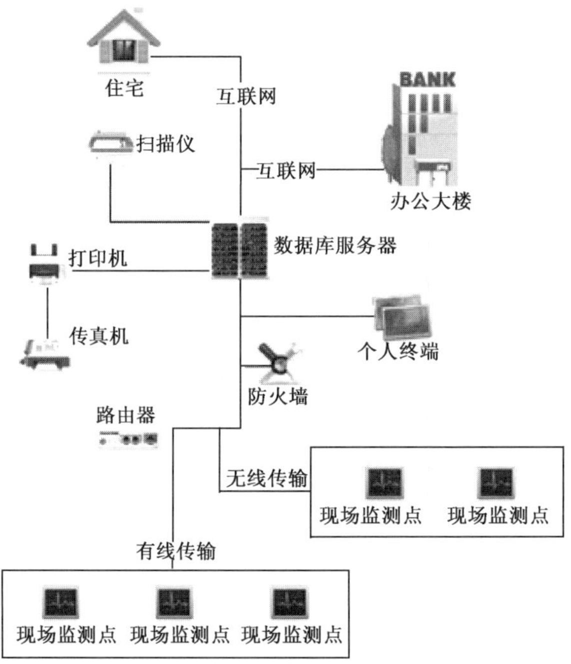

图 10　智能评估系统概念

本文应用的桥梁预应力精细化施工技术，通过重庆市科委组织的交通、建设和铁道三部的预应力知名专家的鉴定，专家们给予高度评价："填补国内空白，达到国际先进水平，解决当今预应力工程施工的重大难题"。

某高速公路预应力桥梁的检测综合报告见表 4。

某高速公路预应力桥梁检测综合报告　　表 4

工作名称	……
检测日期	2010 年 09 月 23 日～2011 年 07 月 05 日
合计检测孔数(个)	945
合计检测梁数(片)	157
实测质量平均得分(分)	75.41
梳编穿束工艺评价	梳编穿束施工良好，请注意保持
张拉重复精度评价	张拉重复精度基本正常，但请注意油压表准确读数，进一步提高质量

共检测945孔，实测有效预应力同束不均匀度统计图和走势图如下：

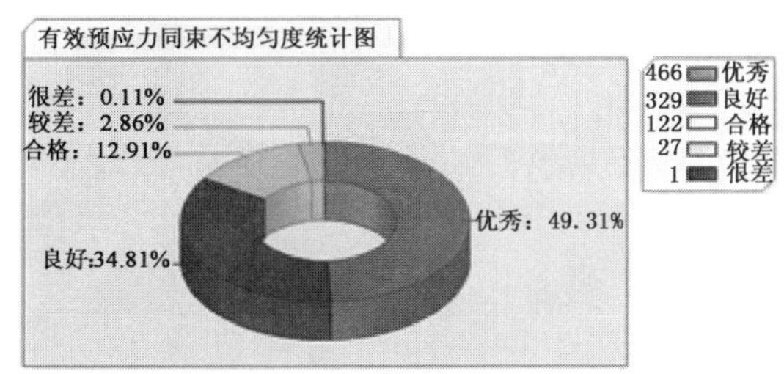

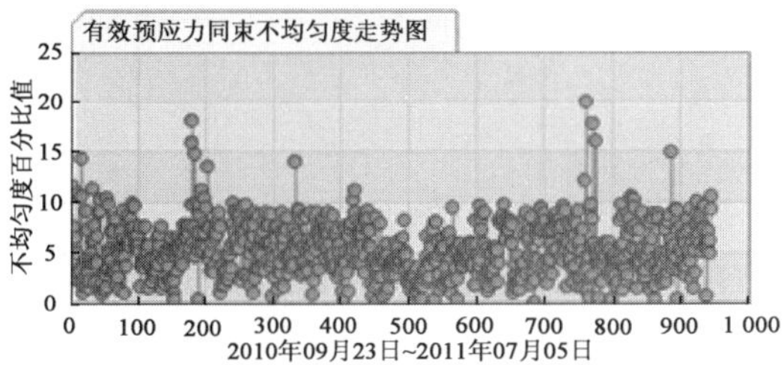

说明：同束不均匀度反映了各孔的疏编穿束质量，不均匀度越大说明疏编穿束质量越差。不均匀度<5%为优秀，5%~8%为良好，8%~10%为合格，10%~20%为较差，>20%为很差。

共检测157片梁，实测有效预应力同断面不均匀度统计图和走势图如下：

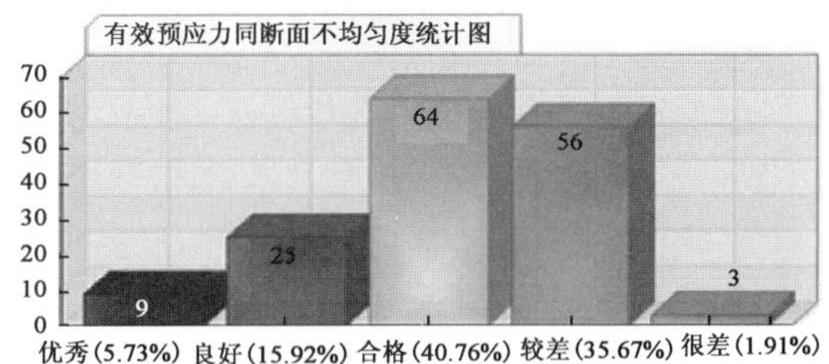

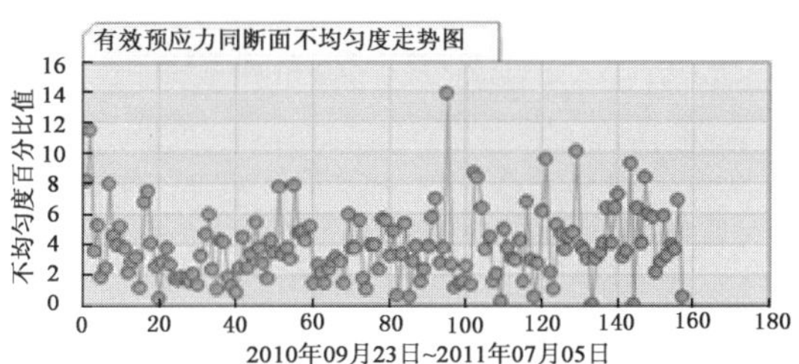

说明：同断面不均匀度反映了张拉的重复精度，同梁各束索力不均匀度越大说明张拉重复精度越差。不均匀度<1%为优秀，1%~2%为良好，2%~4%为合格，4%~10%为较差，>10%为很差。

2.2 张拉数显仪

张拉数显仪主要针对传统双控法存在油压表读数和伸长值量测误差的影响、压力表标定条件和现场施工条件之间的差异等将导致误差的问题，对张拉监控进行了全面的研究，如图11所示。它继承了泵站千斤顶的可靠性和稳定性以及工人操作的熟练性和方便性。此处使用的数显式张拉控制仪，能监测张拉过程中的压力和位移，并相互无线传输和显示，克服了步话机喊话的缺陷，根据对方当前的张拉力值，及时作出调整，实时监控单束钢绞线两端张拉同步性、多束钢绞线对称张拉同步性、张拉过程同步性、张拉停顿点同步性。仪器自动记录了所有张拉数据，可根据需要打印出来，同时还能进行摩阻的动态测试(含锚口、锚垫板、管道摩阻)，避免了油黏度、摩阻、内泄漏、人为读数等的影响。本仪器为解决预应力工程张拉施工操作和技术指标控制存在的问题提供新的途径，既可对梁体进行预应力张拉施工，还能根据设计的要求，模拟梁体在运营中的受力状态进行多顶同步张拉施工，通过无线传输控制其同步精度，能有效保证梁体同断面各预应力筋束的大小及其均匀性，既满足了预应力度的要求，又消除了各束力不均引起的梁体有害变形，由于无线实时传输，可保证张拉过程的一致性和张拉结果的精确性。

数显式张拉控制仪采用超高精度传感器(千分级)进行荷载和伸长量的采集，从而减少了人工测读数据时产生的误差；使用油压传感器不存在以往埋设压力传感器时产生的安装精度误差(不垂直、不对中，导致采集力严重误差)；使用本仪器进行张拉机具一体化标定，如图12所示，可以消除各种单项误差影响，符合现场使用状态，进一步提高张拉精度。

数显张拉仪在使用前应进行标定，还应该做四项电磁兼容性和十项环境适应性试验，以确保其可靠性和稳定性。做过上述可靠性试验的出具相应权威机构的检测证书报告可以免检，检测证书报告如图13所示。

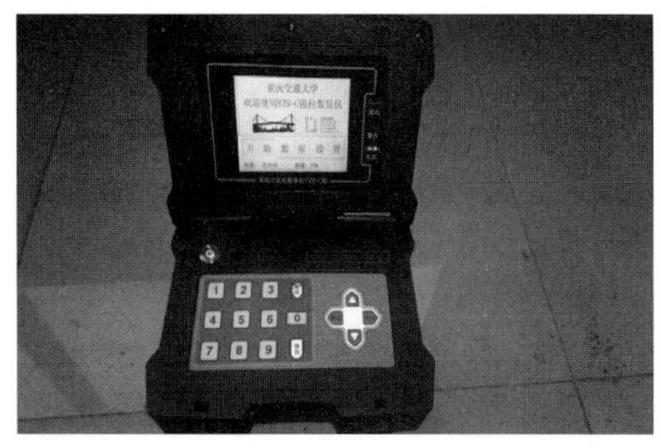

图 11　第四代数显式张拉控制仪

图 12　数显张拉仪的标定

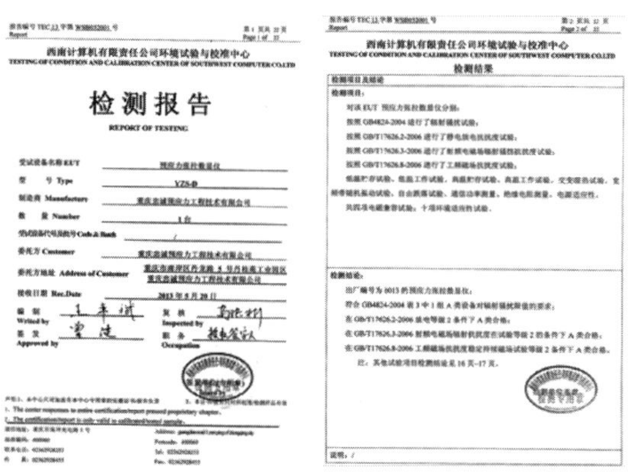

西南计算机有限责任公司环境试验与校准中心

TESTING OF CONDITION AND CALIBRATION CENTER OF SOUTHWEST COMPUTER CO.LTD

检测报告

REPORT OF TESTING

西南计算机有限责任公司环境试验与校准中心

TESTING OF CONDITION AND CALIBRATION CENTER OF SOUTHWEST COMPUTER CO.LTD

检测结果

西南计算机有限责任公司环境试验与校准中心

TESTING OF CONDITION AND CALIBRATION CENTER OF SOUTHWEST COMPUTER CO.LTD

检测项目：环境试验

西南计算机有限责任公司环境试验与校准中心

检测项目：环境试验

图 13　检测证书报告

在张拉过程中数显张拉仪能准确显示持荷时间 5min，可以做到四个同步：单束钢绞线两端张拉同步性、多束钢绞线对称张拉同步性、张拉过程同步性、张拉停顿点同步性。

（1）单束钢绞线两端张拉同步性是保证有效预应力在钢绞线内的合理均衡分布。

（2）多束钢绞线对称张拉同步性是避免使梁体不因受到偏心力矩作用而发生弯曲扭转和侧弯，不在锚下等部位产生过大的附加内力而变形，也可以防止先张拉的预应力筋束的应力受后张拉预应力筋束应力的影响。

（3）张拉过程同步性，特别是在 50％以后至最终张拉力值的控制尤为重要，这时张拉不同步对预应力质量的影响将变大。

（4）张拉停顿点同步性是比较各个停顿点各顶张拉力的同步性，根据停顿点持荷时波峰波谷的差值，能发现千斤顶是否存在内泄漏。

在张拉过程中达到以上四个同步性，就可以保证有效预应力的大小和均匀度符合要求，大大提高预应力施工质量。

某桥某梁段的张拉跟踪控制如图 14、表 5 所示：其持荷时间充分，超过了 6min，最终两端张拉力为 5273kN 与 5268kN，同步精度高且与设计张拉力 5273.1kN 偏差小：同步性最大偏差为 1.98％，在规定的±2％范围内；最终张拉应力最大偏差为 0.09％，在规定的±1.5％范围内。

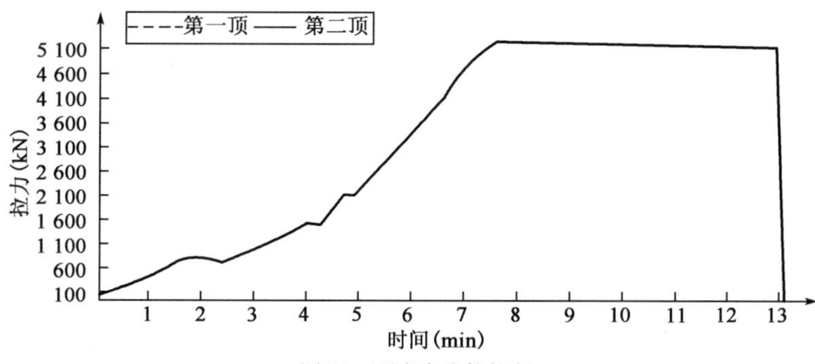

图 14　预应力张拉控制

注:设计张拉力为 5 273.1kN。

预应力张拉控制　　表 5

张拉力	50%	60%	70%	80%	90%	100%
第 1 顶	2 636	3 163	3 691	4 218	4 745	5 273
第 2 顶	2 593	3212	3722	4178	4839	5268
差值	43	49	31	40	94	5
差值百分比(%)	1.63	1.55	0.84	0.95	1.98	0.09

注:第 1 顶和第 2 顶的张拉力为 5 273.1kN。

2.3　梳编穿束

梳编穿束,主要解决在桥梁预应力施工中存在绞线打绞而造成同束有效预应力不均匀度过大,严重影响预应力的有效性和预应力筋的使用寿命的问题。采用梳编穿束可有效避免单根穿束引起的绞线相互缠绕,导致张拉时绞线受力严重不均;保证单根绞线受力均匀,不会发生像传统穿束张拉,导致同束中各单根绞线受力不均而危及其使用寿命(受力大的,早期疲劳断裂,接着连锁反应,导致预应力丧失,桥梁下绕、垮塌等),这对连续刚构桥尤其重要。

2.3.1　预制梁等预应力束长度较短的构件

对于预制梁等预应力筋束长度较短的构件,用锚具梳顺钢绞线,每隔 1m 绑扎一次,以使绞线顺直、等长,绑扎成束顺直不扭转,以提高其刚度便于穿束,禁止在钢绞线不顺直的情况下绑扎成束。穿束时,应整束穿入,注意前端封头,以便于导向穿束,穿束时只做平动,切不可转动或扭动。若遇阻力,可前后拖动(平动)或用牵引。这里必须强调用锚具梳束时锚具的各孔应与绞线作一一对应编号,并注意绞线从锚具锥口大端穿入,作为穿束完成后锚具与绞线对号入座安装的依据。此法也是梳编穿束共同遵守的原则。

2.3.2　分节段施工的连续梁桥以及连续刚构桥

对于分节段施工的连续梁桥和连续刚构桥,宜采用梳束板梳束。梳束板上各孔的大小略大于钢绞线直径,但也不易过大,防止其在穿束过程中扭转与其他绞线缠绕。梳束板各孔的间距宜为 2mm,并且各孔位应做好对应编号,其位置应与锚具安装孔位保持一致。梳束时,连接器周边带挤压套的绞线与梳束板之间钢绞线线形平顺,没有相互缠绕,对已梳理顺直的钢绞线可在远端进行逐段绑扎。梳束结束后,将绑扎好的整束钢绞线进行编号再穿束。由于梳束板比锚具轻巧,在预应力筋束较短的构件施工中,使用梳束板更加方便。

2.3.3　预应力束长度较长以及整束根数较多的现浇构件

对于预应力长度较长以及整束根数较多的现浇构件,其施工难度最大,梳编穿束质量对张拉质量影响也最大，在这里着重介绍。

(1)下料时，每束钢绞线应多下料 40～50cm，并对多下料的部分，使用大力钳或螺丝刀反向旋转钢绞线，使其散开，将散开的周边丝剥除，只保留中心丝。在剥除时，切忌伤害中心丝；在剥除后，周边丝长度基本保持长度一致，并将中心丝的端部，使用角磨机倒楞磨边，避免穿束时伤及波纹管。

(2)对钢绞线和锚具进行编号。把每根钢绞线的两端编上同样的号码，用透明胶带把写好的号码绑在钢绞线的两端，如图 15 所示，同时对锚具进行编号，两端的锚具同时编号，一个是在绞线入口端(锥孔大端)编号，一个是在绞线出口端(锥孔小端)编号，两端均按相同位置与顺序对应编号，编号写在锚具的外露面，如图 16、图 17 所示。

图 15　钢绞线编号

图 16　锚具编号

(3)将钢绞线按锚具编号对应穿孔(图 18)，并将中心丝穿入具有与锚具相似位置孔的牵引螺塞，牵引螺塞上各孔距略大于钢绞线直径(图 19)。然后将每根中心丝镦头，镦头必须饱满(图 20)，其直径应大于牵引螺塞孔的直径，以满足整束穿束时拖动绞线平动的要求。镦头后的整束钢绞线通过牵引螺塞和螺旋套连接(图 21)，牵引螺塞外径和螺旋套内径相同，均带有丝口，拧紧即可，螺旋套另一端由卷扬机上的钢丝绳牵引。

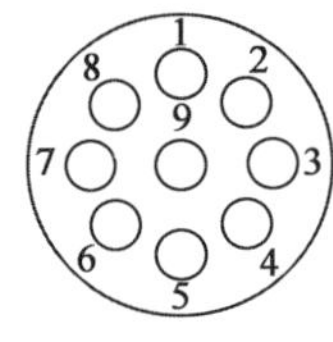

a) 锚具入口端

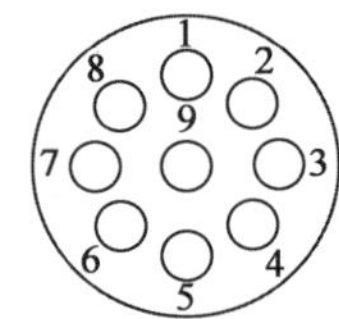

b) 锚具出口端

图 17　锚具编号

图 18　钢绞线按锚具编号对应穿孔

图 19　中心丝穿入牵引螺塞

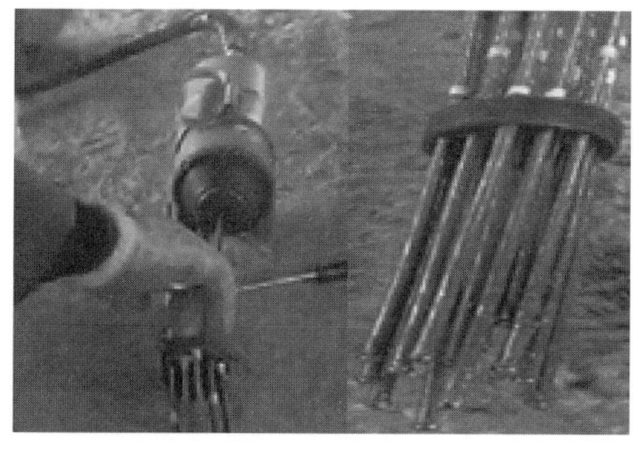

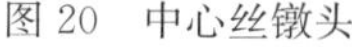

图 20　中心丝镦头

图 21　钢绞线通过牵引螺塞和螺旋套连接

(4)利用梳束板或锚具对钢绞线进行梳理，每梳理钢绞线长度约 1m 时，用扎丝把钢绞线扎紧，绑扎时扎丝端头朝上，逐段绑扎直到把钢绞线梳理完毕(图 22)。梳束完毕后，钢绞线端头(包括周边丝切割部分)须用胶带缠绕保护，注意端头头缠胶带以前，应先用卷扬机牵引，使各绞线在镦头处长短一致，将纤维布(类编织带)从整束绞线的中心丝之间插入，然后沿绞线纵向方向紧密缠绕，外面再用透明胶带反复来回缠绕，中心丝部分应绑扎 20～25cm，未切割部分应绑扎 30～40cm(图 23)。绑扎时一定要做到紧、平、顺，防止穿束过程中钢绞线端头散索以及周边丝端头伤害波纹管。此项步骤结束后，完成穿束前的梳编束工作(图 24)。

图 22　钢绞线逐段绑扎

图 23　端头处绑扎

(5)穿束时，将牵引螺塞与螺旋套连接，螺旋套另一端由主卷扬机上的钢丝绳牵引，另需一辅助卷扬机吊起钢绞线以克服其重力。穿束时由主卷扬机缓慢牵引整束绞线平动完成整束穿束，牵入端(牵出端)应保证整束进入(牵出)方向与波纹管轴线方向的一致，若受场地限制可利用转向滑轮，也可增加卷扬机，如图 25 所示。

(6)穿束完毕后，将穿入端钢丝绳、纤维布和胶带等去除，使绞线编号外露，将中间绞线套入锚具孔内中间位置，上夹片，稍微顶紧，再将其他绞线分别套入对应的锚具孔内。旋动锚具使两端锚具各孔位对中，完成梳编穿束工序。

在实际检测中发现，没有进行梳编穿束的预应力筋，最终的张拉效果不佳，特别是一孔中预应力筋根数多的预应力束。未进行梳编穿束的预应力筋检测得到的数据见表 6，有效预应力不均匀度超差表现十分严重。进行了梳编穿束的预应力筋检测数据见表 7，可以看出有效预应力不均匀度在进行了梳编穿束后得到大大的提高。

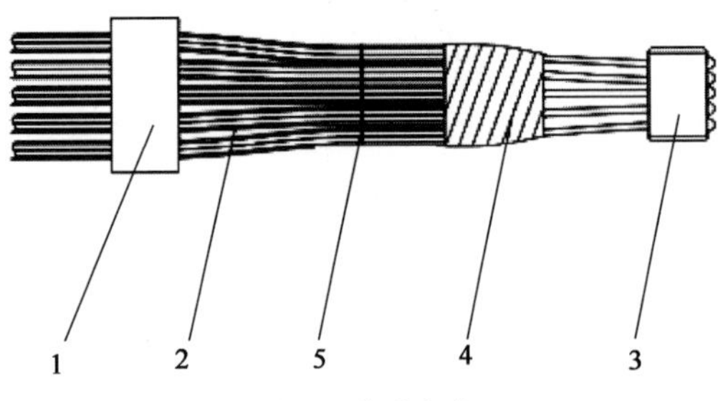

图24 梳编穿束

1-梳束板(或锚具);2-钢绞线;3-牵螺塞;4-绑扎胶带;5-扎丝

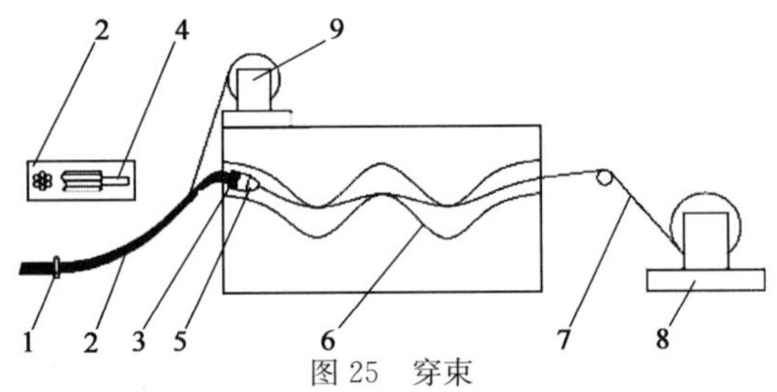

图25 穿束

1-梳束板;2-钢绞线;3-牵引螺塞;4-中心丝;5-螺旋套;6-波纹管;7-牵引钢丝绳;8-主牵扯引卷扬机;9-辅起重卷扬机

目前厂家已开始供应工厂化制作的梳编绑扎好的成品束,可按现场施工的具体要求供货。

有效预应力检测 表6

检测时间:2007-10-24 梁:左幅第四节段 孔号:1

索力不均匀度:33.28% 梳束编束穿束质量:很差

索号	实测值(kN)	校正值(kN)
1	190.00	190.00
2	150.88	175.08
3	190.00	190.00
4	192.92	192.92
5	190.75	190.75
6	190.09	190.09
7	191.00	191.00
8	190.00	190.00
9	189.09	189.09
10	194.48	194.48
11	190.17	190.17
12	192.79	192.79
13	193.23	193.23
14	187.05	187.05
15	193.48	193.48
16	190.10	190.10
17	190.50	190.50
18	194.99	194.99
19	130.08	170.08
20	190.62	190.62
21	190.00	190.00
22	191.30	191.30
23	192.80	192.80
24	190.61	190.61
25	192.54	192.54
整束	4 679.48	4 743.68

有效预应力检测 表 7

检测时间:2008-12-15 梁:边跨合拢段 孔号:B4

上游索力不均匀度:8.49% 梳束编束穿束质量:合格

索号	实测值(kN)	校正值(kN)
1	181.01	181.01
2	175.89	175.89
3	181.71	181.71
4	177.25	177.25
5	167.20	177.60
6	172.38	172.38
7	171.26	171.26
8	182.30	182.30
9	182.72	182.72
10	177.85	177.85
11	168.61	185.04
12	177.04	177.04
13	181.62	181.62
14	171.18	171.18
15	172.28	172.28
16	172.63	172.63
17	174.15	174.15
18	177.51	177.51
19	177.48	177.48
20	170.45	170.45
21	172.59	172.59
22	171.30	171.30
23	171.06	171.06
24	168.53	188.52
25	180.45	180.45
26	175.39	175.39
27	175.80	175.80
整束	4 727.65	4 774.47

2.4 预应力锚具和连接器综合试验台

预应力锚具和连接器综合试验台如图 26 所示,主要针对解决现今的周期荷载试验往往采用人工加载试验设备,存在加载速度不容易控制、无法实施周期荷载试验、静载试验的加载重复精度低等缺点,试验中还可能出现飞锚的事故,存在一定的危险等问题研制而成。预应力锚具和连接器综合试验台克服了一般的试验台架手工加载、人为因素影响大、质量难以控制的缺点。整个试验过程完全由计算机控制,自动加载、卸载,排除人为因素的干扰,重复精度高、可靠性好,可实现全过程的有效监控,具有高精度、重复精度和操作安全可靠的特点,能准确科学地对锚具性能进行检测和评价。试验台能完成《预应力筋用锚具、夹具和连接器》(GB/T 14370—2007)标准中最关键最常用的静载试验和周期荷载试验,同时还能进行标准所规定的其他各种试验(疲劳试验除外)。控制系统有10个通道,可配置多个高精度微型位移传感器,对试验中绞线回缩、夹片回缩、锚杯径向变形自动跟踪测试,试验完毕自动退顶,配有专用电动提升机构,能对试件及其工装进行自动提升。锚具综合试验安装如图27所示。

图26　预应力锚具和连接器综合试验台

(1)锚具综合试验(在一次安装中全部完成):

①静载锚固性能:锚具效率系数和达到实测极限拉力时,组装件受力长度总应变应满足受力要求。

②预应力筋内缩及锚具变形量平均值应不大于6mm。

③摩阻损失均值应不大于6%。

④张拉锚固工艺应达到以下要求:

a. 具有分级张拉或因张拉设备倒换行程需要时的临时锚固。

b. 经过多次张拉锚固后,预应力筋内各根预应力钢材受力仍是均匀的。

c. 在张拉发生故障时,预应力筋具有全部放松的措施。

d. 单根垫板连体式锚具,预应力筋应能在锥形夹片孔中自由对中和不顶压锚固。

(2)此外还能对各种张拉控制设备工作性能进行试验:

①稳定性、可靠性试验。

②进场使用精度考核验证试验。

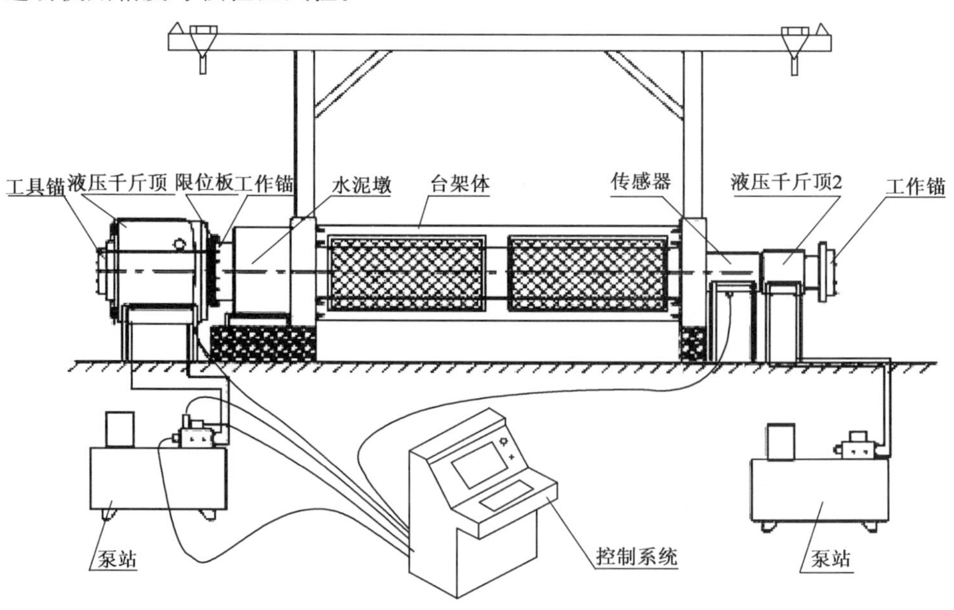

图27　锚具综合试验安装

3 结语

新部规的实施推动了预应力施工技术革命性的进步。自动、半自动张拉仪、锚下有效预应力检测仪、灌浆仪、密实度检测仪、工厂化梳编穿束等仪器及工艺大量涌现，实现了产业链，为标准的贯彻提供了技术保障。由于是新生事物，且新旧标交织，加之有的企业盲目追求利润，出现了只作过程控制，不做结果验证，过程控制设备只作精度标定，不做可靠性、稳定性试验，结果验证设备只作自身精度标定，不作检测结果验证，从而带来灾难性的恶果。

为了确保工程质量，真正达到标准更新和技术进步的目标，在应用预应力精细化施工技术中务必遵守以下原则：

(1)强调结果验证，不做单一的过程控制，成套推出预应力精细化施工体系。(含过程跟踪控制与结果检测验证的关键设备)强调首件检测验证。

(2)过程控制设备，一律要做严格的型式试验与进程验收试验，否则将带来严重后果，如某某智能张拉系统在试验室的验证数据极不稳定。

(3)完善结果控制指标，尤其是在一些标准中不够明确的概念，予以澄清。对尚未提供量化标准的结果认证，如灌浆密实度检测应迅速编制相应量化验收标准，便于结果认证，全面控制预应力施工质量。

(4)对结果验证的相应检测设备，应作自身精度和检测精度的标定工作(已编制相应标准)。

(5)预应力精细化施工，决不容许忽视人员素质——施工单位必须具备预应力二级专项资质，施工人员培训持证上岗。

(6)遵照《张拉控制设备进场验收规程》《预应力管道灌浆密实度检测规程》《灌浆控制设备验收规程》《密实度检测设备技术与验收规程》以及《预应力检测设备技术与验收规程》等诸多规程，从而全面控制预应力施工过程与结果的精确性和稳定性。

最后从切身的工程实践中深深体会到：预应力施工质量全面保证的必要条件是施工的全过程(100%)跟踪控制，而充分条件则是结果的有限(10%～20%)检测验证。二者紧密结合，为预应力混凝土桥梁整体安全性、耐久性以及降低全寿命成本提供了切实可靠的技术保障。

参 考 文 献

[1] 田蜂溃. 浅谈预应力智能张拉法施工技术措施[J]. 市政工程，2012(58).

[2] 王明辉. 探讨桥梁工程施工中预应力智能张拉工法的应用[J]. 科学导报，2011(78).

[3] 李维. 浅谈预应力智能张拉法的使用与推广[J]. 市政工程，2010(50).

[4] 中华人民共和国行业标准. JTG/T F50—2011 公路桥涵施工技术规范[S]. 北京：人民交通出版社，2011.

小半径、大跨度预应力混凝土T梁架设施工工艺

沈敏东

（中交三公局工程总承包分公司　北京　100124）

摘　要：由于结构形式及施工机械设备所限，小半径、大跨度预应力混凝土T梁架设施工，在国内设计及施工中极为罕见，通过对架桥机的改造、施工，过程中对施工工艺进行调整，以满足在150m平曲线半径上架设40m预应力混凝土的施工要求。

关键词：小半径　大跨度　工艺调整　换绳法

1　概述

贵都高速第十三合同段秦棋互通B匝道桥设计为3×40m跨径，相邻墩台中心线夹角为15°和14°，共计18片预应力混凝土T梁并上跨贵阳市西南绕城高速及一条地方公路，最后一跨位于平曲线半径为150m曲线上，桥梁纵坡4%和－1.059%，横坡6%。如此小的曲线半径，采用40m T梁在业内极为罕见，采用常规的架设施工工艺及架桥机无法完成T梁架设。本桥的技术难点在于第二跨要在宽11.8m、长40m的区域内成功将40m T梁喂到架桥机下的"喂梁"问题；架桥机的架设位置布置、边梁就位问题；架桥机过跨就位问题；每跨的两片边梁就位问题及抵消6%横坡防止架桥机、运梁炮车失稳倾翻等。与此同时，由于下行交通流量大，可谓施工难度极高。通过对架桥机的改造，施工过程中对施工工艺进行调整，从而满足了施工要求。B匝道桥要素及总体布置如表1、图1所示。

B匝道桥要素表　　表1

项目				
里程桩号(m)	BK0+732.800	772.800	812.800	852.800
设计标高(m)	1148.179	1 149.587	1 149.952	1 149.549
地面标高(m)	1 139.246　4.00	1 133.122	1 133.886	1 145.522
竖曲线要素	4.000%　320.000m	BK0+785 150.26　R=1400.000m T=35.414m E=0.448m	−1.059%　105.000m	
平曲线要素	R=200.000m L=203.591m　BK0+723.538	A=260.000m L=112.667m	BK0+836.204	R=150.000m L=54.938m

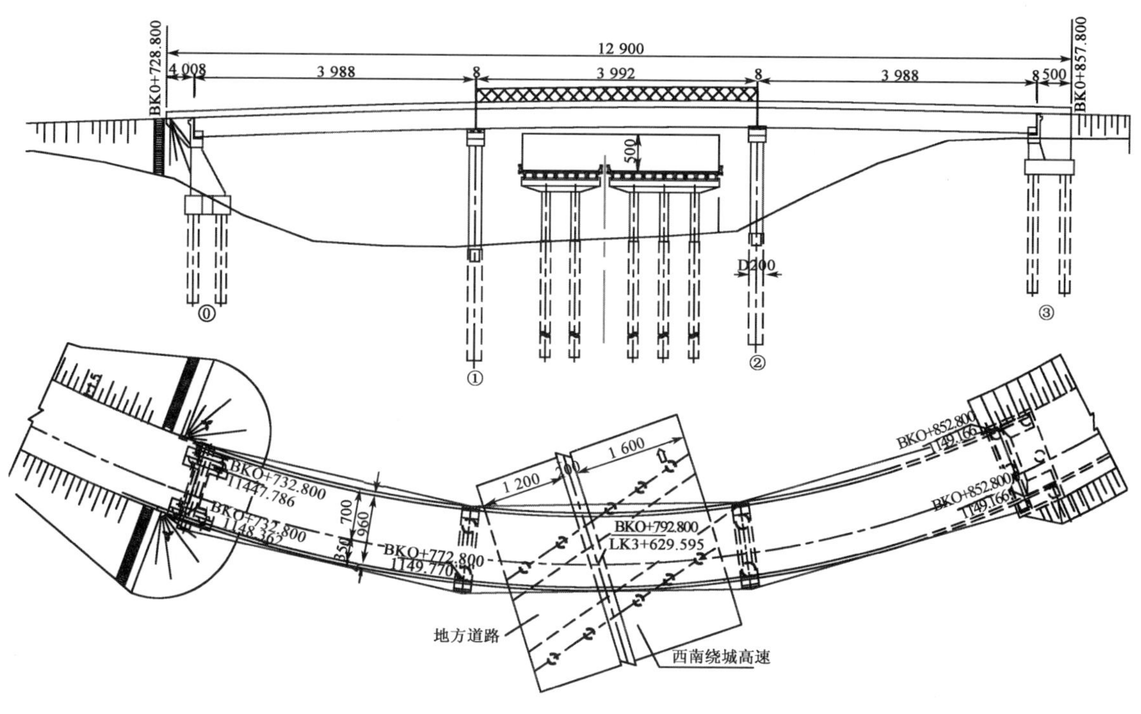

图1　B匝道桥总体布置(尺寸单位:cm)

2　施工准备

2.1　运梁道路

在架桥机拼装前,对桥头80m路基进行平整压实处理,以满足架桥机拼装的要求。运梁路段的路基施工,按照路基施工技术要求进行,保证路基的压实度满足要求。随时对运梁道路进行检查维修,做好排水设施,防止雨水浸泡道路。

2.2　安全施工

2.2.1　交通疏导

本项目本着"安全第一,预防为主"来进行交通流的疏导组织,同时从施工安排和组织方面尽可能减少对西南绕城高速通行车辆的干扰。B匝道桥第二跨40m T梁安装和架桥机过孔时,采取临时封闭西南绕城高速双向交通进行施工。当1号天车起吊T梁完毕后,封闭西南绕城高速交通,开始T梁过孔,T梁过孔完毕,放置在支座上,并支撑稳固后开放西南绕城高速交通。施工中封闭交通时间约60min,保证了西南绕城高速车辆的正常通行,杜绝因贵都高速公路施工不当而导致西南绕城高速通车堵塞、中断或其他事故的发生;保证施工人员和车辆安全,避免安全事故发生。

2.2.2　施工过程中架桥机自稳

通过对架桥机改装后的受力验算分析,架桥机自稳能力满足施工要求。值得提出的是,在架桥机一次性过完跨后还无法完成T梁架设任务,经过调节后支腿的法兰盘施工得以完成。当法兰盘调节完成并连接后,架桥机主梁存在了一定扭矩,把后支腿作为支点将使架桥机前支腿产生较大位移,存在较大安全隐患。为消除这部分扭矩造成位移带来的安全隐患,项目部采取法兰盘每次只移一个格位的方法，反复调节，从而大大减小了前支腿的一次性位移，完成了拼装。

2.2.3　其他安全措施

项目部在T梁架设施工期间做好了各项安全保障措施，从T梁在梁场的吊装到T梁成功架设完成的整个过程，项目部专职安全员始终在现场进行着安全指导和监督，确保了B匝道桥架设施工的零安全事故发生。

3　T梁架设施工方法

3.1　架桥机改造拼装

B匝道桥架设40m T梁才用的架桥机为HDJH 40/150Ⅱ(A)型架桥机，额定起质量2×75t，架设梁长40m，整机质量150t，承重注梁长50m，前导梁30m，两道承重主梁中心间距5.1m。该架桥机设计架设曲线最小半径为400m，而B匝道桥曲线半径为150～260m，按常规施工方法无法完成T梁架设。因此需要对架桥机进行改造装以满足150m曲线半径架设要求，主要从以下方面进行改装：

(1)由于曲线半径太小，正常喂梁时梁体与架桥机存在11°夹角，梁体无法进入架桥机。为减少架桥机两道承重主梁对40m T梁喂梁时的位置限制，将架桥机最后一节5m长的承重主梁拆除，使架桥机工作长度缩短为45m，方便喂梁。

可行性保障：架桥机过跨应用的是力矩平衡物理力学原理，架桥机出厂时不需配重，能自行满足以后支腿为支点的力矩平衡，如图2所示，即$m_1gl_1+m_3gl_3+m_3gl_4\geqslant m_2gl_2$，其中$m_1+m_2+2m_3=M$。本架桥机由于去除的5m质量为$m$，为此项目部将架桥机后部使用天车吊起40m T梁的一端，用运梁炮车配合架桥机过跨，本桥的40m T梁质量约为138t，而m远小于138/2t。具体验算如下：

因为架桥机出厂时满足力矩公式：$m_1gl_1+m_3gl_3+m_3gl_4\geqslant m_2gl_2$，支腿后方力矩和为①$m_1gl_1+m_3gl_3+m_3gl_4$，支腿前方力矩和为$m_2gl_2$，改装后支腿后方力矩和为②$138\,000/2l_5+(m_1-m)gl'_1+m_3gl'_3+m_3gl'_4$，支腿前方力矩和没变为$m_2gl_2$。现在的关键是②是否大于等于①。去除的5m承重主梁质量m远远小于138/2t，根据实际情况知道$l_1-l'_1$、$l_3-l'_3$、$l_4-l'_4$的差值小于等于5m，取5m，l_5大于l_1、l_3、l_4，且大于5m。(公式中尺寸和质量在图2中已表明)

②－①

$=138\,000/2\cdot l_5+m_1g(l_1-5)-mg(l_1-5)+m_3g(l_3-5)+m_3g(l_3-5)+m_3\cdot g(l_4-5)$

$=138\,000/2\cdot l_5+5mg-5m_1g-mgl_1-10m_3g$

$=138\,000/2\cdot l_5g+g(5m-5m_1-ml_1-10m_3)$　极限法提取gl_5

$\geqslant(138\,000/2-m_1-2m_3)gl_5$

实际中$138\,000/2>m_1+2m_3>0$，所以此改装的实际应用在理论上成立。

(2)将架桥机原有后支腿进行改装，制作两个半径为0.5m的法兰盘，后支腿固定在法兰盘上，可以根据不同角度进行调整，取代原架桥机的固定式后支腿。通过试验，法兰盘式连接部各项受力强度不小于原连接部。

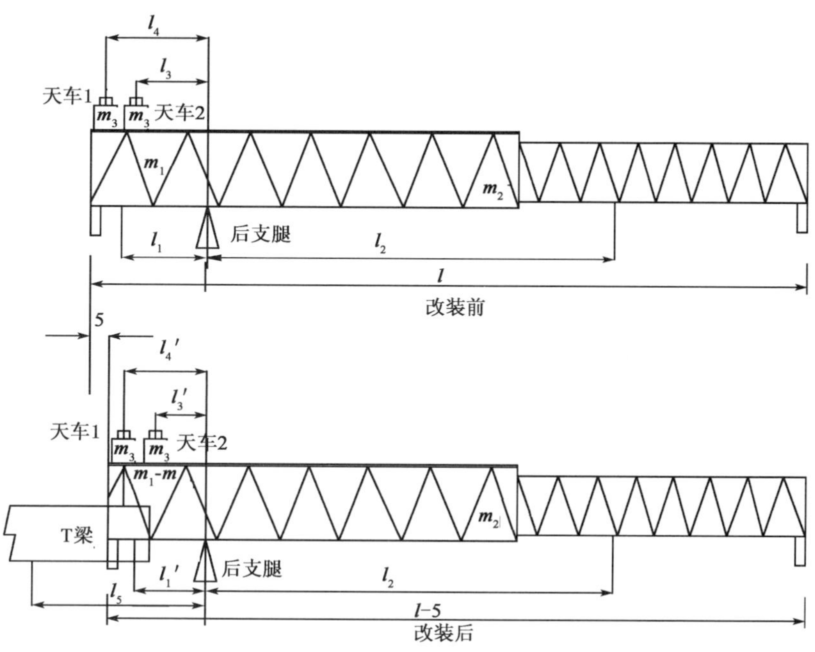

图2　力矩尺寸

注：m_1 为支点后方桥机三角主梁自重，m_2 为支点前架桥机三角钢主梁自重，包括前导梁自重，m_3 为天车自重，l_1 为支点后方三角钢主梁重心到支点的距离，l_2 为当前导梁全部伸出时支点前方三角钢主梁加前导梁重心到支点的距离，l_5 为配重T梁重心至后支腿距离，l_3 天车2重心到支腿距离，l_4 天车1重心到支腿距离，M 为架桥机整体自重，l_5 为T梁重心至后支腿距离，g 为重力加速度，改装后的加$'$。

3.2　架桥机布置及就位

经过测量，B匝道桥3号桥台中心线与2号墩盖梁中心线夹角为15°，2号墩与1号墩盖梁中心线夹角为14°，1号墩盖梁中心线与0号桥台中心线夹角为12°。因此架桥机在架设每一孔梁时，布置角度都要进行调整，在此以第二孔梁架设时架桥机就位为例进行说明。

为尽量减小由于曲线带来的偏位，使架桥机纵向与T梁纵向布置一致，简单来说就是将架桥机组成一个平行四边形，方便边梁的就位。因此在架桥机前后横向导轨布置时，要经过精确测量。根据盖梁的平面尺寸，盖梁半幅宽度为1.2m，由于盖梁宽度的限制，架桥机前导轨布置与1号墩盖梁中心线在架桥机前进方向成5°夹角，架桥机后导轨布置与2号墩盖梁中心线在架桥机后退方向成9°夹角，以此保证前后导轨平行，方便架桥机的横向平移，如图3a)所示。架桥机如此布置之后还与T梁纵向成2°夹角，无法完成边梁架设。架桥机过跨完成后，将架桥机前后支腿的法兰盘螺栓松开，操作架桥机后支腿向右缓慢移动1.35m，使架桥机与T梁纵向一致，使架桥机承重主梁与天车横梁形成88°角，如图3b)所示。移动到位以后，拧紧架桥机前后支腿螺栓，对架桥机进行全面检查，准备架梁。

由于3号桥台中心线与2号墩盖梁中心线夹角为15°，当第三孔梁架设完毕之后，架桥机前移架设第二孔梁时，架桥机方向需要再转动15°。为保证架桥机过跨时前支腿能够落到1号墩盖梁上，需要调整架桥机后支腿向左移动，使架桥机与第二孔梁纵向一致。具体操作方法是：

(1)过跨时架桥机后支腿先向左移动 50cm,(移动距离不能过大,防止由于后支腿左移架桥机主梁产生扭矩过大造成倾覆)通过架桥机承重主梁产生一定扭矩。

(2)收起前支腿,架桥机承重主梁前移,使前前导梁支腿到达 1 号墩盖梁位置,放下前导梁前支腿使其受力。

(3)架桥机后支腿再向左移动 50cm,通过架桥机承重主梁产生一定扭矩。

(4)收起前支腿,将架桥机后退一定距离,使承重主梁产生的扭矩完全释放。通过扭矩的释放,使前导梁向右移动 50cm。

(5)然后再架桥机前移使前导梁到达 1 号墩盖梁位置,放下前导梁前支腿使其受力。

重复(3)~(5)步骤,即可使架桥机与第二孔 T 梁纵向一致。

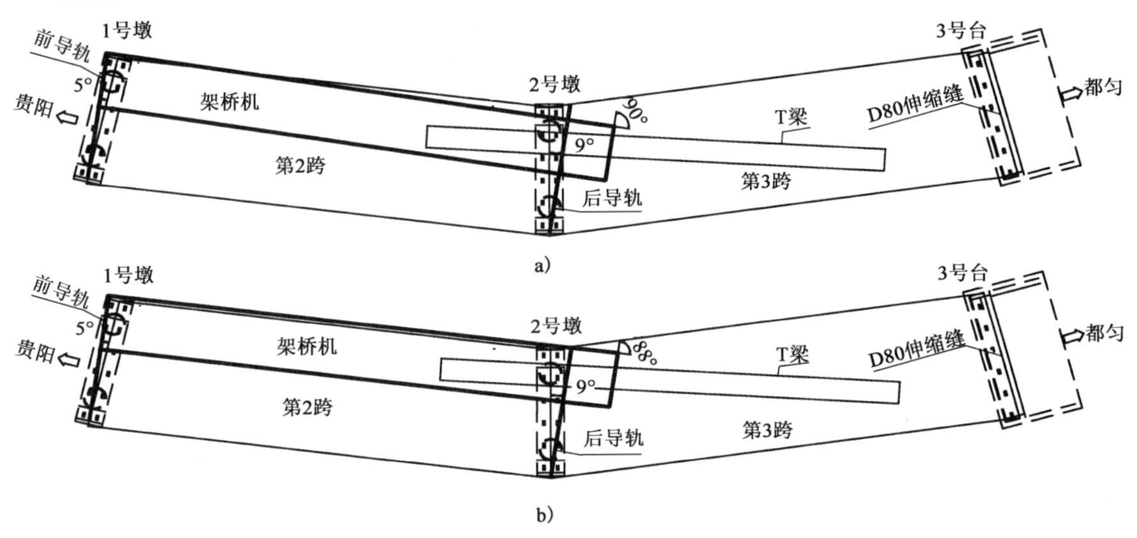

图 3 架桥机布置及就位

3.3 支座中心定位及安装

T 梁在架设之前,对支座垫石平面位置、高程进行放样测量,在支座垫石上打好十字墨线,并用环氧树脂砂浆进行找平,安装支座底板。用钢尺将橡胶支座进行平分,在支座上打好十字墨线,将支座上的十字墨线与支座垫石上的十字墨线调整重合,用水平尺进行测量,保证支座安装水平。

3.4 梁体架设

在此同样以第二孔梁架设为例进行说明。

3.4.1 运梁

本桥 40m T 梁最重梁体质量为 143t,为保证运梁过程中的安全,采用额定载质量为 150t 的运梁车进行梁体运输。由于桥梁曲线半径限制,梁体在桥上运输的线路范围有限,并且运梁车与架桥机存在一定的角度,需要首先通过计算确定运梁车行走位置,必须控制好运梁路线,梁体才能顺利地喂入架桥机内。经过电脑制图模拟计算,运梁车必须在左侧第 1 到第 3 片梁上行走方能将梁体喂入架桥机内。为方便运梁车操作并且考虑到安全,最后采用运梁车左右行走轮分别在左侧第 2 片和第 3 片梁上行走。

3.4.2　中梁架设

架桥机调整就位完成后，即可开始梁体架设，首先架设中梁。按照常规的架设方法完成中梁的架设，具体步骤为：

(1)运梁平车载梁至架桥机尾部(后支架后方附近)，如图4所示。

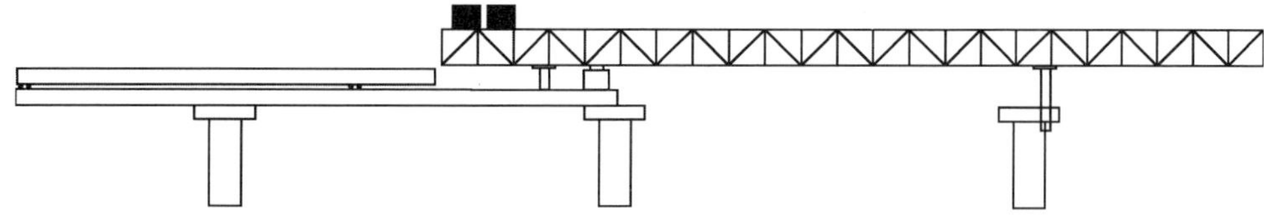

图4　运梁平车载梁

(2)1号起重天车垂直起吊梁体，使梁体脱离运梁台车面和临时支撑后支腿，同时检查卷扬机钢丝绳、制动，如图5所示。

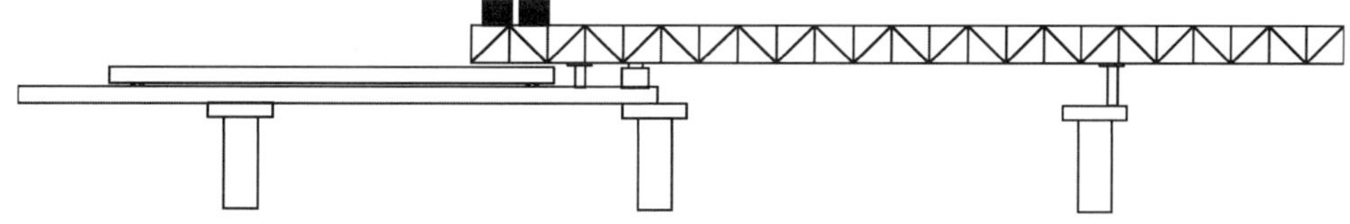

图5　运梁平车喂梁至架桥机尾部

(3)1号起重天车和后运梁平车配合前移梁体，如果起升高度不够，可临时拆除后支架台车拉杆(此时起重行车应于主横梁跨中)，如图6所示。当1号起重天车载梁前移至1/2跨中时，应密切注意导梁变形(定期测量该处下扰值和水平负弯值)。

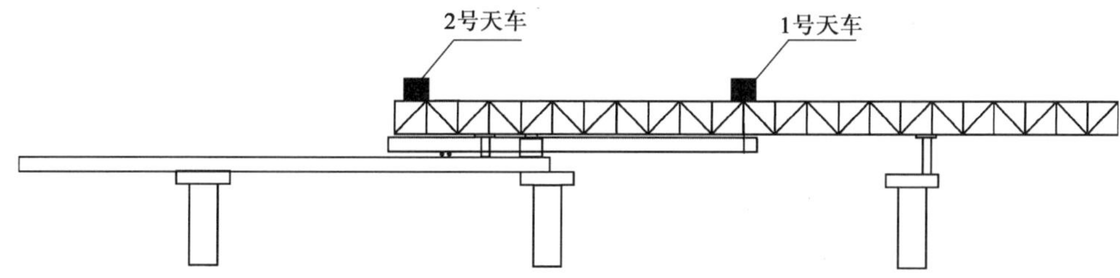

图6　1号起重行车吊起梁体与后运梁平车同时前移

(4)当梁体后吊点移至2号起重天车下时，停车制动，用2号起重天车吊起梁体后吊点，如图7所示。

(5)两台起重天车同时载梁前移至架梁段，徐徐落下，按指定位置就位，如图8所示。

3.4.3　“换绳法”边梁架设

由于该桥横坡为6%，为保证架桥机的安全，架桥机前后支腿在前后导轨上的横向移动就受到限制，边梁无法一次性就位。因此，边梁就位成为此次施工中又成为一项技术难点。通过研究、试验，最终采用“换绳法”解决了边梁就位问题。

具体方法为：首先采用中梁架设方法将边梁安放在次边梁位置，对边梁进行加固稳定后，松开1号、2号天车钢丝绳吊钩，如图9a)所示。通过天车移动和人工配合，将两部天车的钢丝绳位置更换至架桥机承重主梁的外侧，从而拓展了T梁在架桥机内横向移动的范围。然后重新起吊边梁后，天车横移至边梁位置，缓慢下放边梁就位，如图 9b)所示。换绳法的技术要点在于架桥机吊起 T 梁后的重心位置控制，即吊梁钢丝绳从单侧承重柱梁内部穿过，要保证吊着 T 梁的架桥机重心不超出两道主梁范围内，这样就保证了架桥机不会因重心偏出而失稳倾覆，从而拓展了架桥机横向活动范围，达到了正常架设无法完成的边梁架设要求。

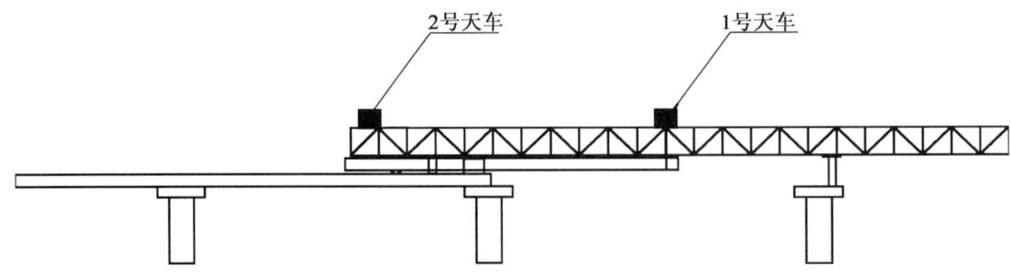

图 7　2 号起重行车吊点时，两车同时吊梁前移

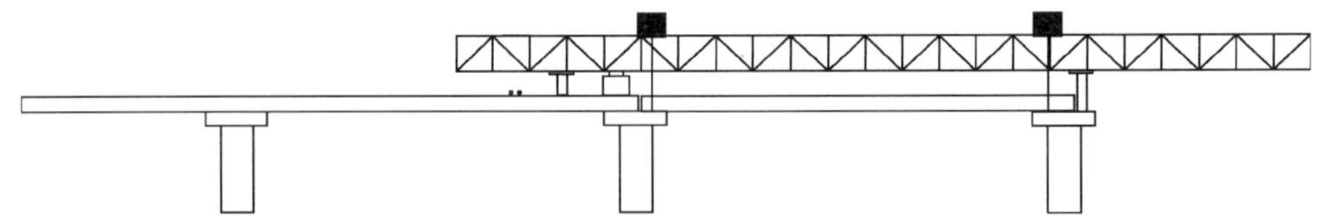

图 8　两起重行车吊梁到架梁位置，整机横移落梁

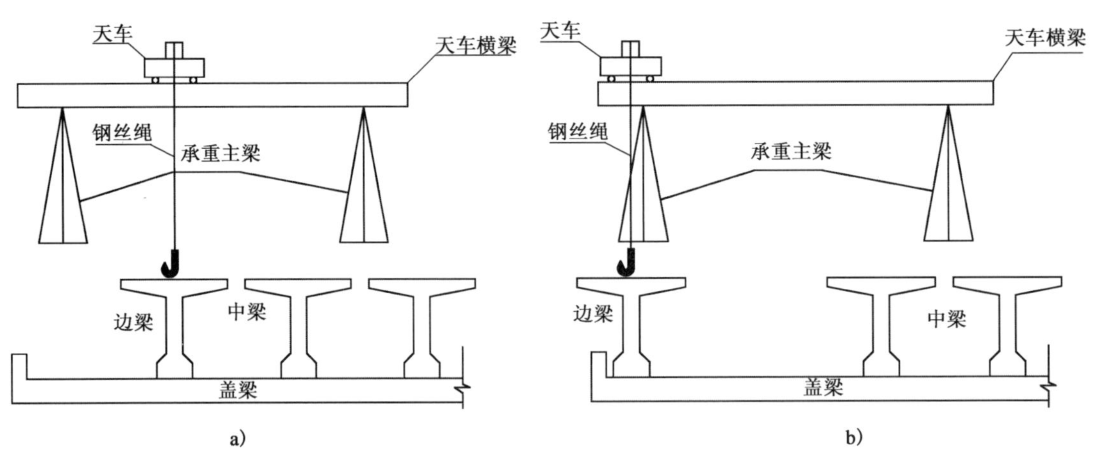

图 9　“换绳法”边梁架设

4　施工中存在问题的处理与优化建议

此次 B 匝道桥预制 T 梁的架设，为在小半径曲线上架设大跨度预应力混凝土 T 梁施工积累了大量经验，通过对架桥机的改造，施工工艺的改变，虽然顺利完成了此次高难度的施工。但施工中也发现不少问题值得总结与提高。

4.1　梁长控制

由于该桥曲线半径小、跨度大，预制 T 梁长度变化较大，另一部分梁长度控制不到位，致使梁体就位困难，需要进行后期处理。因此，在预制T梁时必须对每一片梁长度进行严格检查，发现问题及早处理。

4.2 防撞护栏钢筋埋设

边梁上混凝土防撞护栏的部分预埋钢筋位置不准确，导致混凝土防撞护栏线形不平顺，需要对部分预埋钢筋采用植筋方法进行处理。由于平曲线半径小，防撞护栏预埋钢筋在T梁上的位置随时变化，在预制T梁时要进行精确放样，确保预埋钢筋位置准确。

4.3 设计优化

由于曲线半径小，采用常规的架桥机架设，边梁就位困难，但是若在设计时对下部结构适当加宽，盖梁适当加长，架桥机前支腿横向平移的空间变大，架设边梁就比较容易。

5 结语

秦棋互通B匝道桥单跨跨径40m，位于曲线半径150～260m的平曲线上，纵坡4%和−1.059%，横坡6%，本桥的成功架设算是T梁架设领域比较新奇的一个例子，施工的安全从四个方面经受住了严峻考验：

(1)从组架桥机可行性保障计算的合理性。

(2)架桥机过跨后带来的扭矩(前支腿一次性位移过大可能会导致架桥机倾覆)问题。

(3)40m T梁无法与架桥机主梁保持平行的喂梁问题。

(4)抵消6%横坡，每跨采用创新的“换钢丝绳”法架设边梁的横向控制。

对于高速公路互通立交桥梁，在小曲线半径上采用大跨度T梁施工，难度相对较高，操作空间小，施工组织相对复杂。对机械设备进行小改造小革新，通过实践研究，对常规施工工艺进行创新，从而满足了现场施工要求。通过不断的技术创新，为同类工程施工积累宝贵经验，但对于此类的结构布置及施工，应与设计方、建设方充分协商，进行优化，降低施工难度，并对施工设备性能严格分析计算，杜绝快、猛的移动，最大程度上减少施工过程中的安全质量隐患。

参考文献

[1] 中华人民共和国行业标准. JTG/T F50—2011 公路桥涵施工技术规范[S]. 北京：人民交通出版社，2011.

[2] 中华人民共和国行业标准. JTG F80/1—2004 公路工程质量检验评定标准 第一册 土建工程[S]. 北京：人民交通出版社，2004.

[3] 中华人民共和国行业标准. JTG D60—2015 公路桥涵设计通用规范[S]. 北京：人民交通出版社，2015.

[4] 贵阳至都匀高速公路两阶段施工图设计(第13. E5册).

大跨径下行式贝雷栈桥设计与施工

谢仕良

（中交三公局工程总承包分公司　北京　100124）

摘　要:结合某项目30m大跨径下行式贝雷栈桥的设计与施工,从桥型设计、结构验算、安装施工及使用维护等方面予以阐述,可为同类工程提供参考。

关键词:大跨径　下行式　贝雷栈桥

1　工程背景

由于此贝雷桥处于永定河泛区,根据天津市水利局的相关要求,主河道内不能设置任何可能影响泄洪的构造物。修筑施工便道时,排除安装圆管涵、填河砌筑桥台等方案后,最终选择大跨径贝雷栈桥沿主线红线、垂直河道布置的方案进行设计、施工。

一般贝雷栈桥的使用手册中只推荐下行式结构,即在下侧弦杆上方安装标准的横梁,以实现荷载的横向分配。实际使用时贝雷栈桥的结构形式可以选择上行式和下行式两种。两种结构形式的特点如表1所示。

上行式与下行式特点对照表　　表1

结构形式	结构构成	优　点	缺　点	施工方法
上行式	贝雷桁架作为主梁安放在横梁下方,横梁上方再安装桥面板	1.对横梁承载要求不高,可根据受力需要调整主梁桁架横向间距; 2.桥面系安装简单; 3.安装工作能流水作业	1.引桥要求高,桥台基础要求高; 2.桥下净空低	主梁安装采用悬臂推出法,桥面铺筑人力为主
下行式	横梁安放在贝雷桁架下弦杆上方,横梁上方再安装桥面板	1.引桥要求不高,桥台基础要求不高; 2.桥下净空高	1.对横梁承载要求高,主梁横向间距受桥面宽度限制; 2.桥面系横梁安装必须机械配合,安装工作无法形成流水作业	主梁安装采用悬臂推出法,桥面铺装机械施工为主

结合本项目的要求,同时为满足泄洪的需要,还是排除上行式,选择栈桥底标高可以保证桥下有4.2m的泄洪流水断面的下行式结构。

2　工程设计概述

2.1　技术标准

设计荷载:公路-Ⅰ级车辆荷载。

基本可变荷载:考虑现场施工的实际超载情况,将验算荷载提高到1 000kN,最大轴载达到 261kN。

设计行车速度:5km/h。

2.2 桥台设计

此栈桥处水深 2.0m 左右,桥位区地质分布为淤泥、淤泥质黏土、淤泥质亚黏土、泥岩,其中淤泥、淤泥质黏土、淤泥质亚黏土厚度为 3～6m,地质状况较差。桥台采用重力式扩大基础,从下往上分三级处理。开挖基础后,首先用建筑垃圾进行换填处理,夯实后做静力触探试验,直到地基承载满足设计要求为止(大于 350kPa),然后在上浇筑浆砌片石混凝土,最后再做 C30 钢筋混凝土桥台。

2.3 主桥设计

主桥整体结构形式设计为单边主梁采用 3 排单层上下加强型贝雷桁架,300cm 一节,共 10 节,除重载行驶方向上第一节设置 3 根 16Mn 钢工 28a 横梁外,其他 9 节每节设置 2 根 16Mn 钢工 28a 横梁,横梁最大间距为 1.585m。顺桥向每道行车道下设置间距 42.5cm 的 3 片 Q235 钢工 18 纵梁。桥面行车系考虑横向满铺 10cm×10cm 的东北落叶松木,其上行车道位置再铺 75cm×3 000cm×1cm 的 Q235 钢铁板作为桥面板。具体布局如图 1、图 2 所示。

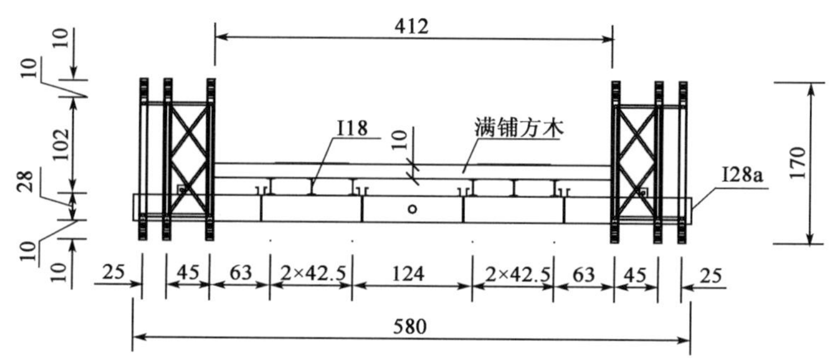

图 1 横断面图(尺寸单位:cm)

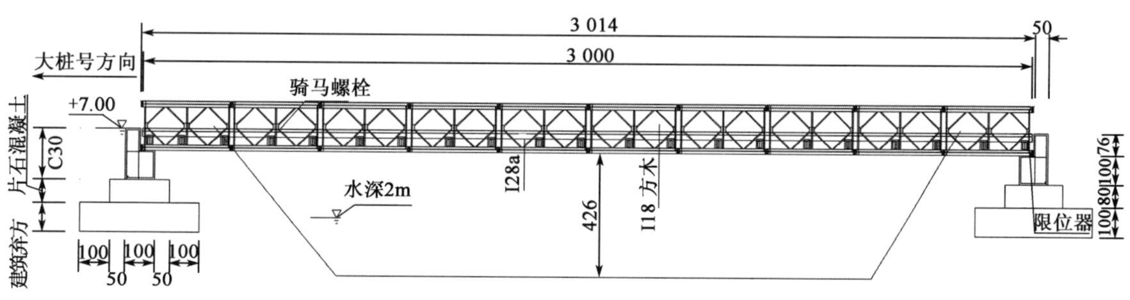

图 2 纵断面图(尺寸单位:cm)

3 结构验算

3.1 验算方法和假设

贝雷栈桥为空间静定结构体系,采用有限元数值模拟方法对栈桥各杆件结构的承载能力、刚度及稳定性进行验算。验算中采用如下假设:

(1)车辆过桥速度限制在 5km/h 以内,用静载乘以冲击系数来考虑车辆对栈桥产生的冲击力,冲击系数 μ 取 0.1。

(2)车辆单向通行,禁止机非混行。车辆荷载布置只考虑从大桩号往小桩号方向布置。

(3)栈桥在跨中的最大竖直挠度计算中视桥台的刚度为无穷大。

(4)栈桥使用过程严格控制超载。车辆荷载通行时,不允许材料进入塑性状态。因此计算中用理想的线弹性杆件表征栈桥材料(16Mn 钢、Q235 钢)和桥面板方木的力学响应。

3.2 有限元建模及验算

3.2.1 验算参数

栈桥贝雷桁架、横梁材料为各向同性的 16Mn 钢;销子为 30 铬锰钛;纵梁为 Q235 钢;桥面方木为东北落叶松,强度等级为 TC17。

从相关文献中得到各种构件的弹性模量、截面型号、屈服应力及容许应力见表 2。

验算参数 表 2

构件	弹性模量(MPa)	截面型号	屈服应力(MPa)	容许应力(MPa)
横梁	2.06×10^5	工 28a	345	273
纵梁	2.06×10^5	工 18	235	210
方木	1.0×10^5	$0.01m^2$	15	13
贝雷弦杆	2.06×10^5	2[10	345	273
竖杆	2.06×10^5	工 8	345	273
斜杆	2.06×10^5	工 8	345	273
加强弦杆	2.06×10^5	2[10	345	273
支撑架	2.06×10^5	L45×70×5	345	273

3.2.2 有限元模型

此处应用 Midas 6.7.1 建模验算。模型中桁架(贝雷弦杆、竖杆和斜杆)、横梁和纵梁采用软件自带的材料参数及截面参数。方木的材料参数及截面参数手工输入。采用共节点方式实现桁架的主要构件之间的焊接关系;桁架与桁架之间采用铰接,释放各种转动约束;桁架与横梁、横梁与纵梁、纵梁和桥面板方木之间均为刚性连接。所建立的 30m 大跨径单层加强型贝雷栈桥的有限元模型如图 3 所示。

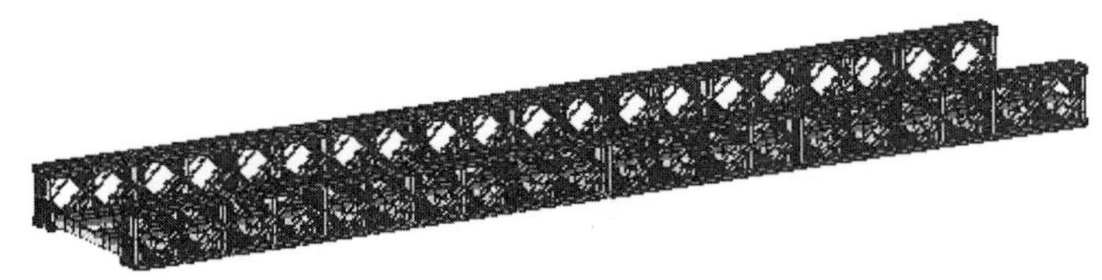

图 3 30m 大跨径下行式贝雷栈桥有限元模型

3.2.3 荷载与加载方式

贝雷栈桥的荷载包括静载和活载。静载指栈桥的自重,直接通过软件内部的加载方法予以添加。活载为考虑超载情况的公路-Ⅰ级车辆荷载,全桥只布置一辆汽车,考虑冲击系数后为 1 000×(1+0.1)=1 100(kN),则参照参考文献资料,可得到调整后的车辆荷载主要技术标准见表 3。

车辆荷载主要技术标准　　表 3

项　目	单位	技术标准	项　目	单位	技术标准
车辆重力标准值	kN	1 100	轮距	m	1.8
前轴重力标准值	kN	30	前轮着地宽度及长度	m	0.3×0.2
中轴重力标准值	kN	247	中、后轮着地宽度及长度	m	0.6×0.2
后轴重力标准值	kN	288	车辆外形尺寸(长×宽)	m	15×2.5
轴距	m	3+1.4+7+1.4			

将车辆荷载作为集中荷载，按照车轮的平面布置均摊作用到纵梁工 18 上。

车道荷载按照参考文献资料的要求，将均布荷载标准值满布于使结构产生最不利效应的同号影响线上；集中荷载标准值则作用于相应影响线中一个最大影响线的峰值处。再将这些均布荷载、集中荷载横桥向均摊作用到纵梁工 18 上。

3.3　验算结果和分析

采用 Midas 6.7.1 对各种车辆荷载正常行驶时可能出现的 3 种最不利工况位置下的贝雷栈桥进行模拟验算。其中，工况 1：活载的车厢中心位置在栈桥的跨中，无偏心；工况 2：活载的后轴第二排荷载作用在栈桥的跨中，无偏心；工况 3：活载的后轴两排荷载居中作用在栈桥的跨中，无偏心。3 种工况对应的结构形式见表 4，模拟得到贝雷栈桥主要构件的最大弯矩应力值、桁架的最大弹性挠度。

不同工况下构件最大内力和挠度　　表 4

工况	结构形式(贝雷排数/节)	活 载 位 置	桁架 σ_{max} (MPa)	横梁 σ_{max} (MPa)	纵梁 σ_{max} (MPa)	桁架 f_{max} (cm)
1	3 排一层加强型/5	车厢中心跨中居中/无偏心	弦杆：209 斜杆：190	241	131	10.9
2	3 排一层加强型/5	后轴第二排作用在跨中/无偏心	弦杆：209 斜杆：160	240	128	10.5
3	3 排一层加强型/5	后轴两排跨中居中/无偏心	弦杆：200 斜杆：148	245	139	10.3

对于车道荷载得到验算结果见表 5。

车道荷载作用下构件最大内力和挠度　　表 5

工况	结构形式(贝雷排数/节)	活载位置	桁架 σ_{max} (MPa)	横梁 σ_{max} (MPa)	纵梁 σ_{max} (MPa)	桁架 f_{max} (cm)
1	3 排一层加强型/5	均摊均布、集中荷载	弦杆：121 斜杆：101	147	104	7.0

由表 4、表 5 可以看出，超载车辆正常行驶时，可能出现荷载最不利位置，得到最不利工况下的弦杆弯矩应力、斜杆最大压应力、横梁最大弯矩应力和纵梁最大弯矩应力分别为 209MPa、190MPa、145MPa、139MPa，满足安全要求。相应的受压弦杆、受压斜杆的稳定性验

算结果见表 6。所以贝雷栈桥的主要构件能满足承载力要求。

弦杆、斜杆稳定性验算　　表 6

部位	长细比	最大轴压力(MPa)	失稳应力(MPa)	结　论
弦杆	55.35	185	244	满足要求
斜杆	67.70	142	224	满足要求

工况 1 中,贝雷桁架的最大弹性挠度为 10.9cm,最大非弹性挠度为 4.4cm,跨中总挠度为 15.3cm,满足刚度要求(15.3/3000=1/196<1/120)。最大剪力为 146kN,由参考文献可知,小于单排单层加强型贝雷桁架的允许剪力 245.2kN。剪力满足要求。

综上所述,方案中贝雷栈桥的结构形式可满足强度、刚度及稳定性要求,也是最合理的结构形式。

4　施工控制及使用维护

桥台施工时预埋好桥台钢板。同时在桥台便道上拼装好单边贝雷桁架,采用"悬臂推出法"将贝雷桁架推至河对岸,待左右两边的贝雷桁架全部就位以后再施工桥面系。

所谓"悬臂推出法"就是将栈桥的桁架在岸边拼装好后,用装载机配合 25t 吊车将拼装完的桁架悬臂送至河道中央,在对岸用 80t 大吨位吊车牵引,直到对岸。考虑施工现场的场地限制,桁架安装时随拼随推。

两侧桁架过河以后,在两岸用吊车起吊就位,安装至桥座上。桥座与桁架采用销子连接。建成后的下行式加强型贝雷栈桥现场照片如图 4 所示。

图 4　建成后的 30m 大跨径下行式加强型贝雷栈桥

贝雷栈桥使用的过程需要做好如下几点:

4.1　挠度观测

桥梁架设后必须先做动载试验,由测量队负责观察贝雷桁架的弹性下挠度,与设计挠度(设计荷载弹性挠度为 9.3cm,自重状态下的弹性下挠度为 1.6cm)进行比较。实测设计荷载弹性挠度为 9.5cm。与模拟值基本一致。

在正常使用过程中,每隔 1～2 个月进行一次挠度观测,主要察看塑性变形的积累结果,如果变化较大,应查明原因,加以处理。

4.2　交通管制

通车运营后必须做好交通管制工作,行车最高限速 5km/h,通行限载 100t。单向通行,禁止机非混行。

4.3　桥梁的使用与维护

(1)在桥梁两端应设载重吨位的警示牌,防止超载。

(2)定期检查桁架连接销的保险销、各种螺栓、横梁夹具及抗风拉杆有无松动、丢失,否则及时修补。

(3)对严重积水和易锈蚀部位应设法排水和涂漆、涂油以便防锈。

(4)定期察看主梁两岸桥台地基有无不均匀沉降。如果有,则需停止通行,及时进行加固。

5 结语

此贝雷栈桥投入运营以后,使用状态良好。施工现场的运料车辆超载比较严重,大部分车辆毛重都在100t以上,少数车辆荷载甚至超过200t,在交通管制上存在较大的难度。另外行车速度的控制难度也大。行车速度过快,造成贝雷栈桥动载过大,极易发生侧向位移。所以务必按照设计要求如数安装加强弦杆:一方面增加桁架的抗弯能力,另一方面抵抗侧向冲击力造成的侧向变形。

贝雷厂家出厂的标准件中,横梁一般为工27a。在下行式贝雷栈桥中,对横梁的承载能力要求最高(表4),同时为了充分配合纵梁的承载性能,此次设计将工27a改为工28a,并在每节贝雷桁架中减少一半横梁根数,实际运营时发现工28a工作状态良好。受到贝雷桁架安装空间的限制,横梁截面最大只能调整到工40,因此下行式贝雷栈桥的桥面宽度及承载能力将受到一定的局限性。

总之,该贝雷栈桥方案不仅在承载能力上有所提高,同时在设计过程中对桥面系予以了优化,将横梁数量减少一半,减少桥面系的自重,且保证横、纵梁受力的均衡性,提高了桁架的总体承载能力。最终该方案比专业厂家设计方案的总造价低20多万元。

参考文献

[1] 中华人民共和国行业标准.JTG/T F50—2011 公路桥涵施工技术规范[S].北京:人民交通出版社,2011.

[2] 中华人民共和国行业标准.JTG D62—2004 公路钢筋混凝土及预应力混凝土桥涵设计规范[S].北京:人民交通出版社,2004.

[3] 中华人民共和国国家标准.GB 50005—2003 木结构设计规范[S].北京:中国建筑工业出版社,2003.

[4] 黄绍金,刘陌生.装配式公路钢桥多用途使用手册[M].北京:人民交通出版社,2001.

[5] 严波,周余辉,宋殿义.装配式公路钢桥临时加固梁桥实例分析[J].公路,2009,2.

浅谈路基上边坡防护变更为客土喷播

赵艳兵

（中交三公局工程总承包分公司　北京　100124）

摘　要：本文以张承项目小段落拱形骨架变更为客土喷播为实例，从三个方面介绍了变更为客土喷播的优势及局限性。

关键词：客土喷播　拱形骨架　利润　技术　局限

客土喷播技术是现代公路边坡常用的绿化方式，它是将有机质土、长效肥、速效肥、黏合剂、保水剂及凝固剂和草籽、灌木种子等按一定比例组成并搅拌均匀的有机基材，经过喷播机械喷播在挂有镀锌铁丝网的坡面上，然后在其外表喷播草种的一种防护形式。

本文通过张承项目 K62＋900～K62＋965 右幅二级坡段防护实例，介绍了特殊地段防护变更为客土喷播的优势。

现场勘查此段为岩石坡面，共长 65m。原设计防护形式为拱形骨架安装。

1　利润角度

1.1　原设计拱形骨架防护

1.1.1　原设计计量产值预测

拱形骨架按其铺筑的实际体积以立方米计量，所有垫层、嵌缝材料、砂砾勾缝、泄水孔、滤水层、回填种植土以及基础开挖和回填等有关作业，均作为承包人应做的附属工作，不另行计量。

原设计拱形骨架安装，清单单价为 192.68 元/m^3，此段二级坡拱形骨架预制块安装约 21m^3，计量金额约 192.68 元/m^3×21m^3＝4 046 元

1.1.2　原设计施工成本预测：

（1）机械费：共 21m^3 预制块，使用 25t 吊车分段吊装，预计使用机械 4h，吊车 200 元/h，预计机械费用 800 元。

（2）材料费：拱形骨架预制块下铺设 10cm 厚砂砾垫层，每 3m 耗用砂砾 0.628m^3，共计砂砾垫层：0.628÷3×65＝13.6m^3，砂砾材料费市场价为 80 元/m^3（含运输），砂砾垫层成本费为 13.6m^3×80 元/m^3＝1 088 元

（3）人工费：破石开槽，搬运、码砌预制块，勾缝等预计人工 10 人 3 天完成，工人工资按 200 元/工日，预计人工费 6 000 元。

共计施工成本为：工料机 7 888 元。

计量金额－结算金额＝－3842 元，工程细项为亏损项。

1.2　变更为客土喷播防护

1.2.1　变更计量产值预测

客土喷播以图纸要求和所示面积为依据实施，经监理工程师验收的实际面积以平方米计量。整修坡面、铺设表土、三维土工网、锚钉客土、草种(灌木籽)、混合料、水、肥料、土壤稳定剂等(含运输)及其作业均作为承包人应做的附属工程，不另行计量。

客土喷播业主暂计单价为 120 元/m^2(后期统一上调)。坡长平均 6m，预计面积为 6×65＝390m^2

预计计量金额：120 元/m^2×390m^2＝46 800 元

1.2.2　变更施工成本预测

(1)人工费

①打锚孔：2 台 3.5m^3 空压机，4 把钻枪(每把枪 3 个人)，平均每把枪每天钻 55 个孔，24 000m^2 约 7 600 个锚孔，约需 35 天。35 天×12 人×200 元/天＝84 000 元

②灌浆：2 人搅拌，4 人运输，4 人上坡灌浆，每天 250 个孔，31 天完工。31 天×10 人×200 元/天＝62 000 元

③铺网：4 人运输，4 人放料(分两组)，6 人上坡铺设(分两组)，每天铺设 550m^2，44 天完工。44 天×14 人×200 元/天＝123 200 元

④喷播：每天 400m^2，60 天完工。

取土：60 天×6 人×200 元/天＝72 000 元

筛土，搅拌(含分料，配料)：60 天×10 人(分两组)×200 元/天＝120 000 元

喷料(分两组)：60 天×8 人×200 元/天＝96 000 元

⑤管理费及其他费用：150 000 元

共计人工费：707 200 元

(2)材料费：

①草种：160 元/kg，每公斤喷播 20m^2，24 000m^2÷20m^2/kg×160 元/kg＝192 000 元

②黏合剂：60 元/kg，每公斤喷播 10m^2，24 000m^2÷10m^2/kg×60 元/kg＝144 000 元

③pH 稳定剂：30 元/kg，每公斤喷播 10m^2，24 000m^2÷10m^2/kg×30 元/kg＝72 000 元

④保水剂：70 元/kg，每公斤喷播 20m^2，24 000m^2÷20m^2/kg×70 元/kg＝84 000 元

⑤液体全肥：20 元/150mL/瓶，每 150 毫升喷播 10m^2，24 000m^2 ÷ 10m^2/瓶 × 20 元/瓶＝48 000元

⑥纸纤维，木纤维：10 元/kg，每公斤喷播 10m^2，24 000m^2 ÷ 10m^2/kg × 10 元/kg＝24 000元

⑦镀锌铁丝网：8 元/m^2×24 000m^2＝192 000 元

⑧钢筋锚杆：ϕ18 螺纹钢筋进行制作，37 500 根×1.02m/根＝38 250m 约需要 76.5t，4 500元/t×76.5t＝344 250 元

总计材料费：1 100 250 元

(3)机械费：

①12m^3 空压机：1 300 元/天(含油)×60 天＝78 000 元

②3.5m^3 空压机：400元/天/台×2台×60天＝48 000元

③搅拌机一台，租金6 000元/月×2月＝12 000元

④中型混凝土喷射机一台，价格为35 000元

⑤管道挤压输送泵一台，价格约15 000元

⑥电动水泵一台，购买新机器为10 000元

⑦空压机、喷射机、水泵匹配管道8 000元

⑧7.30kW柴油发电机一台，购买新机器为20 000元

⑨手持式18凿岩机4台，4台×2 000元/台＝8 000元

总计机械费：234 000元

综上总计2 041 450元，综合单价预计为2 041 450元÷24 000m^2＝85元/m^2

预计K62＋900～K62＋965右幅二级坡段落变更为客土喷播施工成本为：85元/m^2×390m^2＝33150元

计量金额－结算金额＝13650元，变更后工程细项转亏为盈。

2 技术角度

客土喷播是一种高效，多用途的防护形式，对比拱形骨架，其优势显著：

(1)可用于岩石、砂粒等无土表面或无有机质土壤表面的绿化喷播。

(2)可用于公路、隧道、铁路、河道的各种高陡裸岩(土质)边坡和滑坡坡面，受地形影响较小。

(3)对防护的坡面平整度无严格要求，特别适合于不平整坡面的建植，省工省时。

(4)覆盖物和土壤稳定剂的共同作用，能有效防止雨水冲刷，不会脱落，防护和绿化效果显著。

(5)施工速度快。另外，较之拱形骨架防护，也减少了预制工序及后期的框架内植草工序，能够保证施工进度。

(6)作业过程安全，减少了负重边坡施工。

(7)边坡复绿的"树林化"效果显著、持久，具有可持续发展的特点，后期的管理与养护费用为零，打造真正的自然环境，还原天然生态群落，不再需要人工干预。

3 局限性

受其形式影响，气温低于12℃不宜喷播作业。根据气候的特点，最佳施工期5月份到10月份，因此必须根据不同工期的气候特点，选择不同的种子配合比和施工方法，以保证绿化效果。

工程变更是建设项目合同管理的重要内容，是影响建设项目进度控制、质量控制和投资控制的关键因素。通过合理的变更，将会为项目摆脱合同价偏低困境、扩大自身利润提供机会。因此，加强工程变更的管理和控制对实现建设项目合同管理目标具有重要的意义。

参 考 文 献

[1] 公路工程标准施工招标文件.交公路发[2009]221号，2009.

[2] 中华人民共和国行业标准.JTG F10—2006 公路路基施工技术规范[S].北京：人民交通出版社，2006.

湿陷性黄土基础换填验算

张宾宾

（中交三公局工程总承包分公司　北京　100124）

摘　要：湿陷性黄土在一定压力作用下受水侵蚀，结构迅速破坏而发生显著下沉，工程界普遍视为特殊土，在建筑上研究湿陷性黄土地基的处理十分重要。本文以郑州市京广快速路工程为例，分析湿陷性黄土力学特性，通过基础换填验算，满足地基承载力要求，确保满堂支架的结构安全。

关键词：湿陷性黄土换填　地基承载力验算

1　工程概况

本工程南起绕城高速(JK0＋703)，北接南水北调大桥(JK5＋754.475)，全长5.051km。其中京广主线现浇箱梁45联，标准跨径为3×30m，标准桥宽为25.5m。由同济大学设计研究院设计的郑州市京广快速路(渠南路—绕城高速)工程施工图纸中明确本工程建筑场地为Ⅰ级(轻微)非自重湿陷性黄土场地，为防湿陷变形，研究如何处理好场地基础的力学承载力就显得尤为重要。

2　湿陷性黄土的基本特性

浸水会发生显著下沉变形的土称为湿陷性黄土，工程界普遍视为特殊土。黄土的湿陷性是指其在一定压力下压缩稳定后，因浸水而发生下沉变形的性质。湿陷性是湿陷性黄土的特殊性质，湿陷性黄土在一定压力作用下受水侵蚀，结构迅速破坏而发生显著下沉，因此在建筑上研究湿陷性黄土地基的处理十分重要。

(1)压缩变形：压缩变形是在土的天然含水率下由于建筑物的负荷所引起的。一般地基的压缩变形很小，大部分在其上部结构的允许变形值范围以内。压缩变形不会影响建筑物的安全和正常使用。

(2)湿陷变形：湿陷变形是由于地基被水浸湿所引起的一种附加变形，往往是局部和突然发生的。而且变形很不均匀，对建筑物的影响很大，危害性很严重。因此，在湿陷性黄土地区的建筑物设计中，为了保证建筑物的安全和正常使用，往往需要采取相应的地基处理措施。

3　处理措施

现浇箱梁满堂支架地基承载力计算书中，地基承载力为110.6kPa。根据《湿陷性黄土地区建筑规范》(GB 50025—2004)中对湿陷性黄土地基承载力的描述，不能满足地基承载力的要求，尤其是在地基被水浸湿后力学性能变化，会引起附加变形，项目部经过与监理、业主沟通，采取换填的施工工艺进行处理。将现浇箱梁满堂支架基础部分（不包含满堂支架基础为老沥青路面部分）使用 20cm 混凝土作为扩大基础，降低基础底的附加应力，并使用 30cm 三七灰土对基础进行处理，以满足地基承载力要求。

附：满堂支架地基承载力验算书

本次计算以京广路主线 3×30m 标准联为例，各项参数均通过计算获得，在此不进行赘述，其余计算在支架专项施工方案参照此方法进行详细分类计算。

1）荷载

(1)箱梁实体及腹板区：　$P_1=50\text{kPa}$

(2)箱梁箱室段（底板和顶板最大厚度 0.77m）：　$P_2=19.25\text{kPa}$

(3)胶合板：　$P_3=0.012\times19\text{kN/m}^3=0.23\text{kPa}$

(4)内外模及支撑：　$P_4=1.5\text{kN/m}^2=1.5\text{kPa}$

(5)10cm×10cm 方木：　$P_5=0.48\text{kPa}$

(6)顶托上纵向钢管：　$P_6=0.25\text{kPa}$

(7)轮扣支架（含 U 托）：　$P_7=1.8\text{kPa}$

(8)混凝土泵送冲击荷载：　$P_8=2.5\text{kPa}$

(9)混凝土施工振捣荷载：　$P_9=2.0\text{kPa}$

(10)施工机具人员荷载：　$P_{10}=2.5\text{kPa}$

(11)风载（基本风压）：　$P_{11}=0.5\text{kPa}$

2）强度、刚度及稳定性检算

(1)箱梁实体区

①胶合板底模。

竹胶合板由于具有幅面大、强度高、防水、耐磨、表面光滑、易脱模、拆模快、混凝土表面平整、反复使用率高、成本低等优点，所以梁体底板采用 15mm 竹胶合模板。

取实体段 2m 高最大竖向分布荷载计算：底模采用 15mm 厚胶合板，下设 10cm×10cm 方木，间距 18cm，净空 8cm，胶合板所受荷载组合为（安全系数取 1.2）：

$$\begin{aligned}P_J&=(P_1+P_3+P_4+P_8+P_9+P_{10}+P_{11})\times1.2\\&=(50+0.23+1.5+2.5+2+2.5+0.5)\times1.2=71.1(\text{kPa})\end{aligned}$$

胶合板每米横向均布荷载

$$q=71.1\text{kN/m}$$

竹胶合模板的力学指标取下值：

考虑竹胶板湿状折减系数 0.9，根据《路桥施工计算手册》和《建筑技术》查得，并综合考虑浸水时间，竹胶合模板的力学指标取下值：

$[\sigma]=27\text{MPa}$，$[\tau]=1.4\text{MPa}$，$E=9\,000\text{MPa}$，竹胶合模板选用厚度 12mm，1m 宽胶合板的截面几何力学特性计算结果如下：

$$I=\frac{1}{12}bh^3=\frac{1}{12}\times1\,000\times15^3=281\,250(\text{mm}^4)$$

$$W=\frac{1}{6}bh^2=\frac{1}{6}\times1\,000\times15^2=37\,500(\text{m}^3)$$

胶合板下净空 8cm，计算跨度取 18cm，按简支梁进行计算：

$$M_{max} = \frac{1}{8}ql^2 = \frac{1}{8} \times 71.1 \times 0.18^2 = 0.29(\text{kN} \cdot \text{m})$$

$$\sigma_{max} = \frac{M_{max}}{W} = \frac{200\ 000}{37\ 500} = 7.7(\text{MPa}) < [\sigma] = 27\text{MPa} \quad (可)$$

$$\omega_{max} = \frac{5ql^4}{384EI} = \frac{5 \times 71.1 \times 180^4}{384 \times 9\ 000 \times 281\ 250} = 0.38(\text{mm}) \leqslant \frac{l}{400} = 0.45\text{mm} \quad (可)$$

$$Q_{max} = \frac{1}{2}ql = \frac{1}{2} \times 71.1 \times 0.18 = 6.4(\text{kN})$$

$$\tau_{max} = \frac{Q_{max} \times S}{I \times b} = \frac{Q_{max} \times \frac{bh^2}{8}}{\frac{bh^3}{12} \times b} = \frac{1.5Q_{max}}{bh} = \frac{1.5 \times 6\ 400}{1\ 000 \times 15} = 0.64(\text{MPa}) \leqslant [\tau] = 1.4\text{MPa} \quad (可)$$

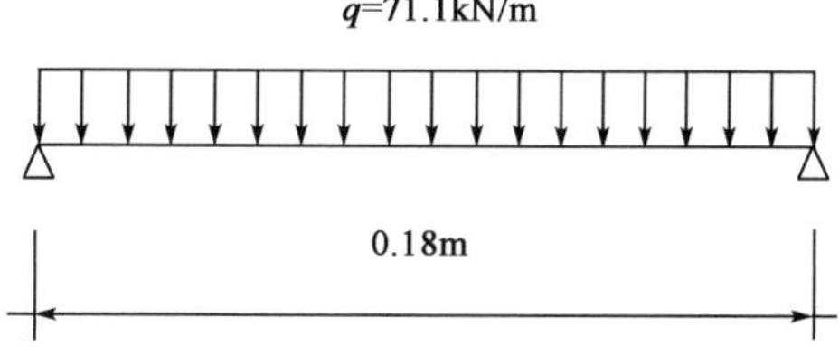

胶合板受力计算简图

②10cm×10cm 方木横肋。

方木承受胶合板传递的荷载，间距 18cm，下面为纵向三根 ϕ48×3.5mm 钢管做支点，间距 60cm，方木所受荷载组合为（安全系数取 1.2）：

$$\begin{aligned} P_f &= (P_1 + P_3 + P_4 + P_5 + P_8 + P_9 + P_{10} + P_{11}) \times 1.2 \\ &= (50+0.23+1.5+0.48+2.5+2+2.5+0.5) \times 1.2 = 71.7(\text{kPa}) \end{aligned}$$

每根方木所受均布荷载

$$q = 71.7 \times 0.18 = 12.9(\text{kN/m})$$

10cm×10cm 方木采用油松，其力学指标取下值：

$[\sigma]=13\text{MPa}$，$[\tau]=1.5\text{MPa}$，$E=10\ 000\text{MPa}$，截面几何力学特性计算结果如下：

$$I = \frac{1}{12}bh^3 = \frac{1}{12} \times 100 \times 100^3 = 833.4 \times 10^4(\text{mm}^4)$$

$$W = \frac{1}{6}bh^2 = \frac{1}{6} \times 100 \times 100^2 = 166.6 \times 10^3(\text{mm}^3)$$

方木长 4m，按四等跨连续梁计算：

$$M_{max} = K_m ql^2 = 0.107 \times 12.9 \times 0.6^2 = 0.4(\text{kN} \cdot \text{m})$$

$$\sigma_{max} = \frac{M_{max}}{W} = \frac{0.49 \times 10^6}{166.6 \times 10^3} = 2.98(\text{MPa}) < [\sigma] = 13\text{MPa} \quad (可)$$

$$Q_{mqx} = K_Q ql = 0.607 \times 12.9 \times 0.6 = 4.7(\text{kN})$$

$$\tau_{max} = \frac{Q_{max} \times S}{I \times b} = \frac{Q_{max} \times \frac{bh^2}{8}}{\frac{bh^3}{12} \times b} = \frac{1.5Q_{max}}{bh} = \frac{1.5 \times 4\ 700}{100 \times 100} = 0.7(\text{MPa}) \leqslant [\tau] = 1.5\text{MPa} \quad (可)$$

$$\omega_{max}=K_w\frac{ql^4}{100EI}=0.632\times\frac{12.9\times600^4}{100\times10^4\times833.3\times10^4}=0.13(mm)\leqslant\frac{l}{400}=1.5mm\quad(可)$$

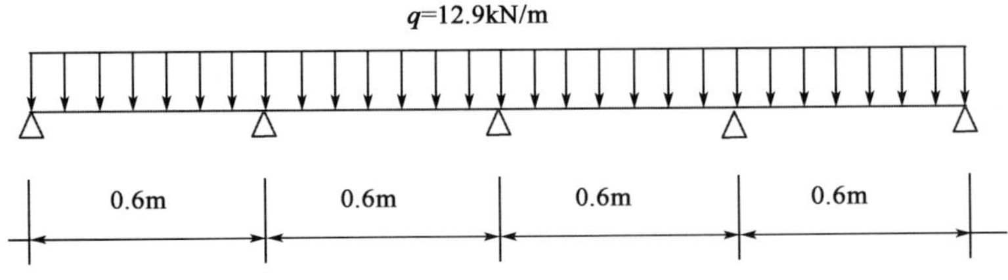

实体区 10cm×10cm 方木受力简图

③支架顶面 ϕ48×3.5mm 双钢管纵肋。

三根钢管纵肋承担小方木传递的荷载到轮扣支架，立杆间距 0.6m×0.6m，每对钢管所受荷载组合为(安全系数取 1.2)：

$$P_g=(P_1+P_3+P_4+P_5+P_6+P_8+P_9+P_{10}+P_{11})\times1.2$$
$$=(50+0.23+1.5+0.48+0.25+2.5+2+2.5+0.5)\times1.2=72.0(kPa)$$

每根方木受力转换为线荷载 q=72.0×0.6=43.2kN/m，ϕ48×3.5 钢管力学特性如下：

$$I=\frac{\pi}{64}(D^4-d^4)=\frac{\pi}{64}\times(48^4-41^4)=121\ 867(mm^4)$$

$$W=\frac{\pi}{32}(D^3-d^3)=\frac{\pi}{32}\times(48^3-41^3)=4\ 091(mm^3)$$

钢管纵肋下立杆间距 60cm，按三等跨连续梁进行计算(安全系数取 1.2)：

$$M_{max}=K_mql^2=0.1\times43.2\times0.6^2=1.56(kN\cdot m)$$

$$\sigma_{max}=\frac{M_{max}}{W}=\frac{1.56\times10^6}{4\ 091\times3}=126.7(MPa)<[\sigma]=210MPa\quad(可)$$

$$Q_{max}=K_Qql=0.6\times43.2\times0.6=15.6(kN)$$

$$\tau_{max}=\frac{4V_{max}}{3A}=\frac{4\times15\ 600}{3\times489.3\times3}=14.1(MPa)\leqslant[\tau]=80MPa\quad(可)$$

$$\omega_{max}=K_w\frac{ql}{100EI}=0.677\times\frac{43.2\times600^4}{100\times2\times10^5\times121\ 867\times3}=0.5(mm)\leqslant\frac{l}{400}=1.5mm\quad(可)$$

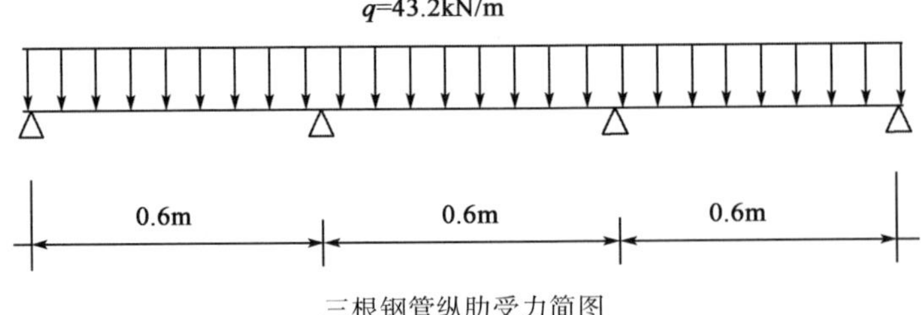

三根钢管纵肋受力简图

④轮扣支架。

箱梁实体段立杆间距 0.6m×0.6m，故全部立杆所受荷载为(安全系数取 1.2)：

$$P_g=(P_1+P_3+P_4+P_5+P_6+P_7+P_8+P_9+P_{10}+P_{11})\times1.2$$
$$=(50+0.23+1.5+0.48+0.25+1.8+2.5+2+2.5+0.5)\times1.2=74.2(kPa)$$

则单根立杆受力为：

$$N=74.2\times0.6\times0.6=26.7(\text{kN})$$

采用 $\phi48\times3.5$ 钢管，回转半径 $i=15.8\text{mm}$，钢管的步距为 $h=1.2\text{m}$，按两端铰接 $\mu=1$，则：

$$L_0=k\mu h=1.155\times1\times1.2=1.386(\text{m})$$

式中 L_0 为立杆的计算长度。对于满堂支架，$L_0=k\mu h$，式中 k 为长度附加系数，其值取 1.155，μ 为压杆长度系数，h 为立杆步距。

长细比：$\lambda=L_0/i=1\,386/15.9=87.8$

则有 $61=\lambda_S\leqslant\lambda\leqslant\lambda_P=101$，属中柔度杆，按轴心受压计算，

$\sigma=N/A=26\,700/489.3=54.6(\text{MPa})\leqslant\sigma_{cr}=[\sigma_s]=205\text{MPa}$ （强度满足）

另外，根据《钢结构设计规范》附表 3.2 查得：稳定系数 $\phi=0.636\,7$

$\sigma=N/\phi A=26\,700/(0.636\times489.3)=85.8(\text{MPa})\leqslant[\sigma]=205\text{MPa}$ （稳定性满足）

⑤地基承载力计算。

立杆下安放底托，底托钢板平面尺寸 20cm×20cm，则作用在扩大基础上的承载力为 $P=26.7/(0.2\times0.2)=668\text{kPa}$。

扩大基础混凝土的刚性角 $\alpha=45°$，所以单根立杆的扩大基础为(20+20+20)cm 宽、(20+20+20)cm 长、20cm 高的混凝土块。混凝土块重量为：

$$N_{混}=0.6\times0.6\times0.2\times2.55\times10=1.836(\text{kN})$$

扩大基础底面作用在原状土上的承载力为：

$$P_2=\frac{N+N_{混}}{0.6\times0.6}=79.26(\text{kPa})$$

根据三七灰土的力学特性和经验数据可知原状土经过处理后承载力显著提高，能够充分满足支架对地基承载力的要求。

(2)底板箱室区

①胶合板底模。

取底板和顶板最大厚度 52+25=77cm 厚计算，底模采用 15mm 厚胶合板，下设 10cm×10cm 方木，间距 24cm，净空 14cm，胶合板所受荷载组合为(安全系数取 1.2)：

$$\begin{aligned}P_J&=(P_2+P_3+P_4+P_8+P_9+P_{10}+P_{11})\times1.2\\&=(19.25+0.23+1.5+2.5+2+2.5+0.5)\times1.2=34.2(\text{kPa})\end{aligned}$$

胶合板每米横向均布荷载

$$q=34.2\text{kN/m}$$

竹胶合模板的力学指标取下值：

$[\sigma]=27\text{MPa}$，$[\tau]=1.4\text{MPa}$，$E=9\,000\text{MPa}$，竹胶合模板选用厚度 18mm，1m 宽胶合板的截面几何力学特性计算结果如下：

$$I=\frac{1}{12}bh^3=\frac{1}{12}\times1\,000\times15^3=281\,250(\text{mm}^4)$$

$$W=\frac{1}{6}bh^2=\frac{1}{6}\times1\,000\times12^2=37\,500(\text{mm}^3)$$

胶合板下净空 14cm，计算跨度取 24cm，按简支梁进行计算：

$$M_{max} = \frac{1}{8}ql^2 = \frac{1}{8} \times 34.2 \times 0.24^2 = 0.29(\text{kN} \cdot \text{m})$$

$$\sigma_{max} = \frac{M_{max}}{W} = \frac{290\ 000}{37\ 500} = 6.57(\text{MPa}) < [\sigma] = 27\text{MPa} \quad (可)$$

$$\omega_{max} = \frac{5ql^4}{384EI} = \frac{5 \times 34.2 \times 240^4}{384 \times 9\ 000 \times 281\ 250} = 0.58(\text{mm}) \leqslant \frac{l}{400} = 0.6\text{mm} \quad (可)$$

$$Q_{max} = \frac{1}{2}ql = \frac{1}{2} \times 34.2 \times 0.24 = 4.1(\text{kN})$$

$$\tau_{max} = \frac{Q_{max} \times S}{I \times b} = \frac{Q_{max} \times \frac{bh^2}{8}}{\frac{bh^3}{12} \times} = \frac{1.5Q_{max}}{bh} = \frac{1.5 \times 4\ 100}{1\ 000 \times 15} = 0.41(\text{MPa}) \leqslant [\tau] = 1.4\text{MPa} \quad (可)$$

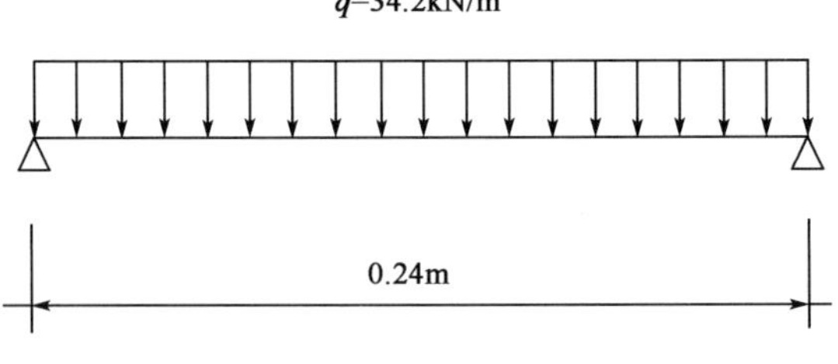

胶合板计算简图

②10cm×10cm 方木横肋。

方木承受胶合板传递的荷载，间距 24cm，下面为纵向三根 $\phi 48 \times 3.5$mm 钢管做支点，间距 60cm，方木所受荷载组合为(安全系数取 1.2)：

$$P_f = (P_2 + P_3 + P_4 + P_5 + P_8 + P_9 + P_{10} + P_{11}) \times 1.2$$
$$= (19.25 + 0.23 + 1.5 + 0.48 + 2.5 + 2 + 2.5 + 0.5) \times 1.2 = 34.82(\text{kPa})$$

每根方木所受均布荷载

$$q = 34.82 \times 0.24 = 8.36(\text{kN/m})$$

10cm×10cm 方木采用油松，其力学指标取下值：

$[\sigma]$=13MPa，$[\tau]$=1.5MPa，E=10 000MPa，截面几何力学特性计算结果如下：

$$I = \frac{1}{2}bh^3 = \frac{1}{12} \times 100 \times 100^3 = 833.3 \times 10^4(\text{mm}^4)$$

$$W = \frac{1}{6}bh^2 = \frac{1}{6} \times 100 \times 100^2 = 166.6 \times 10^3(\text{mm}^3)$$

方木长 4m，按四等跨连续梁计算：

$$M_{max} = K_m ql^2 = 0.107 \times 8.36 \times 0.6^2 = 0.32(\text{kN} \cdot \text{m})$$

$$\sigma_{max} \frac{M_{max}}{W} = \frac{0.32 \times 10^6}{166.6 \times 10^3} = 1.93(\text{MPa}) < [\sigma] = 13\text{MPa} \quad (可)$$

$$Q_{max} = K_a ql = 0.607 \times 8.36 \times 0.6 = 3.0(\text{kN})$$

$$\tau_{max} = \frac{Q_{max} \times S}{I \times b} = \frac{Q_{max} \times \frac{bh^2}{8}}{\frac{bh^3}{12} \times b} = \frac{1.5Q_{max}}{bh} = \frac{1.5 \times 3\ 000}{100 \times 100} = 0.46(\text{MPa}) \leqslant [\tau] = 1.5\text{MPa}$$

$$\omega_{max} = K_w \frac{ql^4}{100EI} = 0.632 \times \frac{8.36 \times 600^4}{100 \times 10^4 \times 833.3 \times 10^4} = 0.08(\text{mm}) \leqslant \frac{l}{400} = 1.5\text{mm} \quad (可)$$

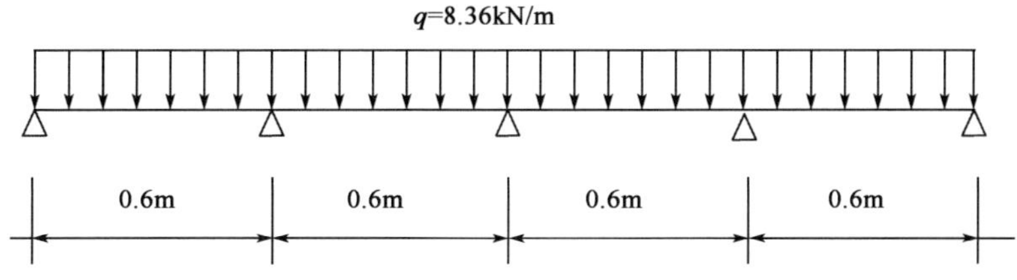

箱室底板区 10cm×10cm 方木受力简图

③支架顶面 ϕ48×3.5mm 三根钢管纵肋。

三根钢管纵肋承担小方木传递的荷载到轮扣支架，立杆间距 0.9m×0.6m，每对钢管所受荷载组合为(安全系数取 1.2)：

$$P_g = (P_2 + P_3 + P_4 + P_5 + P_6 + P_8 + P_9 + P_{10} + P_{11}) \times 1.2$$
$$= (19.25 + 0.23 + 1.5 + 0.2 + 0.25 + 2.5 + 2 + 2.5 + 0.5) \times 1.2 = 35.12(\text{kPa})$$

每对钢管受力转换为线荷载 q=34.12×0.6=21.1kN/m，ϕ48×3.5 钢管力学特性如下：

$$I = \frac{\pi}{64}(D^4 - d^4) = \frac{\pi}{64} \times (48^4 - 41)^4 = 121\,867(\text{mm}^4)$$

$$W = \frac{\pi}{32}(D^3 - d^3) = \frac{\pi}{32} \times (48^3 - 41^3) = 4\,091(\text{mm}^3)$$

钢管纵肋下立杆间距 90cm×60cm，按三等跨连续梁进行计算(安全系数取 1.2)：

$$M_{max} = K_m ql^2 = 0.1 \times 21.1 \times 0.9^2 = 1.71(\text{kN} \cdot \text{m}) \quad (可)$$

$$\sigma_{max} = \frac{M_{max}}{W} = \frac{1.71 \times 10^6}{4\,091 \times 3} = 139(\text{MPa}) < [\sigma] = 210\text{MPa}$$

$$Q_{max} = K_Q ql = 0.6 \times 21.1 \times 0.9 = 11.38(\text{kN})$$

$$\tau_{max} = \frac{4V_{max}}{3A} = \frac{4 \times 11\,380}{3 \times 489.3 \times 3} = 10.3(\text{MPa}) \leqslant [\tau] = 80\text{MPa}$$

$$\omega_{max} = K_Q = \frac{ql^4}{100EI} = 0.677 \times \frac{43 \times 900^4}{100 \times 2 \times 10^5 \times 121\,867 \times 3} = 1.27(\text{mm}) \leqslant \frac{l}{400} = 2.25\text{mm} \quad (可)$$

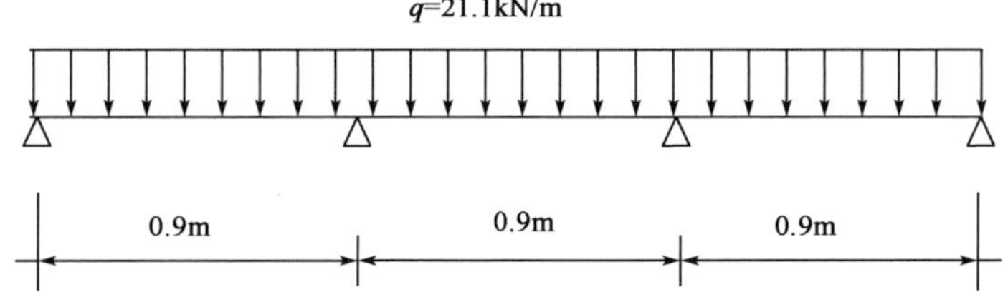

箱室底板下双钢管纵肋受力计算简图

④轮扣支架。

箱梁箱室底板下立杆间距采用 0.9m×0.6m，故立杆所受荷载为(安全系数取 1.2)：

$$P_g = (P_2 + P_3 + P_4 + P_5 + P_6 + P_7 + P_8 + P_9 + P_{10} + P_{11}) \times 1.2$$
$$= (19.25 + 0.23 + 1.5 + 0.48 + 0.25 + 1.8 + 2.5 + 2 + 2.5 + 0.5) \times 1.2 = 37.3(\text{kPa})$$

则单根立杆受力为：

$$N=37.3\times0.9\times0.6=20.1(\text{kN})$$

采用 $\phi48\times3.5$ 钢管，回转半径 $i=15.8\text{mm}$，钢管的步距为 $h=1.2\text{m}$，按两端铰接 $\mu=1$，则：

$$L_0=k\mu h=1.155\times1\times1.2=1.386(\text{m})$$

长细比：

$$\lambda=\frac{L_0}{i}=\frac{1\,386}{15.8}=87.8$$

则有 $61=\lambda_S\leqslant\lambda\leqslant\lambda_P=101$，属中柔度杆，按轴心受压计算：

$$\sigma=\frac{N}{A}=\frac{20\,100}{489.3}=41.1(\text{MPa})\leqslant\sigma_{cr}=[\sigma_s]=205\text{MPa}\quad(\text{强度满足})$$

另外，根据《钢结构设计规范》(GB 50017—2003)附表 3.2 查得：稳定系数 $\phi=0.636$

$$\sigma=\frac{N}{\phi A}=\frac{20\,100}{0.636\times489.3}=64.6(\text{MPa})\leqslant[\sigma]=205\text{MPa}\quad(\text{稳定性满足})$$

⑤地基承载力计。

立杆下安放底托，底托钢板平面尺寸 20cm×20cm，则作用在扩大基础上的承载力为：

$$P=\frac{20.1}{0.2\times0.2}=503(\text{kPa})\leqslant1\,000\text{kPa}$$

扩大基础混凝土的刚性角 $\alpha=45°$，所以单根立杆的扩大基础(20＋20＋20)cm 宽、(20＋20＋20)cm 长、20cm 高的混凝土块。混凝土块重量为：

$$N_{混}=0.6\times0.6\times0.2\times2.55\times10=1.836(\text{kN})$$

扩大基础底面作用在原状土上的承载力为：

$$P_2=\frac{N+N_{混}}{0.6\times0.6}=60.94(\text{kPa})$$

根据三七灰土的力学特性和经验数据可知，原状土经过处理后承载力显著提高，能够充分满足支架对地基承载力的要求。

(3)箱梁腹板区

①胶合板底模。

同箱梁实体区计算(取腹板最大高度 2m 厚计算，结果同)

②5cm×7cm 方木横肋。

同箱梁实体区计算(取腹板最大高度 2m 厚计算，结果同，间距 13cm)

③支架顶面 $\phi48\times3.5\text{mm}$ 钢管纵肋。

钢管纵肋承担小方木传递的荷载到轮扣支架，立杆间距 0.9m×0.6m，每组 3 根，钢管所受荷载组合为(安全系数取 1.2)：

$$\begin{aligned}P_g&=(P_2+P_3+P_4+P_5+P_6+P_8+P_9+P_{10}+P_{11})\times1.2\\&=(50+0.23+1.5+0.48+0.25+2.5+2+2.5+0.5)\times1.2=72.0(\text{kPa})\end{aligned}$$

因钢管和立杆承受底板和顶板及腹板的单位竖向分布压力，和实体区相比，单位分布荷载值相同，但总荷载要小，故每组(3 根)钢管受力转换为线荷载：

$q=(72+19.25)\times0.3=27.38\text{kN/m}$，$\phi48\times3.5$ 钢管力学特性如下：

$$I=\frac{\pi}{64}(D^4-d^4)=\frac{\pi}{64}\times(48^4-41^4)=121\,867(\text{mm}^4)$$

$$W = \frac{\pi}{32}(D^3 - d^3) = \frac{\pi}{32} \times (4i^3 - 41^3) = 4\,091(\text{mm}^3)$$

钢管纵肋下立杆间距 90cm×60cm，按三等跨连续梁进行计算(安全系数取 1.2)：

$$M_{\max} = K_m q l^2 = 0.1 \times 27.38 \times 0.9^2 = 2.22(\text{kN} \cdot \text{m})$$

$$\sigma_{\max} = \frac{M_{\max}}{W} = \frac{2.22 \times 10^6}{4\,091 \times 3} = 180.7(\text{MPa}) < [\sigma] = 210\text{MPa}$$

$$Q_{\max} = K_Q q l = 0.6 \times 27.38 \times 0.9 = 14.8(\text{kN})$$

$$\tau_{\max} = \frac{4V_{\max}}{3A} = \frac{4 \times 14\,800}{3 \times 489.3 \times 3} = 13.4(\text{MPa}) \leqslant [\tau] = 80\text{MPa}$$

$$\omega_{\max} = K_w \frac{ql^4}{100EI} = 0.677 \times \frac{27.38 \times 900^4}{100 \times 2 \times 10^5 \times 121\,867 \times 3} = 1.0(\text{mm}) \leqslant \frac{l}{400} = 2.25\text{mm}$$

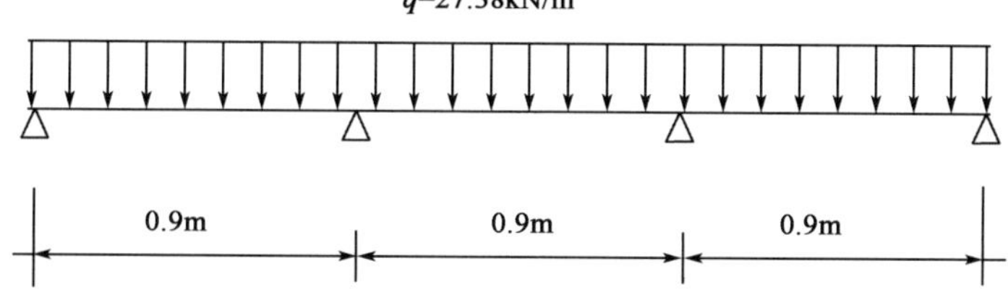

箱室底下双钢管纵肋受力计算简图

④轮扣支架

箱梁腹板板下立杆间距采用 0.9m×0.6m，故立杆所受荷载为(安全系数取 1.2)：

$$P_g = (P_1 + P_3 + P_4 + P_5 + P_6 + P_7 + P_8 + P_9 + P_{10} + P_{11}) \times 1.2$$
$$= (50 + 0.23 + 1.5 + 0.48 + 0.25 + 1.8 + 2.5 + 2 + 2.5 + 0.5) \times 1.2 = 74.2(\text{kPa})$$

则单根立杆受力为：

$$N = (74.2 + 19.25) \times 0.9 \times 0.6/2 = 25.2(\text{kN})$$

采用 $\phi 48 \times 3.5$ 钢管，回转半径 $i=15.8$mm，钢管的步距为 $h=1.2$m，按两端铰接 $\mu=1$，则

$$L_0 = k\mu h = 1.155 \times 1 \times 1.2 = 1.386(\text{m})$$

长细比：

$$\lambda = \frac{L_0}{i} = \frac{1\,386}{15.8} = 87.8$$

则有 $61 = \lambda_S \leqslant \lambda \leqslant \lambda_P = 101$，属中柔度杆，按轴心受压计算，

$$\sigma = \frac{N}{A} = \frac{25\,200}{489.3} = 51.6(\text{MPa}) \leqslant \sigma_{cr} = [\sigma_s] = 205\text{MPa} \quad (\text{强度满足})$$

另外，根据《钢结构设计规范》附表 3.2 查得：稳定系数 $\phi = 0.636$

$$\sigma = \frac{N}{\phi A} = \frac{25\,200}{0.636 \times 489.3} = 81.1(\text{MPa}) \leqslant [\sigma] = 205\text{MPa} \quad (\text{稳定性满足})$$

⑤地基承载力计算。

立杆下安放底托，底托钢板平面尺寸 20cm×20cm，则作用在扩大基础上的承载力为

$$P = \frac{25.2}{0.2 \times 0.2} = 630(\text{kPa})$$

扩大基础混凝土的刚性角 $\alpha = 45°$，所以单根立杆的扩大基础(20+20+20)cm 宽、(20+20+

20)cm 长、20cm 高的混凝土块。混凝土块重量为：

$$N_{混}=0.6\times0.6\times0.2\times2.55\times10=1.836(\text{kN})$$

扩大基础底面作用在原状土上的承载力为：

$$P_2=\frac{N+N_{混}}{0.6\times0.6}=75.1(\text{kPa})$$

根据三七灰土的力学特性和经验数据可知，原状土经过处理后承载力显著提高，能够充分满足支架对地基承载力的要求。

4 结语

通过本次计算，论证了次换填方法的可行性，并且在施工中取得了明显的效果，加快了施工进度，保证了施工质量。其施工经验可为今后类似工程施工提供借鉴。

参 考 文 献

[1] 郑州市京广快速路工程(渠南路～绕城高速)设计图纸.

[2] 中华人民共和国国家标准. GB 50025—2004 湿陷性黄土地区建筑规范[S]. 北京：中国建筑工业出版社，2004.

[3] 中华人民共和国行业标准. JTG/F 50—2011 公路桥涵施工技术规范[S]. 北京：人民交通出版社，2011.

[4] 周水兴. 路桥施工计算手册[M]. 北京：人民交通出版社，2001.

[5] 中华人民共和国国家标准. GB 50017—2003 钢结构设计规范[S]. 北京：中国计划出版社，2003.

植筋技术在唐津高速扩建工程中的应用

牛　浩

(中交三公局工程总承包分公司　北京　100124)

摘　要:唐津高速扩建工程中,新旧梁板连接处、旧桥伸缩缝处等多处钢筋缺失,需要通过植筋来保证结构受力性能。本文通过分析影响植筋效果的主要因素,提出实际施工过程中植筋的施工工艺及注意事项。

关键词:植筋　扩建

1　植筋定义及发展现状

1.1　植筋的定义

所谓植筋,就是在结构加固、补强、新老结构连接、补埋钢筋、后埋钢构件等工程中,在已有混凝土结构或构件上根据工程设计所用钢筋(通常称为植筋)直径,以适当的钻孔直径和深度钻孔,并采用建筑用化学胶黏剂使新增的设计直径钢筋与原混凝土黏接牢固,并使设计钢筋与原混凝土的黏接强度达到设计要求,从而使作用在植筋上的拉力通过化学黏接剂向混凝土中传递。

植筋技术的成败主要取决于混凝土基材质量、钢筋质量、黏结剂强度、钢筋植入混凝土深度(锚固长度)、施工温度等因素。混凝土基材本身强度如果很低或很破碎,植入钢筋再结实也没有意义,所以根据《混凝土结构加固技术规范》(CECS 25—1990)规定,混凝土强度低于C15,一般不宜采用此种工艺进行加固。钢筋一般选用HRB335钢筋,其强度应符合现行国家标准《碳素结构钢》(GB/T 700—2006)的规定。

1.2　植筋技术发展现状及趋势

从目前采用植筋技术进行加固和改建等的工程来看,植筋技术的应用已经十分广泛。其不仅在民用建筑工程中,而且在水利工程、煤矿、火电厂、河道治理等工程中都得到大量的应用。

在国内,从长江三峡工程永久船闸交通桥墩基础植筋、火电厂的改造工程、广州地铁工程地上建筑物的桩基托换工程、北京清河治理工程到一般的民用建筑的加固、改造工程中,植筋技术都被普遍地应用着。

在国外,植筋技术不仅得到广泛应用,而且,对于植筋技术的研究也是领先于国内。植筋技术在建筑结构加固、地震后建筑的维修加固、建筑物功能改变,以及市政、水利、采矿等工程领域都得到快速发展,对于植筋胶的研究也有独到之处。当前,国内应用较为广泛的植筋技术都源于国外。

植筋技术应用有着广泛的发展前景，随着植筋技术的应用普及和植筋技术应用研究的深入，植筋技术理论将进一步成熟。不但其设计、施工、验收将有据可依，而且，植筋技术应用也将规范化和理论化。

2　影响植筋效果的因素分析

根据相关试验数据可知，植筋效果主要受到三方面因素的影响，分别是钢筋直径、混凝土强度和植筋深度。

通过相关试验可以说明，三个因素的主次关系可以归纳为钢筋—植筋深度—混凝土强度，这也符合植筋技术在实际工程应用中的现实。因为植筋技术在实际工程应用中，在混凝土或钢筋混凝土中所植钢筋的直径、强度是按照工程设计计算得出的，它是钢筋混凝土结构抵抗剪应力和拉应力的关键，在现有混凝土或钢筋混凝土中植筋的深度次之，植筋深度不够结构将存在安全隐患，而现有混凝土或钢筋混凝土的强度不是决定植筋的强度与结构安全的最主要因素。

通过植筋技术的分析，在满足结构强度要求，且结构安全、可靠的前提下，从经济、实用及便于施工的角度出发，对钢筋直径、植筋深度及混凝土强度三因素通盘考虑，钢筋直径这一指标越小越好，因为这样不仅使植筋胶用量少、成孔施工方便、对原结构的损伤也小，从而可以节约投资；而且，最主要的是在钢筋混凝土中植筋设计及施工中，使用小直径的钢筋容易避开原结构中的纵向钢筋、箍筋及其他钢筋网片。

在满足结构加固、结构补漏以及结构改型等植筋工程设计强度要求前提下，混凝土强度这一指标也是越小越好，因为混凝土强度小了，比较容易成孔，施工方便；对于植筋深度这一指标更是指标越小越好，植筋越浅不仅节约材料、人工，对原结构的损伤也就小了，不会因为结构加固、改形、补漏而增加原结构的不安全性或留下新的安全隐患。

在工程实践当中为了保证植筋效果，必须保证采用合适的钢筋类型、植筋深度。

3　植筋技术施工工艺

3.1　工程概况

唐津高速公路（塘承高速—津塘公路）扩建工程 3 标，起始桩号 K1055＋125.465，终点桩号 K1063＋159.666，长度 8.034km。本标段含京津塘互通式立交、津塘互通式立交共 2 座、中小桥 4 座。在桥涵扩建施工新老桥梁连接时需要植筋。植筋的钢筋型号主要有 ϕ10、ϕ12、ϕ14、ϕ16、ϕ25、ϕ28。植筋部位主要有梁悬臂板、桥面、波形护栏基础、盖梁、墩柱、承台。

3.2　劳动力计划及机械配备

劳动力计划及机械配备见表 1、表 2。

劳动力计划　　表 1

序号	施工班组	人数	施工任务安排
1	钻孔班	40	负责本工程全部钻孔作业
2	植筋班	30	负责本工程锚固筋制作、清孔、注浆、锚固等作业
3	合计	70	

主要机械设备　　表2

序号	机械名称	单　位	数　量
1	电锤钻孔机	台	25
2	钢筋切割机	台	2
3	钢筋探测仪	台	2
4	气泵	台	6

3.3　施工工艺

植筋施工工艺流程为准备→钻孔→清孔→钢筋处理→注胶→插筋→养生→检测。

3.3.1　植筋前的准备工作

植筋前准备工作包括以下4个方面：

(1)按照设计要求用切割机具对植筋界面进行切割(适用于翼缘板切割拼接的桥梁工程)或用手工凿出平整、坚实的作业面(适用于非切割工程)。

(2)检查作业面有无缺陷:对作业面进行检查,看是否有裂缝或缺陷;如有,采用必要的修补、加固措施。

(3)标记原混凝土结构钢筋位置:用钢筋探测仪测出植筋处混凝土内的钢筋位置(或凿去保护层暴露钢筋),并在作业面上标记,禁止采用探试性打孔的方法探测钢筋位置。

(4)按照设计图纸在植筋界面用墨线弹出植筋的实际位置,做好标识;如设计孔位存在钢筋,则应适当调整钻孔位置,但植筋总数量不能低于设计总数量;如调整后间距过大,应通过增加植筋数量方式进行调整(临界间距由设计确定)。

3.3.2　钻孔

根据准备阶段标记的植筋位置,按照技术参数利用电锤钻孔(严禁使用气锤,防止混凝土出现局部疏散、开裂)。承重结构植筋的锚固深度必须经过设计计算确定,严禁按短期拉拔试验值或厂商技术手册推荐值采用。

3.3.3　清孔

清洁孔壁采用如下方法:先将气泵(或气枪)喷嘴伸入成孔底部并吹入洁净无油的压缩空气,向外拉出喷嘴,反复3次;后将硬毛刷插入孔中,往返旋转清刷3次;再将喷嘴伸入成孔底部吹气,向外拉出喷嘴,反复3次;最后用丙酮或者工业酒精擦拭孔壁、孔底。

3.3.4　钢筋处理

钢筋原材采用顺直未经弯曲的钢筋,不采用经过弯曲后调直的钢筋,尽量使用没有锈蚀和污迹的钢筋,对锈蚀的钢筋要用钢毛刷除去锈渍,用乙醇或丙酮清洗干净,晒干后再使用。钢筋切割应采用切断机或无齿锯,禁止采用氧炔焰等高温切割方式,如果植入的钢筋需要弯曲,应在植入前弯曲到位,禁止对植入后的钢筋进行弯曲。根据施工图设计植筋长度,均未考虑钢筋焊接接头错开布置,施工时严格控制钢筋焊接长度确保接头连接质量。

3.3.5　注胶

项目部桥梁结构植筋采用植筋机械注入式用胶黏剂,选用RE500植筋胶。注胶使用专用的植筋胶注射进行注胶作业,注射胶黏剂时,从钻孔底部开始,并且使胶黏剂注射均匀,注入量控制在孔深的2/3左右,并且保证钢筋插入后有少许浆液溢出为宜,注入胶黏剂后立即单向旋转插入钢筋，直至达到设计的深度，并保证植入钢筋与孔壁间的间隙基本均匀，矫正钢筋的位置和垂直度，确保钢筋植入深度和位置。

4 植筋现场质量检验及评定

4.1 植筋前试验

在植筋前，要对所用钢筋及植筋胶进行现场抗拉拔试验，以确定钢筋及植筋胶是否符合设计要求。方法是制作与要植筋部位混凝土结构相同等级的混凝土试件（或在待植筋构件上选取不参与受力、非重要位置或将来要凿除的混凝土进行植筋）。依据有关要求按植筋步骤，植入 3 组钢筋，待植筋胶完全固化后进行拉拔试验。试验用专用的钢筋测力计，当加力达到Ⅱ级钢筋屈服强度时，钢筋出现缩颈现象，继而拉断，此时钢筋与混凝土黏结部位应保持完好，则可以进行正式施工。如出现钢筋脆断、脱出等现象，需查明原因直至解决后方可进行正式施工。

4.2 植筋要求

钻孔直径应满足“钢筋直径与对应的钻孔直径设计值表”中的要求，直径允许偏差为 +2mm、−1mm；钻孔深度、垂直度和位置的允许偏差见表 3。

植筋钻孔深度、垂直度和位置的允许偏差 表 3

植筋位置	钻孔深度允许偏差(mm)	钻孔垂直度允许偏差(°)	位置允许偏差(mm)
上、下部结构	+10,0	3	5
承台与基础	+20,0	5	10
连接节点	+5,0	2	5

锚孔内胶黏剂应饱满，不得有未固结现象，植入钢筋不得有松动，表面不应有损伤，钢筋不得弯曲 90°以上。

4.3 植筋后检测

植筋后需进行非破损拉拔试验，用来检测工作状态的植筋质量。检测数量为每 100 根随机抽样 1 组，每组 3 根，单位工程植筋数量不足 100 根的按 100 根计。检测中，测力计来施加的力要小于钢筋的屈服强度，大于植筋的设计锚固力。公式为：

$$f_{M} < f_{C} < f_{YK}$$

式中：f_{C}——测力计施加的力（MPa）；

f_{YK}——钢筋的屈服强度（MPa）；

f_{M}——植筋设计锚固力（MPa）。

如整组均达到 f_{C} 应力值时，钢筋不被拉出且混凝土完好，则可判定为植筋施工质量合格。如果不能全部通过检测需加倍试验，如能通过则判定为合格，如不能通过，则本批次植筋应在查明原因后，做返工处理。

5 结语

本文通过分析植筋技术的各项影响因素，确定各因素对植筋效果的影响大小。按照重点控制因素控制唐津高速扩建工程中植筋工艺的各项指标，效果良好。

参考文献

[1] 熊学玉,许立新,胡家智. 化学植筋的拉拔试验研究[J]. 建筑技术,1999,31(6):383-384.

[2] 柯梅生. 化学植筋技术的试验研究与工程应用[J]. 施工技术,2001,30(2):13-14.

[3] 吴进,张欣,瞿培峰. 植筋用粘合剂长期负荷性能检测与评估[J]. 四川建筑科学研究,2001,27(4):34-36.

[4] 孙金挥. 混凝土结构植筋锚固当议[J]. 建筑结构,2002,32(1):26-30.

桩基后压浆技术施工工艺

金柏屹

(中交三公局工程总承包分公司　北京　100124)

摘　要:桩基后注浆施工技术,在相同条件下可以合理减少桩基长度、提高桩基的施工质量、缩短施工工期、降低施工成本,从而提高项目的经济效益。本文主要阐述了桩基后注浆技术的设计原理、施工工艺和质量控制要点。

关键词:钻孔灌注桩　桩基后压浆　施工工艺　提高承载力　经济效益

后压浆灌注桩于1961年在Marcaibo大桥桩基中被首次应用,此后不断得到创新和发展,应用范围越来越广,取得了十分显著的技术和经济效益。近10年来,随着经济发展,越来越多的市政高架桥、互通立交桥的出现,后压浆灌注桩也显出了强劲的发展势头,应用范围不断扩大。

目前,桩基后压浆法主要分两种,第一种为"桩底后压浆法",即在桩基浇筑完成后,对桩底进行压浆,通过对常规施工中不可避免留下的桩底沉渣、孔底土质进行强化达到了提升桩基承载力的效果。第二种为"桩基后压浆法",即在桩基浇筑完成后,对桩底、桩侧进行压浆。此方法不仅对桩底沉渣、土质进行了强化,而且通过对桩侧压浆,强化了孔壁泥皮与桩侧土质,大大地加强了桩基的侧摩擦力,因而达到了减少桩基长度、提高桩基的施工质量的效果。本文主要论述的是"桩基后压浆法"。

1　桩基后压浆工艺原理及工艺特点

1.1　桩基后压浆工艺的原理

后压浆技术主要是通过预留的注浆管道对浇筑完成的桩基侧壁、基底进行压浆强化,如图1所示,从而解决钻孔灌注桩桩底沉渣与桩周泥皮对单桩承载力的负面影响,大大增强桩侧及桩端土的强度、密实度,从而大幅度提高单桩承载力。通过试验测试结果分析可知,对于同级荷载,后压浆桩的沉降量比未压浆的沉降量减少84.8%,后压浆桩的桩端阻力较未压浆桩提高87.8%,后压浆的侧极限摩阻力较未压浆桩提高122%。

1.2　桩基后压浆工艺的特点

1.2.1　改善了桩与桩周土体的咬合性能

普通钻孔灌注桩钻孔取土的过程,也正是桩周及桩底土体应力释放的过程,孔壁土质的密实度降低。这一因素降低了桩与土体的摩擦力和端承力,这也正是普通灌注桩承载力低的主要原因,而桩底压浆的钻孔灌注桩,利用桩身自重使桩身周边及桩底的土体得到预压,回到或接近它原有的应力状态,从而大大改善了桩与土体的咬合性能。

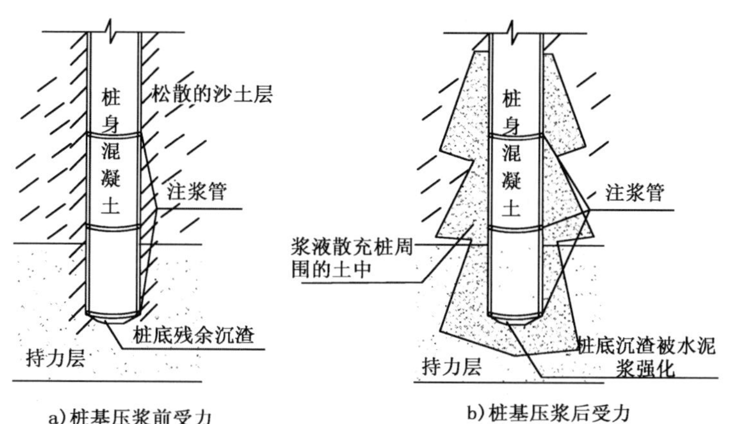

图1 桩基压浆前后受力示意

1.2.2 较好地处理了桩底沉渣

长期以来，普通钻孔灌注桩桩底沉渣量较大(一般厚达50～100mm)，且难以检测和处理，而采用孔底压浆技术，能有效地清理孔底沉渣或对其进行挤密加固处理。

1.2.3 桩周泥皮及缝隙得到了处理

由于采用泥浆护壁工艺，在桩与桩周土之间，不可避免地存在着一层泥皮，且桩身混凝土固结时发生体积收缩，使桩身混凝土与孔壁间发生间隙，这大大减小了桩与桩周土体的摩擦力。采用孔底压浆技术，浆液由桩底进入桩周缝隙，使桩周泥皮得到了预压处理，改变了桩与桩周土之间的摩擦系数，提高了桩的承载力。

1.2.4 对持力层起到了加固作用

桩底的压力注浆，浆液沿持力层的孔隙由桩底向其周围辐射，取代原孔隙中的地下水，使桩基矗立在由浆液贯通而形成一体的坚固持力盘上，从而起到了加固持力层的作用。

2 施工工艺流程及操作要点

2.1 施工工艺流程

桩基后压浆法施工主要分为九个阶段，其工艺流程如图2所示。

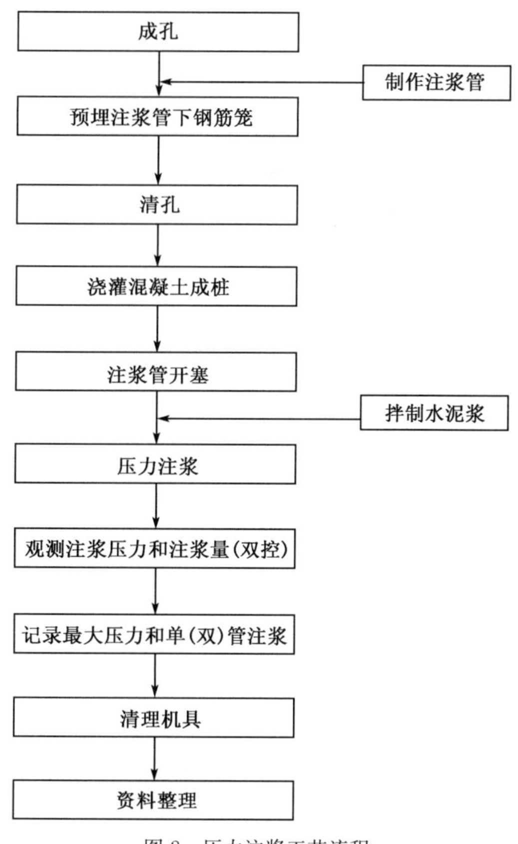

图2 压力注浆工艺流程

2.2 施工工艺要点

2.2.1 注浆装置制作及安装

(1)桩端注浆制作

由于本项目采用声测检桩法进行桩基检测，常规施工中声测管布置3根，呈等边三角形，3根ϕ50声测管绑扎布置在钢筋笼内侧，随钢筋笼一起下入孔底。为节约成本，利用声测管作底注浆管，选取其中任意两根声测管作注浆管，2根注浆管下部分别用三通连接1根内径25mm带钢丝的柔性高压塑料管，注浆喷头管绕桩身环形布置，注浆喷头管的外侧打孔后缠防水包装带密封。两根中一根作为备用管，主注浆管出现意外注浆失败时启用，如图3所示。

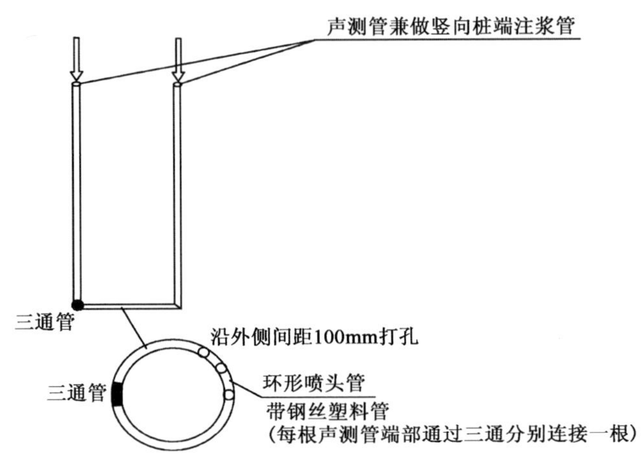

图3　桩端注浆管端头构造

(2)桩侧注浆制作

桩长45m及以上的设置3道侧注浆阀，桩长45m以下的设置两道，按照以下原则布设侧注浆阀：最下面一道距离桩底12～18m、最上面一道距离桩顶8～15m，每道侧注浆阀竖向间距为12m。每道注浆阀对应一根注浆钢管，注浆管采用DN25钢管，钢管绑扎布置在钢筋笼外侧，随钢筋笼一起下孔，注浆管端部用三通连接注浆喷管，注浆喷管为1根ϕ25带钢丝的柔性高压塑料管，绕桩身环形布置，沿钢筋笼外侧布置，在喷头管的外侧打孔后缠塑料带密封，如图4所示。

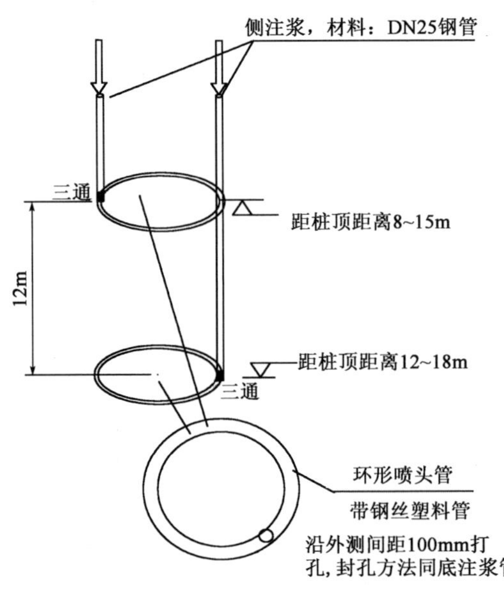

图4　桩侧环形注浆管构造

(3)注浆管的安装

注浆管应先与钢筋笼绑扎完成后，与钢筋笼一同下放。由于在钢筋笼施工中，注浆管会受到较大的阻力、浮力等，为避免管道变形、移位，桩端注浆管采用ϕ25加强钢筋固定、环形喷头管绑扎在加强筋上，加强筋与主筋采用ϕ25钢筋焊接。桩侧注浆管处采用耳筋加固的办法，即将环形喷头管安装在耳筋内侧，如图5所示。

2.2.2　桩基混凝土浇筑

同常规的钻孔灌注桩基施工。

2.2.3　开塞

灌注桩后注浆施工中，采用桩底不填碎石方案、开塞时间提前的措施。开塞时间在混凝土浇筑后12～24h进行，开塞后用清水冲洗注浆管道，直至溢出清水，然后用堵头重新封闭压浆管。

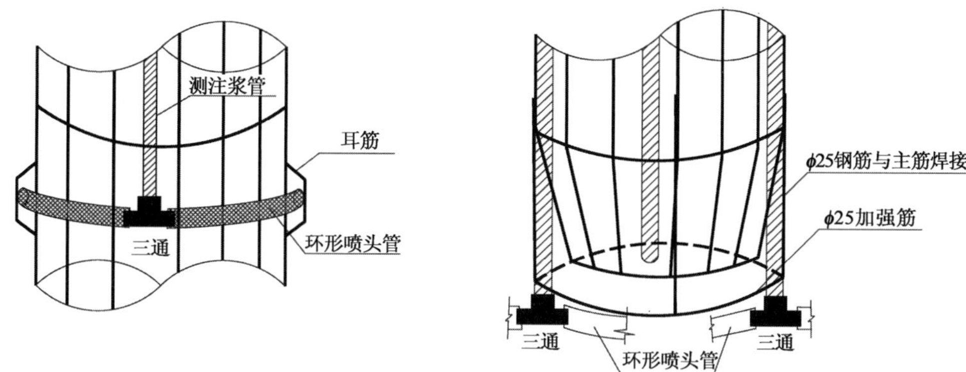

图5　环形注浆管安装

注：1. 注浆装置应该按设计要求制作，加工时一定要逐根检查，防止管内有杂物及管子破损裂缝。

2. 注浆装置管路的所有焊接作业不得焊透，以防渗漏。

3. 环形喷头管为钢丝软管，沿外侧间距100mm打孔。

2.2.4　泥浆配制

后注浆钻孔灌注桩要求水泥浆浆液黏度低，渗透力强，流动性好，易控制凝固时间，浆液凝固体积不收缩，浆液稳定性好，不离析不沉淀。常规选用42.5级普通硅酸盐水泥，起始水灰比0.6～0.7，压力正常后逐渐配成0.55～0.6，水泥浆搅拌时间为2～5min，浆液经过3mm×3mm滤网过滤进入储备桶。在压降过程中，储备桶中的浆液要经常搅拌，保持不沉淀。

注意事项：

(1)水泥浆的配合比应采用经认证的计量装置计量，材料掺量符合设计要求。

(2)选用的搅拌机应能够保证搅拌水泥浆的均匀性；搅拌后水泥浆有效使用时间不大于4h。

(3)搅拌时间不少于3min，浆液用3mm×3mm的滤网进行过滤，浆液采用纯水泥浆。

2.2.5　压力注浆

在桩基完成检桩合格后开始注浆，压浆设备压力表经过计量部门计量认可。本工程注浆压力为：桩侧注浆压力2～2.5MPa(直径大、桩长短、注浆点埋深小、泥皮厚取低值，反之取高值)；桩底注浆压力2～4MPa(密实黏土取高值)；当压注水泥量、注浆压力达到设计要求时，稳压5min后方可终止压浆，视为合格。压浆结束将地面压浆管口封堵，以防浆液回流。

当满足下列条件之一时可终止注浆：

(1)注浆总量和注浆压力均达到设计要求。

(2)对每一道注浆，注浆量达到设计值，但注浆压力没有达到设计值。此时改为间歇注浆，再注设计值的30%水泥浆为止。

(3)对每一道注浆，注浆压力达到设计值并在持荷5min后，注浆量少于设计值，此时保证注浆量不低于设计值的80%即可。

2.3　质量控制

2.3.1　质量控制标准

(1)《建筑桩基技术规范》(JGJ 94—2008)。

(2)《桩基检测技术规范》(GB 50026—2007)。

(3)《公路与桥涵施工技术规范》(JTG/T F50—2011)。

(4)《建筑地基处理技术规范》(JGJ 79—2012)。

(5)《建筑工程施工质量验收统一标准》(GB 50300—2013)。

(6)《建筑地基基础工程施工质量验收规范》(GB 50202—2002)。

2.3.2 质量控制要点

(1)注浆作业宜于成桩 3d 后进行,不宜迟于成桩 14d 后。

(2)当需要在声测完成后进行注浆时,应尽量缩短声测龄期;如对注浆口采用单向阀等可靠措施,则注浆时间不受上述限制。

(3)注浆和开塞作业与成孔作业点的距离宜大于 10m。

(4)复合注浆顺序宜先桩侧注浆,后桩底注浆,多断面桩侧注浆应先上后下,桩侧注浆和桩底注浆时间间隔 3~6h。

(5)对于桩群注浆应先外围后内部。

(6)为减少管路系统对注浆压力的损失,注浆泵与注浆孔口距离不宜大于 30m,并确保注浆过程中注浆管路不产生弯折。

(7)规范要求注浆流量一般控制在为 75L/min 左右,为保证注浆效果,要求注浆泵最高额定压力应大于 10MPa,流量大于 $5m^3/h$。

2.4 注浆量(水泥用量)计算

注浆量按《建筑桩基技术规范》(JGJ 94—2008)第 6.7.4 条与《公路与桥涵工程地基基础设计规范》(JTG D63—2007)第 5.3.6 条计算确定,单桩注浆量估算:

$$G_c = \alpha_p d + \alpha_s nd$$

对群桩初始注浆的数根基桩的注浆量应按上述估算值乘以 1.2 的系数。

以桩径 1.2m 为例,依照本工程地层情况,试桩单桩注浆量按估算为:

$$G_c = (\alpha_p d + \alpha_s nd) \times 1.2 = (1.8 \times 1.2 + 0.8 \times 2 \times 1.2) \times 1.2 = 4.9(t)$$

即对于桩径 1.2m 的桩:桩侧注浆水泥用量为 1.2t/道,桩端注浆水泥用量 3t;单根桩注浆水泥总用量为两道桩侧注浆时 5.4t,三道桩侧注浆时为 6.6t。

桩径 1.5m 的桩:桩侧注浆水泥用量为 1.5t/道,桩端注浆水泥用量 3.5t;单根桩注浆水泥总用量为两道桩侧注浆时 6.5t,三道桩侧注浆阀时为 8t。

桩径 1.8m 的桩:桩侧注浆水泥用量为 2t/道,桩端注浆水泥用量 4.5t;单根桩注浆水泥总用量为两道桩侧注浆时 8.5t,三道桩侧注浆时为 10.5t。

计算结果见表 1。

灌注桩复合注浆水泥用量 表 1

灌注桩设计桩径 d(m)	桩侧单点注浆量(t/道)	桩端注浆量(t)	单桩总注浆量	
			二道桩侧(t)	三道桩侧(t)
1.2	1.2	3.0	5.4	6.6
1.5	1.5	3.5	6.5	8.0
1.8	2.0	4.5	8.5	10.5

注:对沉渣厚度大于 100mm 或泥皮厚度较厚桩,应根据沉渣厚度适当增加注浆量。

3 常见问题处理

3.1 正常注浆过程中经常出现的几种情况

(1)压力逐渐上升,但达不到设计要求的压力,这可能是浆液在黏土中形成脉状劈裂渗透,或浆液浓度低、凝胶时间长,或部分浆液逸出。

(2)压浆开始后压力不上升,甚至离开初始压力值呈下降趋势,这可能是浆液外逸。

(3)压力上升后突然下降,这可能是浆液从注浆管周围溢走,或注速过大、扰动土层,或遇到空隙薄弱部位。

(4)压力上升很快,而速度上不去,表明土层密实或凝胶时间过短。

(5)压力有规律上升,即使达到容许压力,注浆速度也很正常(变化不大),这表明压浆是成功的。

(6)压力上升后又下降,而后再度上升,并达到预定的要求值,可以认为是第(3)种情况的空隙部位已被浆液填满,这种情况也视为注浆成功。

3.2 间歇注浆

出现注浆压力长时间低于正常值或地面出现冒浆时改为间歇注浆,间歇时间为 30~60min,或调低浆液水灰比。

3.3 后注浆施工过程中应注意事项

(1)注浆管加工时一定要逐根检查,防止管内有杂物及管子破损裂缝;在压浆管埋设时要严密组织,精心施工,采取措施避免压浆管堵塞;压浆装置随钢筋笼入孔时操作需小心谨慎,避免损坏。

(2)注水泥浆前要先用清水打通通道,注水畅通后再注水泥浆。

(3)压浆前要检查设备是否正常运转,检查搅制的水泥浆的稠度及初凝结时间,配制的水泥量是否满足压浆需要。

(4)施工过程中,发现异常应及时通知设计单位共同协商采取相应处理措施。

3.4 注浆失败补救措施

任何工艺都有失败的可能,由于施工操作中不当(如注浆单向阀门反向安装或清水劈裂未及时进行)或土层本身性质导致导管注浆孔堵塞,从而引起后注浆施工中预置的两根注浆管全部不通,导致设计的浆液不能注入的情况,或管路虽通,但设计浆液不能达到 50%,且注浆压力达不到终止压力,注浆视之为失败。若发现注浆失败情况,应采取如下措施,在注浆失败的桩侧采用地质钻机形成对称的两个小孔,直径 90mm 左右,深度超过桩端 500mm 为宜,然后在所成孔中重新放下两套注浆管并在距桩端 2m 处用托盘封堵,用水泥浆液封孔,待封孔 5d 后即进行重新注浆,补入设计注浆量即完成施工。

4 结语

桩基后压浆施工技术工艺简便,施工效率高成本低,施工过程安全稳定,同时对环境影响小,适用于工程地质广泛。郑州项目共有桩基 880 根,采用后压浆施工工法后,节约混凝土 24%,节约钢筋 23.5%,减少了膨润土及泥浆的用量,降低了环境污染,减少了钻进深度节约柴油消耗,降低了二氧化碳的排放量,同时节约工期大约 3 个月,提高了项目的利润。这对于工程本身的质量和社会都产生了巨大的效益，值得大力推广。

参考文献

[1] 冯忠居.后压浆技术对桩基承载力的影响[J].长安大学学报，2006.
[2] 郑州大学化学工业部基础工程研究检测中心.桩基后注浆施工工艺建议[Z].